国际航运中心建设前沿丛书/於世成　主编
International Shipping Center Series/General Editor YU Shicheng

上海市“十二五”重点图书
Shanghai Municipal Key Book

上海高校知识服务平台建设项目资助(编号: ZF1209)
Sponsored by Shanghai Higher Education Institutions' Intellectual Service Platform Construction Project(No. ZF1209)

2013 年上海航运政策与法律发展白皮书

Shanghai Shipping Policy and Law Development White Paper 2013

编著/Authors　林　江(John LIN)
Peter MURRAY(彼得・马瑞)
王亚男(Jane WANG)

上海浦江教育出版社
Shanghai Pujiang Education Press

图书在版编目(CIP)数据

2013年上海航运政策与法律发展白皮书：汉英对照/林江，(澳)马瑞(Murray，P.)，王亚男主编．—上海：上海浦江教育出版社有限公司，2014.12
(国际航运中心建设前沿丛书/於世成主编)
ISBN 978-7-81121-387-4

Ⅰ.①2… Ⅱ.①林… ②马… ③王… Ⅲ.①水路运输政策—白皮书—上海市—2013—汉、英 ②航运—法律—白皮书—上海市—2013—汉、英 Ⅳ.①F552.0 ②D927.510.229.6

中国版本图书馆CIP数据核字(2014)第288079号

上海浦江教育出版社出版
社址：上海海港大道1550号上海海事大学校内　邮政编码：201306
电话：(021)38284910/12(发行)　38284923(总编室)　38284916(传真)
E-mail：cbs@shmtu.edu.cn　URL：http://www.pujiangpress.cn
上海图宇印刷有限公司印装　上海浦江教育出版社发行
幅面尺寸：170 mm×228 mm　印张：34.25　字数：633千字
2014年12月第1版　2014年12月第1次印刷
责任编辑：丁　慧　　封面设计：赵宏义
定价：168.00元

编写组特此感谢下述机构、单位给予的帮助(按调研顺序):

上海市虹口区投资促进办公室(肩负航运办服务办公室职责)

http://www.hkq.sh.gov.cn

上海市黄浦区金融服务办公室

http://www.huangpuqu.sh.cn/shhp/xxgk/031004/HI8/Default_1.htm

上海市黄浦区外滩街道

http://bund.huangpuqu.sh.cn

上海市司法局律师工作管理处

http://www.justice.gov.cn

美国船东互保协会上海代表处

http://www.american-club.com

Navig8 Group 上海代表处

http://www.navig8group.com/

上海市临港地区开发建设管理委员会

http://www.lgxc.gov.cn/home_f.html

上海市浦东新区国家税务局　上海市浦东新区地方税务局

http://www.csj.sh.gov.cn/pdtax/

波罗的海航运公会上海代表处

http://www.bimco.org/

上海海事局调研室

http://www.shmsa.gov.cn

中国人民政治协商会议上海市浦东新区委员会

http://www.pdzx.gov.cn/

莫萨克·冯赛卡律师行

http://www.mossfon.com.hk/

上海市浦东新区教育局

http://www.pudong-edu.sh.cn

上海市渔政监督管理处(上海市渔政指挥中心)

http://e-nw.shac.gov.cn

交通运输部长江口航道管理局

http://www.cjkhd.com

中国船东互保协会

http://www.cpiweb.org

上海市人民检察院
http://www.shjcy.gov.cn
上海市城市交通运输管理局航务监管处
http://www.shygc.net
上海高级国际航运学院
http://saiis.shmtu.edu.cn/
中怡保险经纪有限责任公司上海分公司
http://www.aon.com/china/risk/risk_reinsurance.jsp
上海崇和船舶融资租赁有限公司
http://www.cmigroup.com.cn/Finance/
浙江神洲船业有限公司
http://www.shenzhouship.com
农银金融租赁有限公司
http://www.abcleasing.com
交银金融租赁有限责任公司
http://www.bocommleasing.com
江苏舜天船舶股份有限公司
http://www.saintymarine.com.cn
南通明德重工有限公司
http://www.mdship.com
山东山威集团
http://www.swjt.net
英国礼德律师事务所香港分所
http://www.reedsmith.com/Hong-Kong-China/
上海海神律师事务所
http://www.hisunlaw.com
交通银行青岛分行
http://www.bankcomm.com/BankCommSite/cn/qingdao/index.jsp

序

2013年，上海的首要大事，亦为航运、法律界的首要大事无疑是中国(上海)自由贸易试验区的设立。设立该试验区的目的在于加快政府职能转变、创新对外开放模式，进一步探索深化改革开放的经验。对航运及相关行业而言，设立中国(上海)自由贸易试验区的重要性堪比1978—1979年开始的改革开放和1992年、1995年党中央国务院作出的关于建设上海国际航运、贸易、金融、经济中心的重大决策。

中国(上海)自由贸易试验区的设立全过程贯穿了两个字：法治。2013年8月，第十二届全国人民代表大会常务委员会第四次会议决定：授权国务院在上海外高桥保税区、上海外高桥保税物流园区、洋山保税港区和上海浦东机场综合保税区基础上设立的中国(上海)自由贸易试验区，对国家规定实施准入特别管理措施之外的外商投资，暂时调整三部外资企业法规定的有关行政审批。简而言之，除特殊领域的特殊行业外，三资企业的设立、分立、合并、解散，经营期限的确定、延长，股权(份、票)转让以及公司章程或者其他重要事项的变更等从原先的行政审查批准事项(即需要中央或地方政府事先审查批准的事项)改为备案管理事项(即无需实现审批，而仅需事后备案)。上述人大常委会决定具有法律性质，为中国(上海)自由贸易试验区的设立、运作、创新、改革奠定了法律基础。

在全国人大常委会的授权下，国务院于2013年9月制定并公布《中国(上海)自由贸易试验区总体方案》[①]。该方案的总体思路是在新的改革开放形势下，探索行政管理模式创新，促进贸易和投资便利化，建立以负面清单为核心的外资准入管理模式，全面提升外资进入后的“事中、事后”监管水平。创新型改革措施包括在试验区内加大服务业开放，推进金融领域开放创新，建设具有国际水准的投资贸易体系，创建与国际接轨、适合市场规范发展的法制环境。具体到航运业，该方案要求提升国际航运服务能级：积极发挥上海陆海空枢纽港的联动作用，探索形成具有国际竞争力的航运发展制度和运作模式；积极发展航运金融、国际船舶运输、国际船舶管理、国际航运经纪等产业；加快发展航运运价指数衍生品交易业务；利用中资“方便旗”船税收优惠政策，促进符合条件的船舶在上海落户登记，形成高效率的船籍登记制度。

---

① 国发〔2013〕38号。

该方案后附的《中国(上海)自由贸易试验区服务业扩大开放措施》列举了下述中国(上海)自由贸易试验区将要在航运业及相关辅助产业方面争取获得的突破:

(1) 融资租赁公司在试验区内设立的单机、单船子公司不设最低注册资本限制。

(2) 允许融资租赁公司兼营与主营业务有关的商业保理业务。

(3) 放宽中外合资、中外合作国际船舶运输企业的外资股比限制,由国务院交通运输主管部门制定相关管理试行办法。

(4) 允许中资公司拥有或控股拥有的非五星旗船,先行先试外贸进出口集装箱在国内沿海港口和上海港之间的沿海捎带业务。

(5) 允许设立外商独资国际船舶管理企业。

(6) 允许符合条件的外资金融机构设立外资银行,符合条件的民营资本与外资金融机构共同设立中外合资银行。在条件具备时,适时在试验区内试点设立有限牌照银行。

(7) 在完善相关管理办法、加强有效监管的前提下,允许试验区内符合条件的中资银行开办离岸业务。

(8) 探索密切中国律师事务所与外国(港澳台地区)律师事务所业务合作的方式和机制。

(9) 允许设立外商投资资信调查公司。

(10) 允许设立中外合资人才中介机构,允许港澳服务提供者设立独资人才中介机构。

(11) 允许设立股份制外资投资性公司。

(12) 允许举办中外合作经营性教育培训机构、职业技能培训机构。

我们有理由相信,世界也有理由相信,借中国(上海)自由贸易试验区建设的春风,上海有望早日构建适合航运市场发展、航运产品创新、航运人才培育、航运信息互换、航运文化交流的政策法律体系(环境),上海将在2020年前后成为国际航运中心、航运法治中心。

《2013年上海航运政策与法律发展白皮书》聚焦过去一年上海国际航运中心建设中所历经的法治发展。全书分为六章:航运法律、法规,航运政策与法律的司法执行,航运政策与法律的行政执行,航运政策与法律的书文评议、年度航运聚焦和展望。

第一章关注航运立法,对2013年国家及上海各级人大、政府部门出台的航运政策与法律进行梳理,并对影响较大或具有创新意义的法规进行简要的介绍及评析。例如《2006年海事劳工公约》自2013年8月20日起在中国生效,又如《国内水路运输管理条例》的实施等。第二章把视线转向航运司法，介绍并简析上海航运司法机构进行航运政策与法律司法工作的情况，并精选案例进行评析。2013年，上海航运司法有两大亮点。第一个亮点为上海海事法院发布《上海海事法院2013年度海事审判情况通报》(即海事审判白皮书)，这是该院继2010年率先在全国海事法院中发布审判白皮书以来，第四次以白皮书形式向社会发布海事司法报告，成为中国海事司法的先驱；第二个亮点为2013年上海航运司法机构受理案件数量达到历史高位。第三章侧重行政执法，重点介绍重新组建的国家海洋局，并选取2013年内重大海事、海洋、渔业、航运市场执法案件，结合相关的法规进行简要分析。第四章的观察视角是法治教育，对2013年航运法律学者及业界人士在各个核心期刊发表的文章以及在各大出版社出版的著作进行选登，并略作评述。第五章整理并简析2013年与航运法治相关的业界亮点、热点，特别是上海航运市场发生的重要事件、关注的热点问题、实施的创新举措以及取得的主要成绩，以便广大读者了解上海国际航运中心建设、法治环境建设的进程。第六章为展望，既是对全书的总结，又是对未来上海航运政策与法律发展方向的预测，并在此基础上提出若干指导性建议。

本书由国际航运研究中心政策与法律研究所副所长、上海海事大学法学院副教授林江组织撰写，并具体负责第一至五章的撰写工作；上海国际航运研究中心外国专家、上海海神律师事务所高级顾问Peter MURRAY先生负责本书英文版的校对工作；上海国际航运研究中心政策与法律研究所所长助理、上海海神律师事务所律师王亚男参与本书的撰写及翻译工作。本书由上海国际航运研究中心出资、上海海神律师事务赞助出版。

本书的撰写和出版得到上海海事大学和上海国际航运研究中心领导的关心指导，特此感谢上海海事大学党委书记、上海国际航运研究中心主任於世成教授/博导，上海国际航运研究中心秘书长真虹教授、副秘书长李钢教授，上海海事大学法学院院长蒋正雄教授/博导，以及上海国际航运研究中心政策与法律研究所所长叶红军先生、副所长沈秋明教授。此外，本书还得到来自社会各界人士的关心和支持。编写组走访数十家机构、单位进行调研，保证本书所提供信息和数据的真实性和准确性，同时也丰富了本书的内容，在此对相关机构、单位一并表示感谢。

本(系列)书的目的在于，通过回顾历年上海在航运政策与法律方面的发展，与社会各界有识之士共同探求上海航运法治建设的方向、路径和抓手，并尝试为上海国际航运中心的建设献策，特别是在航运政策制定、航运立法、执法、司法、法治文化教育等方面。编写组期望本(系列)书能起到抛砖引玉的作用，为航运、法律界业界人士带来启示，引发对航运法治环境整体建设的深层次思考。由于撰写时间紧迫，书中难免有疏漏与不足之处，敬请业界同仁、广大读者指正（发送电邮至 john.lin@hisunlaw.com），这将鼓励和鞭策我们不断进步、不断创新，使本（系列）书无愧于“国内首创”这一称号。

航运政策与法律发展白皮书编写组

上海国际航运研究中心政策与法律研究所

二零一三年十二月三十一日

目　录

Contents

第一章　航运法律、法规

在现今复杂的国际航运形势下，航运政策对于推进中国港航业整体发展的意义日渐突出。经过十几年的努力，上海国际航运中心建设已取得显著成就，但距离公认的国际航运中心地位尚有较大差距。为支持航运业的进一步发展，国务院、交通运输部、最高人民法院等均出台多项政策和法律来引导和促进航运业的发展。特别是国务院关于在上海浦东设立自贸区的决定为上海航运业的发展和上海国际航运中心的建设带来新的机遇和挑战。之后，交通运输部与上海市人民政府联合发布《关于落实〈中国(上海)自由贸易试验区总体方案〉加快推进上海国际航运中心建设的实施意见》，涉及一系列涵盖自贸区建设发展的新航运政策。在这一系列的航运政策中，既有对现行航运政策的调整(如允许船舶登记主体的外商按照有关法律法规和其他有关规定办理船舶登记业务，其投资比例可以突破50%的限制；创新国际船舶登记制度；放宽外商投资国际船舶运输的股比限制；允许外商在自贸区内独资设立国际船舶管理企业等)，也有全新航运政策的出现(如探索建立航运领域外商投资准入负面清单管理模式；实施沿海捎带试点政策，允许中资航运公司利用自有或控股拥有的非五星旗国际航行船舶，先行先试外贸进出口集装箱在国内开放港口与上海港之间(以上海港为中转港)的捎带业务等)。

如上所述，上海自贸区的航运政策在船舶登记、航运市场开放等领域突破了诸多限制，提升了中国航运的对外开放水平，将对中国未来航运政策产生重大的影响。一方面，将对外商投资中国航运业，借鉴国际先进管理经验起到良好的推动作用；另一方面，由此引发的风险与挑战也不容小觑。上海自贸区航运政策改变了我国既有的航运开放格局，将对国内航运市场及运输企业产生较大的冲击。比如，负面清单管理模式给外商留下政策空白，沿海捎带业务试点打开中国沿海运输市场的封闭闸门，进而加重未来政府部门的管制压力，影响未来国内航运市场的稳定。但总体而言，上海自贸区航运政策的出台及实施，将为中国航运政策的创新机制提供良好的借鉴意义和宝贵的经验积累。在上海自贸区航运政策的带动下，未来中国将出现更多航运政策的创新。航运政策将以环环相扣的链条形式，成批次的集群方式陆续出现。

一、法律、法规及规范性规定

(一) 航运管理

国内水路运输管理条例
http://www.gov.cn/zwgk/2012-10/22/content_2248746.htm

国务院关于取消和下放一批行政审批项目的决定
http://www.gov.cn/zwgk/2013-12/10/content_2545569.htm

关于修改《中华人民共和国国际海运条例实施细则》的决定(2013)
http://www.moc.gov.cn/zfxxgk/bnssj/syj/201309/t20130913_1482606.html

中国(上海)自由贸易试验区总体方案
http://www.gov.cn/zwgk/2013-09/27/content_2496147.htm

交通运输部、上海市人民政府关于落实《中国(上海)自由贸易试验区总体方案》加快推进上海国际航运中心建设的实施意见
http://www.moc.gov.cn/zfxxgk/bnssj/syj/201309/t20130929_1490661.html

上海海事局游艇安全管理暂行办法
http://www.scsya.org/detailed.asp?id=12259&species=6

交通运输部办公厅关于促进航运业转型升级健康发展的若干意见
http://www.moc.gov.cn/zfxxgk/bnssj/syj/201309/t20130902_1475227.html

关于建立海峡两岸重点航运企业联系制度的通知
http://www.moc.gov.cn/zhuzhan/zhengwugonggao/jiaotongbu/shuiluyunshu/201303/t20130315_1379922.html

中华人民共和国海事局关于印发《航运公司安全诚信管理办法》和《安全诚信公司评选工作程序》的通知(2013 年修订)
http://zhaomu.msa.gov.cn/NewsContent.aspx?CatalogId=c7c58ccb-c081-4d53-9098-ebcbeb3f5215&ContentId=8727b538-28ce-4d44-a2ab-7747a4b8b21b

交通运输部关于无船承运业务经营者保证金责任保险制度操作办法的通知
http://www.moc.gov.cn/zfxxgk/bnssj/syj/201310/t20131014_1496222.html

交通运输部关于在上海试行中资非五星旗国际航行船舶沿海捎带的公告
http://www.moc.gov.cn/zfxxgk/bnssj/syj/201309/t20130930_1491183.html

交通运输部办公厅关于推进交通运输信息化智能化发展的指导意见
http://www.moc.gov.cn/zfxxgk/bnssj/kjs/201309/t20130930_1491623.html

交通运输部关于完善无船承运管理制度有关问题的公告
http://service.law-star.com/cacnew/201309/2910089348.htm

交通运输部关于科技创新推动交通运输转型升级的指导意见
http://www.gov.cn/gongbao/content/2013/content_2535956.htm

交通运输部关于改进提升交通运输服务的若干指导意见
http://www.moc.gov.cn/zfxxgk/bnssj/dlyss/201309/t20130930_1491497.html

交通运输部办公厅关于做好国内水路运输行政许可证书管理系统上线应用有关工作的通知
http://www.moc.gov.cn/zfxxgk/bnssj/syj/201309/t20130905_1477804.html

交通运输部关于印发《推进阳光引航提升服务水平工作方案》的通知
http://www.moc.gov.cn/zfxxgk/bnssj/syj/201307/t20130715_1451098.html

交通运输部关于全面建设交通运输法治政府部门的若干意见

http://www.moc.gov.cn/zhuzhan/zhengwugonggao/jiaotongbu/qita/201305/t20130522_1415663.html

(二) 船舶

国务院关于印发船舶工业加快结构调整促进转型升级实施方案(2013—2015年)的通知

http://www.gov.cn/zwgk/2013-08/04/content_2460962.htm

中华人民共和国渔业船舶登记办法

http://www.gov.cn/gongbao/content/2013/content_2307059.htm

关于远洋渔船统一实施《国际燃油污染损害民事责任公约》的通知

http://www.cnfm.gov.cn/yyywyzj/201302/t20130216_3218368.htm

老旧运输船舶和单壳油轮提前报废更新实施方案

http://www.moc.gov.cn/zfxxgk/bnssj/syj/201312/t20131209_1525204.html

中华人民共和国海上船舶污染事故调查处理规定(2013年修正)

http://www.moc.gov.cn/zfxxgk/bzsdw/bhsj/201401/t20140102_1538835.html

交通运输部关于实施融资租赁船舶运力认定政策的公告

http://www.moc.gov.cn/zfxxgk/bnssj/syj/201312/t20131227_1536326.html

交通运输部关于国际船舶代理业务备案工作的通告

http://www.moc.gov.cn/zfxxgk/bnssj/syj/201310/t20131009_1493269.html

交通运输部关于公布《"十二五"期推进全国内河船型标准化工作实施方案》的公告

http://www.moc.gov.cn/zfxxgk/bnssj/syj/201308/t20130823_1471060.html

中华人民共和国船舶油污损害民事责任保险实施办法(2013年修正)

http://www.moc.gov.cn/zfxxgk/bzsdw/bhsj/201309/t20130913_1482692.html

中华人民共和国海事局关于印发《国内航行船舶变更船舶检验机构管理规定(2013年修订稿)》的通知

http://www.shmsa.gov.cn/NewsContent.aspx?CatalogId=dd1750e9-f9e0-451b-b641-9fb0f426e046&ContentId=229e4695-5307-42d0-82a8-de21a6ebefbe

中华人民共和国海事局关于公布实施《内河天然气燃料动力船舶法定检验暂行规定(2013)》的通知

http://www.moc.gov.cn/zizhan/zhishuJG/haishiju/zhengceguiding/zhengcexingwenjian/201311/t20131112_1511012.html

船舶行业规范条件

http://www.gov.cn/gzdt/2013-11/13/content_2526512.htm

交通运输部关于国内液化天然气船舶运输市场准入政策的公告

http://www.moc.gov.cn/zfxxgk/bnssj/syj/201310/t20131010_1494207.html

中华人民共和国海事局关于印发《重点跟踪船舶监督管理规定》的通知

http://www.moc.gov.cn/zfxxgk/bzsdw/bhsj/201307/t20130710_1448603.html

中华人民共和国海事局关于公布实施《游艇法定检验暂行规定(2013)》的通知

http://www.moc.gov.cn/zizhan/zhishuJG/haishiju/zhengceguiding/zhengcexingwenjian/201305/t20130506_1407052.html

关于国际海事组织《〈1973年国际防止船舶造成污染公约〉1978年议定书》等强制性文件修正案生效公告

http://www.moc.gov.cn/zhuzhan/zhengwugonggao/jiaotongbu/haishijiulao/201303/t20130327_1385412.html

(三) 港口、航道

交通运输部海事局关于印发内河航区划分工作实施方案的通知

http://www.moc.gov.cn/zfxxgk/bzsdw/bhsj/201312/t20131216_1528984.html

交通运输部关于公布全国主要港口增补或修订引航员登/离轮水域的公告
http://www.moc.gov.cn/zfxxgk/bzsdw/bhsj/201310/t20131016_1497487.html

交通运输部关于公布第一批港口危险货物安全评价机构备案名单的公告
http://www.moc.gov.cn/zfxxgk/bnssj/syj/201307/t20130715_1450976.html

港口危险货物安全管理规定
http://www.moc.gov.cn/zhuzhan/zhengwugonggao/jiaotongbu/gangkouhangdao/201301/t20130109_1352695.html

长江航务管理局关于发布《长江引航作业辅助拖轮的配备标准和使用办法(试行)》的通知
http://www.cjhy.gov.cn/changhangzhengwu/zhengwugonggao/changhanggonggao/201310/t20131029_242745.html

交通运输部关于取消五星旗海轮进出长江太仓港及以下水域强制引航的公告
http://www.moc.gov.cn/zfxxgk/bzsdw/bhsj/201310/t20131016_1497500.html

交通运输部关于上海港口岸杭州湾港区临港产业作业区对外国籍船舶开放的公告
http://www.mofcom.gov.cn/article/b/g/201311/20131100395814.shtml

交通运输部办公厅关于做好港口危险货物安全评价机构备案工作的通知
http://www.moc.gov.cn/zhuzhan/zhengwugonggao/jiaotongbu/gangkouhangdao/201305/t20130506_1407479.html

交通运输部关于印发《港口危险货物重大危险源监督管理办法(试行)》的通知
http://www.moc.gov.cn/zhuzhan/zhengwugonggao/jiaotongbu/gangkouhangdao/201305/t20130502_1405851.html

(四) 人才

2006年海事劳工公约
http://www.nbmsa.gov.cn/portal/section/10/2010/10/24/8fb7fcaf5fdd4cd9adf1b9449d6c2ed4/

中华人民共和国海事局关于中国籍国际航行船舶做好《2006 年海事劳工公约》履约准备工作的通知
http://www.moc.gov.cn/zfxxgk/bzsdw/bhsj/201308/t20130805_1460878.html

交通运输部关于修改《中华人民共和国海船船员适任考试和发证规则》的决定
http://www.moc.gov.cn/zfxxgk/bzsdw/bhsj/201401/t20140102_1538846.html

交通运输部关于修改《中华人民共和国船员服务管理规定》的决定
http://www.moc.gov.cn/zfxxgk/bzsdw/bhsj/201309/t20130913_1482663.html

交通运输部关于印发《中华人民共和国海员船上工作和生活条件管理办法》的通知
http://www.seaman-cn.com/news/view.asp? id=5468

中华人民共和国海船船员值班规则
http://www.moc.gov.cn/zhuzhan/zhengwugonggao/jiaotongbu/haishijiulao/201301/t20130109_1352694.html

中华人民共和国引航员管理办法
http://www.moc.gov.cn/zhuzhan/zhengwugonggao/jiaotongbu/guanliguiding/201401/t20140102_1538784.html

中华人民共和国海事局关于进一步规范船员发证管理的通知
http://www.msa.gov.cn/Notice/Notice/8c0bd5fb-eb26-437c-ad8b-2f75a47a8cb5

(五) 财政、税收

国家税务总局、交通运输部关于发布《船舶车船税委托代征管理办法》的公告
http://www.csj.sh.gov.cn/pub/xxgk/zcfg/ccs/201301/t20130115_401768.html

中华人民共和国税收征收管理法修正案(征求意见稿)
http://www.chinalaw.gov.cn/article/cazjgg/201306/20130600387820.shtml

国家税务总局关于车船税征管若干问题的公告
http://www.cnnsr.com.cn/jtym/fgk/2013/20130726000000224882.shtml

国家税务总局、交通运输部关于发布《船舶车船税委托代征管理办法》的公告
http://www.csj.sh.gov.cn/pub/xxgk/zcfg/ccs/201301/t20130115_401768.html

关于“十二五”期间第二批享受进口税收优惠政策的中资“方便旗”船舶清单的通知
http://www.mof.gov.cn/mofhome/guanshuisi/zhengwuxinxi/zhengcefabu/201309/t20130917_990339.html

关于报送申请特案免税登记船舶材料的通知
http://www.moc.gov.cn/zhuzhan/zhengwugonggao/jiaotongbu/shuiluyunshu/201302/t20130219_1368901.html

(六) 海洋立法

国务院关于促进海洋渔业持续健康发展的若干意见
http://www.gov.cn/zwgk/2013-06/25/content_2433577.htm

国务院办公厅关于印发国家海洋局主要职责内设机构和人员编制规定的通知
http://www.gov.cn/zwgk/2013-07/09/content_2443023.htm

关于修改《中华人民共和国船舶及其有关作业活动污染海洋环境防治管理规定》的决定
http://www.moc.gov.cn/zfxxgk/bzsdw/bhsj/201401/t20140102_1538839.html

(七) 其他

国务院机构改革和职能转变方案
http://www.chinareform.org.cn/gov/system/Policy/201303/t20130315_162938.htm

最高人民法院关于适用《中华人民共和国保险法》若干问题的解释(二)
http://www.court.gov.cn/spyw/mssp/201306/t20130609_185241.htm

最高人民法院关于依据国际公约和双边司法协助条约办理民商事案件司法文书送达和调查取证司法协助请求的规定实施细则(试行)

http://www.court.gov.cn/spyw/qtyw/sfxz/201306/t20130627_185742.htm

最高人民法院关于适用《中华人民共和国涉外民事法律适用法》若干问题的解释(一)

http://rmfyb.chinacourt.org/paper/html/2013-01/07/content_56241.htm

全国人民代表大会常务委员会关于授权国务院在中国(上海)自由贸易试验区暂时调整有关法律规定的行政审批的决定

http://news.hexun.com/2013-08-30/157595422.html

中国(上海)自由贸易试验区外商投资准入特别管理措施(负面清单)(2013年)

http://www.shanghai.gov.cn/shanghai/node2314/node2319/node12344/u26ai37036.html

国务院关于在中国(上海)自由贸易试验区内暂时调整有关行政法规和国务院文件规定的行政审批或者准入特别管理措施的决定

http://www.gov.cn/gongbao/content/2014/content_2567151.htm

临港地区建立特别机制和实行特殊政策的三十条实施政策

http://gov.pudong.gov.cn/pudongNews_YWYQ/Info/Detail_459514.htm

上海海事法院出台适用小额诉讼程序暂行办法

http://shfy.chinacourt.org/article/detail/2013/08/id/1042044.shtml

中华人民共和国海关法(2013年修正)

http://www.scgysf.gov.cn/Article/news_view.asp?newsid=3520

中华人民共和国渔业法(2013年修正)

http://www.pkulaw.cn/fulltext_form.aspx?Db=chl&Gid=218763&keyword=&EncodingName=&Search_Mode=accurate

关于国际海事组织经修正的《1974年国际海上人命安全公约》修正案生效的公告
http://www.moc.gov.cn/zhuzhan/zhengwugonggao/jiaotongbu/haishijiulao/201211/t20121115_1326416.html

关于国际海事组织《1974年国际海上人命安全公约》和《〈1973年国际防止船舶造成污染公约〉1978年议定书》等强制性文件修正案生效的公告
http://www.pkulaw.cn/fulltext_form.aspx?Db=chl&Gid=210749&keyword=&EncodingName=&Search_Mode=accurate

二、法律、法规评析

(一)《国内水路运输管理条例》

2012年10月13日,国务院第625号令公布《中华人民共和国国内水路运输管理条例》(以下简称《条例》),并于2013年1月1日起施行。《条例》的颁布施行,对于促进水运行业管理转型,推动水运行业科学发展、安全发展,将起到十分重要的积极作用。

《条例》共6章46条,各章分别是总则、水路运输经营者、水路运输经营活动、水路运输辅助业务、法律责任和附则。《条例》主要明确了以下十项制度。

1. 确立水路运输管理机构的法律地位

各级水路运输管理机构20多年来一直承担着大量的一线水运执法工作。但由于其法律地位不够明确,水路运输管理机构的作用没有能够充分发挥,在一定程度上影响了水路运输管理工作的顺利开展和水运执法的效果。《条例》规定:"县级以上地方人民政府负责水路运输管理的部门或者机构(以下统称负责水路运输管理的部门)承担本条例规定的水路运输管理工作。"其中"机构"指的就是各级水路运输管理机构。这一规定明确了水路运输管理机构的行政执法主体资格,直接授予各级水路运输管理机构在行政许可、行政处罚等方面的执法权限,有力地保证了水路运输市场监管的全面性和有效性。今后,县级以上地方人民政府交通运输主管部门设立水路运输管理机构,水路运输管理机构可以负责具体实施水路运输管理工作。

2. 精简行政许可制度

本着精简行政许可,规范许可程序的原则,《条例》取消了船舶代理、水路旅客运输代理和水路货物运输代理三个许可项目，仅保留了水路运输经营许可、船舶管理经营许可、外国籍船舶临时经营中国沿海运输许可；许可条件更加科学化，取消了可以由市场主体自主决定的事项，如是否具有稳定客源、货源等，在条件设定上着眼于经营能力、人员条件、安全制度、公共利益保护等；明确规定许可程序，列明许可实施期限，许可证件发放程序；规定许可实施主体为交通运输部或者设区的市级以上人民政府负责水路运输管理的部门或者机构，具体的权限划分授权由交通运输部以部门规章的形式规定。

3. 新设运力宏观调控制度

《条例》在行政法规层面首次对水运宏观调控措施进行了确认，并规范了适用宏观调控措施的原则、主体、依据、范围、手段和形式。规定"为保障水路运输安全，维护水路运输市场的公平竞争秩序，国务院交通运输主管部门可以根据水路运输市场监测情况，决定在特定的旅客班轮运输和散装液体危险货物运输航线、水域暂停新增运力许可"。通过这一运力调控举措，引导水运市场运力的有序投放，达到水运市场供需基本平衡的目的。

4. 新设节能减排、结构调整政策

为贯彻国家建设资源节约型、环境友好型社会的要求，《条例》明确规定，国家支持和鼓励水路运输经营者实行规模化、集约化经营，促进水路运输行业结构调整；支持和鼓励水路运输经营者采用先进适用的水路运输设备和技术，保障运输安全，节约能源，减少污染物排放。制定并实施新的船型技术标准时，对正在使用的不符合新标准但符合原有标准且未达到规定报废船龄的船舶，可以采取资金补贴等措施，引导、鼓励水路运输经营者进行更新、改造；需要强制提前报废的，应当对船舶所有人给予补偿。这项制度对于优化水路运力结构、节约能源、保护水环境、提高航道和通航设施利用效率、保障水运安全将发挥积极作用。

5. 新设诚信管理制度

为贯彻落实党和政府关于建立、完善市场信用体系的部署，进一步规范市场经营行为，保障良好的水运市场秩序和水运行业健康、持续发展，《条例》确立了经营水路运输及其辅助业务应当依法经营、诚实守信的原则，并要求国务院交通运输主管部门和负责水路运输管理的部门"建立经营者诚信管理制度，及时向社会公告监督检查情况"。全面建立水路运输市场诚信管理制度，推动水运市场诚信体系建设，对于改进市场监管手段，促进市场经营主体自律，形成有效的市场约束，将起到非常重要的作用。

6. 新设服务质量管理制度

《条例》建立了服务质量管理制度，要求水路运输经营者应当依照法律、行政法规和国务院交通运输主管部门关于水路旅客、货物运输的规定、质量标准以及合同的约定，为旅客、货主提供安全、便捷、优质的服务，保证旅客、货物运输安全；设定了旅客班轮运输和货物班轮运输的信息发布制度，要求旅客班轮运输业务经营者和货物班轮运输业务经营者应当在规定的时间范围内公布所使用的船舶、班期、班次和运价等信息，并且及时提前向社会公布变更班期、班次、运价或者停止经营部分或者全部班轮航线的信息，保障旅客、货主的知情权。这些规定有利于提高水路运输经营者安全意识和服务意识，维护旅客、货主的合法权益。

7. 新设应急运输保障制度

应急运输保障是水路运输业务经营者一项重要的法定义务。《条例》要求水路运输业务经营者应当依照法律、行政法规和国家有关规定，优先运送处置突发事件所需的物资、设备、工具、应急救援人员和受到突发事件危害的人员，重点保障紧急、重要的军事运输。当出现关系国计民生的紧急运输需求时，按照国务院的部署，水路运输经营者应当优先运输需要紧急运输的物资。

8. 健全市场动态监管和退出机制

随着行政审批制度的精简规范，加强市场监管将成为水运管理的重点。《条例》强化了水路运输市场监管方面的规定，建立了动态监管制度，规定了经营主体公平竞争、船舶适航等义务，并特别针对班轮运输、危险货物运输提出了安全和服务质量的要求。针对部分情节严重的违法、违规行为设立市场退出机制。

9. 保留国内水路运输市场保护制度

为保障国家安全，保护国内水路运输权，参照国际通行做法，《条例》对外国企业、其他经济组织和个人从事国内水路运输作了禁止性规定，对外国籍船舶作了较为严格的限制性规定，并对外国籍船舶非法从事国内水路运输（包括捎带）规定了严厉的处罚条款。

10. 新设客运船舶强制保险制度

为提高客运市场的准入门槛，提高客运经营安全水平，保障旅客受损权益得到有效补偿，《条例》规定，水路旅客运输经营者应当为其客运船舶投保承运人责任险或者取得相应的财务担保。

（二）《2006年海事劳工公约》

在2006年2月召开的国际劳工组织（ILO）第94届大会暨第十届海事大会上，《2006年海事劳工公约》（以下简称《公约》）获得通过。该公约是ILO在综合和修订了现有68个公约和建议书的基础上，制定的新的综合性海事劳工公约，它建立了统一的国际海事劳工标准。《公约》自2013年8月20日起在中国生效。

1. 制定的必要性

ILO制定一部新的综合性海事劳工公约的决定，是在2001年国际海事组织和国际船东协会提出联合决议案，并得到ILO成员国政府支持的基础上形成的，主要考虑到以下因素：

(1) 航运业是世界第一、真正的全球性产业，需要有整个行业适用的国际标准。

(2) ILO于1920年起制定有关海员方面的国际标准，在《2006年海事劳工公约》通过前，已有数十个专门针对船员而制定的公约、相关建议案及其他法律文件；但随着航运业的不断发展，一些公约标准未能得到及时更新，已无法满足当代海员船上工作和生活的需要。

(3) ILO现有的大部分海事方面的公约，是针对处理单一方面问题的文件，且规定的非常细，使得ILO成员国很难全部批准和实施相关要求，现有ILO许多公约被批准的程度很低。

(4) 建立有效地遵守和执行公约的体系，打击低标准船。

鉴于上述诸多因素，ILO将现有的68个有关海事的国际标准进行了合并和更新，制定了新的综合性海事劳工公约，建立统一的海事劳工标准。ILO希望通过《公约》实施帮助船舶所有人获取平等的竞争环境，帮助船员获得体面的工作。

2. 主要内容

《公约》由三部分构成：条款、规则和守则。

条款和规则规定了核心权利、原则以及批准《公约》的成员国的基本义务。守则包含了规则的实施细节。它由A部分(强制性标准)和B部分(非强制性导则)组成。

规则和守则按以下标题划归为五个领域，每个领域中包括若干方面的规定：

(1) 海员上船工作的最低要求(最低年龄、体检证书、培训和资格、招募和安置)；

(2) 就业条件(海员就业协议、工资、工作时间或休息时间、休假的权利、遣返、船舶灭失或沉没时对海员的赔偿、配员水平、海员职业发展和技能开发及就业机会)；

(3) 起居舱室、娱乐设施、食品和膳食服务；

(4) 健康保护、医疗、福利和社会保障(船上和岸上医疗、船舶所有人的责任、健康保护和安全及事故预防、获得使用岸上福利设施、社会保障)；

(5) 遵守与执行(船旗国责任包括一般原则、对认可组织的授权、海事劳工证书和海事劳工符合声明、检查和执行、船上投诉程序、海上事故，港口国的责任包括在港口的检查、海员投诉的岸上处理程序)。

在《公约》的制定过程中，对于ILO现有海事劳工公约规定中许多涉及海员基本权益的实施措施，被转换成《公约》中导则B部分的规定。

《公约》中条款、规则和守则A部分为强制性要求，导则B部分对于如何实施这些强制性的要求给出了具体的实施指导。导则B部分作为非强制性的规定，给成员国在决定是否采纳这方面的规定留出了自主权，这是《公约》要求实施灵活性的体现，其目的是为了能够促使《公约》在全球范围内被广泛地接受。

《公约》生效后，港口国实施检查不涉及导则B部分的要求。但《公约》要求，成员国在履行条款、规则和守则A部分规定的责任时，对于导则B部分提供的方法应予以充分的考虑。

(三)《国务院机构改革和职能转变方案》

《国务院机构改革和职能转变方案》(以下简称《方案》)是根据党的十八大和十八届二中全会精神，深化国务院机构改革和职能转变的方案。《第十二届全国人民代表大会第一次会议关于国务院机构改革和职能转变方案的决定(草案)》于2013年3月14日批准通过。

1. 机构改革和职能转变的必要性、紧迫性

近五年来，国务院机构改革和职能转变取得新进展，行政审批制度改革继续推进，宏观调控体系逐步健全，市场监管、社会管理和公共服务职能进一步加强，一些重要领域管理体制不断完善，大部门制改革迈出重要步伐，政务公开和行政问责力度加大，依法行政取得新成效。但是还存在不少问题，主要是：职能越位、缺位问题依然突出，不该管的管得过多，一些该管的又没有管好；职责交叉、权责脱节、争权诿责现象依然较多，行政效能不够高；机构设置不够合理，一些领域机构重叠、人浮于事问题依然存在；对行政权力的制约监督机制不完善，不作为乱作为、以权谋私、贪污腐败等现象尚未得到有效遏制。这些问题需要通过深化体制改革、完善制度机制特别是职能转变加以解决。

2. 改革原则

深化国务院机构改革和职能转变，必须坚持人民主体地位，最广泛地动员和组织人民依法管理国家和社会事务、管理经济和文化事业；坚持解放和发展社会生产力，激发市场和社会活力；坚持精简统一效能，优化机构设置和职能配置；坚持创新制度机制和管理方式，提高政府管理服务能力；坚持强化对行政权力的制约监督，确保政府按照法定权限和程序履行职责；坚持从我国现阶段实际情况出发，与经济社会发展和改革开放进程相适应。

3. 主要内容

这次改革的重点是紧紧围绕转变职能和理顺职责关系，稳步推进大部门制改

革，实行铁路政企分开，整合加强卫生和计划生育、食品药品、新闻出版和广播电影电视、海洋、能源管理机构。具体内容包括：

(1) 实行铁路政企分开，完善综合交通运输体系。改革后，中国铁路总公司统一调度指挥铁路运输，实行全路集中统一管理，确保铁路运营秩序和安全，确保重要运输任务完成，不断提高管理水平，为人民群众提供安全、便捷、优质服务。

(2) 组建国家卫生和计划生育委员会，提高出生人口素质和人民健康水平。

(3) 组建国家食品药品监督管理总局，提高食品药品安全质量水平。

(4) 组建国家新闻出版广播电影电视总局，促进新闻出版广播影视业繁荣发展。

(5) 重新组建国家海洋局，推进海上统一执法。

(6) 重新组建国家能源局，完善能源监督管理体制。

(7) 关于国务院机构职能转变。

《方案》针对国务院机构职能存在的突出问题，从六个方面提出措施，明确了职能转变的方向、原则和重点。

第一，充分发挥市场在资源配置中的基础性作用。为从体制机制上最大限度地给各类市场主体松绑，激发企业和个人创业的积极性，《方案》提出：一是减少投资项目审批；二是减少生产经营活动审批事项；三是减少资质资格许可；四是减少行政事业性收费；五是逐步改革工商登记制度。

第二，更好地发挥社会力量在管理社会事务中的作用。一是逐步推进行业协会商会与行政机关脱钩，引入竞争机制，探索一业多会，以改变行业协会商会行政化倾向，增强其自主性和活力；二是重点培育、优先发展行业协会商会类、科技类、公益慈善类、城乡社区服务类等社会组织；三是坚持一手抓积极引导发展、一手抓严格依法管理，建立健全统一登记、各司其职、协调配合、分级负责、依法监管的社会组织管理体制。

第三，充分发挥中央和地方两个积极性。一是下放投资审批事项；二是下放生产经营活动审批事项；三是减少专项转移支付，大幅度减少、合并中央对地方专项转移支付项目。

第四，优化职能配置。《方案》提出三个方面的整合重点：一是按照同一件事由一个部门负责的原则，整合房屋登记、林地登记、草原登记、土地登记的职责，整合城镇职工基本医疗保险、城镇居民基本医疗保险、新型农村合作医疗的职责等，分别由一个部门承担；二是整合业务相同或相近的检验、检测、认证机构，解决这些机构过于分散、活力不强的问题；三是整合建立统一规范的公共资源交易平台、信用信息平台，推动资源共享、提高效能。对其他职责交叉、分散问题，也要按照上述原则整合解决。

第五，改善和加强宏观管理。《方案》提出：强化发展规划制订、经济发展趋势研判、制度机制设计、全局性事项统筹管理、体制改革统筹协调等职能，完善宏观调控体系，强化宏观调控措施的权威性和有效性，维护法制统一、政令畅通，消除地区封锁，打破行业垄断，维护全国市场的统一开放、公平诚信、竞争有序。

第六，加强制度建设和依法行政。《方案》提出：一是加强基础性制度建设；二是加强依法行政，完善依法行政的制度，提高制度质量。

（四）《国务院关于取消和下放一批行政审批项目的决定》

2013年11月8日，国务院公布并施行《国务院关于取消和下放一批行政审批项目的决定》，取消和下放管理层级共计82个行政审批项目，并将2013年5月15日公布的《国务院关于取消和下放一批行政审批项目的决定》（国发〔2013〕19号）中提出的、现已提请全国人民代表大会常务委员会修改的16项涉及法律的行政审批项目予以公布。

此次取消和下放的82项行政审批项目，共涉及六个领域。

（1）第一产业。在农林牧渔上皆有涉及，主要集中在对农业的简政放权，包括：下放农作物种子检验员资格考核评定到省级政府农业行政主管部门；下放对食用菌菌种检验员资格认定；取消粮油质量监督检验机构资质认定；下放采集农业主管部门管理的国家一级保护野生植物审批和重大动物疫病病料采集审批至省级主管部门；下放设立饲料添加剂、添加剂预混合饲料生产企业审批至省级饲料管理部门等。自然也包括下放进入渔业部门管理的国家级自然保护区核心区从事科学研究观测、调查活动审批到省级渔业行政部门；下放林木种子检验员考核评定；取消制盐项目核准；下放食盐定点生产企业审批到省级盐业主管部门等。

（2）进出口投资贸易。此次取消和下放的行政审批项目中涉及该领域的项目数量相对较多，且涉及基金、专利、外贸出口等诸多方面。具体包括取消基金托管部门高级管理人员选任或改任审核；下放向国外申请专利专项资金资助中第三方检索机构认定至省级及计划单列市政府专利主管部门；取消加工贸易备案（变更）、外发加工、深加工结转、余料结转、核销、放弃核准；取消国际金融组织贷款和外国政府贷款项目国际招标国内中标机电设备进口零部件免征关税审核；下放会计师事务所设立审批至省级财政部门；取消机电产品国际招标机构资格审批等。

（3）运输。运输主要针对铁路运输、航空运输以及海上货物运输三大领域，此次下放和取消的项目针对航运的项目相对其他两类运输数量要多，如取消船员资格临时特免证明签发以及引航员注册审批等，其他还包括取消民用航空运输凭证印刷企业资格认定和民用航空器驾驶员Ⅱ,Ⅲ类运行许可等。

(4) 社会事业项目。社会事业项目具体涉及教育、医疗卫生、文化等社会公共服务领域,属于此次下放和取消的重点领域之一。如取消省级人民政府自行审批、调整的高等职业学校使用超出规定命名范围的学校名称审批以及民办学校聘任校长核准;下放区域性批发企业需就近向其他省、自治区、直辖市行政区域内的取得麻醉药品和第一类精神药品使用资格的医疗机构销售麻醉药品和第一类精神药品的审批至省级食品药品监管部门;取消国家文物局直属文物收藏单位处理不够入藏标准、无保存价值的文物或标本审批等。

(5) 石油煤矿等资源。对于煤炭等矿业资源进一步取消企业资格的认定,如取消煤炭生产许可证核发,设立煤炭经营企业审批,国家出资从事区域性矿产地质调查的地区申请暂停受理新的探矿权备案核准,整装勘查实施方案审批,钨、锑生产企业出口供货资格审批等。

(6) 环境污染与防治。环境污染方面主要体现在对于船舶所造成的污染事故以及危险废物方面,包括:取消港口、码头、装卸站以及从事船舶修造、打捞、拆解等作业活动的单位防治船舶污染能力专项验收;船舶货物污染危害性评估机构认定;船舶化学品安全运输条件评估机构认定;船舶污染事故技术鉴定机构认定,以及将由国务院环境保护行政主管部门负责的危险废物经营许可下放至省级政府环境保护行政主管部门。

国务院决定取消和下放的行政审批项目中,与航运相关的主要集中在运输和环保两大领域,且均属于决定取消的行政审批项目。具体为取消船员资格临时特免证明签发,引航员注册审批,港口、码头、装卸站以及从事船舶修造、打捞、拆解等作业活动的单位防治船舶污染能力专项验收,船舶货物污染危害性评估机构认定以及船舶化学品安全运输条件评估机构认定。

(五)《最高人民法院关于适用〈中华人民共和国保险法〉若干问题的解释(二)》

《最高人民法院关于适用〈中华人民共和国保险法〉若干问题的解释(二)》(以下简称《解释(二)》)于2013年5月6日由最高人民法院审判委员会第1577次会议通过,自2013年6月8日起施行。

1. 制定的目的

为正确审理保险合同纠纷案件,切实维护当事人的合法权益,根据《中华人民共和国保险法》《中华人民共和国合同法》《中华人民共和国民事诉讼法》等法律规定,结合审判实践,就保险法中关于保险合同一般规定部分的有关法律适用问题作出解释。

2. 制定的背景

近年来,我国保险业发展迅速,在经济社会发展中发挥着越来越重要的作用。随着保险业的快速发展,保险纠纷案件数量呈连续增长态势。

此外,大量侵权纠纷案件中也涉及保险合同的相关问题。尤其是根据《道路交通安全法》的规定,我国实行机动车第三者责任强制保险制度,几乎所有道路交通事故人身损害赔偿纠纷案件均涉及保险合同。

《中华人民共和国保险法》(以下简称《保险法》)自1995年颁布实施以来,虽经2002年第一次修订,但因受历史条件所限,实践中很多问题沉淀下来一直未得到很好地解决。2009年《保险法》的修订,对维护金融秩序稳定,促进保险业健康发展,特别是保护投保人、被保险人利益方面发挥了积极的作用。自新《保险法》实施以来,保险业内部结构和外部环境都发生了较大变化,出现了一些新情况、新问题,比如投保人如实告知义务的范围、明确说明义务的履行标准、保险人核保期间的计算、保险代位求偿权的行使等。由于《保险法》适用涉及的问题繁杂且具体,加之对法律的理解和认识不尽一致,各地法院对保险合同纠纷案件的裁判标准不够统一。这些问题如不尽快解决,将极大地影响裁判标准的统一,影响司法的权威,同时也会影响我国保险业的持续健康发展。

正是在这一背景下,启动《保险法》中保险合同一般规定部分有关法律适用问题的司法解释的制定工作。

3. 主要内容

首先是对保险消费者的保护。对消费者的保护主要涉及七个方面的内容:一是规范保险公司的承保行为,督促保险公司尽快承保,并要求保险公司在保险标的符合承保条件的情况下,对其收取保险费后、作出承保意思表示前发生的保险事故承担保险责任;二是细化投保人如实告知义务,防止保险人随意以投保人违反如实告知义务为由拒赔;三是强化保险人的提示和明确说明义务;四是明确非保险术语的解释规则;五是正确认定保险合同的内容;六是明确理赔核定期间起算点,解决理赔难问题;七是排除保险人为被保险人、受益人设置索赔障碍。

其次是规定保险业务员代签名之情形。投保人或者投保人的代理人订立保险合同时没有亲自签字或者盖章,而由保险人或者保险人的代理人代为签字或者盖章的,对投保人不生效。但投保人已经交纳保险费的,视为其对代签字或者盖章行为的追认。

再次是规定恶劣投保人如实告知义务。《解释(二)》从四个方面进行规范,限制保险人在投保人违反如实告知义务时拒绝赔偿的权利,保护保险消费者的合法权益。第一,将投保人告知范围限于其明知内容,防止无限扩大投保人告知内容的范围;第二,明确确立询问告知主义,将投保人告知范围限于保险人询问的范围和内容;第三,借鉴域外经验,引入弃权制度;第四,规范保险合同解除与拒绝赔偿的关系,防止保险人随意拒赔。

最后是保险人提示和明确说明的义务。《解释(二)》从以下四个方面进一步强化保险人的提示和明确说明义务。一是从宽理解《保险法》第十七条规定的"免除保险人责任的条款"。根据《解释(二)》第九条,保险人提供的格式合同文本中的责任免除条款、免赔额、免赔率、比例赔付或者给付等免除或者减轻保险人责任的条款,都属于"免除保险人责任的条款",保险人对这些内容都必须进行提示和明确说明。二是明确保险人提示义务的履行方式和标准。《解释(二)》第十一条第一款规定,保险人可以采用文字、字体、符号或者其他明显标志等形式进行提示,且提示必须足以引起投保人注意,使投保人知道免除保险人责任条款的存在。三是提高保险人明确说明的程度。为防止明确说明义务流于形式,《解释(二)》第十一条第二款规定,保险人对保险合同中有关免除保险人责任条款的概念、内容及其法律后果的说明,必须达到常人能够理解的程度。四是明确保险人对其履行了明确说明义务负举证责任。保险人履行明确说明义务须符合《解释(二)》第十一条第二款的要求。《解释(二)》第十三条第一款明确规定,保险人对其履行了明确说明义务负有举证责任,符合《民事诉讼法》关于举证责任的规定,有利于切实保护投保人、被保险人的利益。

(六)《最高人民法院关于依据国际公约和双边司法协助条约办理民商事案件司法文书送达和调查取证司法协助请求的规定》

《最高人民法院关于依据国际公约和双边司法协助条约办理民商事案件司法文书送达和调查取证司法协助请求的规定》于2013年1月21日由最高人民法院审判委员会第1568次会议通过,自2013年5月2日起施行。

1. 制定目的

为正确适用有关国际公约和双边司法协助条约,依法办理民商事案件司法文书送达和调查取证请求,根据《中华人民共和国民事诉讼法》、《关于向国外送达民事或商事司法文书和司法外文书的公约》(《海牙送达公约》)、《关于从国外调取民事或商事证据的公约》(《海牙取证公约》)和双边民事司法协助条约的规定,结合我国的司法实践,制定本规定。

2. 规定的特点

该规定有三大特色:一是明确了人民法院提出、办理民商事案件司法文书送达、调查取证国际司法协助请求时应当遵循的原则,包括便捷高效原则、对等原则、依法审查原则等。二是明确了人民法院国际司法协助工作的管理机制，即统一管理和专人负责相结合的管理机制。三是明确了人民法院国际司法协助工作的制度建设，包括登记制度和档案制度。

3. 主要内容

(1) 关于便捷、高效。本司法解释第一条规定，人民法院应当根据便捷、高效的原则确定依据《海牙送达公约》《海牙取证公约》，或者双边民事司法协助条约，对外提出民商事案件司法文书送达和调查取证请求。所谓便捷、高效，是指便利、快捷，有助于提高效率。

(2) 关于审查责任。最高人民法院和地方各级人民法院在办理外国请求协助的事项时，均应负有审查责任，目的是通过广泛而严格的审查机制，确保国家的主权和安全不受损害。为此，本司法解释第三条规定，人民法院协助外国办理民商事案件司法文书送达和调查取证请求，应当进行审查。外国提出的司法协助请求，具有《海牙送达公约》《海牙取证公约》和双边民事司法协助条约规定的拒绝提供协助的情形的，人民法院应当拒绝提供协助。根据本条规定，最高人民法院以及经手办理某一具体司法协助请求的法院，均对该司法协助请求负有审查责任。

(3) 关于管理机制。统一管理与专人负责相结合，具体包括三层含义，规定在司法解释第六条之中，即①最高人民法院统一管理全国各级人民法院的国际司法协助工作。②高级人民法院应当确定一个部门统一管理本辖区各级人民法院的国际司法协助工作并指定专人负责。③中级人民法院、基层人民法院和有权受理涉外案件的专门法院，应当指定专人管理国际司法协助工作；有条件的，可以同时确定一个部门管理国际司法协助工作。专门机构和专人在管理国际司法协助工作中的具体职能，将在本司法解释的实施细则中作出明确规定。

(4) 关于制度建设。除了建立人民法院国际司法协助工作管理机制外，本司法解释在国际司法协助制度建设上主要规定了登记制度和档案制度。这两项制度的规定，也是在对人民法院国际司法协助工作多年工作经验进行总结的基础上形成的。统一的登记制度和档案制度是这些成熟和成功的经验的典型代表。将这些成熟和成功的经验纳入本司法解释，目的是进一步完善和规范人民法院国际司法协助工作的制度建设，指导人民法院未来的国际司法协助工作。

(七)《最高人民法院关于适用〈中华人民共和国涉外民事关系法律适用法〉若干问题的解释(一)》

《最高人民法院关于适用〈中华人民共和国涉外民事关系法律适用法〉若干问题的解释(一)》于2012年12月10日由最高人民法院审判委员会第1563次会议

通过，自2013年1月7日起施行。

1. 起草背景

《中华人民共和国涉外民事关系法律适用法》是我国第一部关于涉外民事关系法律适用问题的单行法，在我国国际私法立法史上具有深远的影响。但是从该法在起草过程中发现的问题以及该法的实施情况来看，确有制定相关司法解释的必要。

2. 主要内容

该司法解释主要围绕在涉外民事关系法律适用法实施过程中存在的主要问题进行规定，共21条。具体包括：

(1) 涉外民事关系。本司法解释第一条对如何界定"涉外民事关系"进行重新规定：①将"经常居所地"规定为民事法律关系主体的重要连结点，不再仅仅强调"国籍"这一连结点。②对于外国人，应当包括外国的自然人、法人及其他组织。③将"外国"这一表述变更为"中华人民共和国领域外"更为合理。④规定了兜底式条款，以囊括实践中可能存在的其他应当被认定为涉外民事关系的情形。

(2) 溯及力。根据实体法的溯及力原则确定该法的溯及力，以不溯及既往为该法的适用原则。

(3) 冲突规范。本司法解释第三条分两款明确规定了涉外民事关系法律适用法与其他法律中的冲突规范的适用关系。具体理解为：①涉外民事关系法律适用法和其他法律对同一涉外民事关系的法律适用问题规定一致的，应当优先适用涉外民事关系法律适用法的规定。②涉外民事关系法律适用法和其他法律对同一涉外民事关系的法律适用规定不一致的，要看其他法律的规定是否属于"特别规定"，否则仍应当适用涉外民事关系法律适用法的规定。③涉外民事关系法律适用法有规定而其他法律没有规定的，适用涉外民事关系法律适用法的规定。④涉外民事关系法律适用法对涉外民事关系的法律适用没有规定而其他法律有规定的，适用其他法律的规定。

(4) 国际条约和国际惯例。本司法解释第四条、第五条分别对适用国际条约和国际惯例的法律依据作出指引。

(5) 选择适用法律的范围。涉外民事关系法律适用法第三条属于"宣示性"条款，其强调只有我国法律明确规定允许当事人选择适用法律的，当事人才可以对系争涉外民事关系应当适用的法律作出选择。否则，当事人的选法行为无效，人民法院则不应予以支持。本司法解释第六条即对此作出明确阐释。

(6) 对我国尚未生效的国际条约。司法实践中，当事人在合同等法律文件中援引对我国尚未生效的国际条约，人民法院一般会尊重当事人的选择，且同时认为，既然是对我国尚未生效的国际条约，该条约对我国没有拘束力，不能将其作为裁判的法律依据。

(7) 强制性规定。司法解释第十条规定除对何为我国法律的强制性规定进行了一般性描述外，还以不完全列举的方式解决可操作性问题，列举排序是根据法律与民生的相关程度进行的。

(8) 经常居所地。司法解释第十五条对如何认定自然人的“经常居所地”作出规定。国际条约并没有对认定“惯常居所地”的标准作出规定。其他国家的立法例中也很少有关于如何界定“经常居所地”的规定，德国法与瑞士法中对此仅有抽象规定，均强调其应当是“生活中心”。

(9) 外国法律之不能查明。司法解释第十七条对此作出规定。涉外民事关系法律适用法第十条第一款首先明确了人民法院负有查明外国法的义务，其次规定“当事人选择适用外国法律的”情况下，当事人应当提供该外国法。因此，司法解释第十七条分两款对“不能查明外国法律”的情形作出规定。

(10) 外国法之理解适用。司法解释第十八条对此作出明确规定。对于应当适用的外国法律，无论是当事人提供的，还是人民法院依职权获得的，人民法院均应当听取各方当事人对该外国法律的内容及其理解与适用的意见，当事人无异议的，人民法院即应当根据当事人的共同理解确定外国法的内容及其理解与适用；如果当事人有异议的，则应当由人民法院最终确定外国法的内容及如何理解和适用该外国法。

(11) 涉港澳台案件法律适用问题。我国法律没有对涉港、澳、台民事关系的法律适用问题作出过规定。涉台案件单独制定司法解释，已由法释〔2010〕19号最高人民法院《关于审理涉台民商事案件法律适用问题的规定》作出相应规定。本司法解释第十九条则规定：“涉及香港特别行政区、澳门特别行政区的民事关系的法律适用问题，参照适用本规定。”

(八)《国务院关于印发船舶工业加快结构调整促进转型升级实施方案(2013—2015年)的通知》

国务院于2013年7月31日公布《国务院关于印发船舶工业加快结构调整促进转型升级实施方案(2013—2015年)的通知》。

1. 制定目的

船舶工业是为海洋运输、海洋开发及国防建设提供技术装备的综合性产业。受国际金融危机的深层次影响，国际航运市场持续低迷，新增造船订单严重不足，新船成交价格不断走低，产能过剩矛盾加剧，我国船舶工业发展面临前所未有的严峻挑战。按照稳增长、调结构、促转型的工作要求，为保持产业持续健康发展，特制定本实施方案。

2. 制定背景

新世纪以来，我国船舶工业发展取得显著成就，产业规模迅速扩大，中国已经成为世界最具影响力的造船大国之一。但受国际金融危机、国际航运市场持续低迷等因素影响，新增造船订单严重不足，新船成交价格不断走低，导致我国船舶工业产能过剩矛盾加剧，产业发展面临前所未有的严峻挑战。与此同时，也要看到，我国已经建成一批高水平的造船基础设施，上下游产业齐全，劳动力资源充裕，国内市场潜力较大。要坚定信心、抓住机遇，主动融入世界船舶工业深刻调整的大趋势，深入推进产业结构调整，加快产业转型升级。

3. 指导思想

全面贯彻落实党的十八大精神，以邓小平理论、"三个代表"重要思想、科学发展观为指导，立足当前，着眼长远，以加快转变船舶工业发展方式为主线，以提高发展质量和效益为中心，适应国际船舶技术和产品发展新趋势，着力改善需求结构，实施创新驱动，推动技术和产品结构升级；发挥企业市场主体作用，加强宏观调控和引导，着力推进兼并重组和转型转产，优化产业组织结构和产能结构；积极应对国际船舶市场变化，着力加强企业管理和行业服务，稳定和巩固国际市场，提高产业国际竞争力，为实现船舶工业由大到强的转变奠定坚实基础。

4. 基本原则

强化需求引导，调整产品结构。发展技术含量高、市场潜力大的绿色环保船舶、专用特种船舶、高技术船舶，发展海洋工程装备，提高船用设备配套能力，扩大国内有效需求，推动船舶产品结构升级。

实施创新驱动，提高竞争能力。推进技术创新，全面满足国际新规范、新公约、新标准要求，提高船舶设计制造水平，增强产品国际竞争力，稳定国际市场份额。实施海外投资和产业重组，开展全球产业布局，积极拓展对外发展新空间。

控制新增产能，优化产能结构。遏制产能盲目扩张，利用骨干企业现有造船、修船、海洋工程装备基础设施能力，推进大型企业重组和调整，整合优势产能；调整业务结构，鼓励中小企业转型转产，淘汰落后产能。

完善政策体系，创新体制机制。尊重市场经济规律，顺应世界船舶工业深刻调整新形势，完善船舶工业转型发展的政策体系；推进重点领域改革和体制机制创新，加强企业管理，改善行业服务，不断增强船舶工业自身发展活力。

5. 主要内容

根据该通知的规定，船舶工业加快结构调整、促进转型升级实施方案的主要内容包括：

一是加快科技创新，实施创新驱动。开展船舶和海洋工程装备关键技术攻关，培育提高科技创新能力。

二是提高关键配套设备和材料制造水平。重点依托国内市场需求推进关键船周配套设备、海洋工程装备专用系统和设备以及特种材料的研发、制造。

三是调整优化船舶产业生产力布局。严格控制新增产能，清理整顿违规建设项目，通过优化组织结构、兼并重组、转型转产等，整合优势产能，淘汰落后产能，推进产业布局调整。

四是改善需求结构，加快高端产品发展。鼓励老旧船舶提前报废更新，加快发展海洋工程装备和高技术船舶，加强行政执法和公务船舶配置，实施渔船更新改造，推动船舶工业产品结构升级。

五是稳定国际市场份额。鼓励金融机构加大信贷融资支持力度，支持企业开拓国际市场、引进核心人才和团队，开展海外产业重组和全球产业布局。

六是推进军民融合发展。促进军民科研条件、资源、成果共享。

七是加强企业管理和行业服务。引导船舶企业全面加强管理，加强船员队伍建设。发挥行业协会和专业机构在信息、技术、培训等方面的重要作用。

(九)交通运输部《关于修改〈中华人民共和国国际海运条例实施细则〉的决定(2013)》

《关于修改〈中华人民共和国国际海运条例实施细则〉的决定》于2013年8月22日经交通运输部第10次部务会议通过，并于2013年8月29日公布，自公布之日起施行。

1. 修订背景

2013年5月，国务院发布《关于取消和下放一批行政审批项目等事项的决定》(国发〔2013〕19号)，取消《中华人民共和国国际海运条例》(以下简称《海运条例》)规定的国际船舶运输经营者之间兼并、收购审核，取消《海运条例》规定的国际船舶代理业务审批。2013年7月，国务院发布《关于废止和修改部分行政法规的决定》(中华人民共和国国务院令第638号)，就涉及上述取消的审批事项内容对《海运条例》相应部分作了删除和修改。

2. 修订目的

根据国务院关于《海运条例》修改的内容，为做好取消和下放相关行政审批项目的落实，并与省级交通运输主管部门做好衔接，同时发挥行业协会的自律作用，切实保证进一步加强后续监管，交通运输部及时发布2013年第9号部令，对《国际海运条例实施细则》(以下简称《实施细则》)进行修订。

3. 修订的原则

一是严格遵循上位法。既要符合新《海运条例》的规定,同时结合国际船舶代理企业、国际船舶运输企业的特点和经营现状,做到上位法与行业发展的有机结合。

二是简政放权加强监管。取消中资企业国际船舶代理业务审批等行政审批事项。实施备案制度,从"重审批,轻监管"向加强事中事后监管转变。

三是保障行业健康发展。《实施细则》对经营场所、高级业务管理人员等必要的经营条件予以具体明确。

4. 修订的主要内容

(1) 中资国际船舶代理企业取消审批,实施备案制度。《实施细则》第七条的修改,反映了对国际船舶代理业务管理的重大改变。比如实施备案制度,对应提交的备案材料有具体规定。由交通运输部委托中国船舶代理及无船承运人协会承担备案受理工作;国际船舶代理企业在变更或者停止业务后 15 日内向交通运输部备案,备案材料包括备案函、工商证明文件。

(2) 对未进行备案的国际船舶代理经营者实施处罚。国际船舶代理经营者未按规定进行备案的,由交通运输部依照《海运条例》(修订)第四十五条规定,对修订后的《实施细则》第七条规定的备案人实施处罚。

(3) 中外合资国际船舶代理企业继续实施审批制度。修订后的《实施细则》第四十一条规定,中外合资、合作经营企业从事国际船舶代理业务按照《海运条例》第二十九条规定,外商出资比例不超过 49%,并继续实施审批制度。交通运输部按照本《实施细则》第七条第一款的规定进行审核,作出批准或者不予批准的决定。决定批准的,发给批准文件;不予批准的,应当书面通知申请人并告知理由。

获得批准的申请人应当持交通运输部批准文件,到有关部门办理相应的设立外商投资企业的审批手续。取得相应的批准文件后,到交通运输部领取《国际船舶代理经营资格登记证书》。

(4) 取消国际船舶运输经营者之间兼并、收购审核。鉴于《海运条例》第二十四条关于国际船舶运输经营者之间的兼并、收购审核已经删除,《实施细则》第三十三条相应予以了删除,中国国际船舶运输经营者之间或者中国国际船舶运输经营者与外国国际船舶运输经营者之间的兼并、收购不再报交通运输部审核。

(5) 取消外国国际船舶运输经营者及外国国际海运辅助企业在华设立常驻代表机构审批。《实施细则》通过相应删除第四十八、四十九、五十、五十一等条,明确了外国国际船舶运输经营者及外国国际海运辅助企业在我国境内设立常驻代表机构、常驻代表机构变更名称、延长驻在期、机构终止等事项不再报交通运输部批准。

(十)《中国(上海)自由贸易试验区总体方案》

2013年9月18日,国务院发布《中国(上海)自由贸易试验区总体方案》(以下简称《总体方案》)。

1. 制定目的

建立中国(上海)自由贸易试验区(以下简称自贸区)是党中央、国务院作出的重大决策,是深入贯彻党的十八大精神。在新形势下推进改革开放的重大举措。为全面有效推进自贸区工作,制定本方案。

2. 总体目标

经过2～3年的改革试验,加快转变政府职能,积极推进服务业扩大开放和外商投资管理体制改革,大力发展总部经济和新型贸易业态,要进一步深化改革,加快政府职能转变,坚持先行先试,既要积极探索政府经贸和投资管理模式创新,扩大服务业开放;又要防范各类风险,推动建设具有国际水准的投资贸易便利、监管高效便捷、法制环境规范的自由贸易试验区,使之成为推进改革和提高开放型经济水平的"试验田",形成可复制、可推广的经验,发挥示范带动、服务全国的积极作用,促进各地区共同发展。这有利于培育我国面向全球的竞争新优势,构建与各国合作发展的新平台,拓展经济增长的新空间,打造中国经济"升级版"。

3. 总体要求

自贸区肩负着我国在新时期加快政府职能转变、积极探索管理模式创新、促进贸易和投资便利化,为全面深化改革和扩大开放探索新途径、积累新经验的重要使命,是国家的战略需要。

4. 实施范围

自贸区的范围涵盖上海外高桥保税区、上海外高桥保税物流园区、洋山保税港区和上海浦东机场综合保税区等4个海关特殊监管区域,并根据先行先试推进情况以及产业发展和辐射带动需要,逐步拓展实施范围和试点政策范围,形成与上海国际经济、金融、贸易、航运中心建设的联动机制。

5. 主要任务

(1) 加快政府职能转变,深化行政管理体制改革。

(2) 扩大投资领域开放,扩大服务业开放,探索建立负面清单管理模式,构筑对外投资服务促进体系。

(3) 推动贸易发展方式转变,推动贸易转型升级,提升国际航运服务能级。

(4) 深化金融领域的开放创新,加快金融制度创新,增强金融服务功能。

(5) 完善法制领域的制度保障。

(6) 营造相应的监管和税收制度环境,适应建立国际高水平投资和贸易服务体系的需要，创新监管模式，促进自贸区内货物、服务等各类要素自由流动，推动服务业扩大开放和货物贸易深入发展，形成公开、透明的管理制度。同时，在维护现行税制公平、统一、规范的前提下，以培育功能为导向，完善相关政策。具体包括两方面：一是创新监管服务模式，推进实施“一线放开”，坚决实施“二线安全高效管住”，进一步强化监管协作；二是探索与自贸区相配套的税收政策，实施促进投资和贸易的税收政策。

(7) 扎实做好组织实施。各有关部门要大力支持，积极做好协调配合、指导评估等工作，共同推进相关体制机制和政策创新，把自贸区建设好、管理好。

6. 实施意义

(1) 说明“中国经济升级版”正式启动。中国(上海)自由贸易试验区的建设，是以“开放红利”激发“改革红利”的绝佳契机。如果能够顺利推进，定然能够为全国性的改革破局，带来巨大的示范效应。就上海的地理和经济条件而言，上海应该充分利用自身的港口优势，以及长时间的保税区政策优惠、经验，先发展成“28 km^2的以外高桥为主体的自由贸易区”，并以此为“主区”对外辐射，形成若干个自由贸易区“辐射区”。如此，上海就能够成为真正意义上的多功能的大型自由贸易区。这意味着上海将成为进一步扩大对外开放的“领头羊”，以“开放红利”实现新十年上海经济的再升级，也为打造“中国经济升级版”起到示范作用。

(2) 说明全国性的改革正式开始破局。自贸区的建设，必将带动金融、税收、贸易、政府管理等一系列政策的变革，使政府有关部门转变整体的管理思路，重新界定自身职能。

(3) 说明中国经济与国际接轨又多了一个重要的试验窗口。自贸区是由单个国家或地区为降低国际贸易成本，促进对外贸易和国际投资的发展，在自己境内设定的某特定区域，以便实施海关保税、免税等特殊监管政策。与国内现有的保税区体制相比，自贸区在外汇管理、货物监管、企业建立等方面拥有更多的贸易便利化条件，因此也被视为保税区的“升级版”。上海综合保税区一旦试点自贸区工作，将实现离岸贸易与在岸贸易、物流功能与结算功能、内贸与外贸的统筹协调发展，成为上海国际金融中心、国际航运中心、国际贸易中心建设的最大结合体，为上海参与更大范围的国际竞争打开一扇大门。

(十一)《交通运输部、上海市人民政府关于落实〈中国(上海)自由贸易试验区总体方案〉加快推进上海国际航运中心建设的实施意见》

为推进上海国际航运中心建设，交通运输部与上海市人民政府于 2013 年 9 月 29 日联合发布《关于落实〈中国(上海)自由贸易试验区总体方案〉加快推进上海国际航运中心建设的实施意见》(以下简称《意见》),为《总体方案》中提出的航运领域扩大开放、改革创新措施提供了"落地"支撑。《意见》将从五方面着手,探索创新具有国际竞争力的航运发展制度和模式,有力地支撑上海国际航运中心升级发展。具体举措如下:

(1) 在扩大开放水平方面,《意见》提出,允许外商在中国(上海)自由贸易试验区以超过49%的投资比例设立中外合资经营企业或者中外合作经营企业经营国际船舶运输业务,允许船舶登记主体的外商出资比例突破50%的限制,外商可在中国(上海)自由贸易试验区投资设立独资企业经营国际船舶管理业务,利用自贸区在金融、贸易等领域的开放政策着力发展航运金融、保险、交易、咨询、海事仲裁、港口物流等现代航运服务业。

(2) 在创新航运政策方面,《意见》指出:积极发挥海港、空港的联动作用,探索形成具有国际竞争力的航运发展制度和运作模式;实施沿海捎带试点政策,推动中转集拼业务发展,允许中资航运公司利用自有或控股拥有的非五星旗国际航行船舶,先行先试外贸进出口集装箱在国内开放港口与上海港之间(以上海港为中转港)的捎带业务;发挥上海区域优势,利用中资"方便旗"船税收优惠政策,促进符合条件的船舶在上海落户登记,在"中国洋山港"船舶登记政策的基础上,研究推动建立并实施便捷高效的国际船舶登记制度,简化国际船舶运输经营许可程序;支持扩大启运港退税政策试点范围,发挥长江黄金水道作用,增强上海港辐射能力。

(3) 在拓展中心功能方面,《意见》要求加快发展航运运价指数衍生品交易业务;支持建立市场导向和政府推动相结合的航运发展股权基金,允许发起人设立股权基金公司;支持上海高级国际航运学院发展,建设国际化、开放型、服务型的高端航运人才培养基地。支持上海国际航运研究中心、上海国际航运信息中心的建设和发展,打造具有国际影响力的航运咨询机构。支持上海组合港管委会办公室、上海国际航运中心发展促进会开展有关研究。

(4) 在提升服务水平方面,《意见》强调:积极发展航运金融、国际船舶运输、国际船舶管理、国际航运经纪、国际船舶租赁、国际船员管理等产业;支持筹建邮轮发展基金,支持上海邮轮母港建设;提升上海国际航运中心在国际航运规则和标准制定、市场规制、信息咨询服务等领域的能力和水平,鼓励吸引国内外航运组织、相关协会、服务机构和平台落户上海。

(5) 在加强基础建设上,《意见》提出:加快铁路、内河集装箱运输基础设施前期工作和建设,推进干支泊位建设,加强长江口深水航道疏浚土综合利用;推进综合运输体系建设,提升水水中转比例,鼓励江海直达船舶推广应用;促进内河LNG燃料动力船舶推广应用;完善国际海运市场监管机制,进一步发挥船东、港口等有关行业协会在行业自律方面的作用。

(十二)《全国人民代表大会常务委员会关于授权国务院在中国(上海)自由贸易试验区暂时调整有关法律规定的行政审批的决定》

《全国人民代表大会常务委员会关于授权国务院在中国(上海)自由贸易试验区暂时调整有关法律规定的行政审批的决定》于2013年8月30日由第十二届全国人民代表大会常务委员会第四次会议通过,自2013年10月1日起施行。

1. 调整的背景

建立中国(上海)自由贸易试验区是主动顺应全球化经济治理新趋势新格局,主动对接国际贸易投资新规则新要求,主动塑造以开放促改革促发展新红利新优势,主动承担全国开放先行先试新使命新战略。为了加快构建中国(上海)自由贸易试验区的制度框架,转变政府职能,创新政府管理服务体制机制,创新试验规范透明高效便捷的政府服务管理机制,梳理现有法规体系,完善相关法律法规,创新法制化营商环境是一大重点。

全国人民代表大会常务委员会授权国务院在中国(上海)自由贸易试验区颁布的暂时调整有关法律规定的行政审批的决定,是政府创新市场化营商环境,营造市场规范、标准制定、环境改善、公平竞争、诚信体系、知识产权和劳动者权益保护等现代市场经济发展环境的有利举措。

2. 调整的目的

为加快政府职能转变,创新对外开放模式,进一步探索深化改革开放的经验,第十二届全国人民代表大会常务委员会第四次会议决定:授权国务院在上海外高桥保税区、上海外高桥保税物流园区、洋山保税港区和上海浦东机场综合保税区基础上设立的中国(上海)自由贸易试验区内,对国家规定实施准入特别管理措施之外的外商投资,暂时调整《中华人民共和国外资企业法》《中华人民共和国中外合资经营企业法》和《中华人民共和国中外合作经营企业法》规定的有关行政审批。上述行政审批的调整在三年内试行,对实践证明可行的,应当修改完善有关法律;对实践证明不宜调整的,恢复施行有关法律规定。

3. 调整的原因

自由贸易区(Free Trade Zone),又称对外贸易区(Foreign Trade Zone)或免税贸易区(Tax-Free Trade Zone),是在关境以外划出的,对进出口商品全部或大部分免征关税,并且允许港内或区内进行商品的自由储存、展览、加工和制造等业务活动,以促进地区经济和对外贸易的发展的一个区域。一般设在一个港口的港区或邻近港口的地区,它实际上是采取自由港政策的关税隔离区。设立自贸区的首要目的便是便利贸易，促进经济发展。该决定的目的就是减少行政干预，增加市场灵活性，促进贸易的开展，更好地发挥市场这只“无形的手”在贸易活动的调节作用，从而使自贸区更好地发展。并且自贸区是可先试先行、复制推广的，发挥示范带动、服务全国的积极作用，最终形成可复制的运行机制，促进各地区共同发展。但是自贸区也有其自身的局限，它会导致商品流向的扭曲和避税，第三国很可能将货物先运进一体化组织中实行较低关税或贸易壁垒的成员国，然后再将货物转运到实行高贸易壁垒的成员国。如果行政审批的调整不但没能弥补自贸区自身的局限性，反而促使了它更加发酵，后果会不堪设想。因此该决定中规定，上述行政审批的调整在三年内试行，对实践证明可行的，应当修改完善有关法律；对实践证明不宜调整的，恢复施行有关法律规定。

4. 调整的内容

本次调整一共涉及11个方面的内容，包括外资企业设立审批；外资企业分立、合并或者其他重要事项变更审批；外资企业经营期限审批；中外合资经营企业设立审批；中外合资经营企业延长合营期限审批；中外合资经营企业解散审批；中外合作经营企业设立审批；中外合作经营企业协议、合同、章程重大变更审批；中外合作经营企业转让合作企业合同权利、义务审批；中外合作经营企业委托他人经营管理审批；中外合作经营企业延长合作期限审批。调整的方向都是暂时停止实施该项行政审批，改为备案管理。

（十三）中国(上海)自由贸易试验区外商投资准入特别管理措施(负面清单)

2013年9月29日，上海市人民政府根据外商投资法律法规、《中国(上海)自由贸易试验区总体方案》和《外商投资产业指导目录(2011年修订)》，公布了《中国(上海)自由贸易试验区外商投资准入特别管理措施(负面清单)(2013年)》(以下简称负面清单)。按国民经济行业分类，负面清单共涉及18个门类，89个大类，419个中类，1 069个小类，共190条管理措施，高尔夫球场、网吧、博彩业和色情业等都在负面清单罗列的被禁止的内容里。

所谓负面清单，相当于投资领域的“黑名单”，列明了企业不能投资的领域和产业。负面清单是国际上重要的投资准入制度，目前国际上有70多个国家采用“准入前国民待遇和负面清单”管理模式。与负面清单相对应的是正面清单，即列明了企业可以做什么领域的投资。

对于列入负面清单的外商投资，试验区将按照原有办法进行管理。而对于没有列入清单的外商投资一般项目，将按照内外资一致的原则，把项目的核准制改为备案制，把原来合同章程的审批改为备案管理。

负面清单管理模式与相应制度改革的衔接，将大大方便投资者。在新的管理模式下，未列入负面清单的外商投资一般项目，最快4天可以拿到营业执照、机构代码和税务登记。

在被列入负面清单的项目中，与航运相关的有以下两个项目：

C373船舶及相关装置制造，其特别管理措施为：①投资豪华邮轮的设计，船舶低、中速柴油机以及零部件的设计，游艇的设计与制造须合资、合作；②投资船舶低、中速柴油机及曲轴的制造须中方控股；③投资船舶舱室机械的设计与制造须中方相对控股；④限制投资船舶（含分段）的设计与制造（中方控制）。

G55水上运输业，又分为G551水上旅客运输、G552水上货运运输和G553水上运输辅助活动，对于G551和G552的特别管理措施为限制投资水上运输公司（中方控股），投资定期、不定期国际海上运输业务须中方控股；对于G553的特别管理措施为：①投资国际海运货物装卸，国际海运集装箱站和堆场业务限合资、合作；②限制投资船舶代理（中方控股）；③限制投资外轮理货（限于合资、合作）。

（十四）《临港地区建立特别机制和实行特殊政策的三十条实施政策》

1. 制定背景

临港地区开发在全市发展中具有重要地位，从长远看，是上海实现创新驱动、转型发展的战略空间，从当前看，是上海经济实现平稳健康发展的重要引擎。为加快推进临港地区发展，从2012年初开始，市委、市政府组织力量开展了专题调研，形成了一系列调研成果。在此基础上，2013年9月，市委、市政府正式发布《关于在临港地区建立特别机制和实行特殊政策的意见》（以下简称“双特”政策）。“双特”政策的出台，将为临港加快集聚高端制造业、集聚创新创业人才、强化产城融合提供重要支撑和保障。

2. 主要内容

从总体上看，目前临港地区仍处于大规模投入、大规模开发阶段，开发体量大、任务重，“平地兴产、平地造城”等特殊性，决定了加快发展的艰巨性和紧迫性。临港地区开发建设的关键是要聚焦突破瓶颈问题，体现临港加快集聚高端制造业、集聚创新创业人才、强化产城融合的战略导向。为此，临港三十条重点关注以下四个方面的内容。

（1）关于产业功能集聚。首先是扶持高端制造业发展。在资金支持方面，在市、区进行倾斜扶持的基础上，临港管委会再拿出一部分资金，扶持战略性新兴产业等7大类项目。在金融支持方面，设立以国资为主的10亿元种子基金，吸引带动社会资金设立100亿元临港产业基金。在对企业贡献的奖励方面，将重点企业对区级的新增贡献用于扶持其发展。希望通过上述优惠政策，提升临港地区高端制造企业的竞争力。其次是扶持现代服务业发展。在总部经济方面，规划建设商务集聚区，鼓励企业在临港地区设立总部。在"三新"企业方面，扶持新模式、新业态、新技术等"三新"企业，以及软件产业和文化创意产业。在生活服务业方面，对具有连锁品牌的城市生活服务企业和社区商业必备业态，给予租金和物业管理费奖励。希望通过上述优惠政策，集聚现代服务企业到临港地区发展。

(2) 关于吸引和集聚人才。在人才引进方面，对引进的高端人才，在国家、市、区奖励的基础上，临港管委会另外给予区级同等的奖励。在人才户籍和奖励方面，临港地区企业、重点机构引进的紧缺急需人才和高技能人才，可直接落户或者申办人才居住证；高端人才和总部企业的中高级管理人员，对区级的新增贡献用于奖励该类人员；对重点基础教育、医疗机构的人才，每月给予临港津贴。在住房和养老保障方面，符合条件的单位可以购买公共租赁房、个人可以购买"双定双限房"；率先在临港地区试点建立多层次保障体系和个人税收递延型养老保险。希望通过上述优惠政策，加快临港地区的人气集聚，吸引高端人才。

(3) 关于有效控制综合成本。在土地成本方面，确保临港地区打造成上海土地成本洼地。在土地出让方面，实行工业用地弹性出让，对工业项目、大型城市综合配套、重大功能性项目等用地，可采用带方案出让。在绿化平衡方面，临港产业区实行园区总体平衡。希望通过上述优惠政策，降低企业到临港地区投资开发的成本。

(4) 关于综合配套环境。在公共交通方面，完善地铁短驳公交，规划有轨电车等公共交通体系。在生活配套方面，提供优质生活配套服务，为中高端人才提供子女入学方便和本人就医的绿色通道，鼓励在临港举办各类大型活动。希望通过上述优惠政策，加快完善临港地区生活配套设施，实现产城融合。

(十五)《上海海事法院适用小额诉讼程序暂行办法》

1. 制定背景

《最高人民法院关于海事法院可否适用小额诉讼程序问题的批复》已于2013年5月27日由最高人民法院审判委员会第1579次会议通过，自2013年6月26日起施行。为落实该司法解释的规定，确保小额诉讼程序在海事审判领域的有效实施，上海海事法院根据上海市高级人民法院关于开展小额诉讼审判工作的相关细则，结合海事审判实际，制定了《上海海事法院适用小额诉讼程序暂行办法》。

2. 制定的必然性

小额诉讼，是指基层法院的小额诉讼法庭或专门的小额法院适用比普通简易程序更加简易化的诉讼程序审理数额甚小的案件过程中所进行的各种诉讼活动，以及由这些活动所产生的各种诉讼关系的总和。修改后的《民事诉讼法》第一百六十二条规定："基层人民法院和它派出的法庭审理符合本法第一百五十七条第一款规定的简单的民事案件，标的额为各省、自治区、直辖市上年度就业人员年平均工资百分之三十以下的，实行一审终审。"这意味着小额诉讼程序在我国的正式确立，其对及时化解小额纠纷、减轻当事人的经济负担、提高诉讼效率等具有极为重要的意义。小额诉讼程序的意义不仅在于可以解决某种特定类型的纠纷，还在于其为我们的司法改革提供了这样一个思路，即通过诉讼程序制度的多元化，将案件分流，减轻普通程序的诉讼压力，从而在普通程序中实现程序的公正，而通过小额诉讼程序或者其他程序得以提高诉讼效率，实现诉讼的效益化。

海事案件的高流动性和高专业性使得诉讼成本远较一般案件为高，在小额案件中较易出现收益不抵成本的"亏本诉讼"。从海事法院的角度来说，分流审判压力迫在眉睫。而海事法院在级别上等同于中级人民法院，若一个海事海商案件经过上诉和再审申请，很有可能最终需要由最高人民法院进行审理，这显然不利于司法资源的合理利用。最高人民法院批复海事法院也可适用小额诉讼程序，2012 年修订的《中华人民共和国民事诉讼法》(以下简称新《民事诉讼法》)简易程序一章规定了小额诉讼程序，《中华人民共和国海事诉讼特别程序法》第九十八条规定海事法院可以适用简易程序。因此，海事法院可以适用小额诉讼程序审理简单的海事、海商案件。适用小额诉讼程序的标的额应以实际受理案件的海事法院或其派出法庭所在的省、自治区、直辖市上年度就业人员年平均工资 30％为限。该批复为海事审判适用小额诉讼程序提供了法律依据。而且在海事审判领域，因为没有海事基层法院，海事法院以中级法院的级别承担一审法院的审理任务，矛盾化解的中心因此上移，高级法院乃至最高法院办理海事上诉、申诉案件的压力过重，一定程度上制约了其应然功能的发挥，新《民事诉讼法》中，关于小额诉讼程序一审终审的规定，有利于促进海事审判的科学发展。

3. 主要内容

该办法列明：权利义务关系明确的货运代理合同欠费纠纷；权利义务关系明确的海上(或通海水域、沿海)货物运输合同运费纠纷；权利义务关系明确的船舶物料、备品供应合同欠款纠纷；权利义务关系明确的港口作业欠款纠纷；劳动(或劳务)关系明确，仅在工资报酬、工伤医疗费、经济补偿金(赔偿金)、遣返费等的给付数额和给付时间上存在争议的船员劳务纠纷；事实清楚的拖欠救助款、打捞费的海难救助、打捞合同纠纷等 6 类案件，若标的额在当年度小额诉讼案件金额标准以下的，可以适用小额诉讼程序，实行一审终审。

该办法还对排除适用小额诉讼的情形、当事人约定适用的处理、浮动标的额的计算、诉讼权利的告知释明、审理期限、审理方式、程序转化、审判监督以及内部职权分工、审批手续等作出安排，以确保小额程序案件的审理质量和效率，使之更好地发挥经济、快捷、便利地解决当事人纠纷的制度功能。

（十六）《中华人民共和国渔业船舶登记办法》

《中华人民共和国渔业船舶登记办法》经2012年农业部第10次常务会议审议通过，自2013年1月1日起施行。农业部1996年1月22日发布，1997年12月25日、2004年7月1日、2010年11月26日修订的《中华人民共和国渔业船舶登记办法》同时废止。

由于渔业经济不断发展和体制机制等方面的原因，渔业船舶管理和登记工作也面临着许多新情况、新问题，如频繁渔船买卖、租赁不办理过户手续，以及异地挂靠现象不断增多，渔船登记与造船审批环节脱节造成"三证不齐"渔船难以消除，执法与管理手段落后等，在一定程度上扰乱了正常的渔业生产秩序，也影响了海洋捕捞渔船控制制度的顺利实施。

1. 修订的必要性

为了切实加强渔船管理，控制捕捞强度，维护渔业生产秩序，保障渔业生产者的合法权益，农业部在认真总结实践经验，充分考虑当前管理工作需要和广大渔民群众的接受程度的基础上，根据法律法规和国务院批准的《农业部关于"十二五"期间进一步加强渔船管理控制海洋捕捞强度的通知》，对现行《渔业船舶登记办法》进行修订完善。

2. 修订的主要内容

一是根据国务院批准的"十二五"渔船管理控制意见，将渔船登记地由船舶所有人可在居住地和经营地就近选择，调整为在船舶所有人户籍所在地或企业注册地办理登记，同时要求省级登记机关应根据本行政区域渔业船舶管理实际确定有关登记机关的登记权限和船籍港，并对外公告。

二是根据实际需要，新增渔船船名核定内容，并将其作为渔船重要管理环节之一，同时对可申请渔船船名核定的情形、核定机关、申请程序、材料要求、办理时限及有效期限等进行明确，有效地促进其与渔业船网工具指标审批、渔船检验、渔船登记和捕捞许可等环节的合理衔接。

三是根据《船舶登记条例》等规定，将渔船所有权登记和国籍登记"一并办理、互为条件"调整为"分别办理"，对于船舶所有人要求同时办理的，可以同时办理，并免予提交相同的材料。

四是根据《物权法》等规定，明确由渔业船舶所有人提出船舶所有权登记申请。对两个以上的个人或者法人共有的渔业船舶，由持股比例最大的共有人申请，对持股比例相同的，由约定的共有人一方申请，渔船登记机关核发的船舶所有权证书中记载的船舶所有人为申请人，同时在共有栏内注明渔船共有情况。

五是根据行政许可管理规定，明确渔业船舶必须申办国籍登记，取得中华人民共和国国籍，方可悬挂中华人民共和国国旗，获得航行的权利。同时规定经批准从事远洋渔业的渔船，需要加入他国国籍的，必须凭有关文件办理中止该船的中国国籍。

六是根据管理实际，简化优化渔船登记证书，将现行国内渔船“登记证书”和远洋渔船“国籍证书”合并为统一的“渔业船舶国籍证书”，在文本格式上予以区分不同的航行作业区域。

七是根据工作需要，新增了渔船光船租赁核发临时渔业船舶国籍证书，中国籍渔船以光船条件出租到境外的，渔船登记机关需征得农业部的同意，以及渔船所有权和国籍证书申请注销与强制注销，渔船登记证书无效等相关内容，同时为进一步强化管理，还要求各地要建立健全渔船数据库和登记档案，提高渔船信息化管理水平等。

（十七）渔政局《关于远洋渔船统一实施〈国际燃油污染损害民事责任公约〉的通知》

《关于远洋渔船统一实施〈国际燃油污染损害民事责任公约〉的通知》于 2013 年 2 月 4 日由农业部渔政局发布。

1. 制定的必要性

根据《国际燃油污染损害民事责任公约》规定，1 000 总吨以上的所有海船和海上运输艇筏，必须参加燃油污染损害民事责任保险或者其他财务保证，并取得缔约国主管机关签发的《燃油污染损害民事责任保险或其他财务保证证书》。为了保证我国远洋渔船统一、有效执行公约，减少和避免被港口国滞留现象，促进远洋渔业持续健康发展，农业部发布该通知。

2. 主要内容

一是自通知下发之日起，1 000 总吨以上中国籍远洋渔船的所有人，应当向具有油污损害民事责任保险承保资质的保险机构，为其渔船投保独立的燃油污染损害民事责任保险或者取得其他有效的财务保证，保险单或者财务保证应当包括船舶所有人、保险人、保证期限等内容。燃油污染保险或者其他财务保证的具体保障金额最低不得低于《中华人民共和国海商法》规定的有关船舶民事责任限额，以保障远洋渔船不会因违反公约和港口国的法律规定而被拒绝进港或滞留。

二是1 000总吨以上中国籍远洋渔船的所有人，在为其渔船投保燃油污染损害民事责任保险或其他财务保证后，应当向渔业船舶登记地省(自治区、直辖市)渔港监督机构申请办理《燃油污染损害民事责任保险或其他财务保证证书》(以下简称《证书》)，并提交有效的渔业船舶证书、保险单或其他财务保证单据和《证书》申请表。中央在京直属企业所属远洋渔船可由渔业船舶所有人向农业部渔业局直接申请。《证书》有效期不超过燃油污染保险合同或其他财务保证的有效期。《证书》一式两份，正本应随船携带备查，副本留存发证机关。

三是鉴于燃油污染损害民事责任保险的专业性，为了减少投保成本，提高赔付能力，远洋渔业企业可在自愿的基础上进行集中统保，具体办法由中国远洋渔业协会制定并报农业部渔业局同意后实施。同时，为了切实保证有关保险单据和《证书》与公约的一致性，保障我国渔业船舶合法权益，主管机关可以委托有关专业保险经纪顾问机构进行专业咨询，提出咨询意见。

四是为了便利和服务于远洋渔业企业，中国籍远洋渔船已持有的由中国海事局或其他缔约国主管机关签发的《证书》在有效期内继续有效，但原保险到期、证书失效后应当按照本通知规定进行投保、办理《证书》。中国籍远洋渔船已由规定的保险机构以外的国外保险机构承保、需要办理《证书》的，应当经农业部渔业局认可后，方可受理其《证书》申请；原保险到期后，应当按照通知规定进行投保、办理《证书》。

五是除远洋渔船以外，对于在我国沿海海域航行作业的其他1 000总吨以上的渔业船舶，各级渔业主管部门及其渔港监督机构应当加强管理，鼓励和引导其投保燃油污染损害民事责任保险，防止船舶污染水域环境。如确需办理《证书》的，可由渔业船舶登记地省、自治区、直辖市渔港监督机构参照通知规定签发《证书》。

(十八)《上海海事局游艇安全管理暂行办法》

为贯彻执行《游艇安全管理规定》，促进上海游艇业的安全、健康发展，2013年2月21日，上海海事局正式发布《上海海事局游艇安全管理暂行办法》，自2013年3月1日起正式施行。

在中华人民共和国上海海事局管辖水域内游艇航行、停泊、作业等活动的安全和防治污染管理适用本办法。该办法分为六章共三十五条，从游艇检验、登记和备案，游艇操作人员培训、考试和发证，航行、停泊，安全和防污染保障等方面，对辖区内的游艇安全管理进行了规定；提供了上海海事局管辖水域范围说明，游艇备案登记表、《游艇备案证明书》、游艇俱乐部备案登记表、《游艇俱乐部备案证明书》等文件的格式样本，使业务办理更加规范、便捷。该办法为上海水域内游艇业的健康发展提供了进一步的制度和安全保障。

(十九)《中华人民共和国海关法(2013年修正)》

2013年6月29日,第十二届全国人民代表大会常务委员会第三次会议通过了《关于修改〈中华人民共和国文物保护法〉等十二部法律的决定》,第二次修正了《中华人民共和国海关法》。

1. 修正的必要性

为了维护国家的主权和利益,加强海关监督管理,促进对外经济贸易和科技文化交往,保障社会主义现代化建设。

2. 主要内容

本法内容分为九章,具体包括总则、进出境运输工具、进出境货物、进出境物品、关税、海关事务担保、执法监督、法律责任和附则。

(1) 进出境货物。进出口货物应当接受海关查验。海关查验货物时,进口货物的收货人、出口货物的发货人应当到场,并负责搬移货物,开拆和重封货物的包装。海关认为必要时,可以径行开验、复验或者提取货样。经营保税货物的储存、加工、装配、展示、运输、寄售业务和经营免税商店,应当符合海关监管要求,经海关批准,并办理注册手续。企业从事加工贸易,应当持有关批准文件和加工贸易合同向海关备案。进出境集装箱的监管办法、边境小额贸易进出口货物的监管办法等本法未具体列明的其他进出境货物的监管办法,由海关总署或者由海关总署会同国务院有关部门另行制定。

(2) 关税。进口货物的收货人、出口货物的发货人、进出境物品的所有人,是关税的纳税义务人。进口货物的完税价格包括货物的货价、货物运抵中华人民共和国境内输入地点起卸前的运输及其相关费用、保险费;出口货物的完税价格包括货物的货价、货物运至中华人民共和国境内输出地点装载前的运输及其相关费用、保险费,但是其中包含的出口关税税额,应当予以扣除。纳税义务人应当自海关填发税款缴款书之日起十五日内缴纳税款,超过三个月仍未缴纳的,经直属海关关长或者其授权的隶属海关关长批准,海关可以采取下列强制措施:①书面通知其开户银行或者其他金融机构从其存款中扣缴税款;②将应税货物依法变卖以抵缴税款;③扣留并依法变卖其价值相当于应纳税款的货物或者其他财产。纳税义务人同海关发生纳税争议时,应当缴纳税款,并可以依法申请行政复议;对复议决定仍不服的,可以依法向人民法院提起诉讼。

(3) 法律责任。有下列情形之一的,是走私行为:①运输、携带、邮寄国家禁止或者限制进出境货物、物品或者依法应当缴纳税款的货物、物品进出境的;②未经海关许可并且未缴纳应纳税款、交验有关许可证件,擅自将保税货物、特定减免税货物以及其他海关监管货物、物品、进境的境外运输工具,在境内销售的;③有逃避海关监管,构成走私的其他行为的。上述行为尚不构成犯罪的,由海关没收走私货物、物品及违法所得,可以并处罚款;构成犯罪的,依法追究刑事责任。当事人逾期不履行海关的处罚决定又不申请复议或者向人民法院提起诉讼的,作出处罚决定的海关可以将其保证金抵缴或者将其被扣留的货物、物品、运输工具依法变价抵缴,也可以申请人民法院强制执行。

(二十)《关于促进航运业转型升级健康发展的若干意见》

经交通运输部部务会通过,交通运输部办公厅2013年8月26日发布《关于促进航运业转型升级健康发展的若干意见》(以下简称《意见》),从运力调控、转型升级、市场监管、减轻企业负担、提高服务水平等5个方面制定二十条意见,积极应对当前航运业面临的严峻形势,促进国内航运市场平稳健康发展。

1. 制定的意义

《意见》具有四个方面的重要意义:一是有效应对当前航运市场严峻形势的需要;二是促进航运业转型升级的需要;三是贯彻落实《船舶工业加快结构调整促进转型升级实施方案(2013—2015年)》的要求;四是积极开展党的群众路线教育实践活动的具体体现。

2. 主要内容

在优化运力结构方面,《意见》提出,淘汰老旧运输船舶,减少运力存量,调整延续老旧运输船舶和单壳油轮提前报废更新的政策至2015年12月31日。积极推进内河船型标准化,严格执行以船龄为标准的船舶强制报废制度。

《意见》鼓励建造满足国际新规范、新公约、新标准的节能安全环保船舶,引导沿海干散货船有序发展,继续严控国内沿海和长江干线客运、危险品运输新增经营主体,调控国内运力增量。支持行业组织加强运力发展自律,对船东协会组织航运企业开展的封存现有运力等措施,港航、海事等相关管理部门给予支持。

在提高市场准入门槛方面,《意见》提出,将国内沿海省际运输经营者最低运力规模标准由2 000总吨提高到5 000总吨,并相应提高内河运输经营者最低运力规模标准。

在拓展新的经济增长点方面,《意见》提出,培育、有序发展邮轮运输,允许中资方便旗邮轮沿海多点挂靠。贯彻落实《中国(上海)自由贸易试验区总体方案》中的航运相关政策,大力发展航运金融、保险、海事仲裁等现代航运服务业。

在推进海峡两岸航运发展方面,《意见》提出,允许经批准两岸登记的干线班轮在华北至台湾航线上捎带两岸中转货,支持开辟两岸四地邮轮航线。

《意见》明确,落实取消国际船舶运输经营者之间兼并购审核、国际船舶代理业务审批、内河船舶船员服务业务审批、承担船舶油污损害民事责任保险的商业性保险机构和互助性保险机构的确定、船舶修造和水上拆解地点的确定等行政许可。进一步研究提出取消一批行政许可项目。

《意见》提出：逐步健全国内水路运输企业和船舶诚信管理制度和经营资质预警及动态监管机制；建立国内集装箱班轮运输备案制度；自 2014 年 1 月 1 日起，对国际集装箱班轮运价备案采取精确报备模式。

《意见》提出，规范行政事业性收费，做好船舶证明签证费等 6 类行政事业性收费取消和免征的落实工作。清理规范不合理的相关服务收费，取消国际航行船舶驶离国内港口前船上污染物清理费等 5 类 7 项收费。进一步规范港口收费，做好长江干线船舶引航收费标准下调 20%的落实工作；各港口不得与外贸班轮公司签订协议，并收取装卸速遣费用。规范船舶交易服务机构收费，将船舶交易服务费与船舶交易价格脱钩，改为按次定额收取服务费，并限定额度。

（二十一）《老旧运输船舶和单壳油轮提前报废更新实施方案》

2013 年 12 月 5 日，交通运输部、财政部、国家发展改革委、工业和信息化部共同发布《老旧运输船舶和单壳油轮提前报废更新实施方案》(以下简称《方案》)。

《方案》明确，中央财政将安排专项资金，按 1 500 元/总吨的基准，对在 2013 年至 2015 年提前报废更新的老旧运输船舶和单壳油轮进行补助，通过经济政策加快船舶工业结构调整，优化船队结构，促进节能减排。

根据《方案》，补助金额将根据船舶类型、提前报废年限等因素，结合基准补助金额(1 500 元/总吨)综合确定，补助资金按各 50%的比例分别在完成拆船和造船后分两次发放。适用本《方案》的船舶应符合 5 个条件：于 2012 年 12 月 31 日前已取得船舶所有权并持有有效的船舶登记证书和检验证书；具备有效的国内沿海、国际远洋运输经营资格；单壳油轮不小于 600 载重吨，其他运输船舶不小于 1 000 载重吨；按规定的强制报废船龄或单壳油轮限期淘汰时间提前 1 年至 10 年(含 1 年、10 年)拆解；在交通运输部认可的国内船舶拆解企业拆解完毕。

拆解船舶后更新船舶的，新建造船舶的总吨应不小于拆解船舶的总吨，并应满足中国船级社公布的国际新规范、新公约和新标准要求，取得海事机构核发的国籍证书和中国船级社颁发的入级证书；新建船舶类型由企业自主选择。

三、小结

保障和推进上海国际航运中心建设，需要着力推进航运软环境建设。因当前我国的航运业立法相对滞后，法律体系不尽完善，不利于上海国际航运中心集聚航运产业，故应参照国际航运立法的经验，结合上海国际航运中心发展的需要，加快我国航运法律法规体系的建设，改善上海国际航运中心建设的法律环境，并应在中国（上海）自由贸易试验区一系列航运政策的带动下，完成中国总体航运政策的创新。

第二章　航运政策与法律的司法执行

司法机关是维护政策法律尊严、守住公平正义底线的“最后堡垒”。一般认为，在航运界(属于商界)仅存在民商事争议，而所涉司法机关仅指海事法院，其实不然。航运案件有狭义和广义之分，而航运司法机关也有与之相对应的不同内涵和外延。狭义航运案件指的是根据最高人民法院颁发的《民事案件案由规定》①(2011年修改②)由海事法院管辖的海事海商纠纷和海事诉讼特别程序案件，绝大部分是民商类案件。与狭义案件所对应的狭义航运司法机关包括海事法院，以及依法能够受理狭义案件的仲裁机构。能受理航运案件的仲裁机构分为两类：一类为专门受理航运案件的专业仲裁机构(如上海仲裁委员会下属的上海国际航运仲裁院)，另一类为受理包括航运案件在内的各种仲裁案件的一般仲裁机构(如上海国际仲裁中心)，以下合称“航运仲裁机构”。广义航运案件指的是与航运有关的各类案件，而与之相对应的广义航运司法机关则涵盖了水上、边检与一般公安局、海关缉私局、检察院、海事与一般法院、海事局、司法局、航运仲裁机构、行业协会与商会中的调解组织等各个部门。

航运司法(机关)系统的建设关乎整个航运的稳定和发展。实践中，航运界人士更为关注的是狭义航运司法机关及系统建设，因为海事法院和航运仲裁机构是直接划定与钱、物有关的权利义务边界的最高权威。与国际上大多数航运强国不同，中国绝大部分狭义航运案件是由海事法院受理并最终定纷止争的，航运仲裁仅仅起到拾遗补缺的作用。举例而言，2013年，上海海事法院(仅是中国十大海事法院之一)受理、审结航运案件超过2 500件，而上海的三家航运仲裁机构(中国最大的三家航运仲裁机构)——上海国际航运仲裁院、上海国际仲裁中心(原名为“中国国际经济贸易仲裁委员会上海分会”)和中国海事仲裁委员会上海分会仅受理航运案件约370件。同年，英国高等法院(英国唯一可受理航运案件的一审法院)受理航运案件不足200件，而伦敦海事仲裁员协会(英国众多航运仲裁机构中最有影响力的一家)受理案件数量超过2 000件。

可见，我国狭义航运司法系统的架构尚未与国际接轨，该系统的建设还处于“有所偏颇”的状态，这不利于航运司法的长期、稳定发展，亦不利于构建平衡的航运政策法律体制与和谐的“航运社区”。海事法院的“超强”与航运仲裁机构的“超

① 法发〔2008〕11号。

② 《最高人民法院关于修改〈民事案件案由规定〉的决定》(法〔2011〕41号)。

弱"导致一系列航运法律社会问题,包括公共司法资源的浪费(原本可"私下"仲裁的案件却去了已非常"拥挤"的法院),不利于用专业手段解决问题(仲裁员都是航运人士,比法官更"接地气"),不利于商业秘密、隐私的保护(法院审理公开、判决公开),执行变得更加困难(仲裁更加保护当事方的"面子",仲裁裁决的自觉履行率远高于法院判决)。

造成我国狭义航运司法系统"偏颇"的原因众多,其中最关键的一条是中国仲裁机构(包括航运仲裁机构)的"行政化"问题。根据《仲裁法》,在中国境内进行的仲裁必须是机构仲裁,而仲裁机构(仲裁委员会)必须由地方政府(司法局)出面组建、审批、发照、监管。虽然《仲裁法》说明仲裁机构不按行政区划设立,但事实上每个地级行政区域、省会城市、直辖市都设立了且都只设立了一个仲裁委员会,如上海市政府设立了上海仲裁委员会。除地方仲裁委员会外,中国国际贸易促进委员会设立了两个全国性的仲裁机构:中国国际经济贸易仲裁委员会(贸仲)和中国海事仲裁委员会(海仲)。贸仲与海仲在全国各地设立分支机构——分会、办事处,并均在上海设立了分会(现贸仲上海分会已更名)。外国仲裁机构在中国毫无生存、发展空间。

由于与生俱来的行政属性,仲裁委员会的管理层(即领导层)皆由政府任命,委员会的内部设置、日常运作和对外司法活动皆与法院一般无二。仲裁委员会俨然成了影子法院。在收费、程序、裁断和执行方面不能给当事方带来比法院更好的司法服务。举例而言,由仲裁庭签发的裁决书必须经过仲裁委员会仲裁部审核通过、并经秘书处加盖委员会印章之后才具有法律效力。如所涉案件是由贸仲或海仲的地方分会受理、审理的,则由仲裁庭出具的裁决书要经过分会、总会的双重"机构审核"。这不仅费时费力,而且增加了不必要的"有意或无意错误"的风险。难怪在中国,航运界人士舍"会"取"院";也难怪在国际市场上,中国航运人更喜欢选择伦敦海事仲裁。

综上所述,若要进一步完善中国航运司法系统的建设,就必须在航运仲裁方面有重大突破。过去的2013,上海借建设自贸区的春风,在仲裁体制改革方面做了有意的尝试。此种尝试是在现行仲裁法律制度的限制下做出的,显得难能可贵。当年4月,经上海市政府批准,原"中国国际经济贸易仲裁委员会上海分会"更名为"上海国际经济贸易仲裁委员会"[①],并同时启用"上海国际仲裁中心"的名称,英文简称"SHIAC"。同年5月1日,上海国际仲裁中心启用新版《仲裁规则》和《仲裁员

① 中国国际经济贸易仲裁委员会上海分会是由上海市人民政府于1988年行文批准设立、并经司法登记的独立仲裁机构。

名册》。同年7月，上海市司法局在《法制日报》上发布关公告，为上海国际仲裁中心正名[①]：

“……根据《仲裁法》第十条第三款规定，设立仲裁委员会，应当经省、自治区、直辖市的司法行政部门登记。国务院《仲裁委员会登记暂行办法》第三条第二款规定，仲裁委员会未经设立登记的，仲裁裁决不具有法律效力。为方便公民、法人和其他组织，选择依法登记的仲裁机构处理民商事纠纷，保护自身合法权益，维护社会公平正义，根据《司法部关于仲裁委员会登记工作有关问题的通知》要求，现将经我局依法办理登记手续的仲裁机构相关信息予以公告：一、上海仲裁委员会……二、上海国际经济贸易仲裁委员会（上海国际仲裁中心）……三、中国海事仲裁委员会上海分会……上海市司法局……。”

从表面上看，从“中国国际经济贸易仲裁委员会上海分会”变为“上海国际仲裁中心”只是名称的更迭，但实际上这是地方仲裁机构去“行政化”的第一步。上海国际仲裁中心从一个受制于“中央集权”的仲裁分支机构蜕变为贴近国际市场，尽心服务国内外当事方的独立、专业仲裁机构。国际航运的发展需要一个健全的立法、执法、司法环境。任何航运产品的从无到有、从小到大都离不开完善的立法、妥善的执法和公平的司法。航运仲裁因航运产品而生，是航运司法系统中赋予当事方自主、高效、廉价地处理他们之间争议的一种机制。航运仲裁既能顾及当事方的商业目的及商业操作中的惯常做法，又能在法律所赋予的权限内为当事方提供公平、公正的决断。它是中国航运司法系统的重要组成部分，也是上海建设国际航运中心的“减压阀”。上海在建设航运司法系统中的勇敢创新为中国进一步构建解决航运争议、维护市场稳定的“安全网”探索出一条新路。

一、2013年海事司法情况简介

（一）上海海事法院

上海海事法院作为解决航运纠纷的专门审判机关，在2013年里，坚持以“法治化、市场化、国际化”的服务保障理念来面对机遇与挑战，运用法治思维，通过法治方法，坚持在法治的轨道内妥善解决相关涉诉纠纷。加强司法公开，统一法律适用，规范裁量行为，为国内外当事人开展航运经贸活动提供稳定的司法预期，着力在构建良好法治环境方面发挥海事司法的应有作用。通过依法裁判，发挥市场在

---

① 2013年上海市司法局公告第2号。

航运领域资源配置中的基础性作用。坚持依法平等保护中外各方当事人的诉讼权利和合法权益，遵循国际惯例、通行做法和交易准则，彰显上海国际航运中心良好的国际形象。

在案件数量方面。2013年，上海海事法院共审理一审、执行等各类案件2 573件，同比上升0.08%；审结、执结案件2 579件，同比下降0.12%；存案356件，同比下降1.66%；涉案标的额为人民币37.46亿元，同比上升40.60%。

在区域分布方面。上海海事法院的管辖地域覆盖江苏、上海沿海海域（包括洋山深水港区周边海域）和长江浏阳口以下通海水域。为适应广域管辖的需要，上海海事法院在辖区内设有连云港派出法庭、洋口港派出法庭和洋山深水港派出法庭。2013年，连云港派出法庭共受理案件269件，审结案件268件；洋口港派出法庭共受理案件166件，审结案件169件；洋山深水港派出法庭共受理案件246件，审结案件233件。

在案件类型方面。上海海事法院受理的案件主要包括三部分：一是一审海事海商纠纷案件；二是海事特别程序案件；三是海事执行案件。

一审海事海商纠纷案件共计1 820件。其中，货运代理类809件，货物运输类571件，船员劳务类157件，船舶属具物料类80件，船舶交易类44件，海上保险类66件，船舶碰撞类29件，港口码头作业类7件，人身损害类19件，其他类型38件。

海事特别程序案件共计366件。其中，设立基金及债权登记104件，财产保全133件，确认人民调解协议效力63件，申请强制令4件，证据保全56件，宣告死亡2件，公示催告2件，仲裁司法审查2件。

海事执行案件共计386件。与一审海事海商案件数量连年增长相比，执行案件数量基本保持稳定，未呈现出相应的大幅上升态势，裁决的自动履行率达到85.88%。

（二）中国海事仲裁委员会上海分会

2013年，中国海事仲裁委员会上海分会受理案件达104件，同比增长96%，实现首次翻番；争议标的为人民币12.75亿元，同比增长12%，两项指标均创历史新高。其中涉外案件35件，涉及英国、美国、加拿大、日本和新加坡等17个国家和地区。案件主要涉及船舶建造和修理、船舶买卖、海洋工程、船舶融资租赁、租船、海上运输、船舶碰撞、渔业、海上保险、货代等海事海商合同。这标志着上海国际航运中心建设的软实力进一步提升，要素集聚效应已明显增强。

（三）上海国际航运仲裁院

2013年，上海国际航运仲裁院共收案285件，争议金额为人民币2.42亿元。

二、司法案例精选

(一) 海事法院案例

1. 渔业船舶的船期损失认定

【案情】

原告：何某

被告：临海市某海运有限公司

原告所有的A轮驶往南通吕四港上坞保养。同日，被告所有的B轮空载驶往山东日照港装货。次日，海面浓雾，能见度很差，两船到达东海海域时，均未鸣放雾号。B轮发现A轮后立即通过高频无线电话与其联系。因A轮通信故障无法使用，该轮没有回应。此时，B轮的航速为9节左右，且未减速，也未安排专门瞭望人员对来船保持系统的观察。最终B轮与A轮因避让不及在东海海域发生碰撞，导致A轮沉没，该轮在船人员孙某等5人在事故中受伤。

上海海事局作出水上交通事故责任认定书，认定B轮对本次碰撞事故应承担主要责任，A轮对本次碰撞事故应承担次要责任。

原告诉请要求被告赔偿船舶及设备损失、油料损失、物料损失、网具损失、营运损失、扫测费、评估费、船舶备用金和个人生活用品损失、船员工资、船员遣散费、交通费、人身损害赔偿金等各项损失。被告对原告损失数额有异议，并称，因7—9月期间为休渔期，按照最高院的相关规定，原告并无船期损失。

【判决】

法院经审理认为，B轮未能保持正规瞭望，在能见度不良的海域航行时未鸣放声号，发现来船后未正确判断碰撞危险，更未保持安全航速，承担70%的责任；A轮未保持正规瞭望，未鸣放声号，承担30%的责任。判决被告向原告赔偿船体价值损失；在船设备、工具、物料、油料、生活用品和备用金；船员工资、遣返费；人身损害赔偿金和交通费；船期损失、成品油补助款及评估费。被告不服判决，提出上诉。上诉法院经审理认为，原审判决认定事实清楚，适用法律正确，遂判决驳回上诉，维持原判。

【评析】

本案系船舶碰撞损害责任纠纷，主要难点在于原告的船期损失如何认定。

(1) 关于船期损失的法律规定

1995年《最高人民法院关于审理船舶碰撞和触碰案件财产损害赔偿的规定》

第十条船期损失的计算规定："期限：船舶全损的，以找到替代船所需的合理期间为限，但最长不得超过两个月；船舶部分损害的修船期限，以实际修复所需的合理期间为限，其中包括联系、住坞、验船等所需的合理时间；渔业船舶，按上述期限扣除休渔期为限，或者以一个渔汛期为限。船期损失，一般以船舶碰撞前后各两个航次的平均净盈利计算；无前后各两个航次可参照的，以其他相应航次的平均净盈利计算。渔船渔汛损失，以该渔船前3年的同期渔汛平均净收益计算，或者以本年内同期同类渔船的平均净收益计算。计算渔汛损失时，应当考虑到碰撞渔船在对船捕渔作业或者围网灯光捕渔作业中的作用等因素。"

(2) 船期损失的合理认定

本案中，原告的船舶系在休渔期灭失。在船舶灭失后，原告可以通过两种途径重新获得替代船舶进行生产：一是在两个月内，购置与A轮相同功率的证件齐全的船舶，在休渔期结束前，原告即可使用新船生产经营。如采用此种方法，应当不会产生船期损失，但原告除支付船舶本身的价值外，还需支付随船交易的马力指标的费用，故购置替代船舶不仅会扩大损失，还会造成原告持有的马力指标作废；二是原告实际采用的方法，即利用其原有的马力指标，申请制造新船，在不考虑任何程序或实体障碍的情况下，制造同类船舶的时间不会少于4个月，且船舶投入生产所需办理证书等相关手续的时间亦不会少于2个月，故制造替代船舶投入生产的周期不会少于6个月(实际上，原告建造替代船舶用时一年多)。此时，若按《船舶碰撞规定》以替代周期的上限2个月扣除休渔期计算船期，既与事实相悖，又显失公平，故法院参照上述规定，以2个月为限支持了原告的船期损失。

本案关于渔业船舶船期损失的认定结果，表面上看似乎并未严格遵照1995年颁布的《船舶碰撞规定》执行，但正是考虑到现行司法解释出台年代久远，而经济社会发展、国家政策、现实生活等条件与司法解释制定当时的背景已发生巨大变化，继续拘泥于原条文规定已不能满足公平、合理地解决现下纠纷的需要，本案法官并未机械执法，而是依据司法解释的基本精神进行了有益探索。二审法院亦认为："原审判决在确认原告享有该项损害赔偿请求权的基础上，综合比较利用原有马力指标新建船舶所需支出与购买船舶并购买相应马力指标所需支出，并最终采用支出较小的利用原有马力指标新建船舶的方式计算原告重置船舶期间合理损失，并无不当。"本案反映出我国渔业政策调整导致的相关司法解释难以与之配套的问题，建议为有效保障渔民合法权益，考虑规定渔业船舶的船期损失以建造同种类相似大小和功率渔业船舶周期为限。

2. 二手船买卖合同中"AS IS"条款的理解与适用

【案情】

原告：某海运有限公司

被告：某海运有限公司

原告与被告签订《船舶买卖合同》，原告向被告购买其所有的 WXJX 轮，约定 2010 年 3 月 15 日为解约日，由原告决定是否行使解约权；船舶以"按现状"(as is)交付，原告在签订合同前已经注意到第 5 货舱和泵房因搁浅造成损坏而渗水；原告向被告支付定金 100 万美元，在合同履行过程中，因船舶离港手续办理等原因，被告多次请求将船舶交付日期及解约日延迟，原告均表示同意展期。6 月 13 日，被告向原告提供《探摸报告》，告知涉案船舶发生搁浅海难事故后的受损情况。6 月 14 日，被告再次通过电子邮件请求将交船日期延至 6 月 30 日，并以该日为新的消约日，原告不接受被告延期交船，并要求返还定金，赔偿由此造成的损失。6 月 22 日，原告向被告通过电子邮件要求被告确认，原告接受 WXJX 轮，合同解约日为 7 月 5 日，其他按原合同执行，被告确认并同意。

7 月 14 日，WXJX 轮在拖轮的协助下靠泊于原告指定的最终交船港，被告发出交船准备就绪通知书。原告以右舵舵效及艏尖舱污水等存在问题，向被告发出解除《船舶买卖合同》通知书。原告起诉要求解除合同，并要求被告双倍返还合同定金。被告反诉请求判令原告赔偿因其毁约而造成的经济损失，包括为降低损失而转卖船舶的额外支出以及船舶扣押期多消耗的燃油、船员工资等及其利息损失。

【判决】

法院经审理认为：合同的成立、变更及解除均可以双方一致的意思表示为前提。双方订立的原船舶买卖合同因原告拒绝延期已解除。原告在 6 月 22 日致被告的邮件中明确作出意图从被告处购买涉案船舶的意思表示，属于新要约；被告在新要约规定的期限内明确表示确认并同意要约内容，属于对新要约的承诺；因此，双方就涉案船舶买卖重新订立的合同依法成立并生效，该新生效的船舶买卖合同是解决本案纠纷的合同依据。

原告在签订涉案船舶买卖合同之前已经清楚该船舶发生过触礁搁浅事故，涉案合同系废钢船买卖合同，被告在合同履行过程中不存在根本违约行为，无需向原告双倍返还定金，原告要求解除涉案合同的请求也不能成立。被告已经通过向案外人出售涉案船舶获益，且原告申请扣船系因履行船舶买卖合同发生纠纷，并在申请扣船后随即向原审法院提起诉讼，系其合法行使法律规定的权利，主观上没有过错，为此给被告造成的燃油费损失不承担赔偿责任；被告请求支付船舶管理费没有合同依据，与本案纠纷亦无直接关联。据此，法院判决对本诉与反诉请求均不予支持。一审宣判后，原告和被告均提起上诉。上诉法院经审理认为，涉案合同系废钢船买卖合同，被告在合同履行过程中不存在根本违约行为，其无需向原告双倍返还定金；原告要求解除涉案合同的请求也不能成立。原告与被告的上诉理由均不能成立，原审法院事实认定清楚，判决结果正确，因此判决驳回上诉，维持原判。

【评析】

本案双方争议的核心在于卖方交付的船舶是否符合约定，涉及合同中关于船舶交付的"AS IS"条款的理解与适用。

(1)"AS IS"条款的法律内涵

"AS IS"条款是指卖方在出售货物时按照交付时货物的现状交付货物。"AS IS"条款常见于二手货物买卖合同(包括不动产、船舶等)以及商业财产租赁合同。特别在拆船买卖合同中，几乎无一例外采用"AS IS"条款作为交船条件。在英美法下，对"AS IS"条款的理解需把握三点：第一，如无特别约定，以交货时的货物现状为准，而非合同订立时的货物状态；第二，该条款属于典型的"脱责条款"(disclaimer clause)，核心是卖方脱责，即卖方对其出售货物质量等不作任何保证，由买方对货物质量等承担所有风险；第三，责任承担的例外，约定"AS IS"条款并不意味着完全免除卖方的法律责任。如在拆船合同中，卖方有义务将船舶安全驶抵交船地，并保证船舶无任何债务负担等。

(2)"AS IS"条款的适用

本案双方明确约定以中国法为准据法，因此前述英美法中关于"AS IS"条款的法律规定及判例不能直接作为判决的依据，而应当根据我国法律规定对该条款进行解释。

首先，应当判断当事人对该种条款的特定法律内涵的知晓程度。本案中，第一，英文是涉案合同的唯一用语，合同双方对英语是熟知的；第二，当事人均系船公司，对船舶买卖具备一定的专业知识，"AS IS"条款在二手船买卖合同中出现并非个例，双方对合同中使用该条款应有一定了解；第三，原告设立在香港，被告设立在英属维京群岛，双方当事人所在地区均有英美法传统，应当有能力知晓"AS IS"条款在英美法系中具有的特定法律内涵。因此双方对"AS IS"条款在英美法下具有的特定法律内涵应当是知晓的。

其次，优先遵循合同明确的意思表示。虽然根据"AS IS"条款卖方对其出售的货物质量不作承担保证，但若双方对于船舶交付状况还有其他约定，卖方交付的船舶必须首先满足这些特别约定，否则不能以"AS IS"条款免除其责任。本案中被告已证明，其所交付船舶符合双方关于船舶状况的特别约定。

最后，要符合合同性质和目的。本案中，双方签订的船舶买卖合同应为废钢船买卖合同。废钢船买卖合同区别于普通二手船买卖合同，即便船舶不符合适航条件也不阻碍合同目的的实现，被告在约定时间和地点向原告交付具有自动力和浮于水面的涉案船舶即已履行主要合同义务。

3. 会遇船舶合意避让的碰撞责任认定

【案情】

原告：江苏某航运有限公司

被告：宁波某航运有限公司

碰撞事故发生在上海港圆圆沙警戒区内。C轮满载经长江口南槽航道进长江。D轮（外轮）满载，自长江港口拟经北槽深水航道出口。当D轮进入外高桥出口航道后，一艘出口的大型集装箱船E轮（外轮）对其实施追越。E轮向刚进入警戒区的C轮和另一艘进口船F轮呼叫，要求与C，F两轮绿灯会船，方便其进入航槽。F轮拒绝了该要求，并大角度右转，快速穿越，进入进口航线一侧。由于F轮的拒绝，迫使E轮减速，延长了其与D轮的追越时间。而C轮经不起E轮的执意要求，同意了绿灯会船。由于D轮刚被追越，紧随其后，于是也要求与C轮绿灯会船，C轮也同意了。但从雷达视频截图记录看，其同意后并没有向左修正航向，且没有改变航速。而D轮虽然还在航道内航行，但也没有明显地向左修正航向或减速。根据双方的陈述，在碰撞前双方都称曾要求对方避让，而对方都回复同意避让。当双方距离仅0.2海里时，均发现形成了紧迫危险局面，几乎同时大角度向左转向，但为时过晚，两船发生碰撞。D轮的右艏与C轮右后部发生碰撞。

【判决】

法院经审理认定，本案发生在圆圆沙警戒区内，因此适用《1972年国际海上避碰规则》（以下简称《避碰规则》）。根据两轮的航行情况，其初始态势为交叉相遇，D轮应为让路船，但双方违反《避碰规则》达成了绿灯会船的合意，其后双方又都未按照合意航行，盲目认为对方会为自己让路，最终导致了碰撞。

一方为了自己航行方便，而另一方不顾当时的航行环境，轻率地达成背离《避碰规则》的合意，双方均有过错，且过错相当，双方都要为自己背离《避碰规则》而发生碰撞的行为承担责任，因此认定双方各自承担50%的责任。

【评析】

随着航海通信技术的发展，会遇船舶在航行中采用"合意避让"的情况越来越普遍，即船舶在海上相互之间存在碰撞危险时，通过VHF和AIS等助航仪器进行直接交流或在有VTS服务的海域，通过VTS中心了解和提供的信息取得对方意图以达成航行避让的共识。对于合意避让的法律性质，多数观点认为应将该行为纳入协议的范畴，即合意避让应当是指存在碰撞危险、紧迫局面或者紧迫危险的船舶之间，由船长或其代理人达成的一种关于履行各自避让责任的合同(按照航海惯例，船长拥有决定有关航行安全的一切事务的权利，所以他有权代理船舶所有人达成这样的协议)，但该种协议不能违反法律、行政法规的强制性规定(包括《避碰规则》)，即在涉及公共利益或法律强制性规定时，应以公共利益或法律强制规定为优先。协议违反航行规则的约定虽经双方船舶达成合意，彼此对对方依约行事存有合理期待，但此种约定违背了海上航行的公共秩序，可能危及他船安全甚至公共安全，故对类似协议在司法上应给予否定性的评价。因此，在双方的合意内容符合航行规则的前提下，可以按照协议认定碰撞责任；而当合意内容违反航行规则时，一旦发生碰撞事故，任何一方仅以对方违反协议约定为由，主张加重对方责任或减轻己方责任，法院不应予以支持，而仍应以航行规则的相关规定为基本准则，结合当事船舶的协议内容，在综合分析紧迫局面形成原因及处置措施恰当与否的基础上，对事故责任作出评判。

4. 货运代理合同纠纷

【案情】

原告：上海某国际商务股份有限公司

被告：上海某货物运输代理有限公司

2008年8月23日，原告与案外人A公司签订《代理进口总协议》，后原告与B公司签订两份买卖合同。货物抵达上海港次日，原告向光大银行全额承兑了信用证项下的款项，取得了正本提单。A公司将涉案货物转卖给C公司，C公司又将涉案货物转卖给D公司。

同年9月3日，D公司总经理项某电话通知被告公司职员钟某，委托钟某办理货物进口报关等事项。因原报关公司名称变更，致使报关受阻，A公司更换了报关公司。9月5日，项某要求C公司总经理陈某将进口报关单证交给钟某，原告公司业务员林某将提单以及涉案货物的其他进口报关单证交给A公司总经理耿某，随后以快递方式交给钟某。9月9日，钟某以被告名义与原告签署了物流协议，约定了报关、运输、仓储服务项下的责任和义务以及货物交付验收及风险承担等。钟某按照D公司的指令发货，货物报关完毕后，林某向耿某询问货物下落，耿某称货物会运到双方约定的仓库。之后，耿某以陈某出国为由不能提供仓单。原告将提单以及其他进口报关单证交给A公司，但一直未收到货物，故此提起诉讼。

11月4日，原告向上海市公安局经侦总队报案，称耿某伙同陈某及被告等以伪造货主的方式将原告代理进口的涉案货物变卖。该局就耿某、陈某涉嫌合同诈骗犯罪立案侦查。

【判决】

法院经审理认为：被告公司职员钟某在办理涉案货物的报关、仓储、提放货等业务中，均以被告公司的名义对外开展业务，与其发生业务联系的相对人有理由相信钟某代表的是被告公司，其行为是代表被告公司的职务行为，被告公司应当对其行为承担相应的法律后果。

原告与被告的物流协议成立有效，且该合同已经部分履行，被告未履行合同义务构成违约，应该向原告承担相关责任，原告交付提单的行为也有疏忽。被告人耿某、陈某等因犯诈骗罪被该院一审处以刑罚，诈骗所得予以追缴，退赔给被害人。该案目前仍然在法院处理，鉴于相关刑事判决尚未生效，也未经过相关追赃程序，故本案中被告的责任数额无法确定，原告相关经济损失亦没有最终确定，原告在本案中对被告的诉讼请求，难以支持。原告可在有关刑事程序履行后，可以另行起诉主张自己的民事权利。

【评析】

在国际贸易实务中，外贸代理人代理收货单位进口货物，货物到港后由收货单位实际办理清关手续的现象十分普遍。收货单位在货物进口清关之前，又向国内其他买方转卖货物，并由买方实际办理清关手续的现象也十分常见。本案原告为A公司代理进口涉案货物，涉案货物经A公司、C公司最终转卖给D公司。对涉案货物的贸易合同而言，被告作为货运代理人无法也无权控制货物贸易相关方就货物在A公司、C公司、D公司之间的转让行为，造成原告货物损失的真正原因是原告在未收到货款的情况下，不谨慎地将象征货物权利的提单以及其他进口报关单证交给A公司，导致将货物交由A公司控制的后果。

我国合同法律规定，依法成立的合同，对当事人具有法律约束力。当事人应当按照约定履行自己的义务。本案中，现有证据可以证明，被告报关完成后未及时按照合同约定将报关单证归还给原告，被告提货后又擅自以D公司的名义入库，在事先没有取得货权转移证明的情况下，未告知和得到原告同意及授权，擅自将货物按照D公司的指令进行放货等事实，均违反物流协议的明确约定，构成违约。被告的违约行为与原告就涉案货物债权丧失和产生经济损失具有直接因果关系，被告对此应该承担相关赔偿责任。

5. 实际托运人的单证签发请求权的行使

【案情】

原告：无锡某制衣有限公司

被告：某物流(上海)有限公司

原告通过贸易中间商KISA公司，接受了作为T公司供应商的BF公司发出的涉案货物(童装)订单。被告办理了涉案23票货物的代理出运事宜。原告向被告实际交付了涉案货物,被告按照KISA公司指示,向原告开具了货代专业发票,原告按照发票载明金额向被告支付了货代费用。而经T公司指定,KISA公司委托被告订舱出运涉案货物,相应海运费亦由贸易买方支付。原告未收到货款,原告与被告均确认涉案货物价值共计623 302.75美元,并同意以该价值作为认定原告主张损失的基础依据。原告主张交付提单并追究货物失控的责任。

【判决】

一审法院经审理认为:结合本案现有证据及查明的事实,被告在接收原告交付其每票货物后,按照KISA公司的指示,签发并实际向原告交付相应的货运代理人货物收据(FCR),原告未提出任何异议,而且还将FCR及相关单证递交银行用于议付信用证项下的涉案货款,交易习惯表明,原告表明其以实际行动放弃对承运人行使单证签发请求权。被告作为原告的货运代理人,完成了原告所委托的货运代理业务,并向其交付了货运代理人货物收据,其在履行整个涉案货运代理业务过程中并无不当。因此对原告的诉讼请求不予支持。

上诉法院经审理认为原审法律适用错误。根据《最高人民法院关于审理海上货运代理纠纷案件若干问题的规定》第八条第一款:"货运代理企业接受契约托运人的委托办理订舱事务,同时接受实际托运人的委托向承运人交付货物,实际托运人请求货运代理企业交付其取得的提单、海运单或者其他运输单证的,人民法院应予支持。"鉴于以上的强行法规定,被告向原告履行交单义务,其性质是绝对的,不应当以原告明示索单为前提。据此,原审法院认为原告怠于请求交付单证要求,系对自身权益保护存在重大疏忽的认定,存在错误。

原告主张的货款损失,系涉案信用证载明的议付条件之一为全套清洁已装船正本提单,以及其他诸多信用证不符点所致,与被告交付货运代理人货物收据及履行涉案货代事宜无涉。故原审关于被告向原告交付货运代理人货物收据并无过错以及该行为与原告的损失无直接因果关系。据此,认定原审法院处理并无不当。

【评析】

货运代理人收讫货物证明(Forwarder's Certificate of Receipt, FCR),是货代收到托运货物时给托运人签发的收据,同时是承诺将货物运到FCR上所载明的目的地的单证,而不是像提单一样的物权凭证。而FCR只是收据,并无物权效力。FCR单证给卖方带来巨大的收汇风险,因此卖方在接受FCR单证时一定要采取谨慎的态度,对于买家的信誉有十足把握时才能使用这种方式。

根据《中华人民共和国海商法》(以下简称《海商法》)第七十二条第一款之规

定，货物由承运人接收或者装船后，应托运人的要求，承运人应当签发提单。上诉法院认为根据《最高人民法院关于审理海上货运代理纠纷案件若干问题的规定》等强行法规定，承运人履行交单义务，其性质是绝对的，不应当以托运人明示索单为前提。

纵观涉案纠纷，原告在涉案贸易中未能收取货款的直接原因系存在诸多信用证不符点，这完全系贸易风险所致。即使存在上述贸易风险，如果原告能积极行使法律赋予的权利，则其理应能够掌握出运货物的控制权，从而避免陷入钱货两空的窘境。由于原告怠于主张要求承运人签发提单，导致其失去了借以控制出运货物的有效手段，这是原告遭受涉案损失的根本原因。加之原告接受被告签发的 FCR 后，不但未提出任何异议，反而将之提交议付信用证，在议付不成且货物早已交付收货人的情况下，才向作为货运代理人的被告主张交付提单并追究货物失控的责任，显示其对自身权益保护存在重大疏失，理应自行承担由此造成的不利法律后果。

6. *无船承运人无单放货*

【案情】

原告：扬州某科技有限公司

被告：上海某物流有限公司

意大利的 G 公司与原告订立贸易合同，G 公司预付 270 000 美元，合同约定剩余款项凭提单副本支付。原告委托 TXJ 公司安排涉案货物出运事宜。TXJ 公司委托由被告公司为涉案货物签发无船承运人提单，并通过其意大利代理控制放货环节。实际承运人以星航运签发载明托运人为原告、收货人为 FERT 公司的海运单。被告收到全套海运单签发了无船承运人提单，提单日期倒签，并载明托运人为原告，收货人为 G 公司，目的港提货联系人为 FERT 公司。

原告称其未收到货款时，被告公司即已将货物放给收货人 G 公司，其无单放货的行为，致使提单的合法持有人原告失去了对涉案货物的控制权且无法收回涉案货物的货款，应当向原告承担由此造成损失的民事责任。

【判决】

法院经审理认为：被告签发了托运人为原告的无船承运人提单，并将全套正本提单交付给原告。虽然该提单系应原告的要求倒签，但提单日期倒签并不影响提单在承托双方之间的效力，且被告亦是依据该份提单与 FERT 公司就无单放货情况进行交涉。被告与原告之间的海上货物运输合同依法成立，被告系该运输合同项下的承运人，应当承担无单放货的赔偿责任。

虽然实际向收货人无单放货的是 FERT 公司，但 FERT 公司作为被告在目的港的放货代理,FERT公司无单放货行为的法律后果应当由其承担。无单放货后,原告向G公司催要剩余货款,而G公司既没有实际支付任何款项,也没有愿意付款的真实意思表示,故原告要求承运人承担赔偿责任,于法有据。判决被告赔偿原告因无单放货遭受的货款损失及利息。

【评析】

根据我国《国际海运条例》及其《实施细则》的规定:无船承运人可以承运人的身份与托运人订立国际货物运输合同;以承运人的身份接受货物、交付货物;签发自己的提单或者其他运输单证;收取运费及其他服务报酬,其享有承运人的权利,就应当承担承运人的责任。无船承运人在无船承运业务中签发自己的提单,承担着《海商法》承运人无单放货之责。

依据我国《民法通则》第六十三条关于"被代理人对代理人的代理行为承担民事责任"以及《合同法》第六十五条"当事人约定由第三人向债权人履行债务的,第三人不履行债务或者履行债务不符合约定,债务人应当向债权人承担违约责任"的规定可见,作为无船承运人,应当严格指示代理人,以避免因代理人的过错给自己造成损失。

近年来,由于无船承运人无单放货的情况大量出现,货主应当谨慎,要求无船承运人严格按照提单流转程序并凭信用证下银行流转的正本提单放货。在使用议付提单和电放提单时,应该要求买方提供相应的保障,以避免钱货两空。

7. 托运人身份的识别

【案情】

原告:浙江某家具有限公司

被告一:上海某物流有限公司

被告二:吴江某物流中心

原告接受案外人公司搁脚凳加工销售订单,贸易术语为FOB。订单完成后,原告将订单货物装入集装箱,并委托被告物流公司办理自中国上海至西班牙巴塞罗那的出运事宜。被告一接受原告委托后又委托被告二安排上述货物出运,原告又依约向被告一支付了该费用。但被告一一直未向原告交付承运人签发的提单。经查询,货物已运抵目的港并交付,原告失去了对货物的控制。原告诉称两被告在安排货物出运的过程中都有过错,导致原告遭受损失。为此,原告请求判令两被告连带赔偿原告货物损失、订舱费损失及利息。

被告一辩称,其遵照原告的委托将货物交给被告二出运,原告对其与被告二之间的转委托关系也是认可的;在其完成所有出运操作事务并向被告物流中心交付货物后,被告二未向其交付提单,其自然无法转交给原告。其在本案中没有过错,不应承担赔偿责任。

被告二辩称，在本案的海上货物运输合同关系中，其系契约承运人，但托运人系案外人公司而非原告，故其应向托运人，即案外人公司交付提单，而无义务向原告交付提单，原告亦未证明损失的实际发生。据此，请求驳回原告对其的诉讼请求。

【判决】

法院经审理认为，关于本案的托运人，因原告系依据海上货物运输合同关系诉请承运人承担错误签发提单的损害赔偿责任，故应结合贸易、订舱等多方面环节，综合判断作为承运人的物流中心识别托运人的可能性和合理性。在案有效证据显示，案外人公司通过电子邮件向被告物流中心订舱，在订舱委托书中明确记载案外人公司为发货人，并多次与被告二确认提单记载内容，最终被记载为提单上的托运人，应当认定案外人公司系向承运人订舱的托运人。反观原告，其从未在任何一个运输相关环节，直接抑或通过被告一向被告二订舱、表明托运人身份、请求将其记载为提单上的托运人或要求签发提单，这在客观上阻碍了被告二将原告识别为托运人或实际托运人。另外，涉案货物系由原告及其货运代理人自行完成装箱、内陆运输及报关，被告二难以识别原告的实际托运人身份，而将案外人公司识别为托运人亦属合理。

法院对原告诉请的货款损失予以认定。因被告二已向实际承运人订舱，履行了海上货物运输合同义务，货物也已顺利出运并运抵目的港，订舱费不应被认定为原告遭受的损失。因此，对原告诉请的订舱费损失不予认定。综上，原告请求被告二承担赔偿责任缺乏事实和法律依据，不予支持。被告一并非本案海上货物运输合同的一方当事人，亦不承担赔偿责任。

【评析】

根据《海商法》第七十二条第一款的规定，承运人应当应托运人的要求签发提单。据此，承运人应当将提单签发给向其提出签单要求的托运人。本案中原告并未就由谁订舱、提单由谁受领等运输关键事宜与案外人公司进行约定以掌握提单获取的主动权。原告在通过其货运代理人履行贸易合同下的交货义务时未直接或通过其货运代理人向被告二订舱，表明自己系托运人，并请求记载于提单之上，亦未要求签发提单，以致涉案提单最终记载案外人公司而非原告为托运人。

即使被告二将该记名提单交付原告，原告仍不能在目的港凭单提取货物，亦不能以托运人的身份请求货物退运，其对货物的控制权实际上已经丧失，不可能凭借持有的记名提单对货款的收取起到任何担保作用。因此，原告诉称的损失系由于贸易环节中其自身怠于规避风险，运输环节中其与货运代理人怠于表明托运人身份并行使签单请求权所造成。本案启示我们，作为海上货物运输的托运人应当积极主张自己的权利，表明自己的托运人身份，请求签发以自己为托运人的提单，以免钱货两空。

8. 实际承运人货物赔偿责任

【案情】

原告：浙江某货运有限公司温州分公司

被告一：某有限公司

被告二：某航运有限公司

被告三：深圳市某海运有限公司

原告与中国二十冶集团有限公司下属的巴新瑞木冶炼项目部签署运输合同。为运输此物资，原告与被告一签署航次租船合同，约定由被告一指派运输船舶承运，即 YZHX 轮，该轮系 HF 公司承租被告二所有的船舶。后被告二与被告三签署船舶管理协议。

YZHX 轮航行至台湾东南的太平洋海域时发生船体右倾事故，船舶沉没，船货全损。为此，该批货物保险人在上海海事法院对原告提起代位求偿诉讼，上海海事法院经判令由原告向八家保险公司承担赔偿责任。原告与货物保险人签署和解协议并支付赔偿款，作为对上述民事判决书的履行，现原告请求三被告赔偿其遭受的损失及利息。

【判决】

法院经审理认为：根据《海商法》的规定，航次租船合同的当事人应为出租人和承租人，故被告一作为出租人应就其与原告之间的航次租船合同承担相应责任。相关生效判决已对涉案货损事故原因作出认定，涉案船舶缺乏特殊的集装箱系固设施，事故发生系因货物未妥善积载、绑扎导致涉案事故的可能性极大。被告一对所认定的事故原因并未提出异议，亦未提供其存在免责事由的有效证据，原告已向货物保险人支付货损赔款，其作为航次租船合同项下的出租人，对原告应当承担货损赔偿责任。

被告二系涉案运输船舶 YZHX 轮的所有人，实际承运涉案货物，被告二与被告三签订有船舶管理协议，但二者并非涉案航次租船合同的当事方。该二被告不应作为承担航次租船合同出租人责任的一方。

综上，法院判决被告一赔偿原告损失及利息，被告二与被告三对赔偿责任不予承担。

【评析】

《海商法》第九十四条规定，航次租船合同有明确约定的情形下，出租人应当按照航次租船合同的约定履行义务，并履行《海商法》第四十七和四十九条规定的义务。在航次租船合同没有约定或者没有不同约定时，出租人和承租人之间的权利义务适用《海商法》第四章的规定，但并非第四章所有的规定均适用于航次租船合同的当事人，所应适用的仅为海上货物运输合同当事人即承运人和托运人之间的权利义务规定，并不包括实际承运人的规定。

实际承运人是接受承运人委托，从事货物运输或者部分运输的人，包括接受转委托从事此项运输的其他人。在提单证明的海上货物运输法律关系中，法律规定承运人的责任扩大适用于非合同当事方的实际承运人，但实际承运人是接受海上货物运输承运人的委托，实际承运人及其法定责任限定在提单的法律关系中。实际承运人并非航次租船合同法律关系的当事方，按照合同相对性原则，应由航次租船合同的出租人承担相应责任。

在本案中，原告以航次租船合同纠纷提起诉讼，被告二和被告三非航次租船合同一方当事人，不应承担合同责任。被告二作为实际承运人，对货物发生灭失承担侵权赔偿责任，但本案未以侵权纠纷提起诉讼，故缺乏法律依据。由此可见，原告在此情形下应当厘清诉由，以确保自己的诉求得到最大的保障。

9. 契约承运人向实际承运人追偿的问题

【案情】

原告：某外轮代理有限公司

被告：南通某集装箱运输有限公司

原告作为案外人东方海外中国公司由江苏港口至上海之间的集装箱支线运输承运人，长期以来租用被告经营管理的船舶进行实际运输。涉案运输共计装载的重箱分别来自多个海上航次，由上海港转驳至张家港。在码头靠泊完毕准备装箱时，由于船体倾斜，导致船上 24 只集装箱坠入江中，船舶左机舱门受损变形。上海海事大学出具的事故报告认为，涉案货物的积载违背了“重箱在下，轻箱在上”的装载原则，导致装载后船舶稳性偏小。因涉案事故，原被告均遭受经济损失。

原告认为，被告作为内河货物运输的承运人，应对本次事故产生的一切费用以及原告对外承担的损害赔偿承担违约赔偿责任；被告则认为，双方之间存在航次期租合同关系而非通海水域货物运输合同纠纷，被告没有积配载义务，因货物积载不当导致涉案事故发生，原告应对事故损失承担全部责任。为此，双方分别诉请对方赔偿损失。

【判决】

法院经审理认为，“积载”是与船舶适航紧密相关的重要一环，因积载不当会影响船舶的稳性或者操纵性，进而造成船舶不适航。即使涉案运输系由原告安排装卸，被告作为实际承运人谨慎处理积载问题并使船舶适航的义务也不因此而免除；但被告对可能影响航行安全的积载问题漠不关心，既不主动向原告询问具体的箱型、箱重，又不及早领取落泊清单，在完全不清楚每个集装箱重量的情况下指挥装船作业，并且船长在调整集装箱位置后，忽视了缆绳张力、码头护舷挤靠力等的外力影响，未待集装箱调整措施的效果完全显现，也未解开缆绳确保船舶完全处于漂浮状态时即进一步采取压载调整措施，加剧了左倾现象并最终导致涉案事故发生。因此，涉案事故系因被告未妥善处理货物积载问题并致船舶不适航而引发，并且船长采取的错误的压载调整措施是涉案事故发生的最直接原因，故被告对涉案事故负有全部责任。

【评析】

在航运实践中，承运人可以通过与实际承运人建立租船合同、运输合同或委托代理合同的方式委托运输，双方之间也可能成立无名合同关系，这并不影响契约承运人与实际承运人的认定。

根据我国《国内水路货物运输规则》第三十二条以及《海商法》第四十八条的规定，承运人应当妥善地、谨慎地装载、搬移、积载、运输、保管、照料和卸载所运货物，此均源于《海牙规则》中的相关规定。对此，航运界一度认为承运人应当对类似条款列举的装卸、积载等工作承担绝对的保证责任，甚至当事人在租船合同中约定了排除承运人装卸和积载责任的 FIOST 条款（全称为“Free In, Out, Stowage, Trim”，即承运人不负责装、卸、积载和平舱），也被认为仅是涉及费用的划分问题；即使条款中明确约定承运人不承担因装、卸、积载和平舱所产生的责任，该约定也被认为是违反了法律的强制性规定而无效。然而，航运界的这一认识在2004年被英国上议院对 The Jordan II 一案（Jindal Iron & Steel Co. Ltd. and Others v Islamic Solidarity Shipping Co. Jordan Inc. and Another [2004] UKHL49）的最终判决所改变。该英国判例支持排除船舶所有人装卸责任的约定有效，肯定了承运人和货方就装卸等问题进行约定的自由，本着“谁控制，谁负责”的公平原则去认定责任的归属，认为 FIOST 条款可以排除承运人因装卸不当所产生的责任，以促使货方在依约安排并控制装卸作业中恪尽职责，避免损害。

而本案传达的观点是，承运人可以通过合同安排（比如约定 FIOST 条款）排除掉的货损责任应当仅限于与管货义务相关的一些损害后果，如由于装卸工人的野蛮操作而导致的货损等，但不能排除与船舶适航义务相关的责任。因为“积载”不仅是管货的一个环节，还是与船舶适航紧密相关的重要一环，因积载不当会影响船舶的稳性或者操纵性，进而造成船舶不适航。

10. 限制性海事赔偿请求的认定

【案情】

原告：某石油化工股份有限公司

被告：广东某海运有限公司

原告所属R轮系国内沿海运输船舶，由秦皇岛载煤开航，计划靠泊上海港罗泾煤炭码头。船舶驶离秦皇岛后，船长通过电话向被告公司申请引航员，被告公司安排未持有引航员适任证书的沈某引航，而且上船时未携带该航段最新海图资料和其他助航设备。R轮船长未对沈某的引航资质情况进行确认。R轮触碰原告码头北端，事故造成原告码头北端东段约74 m损毁并倒塌沉入江底，码头上所建综合楼一同损毁，楼内2名值班人员一死一伤，码头上架设的3台输油臂落水受损。上海海事局出具事故调查报告，认定涉案事故为R轮航行期间触碰固定码头的单方责任事故。因涉案事故，原告产生事故现场及航道看护费用、设标费用以及清障费用。

原告认为被告在航行和安全管理中存在重大过失，应当承担事故全部责任，并因此丧失海事赔偿责任限制权利。

【判决】

法院经审理认为，被告所有的R轮未使用安全航速，靠泊时船舶操纵不当，属因单方责任触碰罗泾油库码头，被告对原告因此遭受的损失应承担全部赔偿责任。没有证据证明涉案事故是由于被告公司的故意或者明知可能造成损失而轻率地作为或不作为造成，被告不应丧失海事赔偿责任限制权利。故对原告提出的受损码头修复费用、受损输油臂修复费用、倒塌综合楼内财物损失、码头临时值班房购置费用等四项赔偿请求，被告有权依照《海商法》的相关规定享受海事赔偿责任限制。本案系船舶触碰撞码头引发的纠纷，因触碰码头事故引起的沉船、沉物的清障打捞费用的赔偿请求，不属于《海商法》第十一章规定的可以限制赔偿责任的海事赔偿请求，故法院对被告关于涉案受损码头清障费用、为清障而产生的事故现场及航道看护费用、设标费用均属于限制性海事请求的抗辩不予支持。

【评析】

我国《海商法》第二百零八条规定了四项限制性债权，根据该规定对于沉船沉物的打捞、消除产生的费用不能享受责任限制，责任人必须全额支付。《最高人民法院关于审理海事赔偿责任限制相关纠纷案件的若干规定》第十七条规定："《海商法》第二百零七条规定的可以限制赔偿责任的海事赔偿请求不包括因沉没、遇难、搁浅或者被弃船舶的起浮、清除、拆毁或者使之无害提起的索赔，或者因船上货物的清除、拆毁或者使之无害提起的索赔。由于船舶碰撞致使责任人遭受前款规定的索赔，责任人就因此产生的损失向对方船舶追偿时，被请求人主张依据《海商法》第二百零七条的规定限制赔偿责任的，人民法院应予支持。”

该条款中的“责任人”应理解为负有一定海事事故赔偿责任的主体，即事故责任人。本案原告在船舶触碰事故中不承担事故责任，其向肇事船舶追偿清障等费用损失，肇事船舶不能享受责任限制，体现了对无过错方权益的保护，也体现了对码头、航道等航运设施业主权利的保护，有利于保障港口的通航便利和安全。因此，本案中因受损码头残骸的起浮、清除、拆毁或者使之无害的费用，包括受损码头清障费用、事故现场及航道看护费用、设标费用均属非限制性海事请求。

11. 设立海事赔偿责任限制基金的异议

【案情】

申请人：某货轮公司

异议人：上海某发电有限责任公司

上海某第二发电有限责任公司

某财产保险股份有限公司上海市分公司等

申请人所属N轮从秦皇岛运载电煤前往上海外高桥码头，在靠泊码头过程中触碰码头2＃卸船机，造成码头和机器受损。申请人向法院申请设立非人身伤亡海事赔偿责任限制基金，基金数额为人民币25 442 784.84元和自事故发生之日起至基金设立之日止的利息。

异议人提出以下异议：N轮系船长的错误操作行为导致事故发生，应对事故负全部责任，申请人无权享受海事赔偿责任限制；N轮是一艘可以从事国际远洋运输的船舶，不属于从事中国港口之间货物运输的船舶，不适用原交通部发布的《关于不满300总吨船舶及沿海运输、沿海作业船舶海事赔偿责任限额的规定》，而应适用《海商法》第二百一十条第一款第(二)项规定的限额；事故所涉及的债权性质虽然大部分属于限制性债权，但清理残骸费用应当属于非限制性债权，申请人无权限制赔偿责任。

【裁定】

法院经审理认为，异议人提出的申请人无权享受责任限制的异议，应在案件实体审理中加以认定，故对异议人的该异议不作处理。异议人提出的清理残骸费用属于非限制性债权的问题，与本案申请设立的基金属于不同范畴的问题，对该问题不予审查。

涉案事故发生时N轮所从事的航次是从秦皇岛港至上海港，该轮营业运输证载明的核定经营范围为“国内沿海及长江中下游各港间普通货物运输”。因此，该轮属于《海商法》第二百一十条第二款所规定的“从事中华人民共和国港口之间的运输的船舶”。异议人的适用《海商法》第二百一十条第一款第(二)项的规定计算涉案基金数额的主张,依据不足,不予采纳。法院驳回异议人的异议,准予申请人设立海事赔偿责任限制基金。

【评析】

《海事诉讼特别程序法》(以下简称《海诉法》)第一百零六条规定:“海事法院收到利害关系人提出的书面异议后,应当进行审查,在十五日内作出裁定。”对设立海事责任限制基金异议的审查,仅采书面审查方式,而关于审查的内容《海诉法》未作规定。《海诉法》对责任限制抗辩与责任限制基金设立的关系采用分立式,责任人是否享有责任限制的实体内容由普通程序审理,在责任限制基金设立程序中不作审查。根据《最高人民法院关于适用〈中华人民共和国海事诉讼特别程序法〉若干问题的解释》第八十三条规定,申请设立海事赔偿责任限制基金,应当对申请人的主体资格、事故所涉及的债权性质和申请设立基金的数额进行审查。因此,诸如申请人是否享有海事赔偿限制的权利以及赔偿事项是否能够认定为限制性债权在责任限制基金设立程序中不予审查。

关于海事赔偿责任限额的规定,我国《海商法》第二百一十条规定,总吨位不满300吨的船舶,从事中华人民共和国港口间运输的船舶以及从事沿海作业的船舶,其赔偿限额由国务院交通主管部门制定,即适用原交通部颁布的《关于不满300总吨船舶及沿海作业、沿海运输船舶海事赔偿责任限额的规定》。两者规定的限额是不同的,因而适用哪一个规定也直接决定基金限额的数目。判断船舶是否系“从事中华人民共和国港口之间的运输的船舶”,应当以营业运输证载明的核定经营范围来确定,而不应以船舶适航证书上所记载的可航区域以及船舶有能力航行的区域来确定。

12.“仓至仓”条款的理解和适用

【案情】

原告一:某包装私人有限公司

原告二:上海某印刷机械有限公司

被告:某保险股份有限公司

2009年4月,原告一与原告二签订一份贸易合同,原告一向原告二购买一台自动模切机,贸易条件为CIF印度那瓦什瓦港。原告二向被告进行投保,投保单显示被保险人为原告二公司,涉案货物自中国上海港运至印度那瓦什瓦港,投保险别为一切险。该投保单上投保人、提单号、最终目的地等处空白。被告向原告二出具保险单,主要内容与投保单相同。根据保险单背面条款的责任起迄约定,本保险负“仓至仓”责任。

货物出运后,原告二将保险单背书转让给原告一。原告一后将涉案集装箱从印度那瓦什瓦海鸟集装箱集散站提出，经陆路运往其在印度浦那的场所。次日，该卡车在离印度潘维尔市约3 km的高速公路上驶向浦那时发生翻车事故，导致货物损坏。

两原告诉称：涉案货物发生事故而导致全损，原告一在第一时间通知被告，并提供了保险索赔所需的各项材料，但被告始终未进行理赔。故请求判令被告支付保险金239 800美元及利息损失。

被告辩称：原告二在投保单最终目的地一栏没有填写，因此两原告确认的目的港即为最终目的地。事故发生地点已超过保险单约定的目的地，故涉案保险事故不属于被告的责任范围。

【判决】

法院经审理认为，根据保险单背面条款中责任起迄约定的"仓至仓"条款，被告的保险责任应从中国上海至印度那瓦什瓦港收货人的仓库。涉案货物到达目的港后发生转运事故时已超出那瓦什瓦港的范围，即已超出被告保险责任期间。因此，法院判决驳回两原告的诉讼请求。

【评析】

本案中，涉案货物是在运至目的港后发生的损失，因此，本案"仓至仓"条款中保险责任期间何时终止成为案件审理的争议焦点。

本案中，保险单载明自中国上海港至印度那瓦什瓦港，在最终目的地一栏空白的情况下，应认为收货人在印度那瓦什瓦港的任一仓库即保险合同项下载明的目的地。"仓至仓"责任中约定，如被保险货物未抵达上述仓库或储存处所，则以被保险货物在最后卸货港全部卸离海轮后满60天为止。如在上述60天内被保险货物需转运到非保险单所载明的目的地时，则以该项货物开始转运时终止。涉案货物从目的港提离后，运往印度的浦那，而浦那与那瓦什瓦并非同一城市或地区，因此根据上述条款，被告的保险责任自涉案货物提离目的港开始运输时终止。因此，需注意的是，在海上保险"仓至仓"责任条款下，被保险人（投保人）应有向保险人主动披露最终目的地信息的义务。未特别说明最终目的地的，保险单或提单载明的目的港（或目的地）所在范围内收货人任一仓库均可认定为"仓至仓"条款下的最终目的地仓库。

（二）仲裁案例

13. 船舶委托管理合同的终止

【案情】

2010年3月8日，申请人与被申请人签订《船舶委托管理协议书》。2011年3

月8日，双方续签该协议。协议书约定被申请人委托申请人管理其光船租赁船舶"RICHMOND"轮。申请人提出，在申请人管理期间，即2012年6—7月间，被申请人更换管理公司，自行安排进厂修理，且不告知申请人。申请人在不得已的情况下于2012年7月12日告知被申请人，退出管理"RICHMOND"轮，同时通报该轮船籍港香港海事处。申请人依据双方签订的协议书，向仲裁委员会提出仲裁申请，请求裁决被申请人支付拖欠申请人代垫的船员工资、备件物料、检验修理和管理费等相关费用。

被申请人辩称，涉案船舶委托管理协议已于2012年3月7日终止，申请人在船舶委托管理协议终止后也不存在实际管理船舶的行为，申请人要求被申请人继续支付船舶管理费于法无据。

【仲裁庭意见】

关于双方合同期满至2012年7月12日"RICHMOND"轮船舶委托管理情况。仲裁庭认为，2012年3月7日至7月12日期间，申请人与被申请人虽未续签书面船舶委托管理协议，但"RICHMOND"轮安全管理体系文件的船舶管理人并未发生变更，申请人仍在行使船舶管理人的职责，申请人递交的证据可以证明，"RICHMOND"的安全管理证书和保安证书仍持续有效，仍在申请人的实际管理之下。仲裁庭注意到，在此期间申请人仍然每月寄送账单，被申请人并无异议，双方依旧按原协议进行月度结账，被申请人在此期间还曾数次汇款给申请人，表明双方依然存在事实上的船舶委托管理合同关系。

关于违约金的计算依据和金额，仲裁庭注意到，申请人与被申请人在船舶委托管理协议第11条约定了违约责任和违约金数额。仲裁庭认为，船舶委托管理协议是申请人与被申请人真实意思的表示，双方应共同遵守。但依据协议计算得出的违约金总额已超过拖欠费用总金额的30%，属于过分高于造成的损失，从公平原则和诚实信用原则出发，应予以减少并调整。

【评析】

《合同法》第三十六条规定："法律、行政法规规定或者当事人约定采用书面形式订立合同，当事人未采用书面形式但一方已经履行主要义务，对方接受的，该合同成立。"这既是指债务人向债权人履行了主要义务，而债权人没有异议，表示接受。在这种情况下，一方当事人履行了主要义务，另一方当事人接受，说明双方有交易的事实，意味着当事人双方承认合同的存在，如果再强调合同的形式已经毫无意义，而且很可能是已经履行义务的一方当事人吃亏，有失公平。因此，虽然当事人双方没有按照法律规定采用书面形式，但是并不妨碍合同的效力和当事人对合同的履行。

依据《中华人民共和国合同法》第一百零七条和第一百一十四条、《最高人民法院关于适用〈中华人民共和国合同法〉若干问题的解释(二)》第二十九条的规定，当事人可以约定一方违约时应当根据违约情况向对方支付一定数额的违约金，也可以约定因违约产生的损失赔偿额的计算方法，约定的违约金过分高于造成的损失的，当事人可以请求人民法院或者仲裁机构予以适当减少。当事人约定的违约金超过造成损失的30%的，一般可以认定为“过分高于造成的损失”。这就告知我们在约定违约金条款前，应充分评估如果一方违约、另一方可能遭受的损失额，并以此为基准，正确约定违约金金额或违约金计算方法。

14. 船舶租用合同中租金拒付

【案情】

2012年2月28日，申请人与第一被申请人、第二被申请人签订《船舶租用合同》，约定第一被申请人租用申请人所有的“集美601”轮，用于惠州港25万吨级航道清淤疏浚工程。租船合同第十条第2款约定，第二被申请人对第一被申请人履行本合同项下的义务承担连带担保责任。

2012年3月5日至4月18日，“集美601”轮在合同约定地点施工。经申请人代表与第一被申请人代表签署的《租船时间确认单》确认，第一被申请人实际应向申请人支付租金人民币2 125 706.60元。2012年4月23日，经第一被申请人现场代表同意，“集美601”轮撤离现场。第一被申请人仅支付人民币50万元。根据租船合同约定，第一被申请人应当在2012年5月23日前付清余款，虽申请人多次催款，但第一被申请人一直未予支付。因此，申请人提出仲裁申请，请求裁决第一被申请人、第二被申请人向申请人支付船舶租金、仲裁费用、律师费和其他相关费用。

【仲裁庭意见】

关于申请人与被申请人是否存在违约行为，仲裁庭认为，鉴于《船舶租用合同》第五条第2款“……甲方所欠租船租金余款，应在乙方船舶调离施工现场后一个月内付清……”的约定，第一被申请人迄今为止并未付清全部租金余款，其欠付租金的违约事实成立。“集美601”轮清淤作业完成撤离，根据第一被申请人的要求而为之，并不构成擅自撤离，亦不存在合同中规定申请人应当提前一周通知第一被申请人的事由，且第一被申请人亦自始至终未曾提出任何异议；根据《3月份集美601租船时间确认单》记载表明“集美601”轮完全满足550小时的当月施工运转时间要求；本案并无任何证据可以证明“集美601”轮的油耗奇高，申请人侵吞柴油、怠于管理。综上，申请人不存在违约。被申请人不得以此作为不支付租金的抗辩。

关于第二被申请人应否对第一被申请人《船舶租用合同》项下包括租金支付在内的合同义务承担连带担保责任，鉴于《船舶租用合同》第十条第2款已明确约定第二被申请人对第一被申请人履行本合同项下的义务承担连带担保责任，申请人有权直接向作为连带责任担保人的第二被申请人请求支付所欠租金余款。

仲裁庭认为，被申请人应补偿申请人律师费人民币50 000元较为合理；本案仲裁费由申请人承担55%，被申请人承担45%。

【评析】

本案中，被申请人以申请人违约而拒绝支付租金，根据我国《合同法》六十六条之规定："一方在对方履行债务不符合约定时，有权拒绝其相应的履行要求。"一方违约包括部分履行及瑕疵履行等情况，本案中被申请人提出的抗辩理由即为对方的瑕疵履行，但是经仲裁庭查明，被申请人以此作为抗辩并无事实根据，属无正当理由不支付租金。

拒绝履行合同抗辩权的行使前提是对方履行债务不符合约定，因此只有在对方确有违约行为时才能行使，行使的一方不得滥用，以此作为疏于履行合同义务的理由，这将必然不能得到法律的保护。这告诫租船人在租用船舶时，在出租人按照约定履行了合同义务时，应当按照合同约定支付租金以及充分履行其他合同约定的义务，避免因自己违约行为赔偿出租人租金及利息损失。

关于连带保证，我国《担保法》第十八条明确规定，当事人在保证合同中约定保证人与债务人对债务承担连带责任的，为连带责任保证。连带责任保证的债务人在主合同规定的债务履行期届满没有履行债务的，债权人可以要求债务人履行债务，也可以要求保证人在其保证范围内承担保证责任。

15. 滞期费的计算

【案情】

申请人与被申请人签订《海运合同》，随后双方又签订了《变更协议》，双方约定：由申请人提供船舶将被申请人的两台门机从珠海港运到上海临港，货物保险费由被申请人承担，但由申请人代为安排投保；货物的装卸时间为144小时，装卸两港可合并使用，除不可抗力因素外，如超过被申请人应当按照人民币35 000元/天的标准向申请人支付滞期费。申请人就涉案货物按约定进行投保，并安排货物从珠海运至上海临港，共发生运费人民币1 070 000元，滞期费人民币532 770元。然而被申请人仅支付了运费人民币1 070 000元，保险费人民币26 325元和滞期费人民币400 000元。因此，申请人提起仲裁，其仲裁请求为，裁决被申请人向申请人支付货物装卸港滞期费及仲裁费用。

被申请人答辩认为，申请人未按合同约定向被申请人预报和确报船舶抵港情况，故装卸时间应从船舶靠妥泊位开始起算，船舶实际滞期时间仅为14天11小时50分钟。其同时认为船舶在卸货过程中，造成船舶滞期的原因是申请人以未支付滞期费为由拒绝卸货，这属于申请人无理要求，应由申请人承担不利后果。对于保险费，被申请人当庭予以确认不作抗辩。

【仲裁庭意见】

关于装卸时间的认定。根据《海运合同》约定，装卸时间应从船舶靠泊高栏码头开始计算，即5月13日1230时；双方均确认船舶在装货港期间的雨天时间为1天11小时40分钟影响装货作业，船舶在高栏码头的时间为15天12小时，扣除雨天时间，故船舶在装货港可计入的装货时间为14天20分钟。申请人未按《海运合同》第1.9条约定分别提前2天作出预报和提前1天作出确报，故应按《海运合同》第5.1条约定，从船舶靠泊卸货码头时开始计算卸货时间。在卸货港可计入的卸货时间为：自6月8日0600时船舶靠泊码头至6月14日1930时卸货完毕，共计6天13.5小时；船舶擅自停止卸货时间47.5小时，该停止卸货行为和时间符合《海运合同》约定，不应计入装卸时间。实际可计入的卸货时间为4天14小时。

关于是否存在因承运人和船长或船员原因引起的装卸时间损失，及若有则为多少时间的问题。首先，《海运合同》中约定，运费支付为申请人出具运费发票及在最后一件货物卸货之前。根据《装卸事实记录》显示，6月12日0430—0800时尚有1台门机和部分散件未卸货，显然此时尚不具备支付运费的条件，因此不存在被申请人延迟支付运费问题。《海运合同》和《变更协议》均未约定滞期费的支付时间，而且按航运习惯，滞期费通常也是在运输完成后结算，就滞期费支付被申请人亦不存在违约情形。申请人以被申请人未支付运费和滞期费为由行使不安抗辩权属于错误行使权力。

综合上述认定，装卸二港实际可计入装卸时间为18天14小时20分钟，扣除144小时装卸时间，滞期时间共为12天14小时20分钟，滞期费应为人民币440 902元。鉴于被申请人已支付滞期费人民币400 000元，故尚欠滞期费人民币40 902元。

【评析】

承运人与船舶出租人约定装卸时间，即承运人保证将合同货物在装货港全部装完和/或卸货港全部卸完的时间，而装卸时间的计算方式一般分为装卸时间分别计算、装卸共用时间、装卸时间可调配、装卸时间合并使用和装卸时间平均使用这几种。本案中，装卸时间约定装卸两港可合并使用，即无需单独计算装货港和卸货港装卸时间，如果装卸两港实际使用的装卸时间超过合同规定的合计时间，则产生滞期费。但如果在装货港已经将合计时间使用完毕，即在装货港已进入滞期，按照“一旦滞期，永远滞期”的原则，当船舶抵达卸货港后，立即连续计算滞期时间。

装卸时间的起算和中断。装卸时间能否有效起算，何时起算，从根本上决定了船舶是否确实进入滞期，是滞期产生的先决条件。一般来说，船舶在符合以下3项条件后，装、卸时间才能开始起算：①船舶抵达装货地点；②船舶在各方面做好装、卸货的准备；③递交准备就绪通知书。本案中，承租人并未按照合同约定的时间提交准备就绪通知书，因此装卸时间以船舶实际靠泊时间起算。租船实务中对于装卸时间中断通常包括不良天气、节假日、移泊时间、罢工、船舶出租人的过错、装卸设备故障等。如果装卸时间约定方式为晴天工作日，那么雨天等恶劣天气是要从装卸时间中扣掉的。本案中双方均认可从装卸时间中扣除的雨天时间，而由于船舶擅自停工的时间也应被扣除。

总之，航次租约实质上是出租人和承租人围绕时间利益相互斗争的结果，双方在租约中对于装卸时间具体明确的约定可以有效地避免争议，在法律和合同都没有规定的情况下，双方应该本着兼顾对方利益的前提下合理地维护己方的权益，进而减少不必要的纠纷。

16. 电放情形下的无单放货

【案情】

案外人 K 公司向申请人订购一批靠垫等纺织用品，申请人与被申请人签订《货运委托书》，委托被申请人出运该批货物。被申请人向申请人签发了载明托运人为申请人、收货人为案外人 K 公司的二套提单。货物运抵目的港，日本客户要求将涉案提单改为电放提单，由于提单已交给中国银行办理托收货款，被寄往日本银行，被申请人在没有收到提单情况下，不予做电放提单，货物一直放置于日本港口。为此，申请人向银行申请退单。申请人收到银行退回的二套提单及相关资料后，将其中二套提单归还给被申请人，向被申请人提出将原正本提单改为电放提单，并将收货人更改为另一案外人 W 公司获得被申请人同意。更改后的提单以电放提单的形式发送给新的收货人(W 公司)，通知其提货。申请人收到新收货人的通知后，货物已被原收货人(案外人 K 公司)提走。

申请人认为，被申请人将提单项下货物放给原收货人，使新收货人提货不着，其行为已构成无单放货，因此提起仲裁，要求被申请人赔偿申请人货款损失并支付仲裁费用。

【仲裁庭意见】

关于被申请人是否违约及责任分担。仲裁庭认为，申请人为了将提单改为电放提单并更改记名收货人，已将提单交还给被申请人。卸货港代理应根据电放提单传真件，指示港口代理实际承运人的港口代理公司向电放提单载明的记名收货人交付货物。然而，实际承运人的港口代理公司将涉案货物交付给 K 公司，未将涉案货物交付给电放提单载明的记名收货人 W 公司，相对于申请人而言，构成对国际海上货物运输合同的违约。对于电放提单记载的记名收货人因此提货不着而造成申请人的经济损失，被申请人应向申请人承担违约赔偿责任。

关于申请人的索赔权。作为海上货物运输合同托运人的申请人是否具有索赔权，取决于其是否因作为承运人的被申请人的违约行为而遭受实际损失。仲裁庭认为，申请人当庭自认涉案货物出口后，涉案货款已核销，并凭出口收汇核销单，向税务机关办理出口退税，可推定申请人已经收到涉案货款。据此，可以认定申请人并无实际损失。由此，被申请人的赔偿责任也相应免除。故本案申请人的仲裁请求不能得到支持。本案仲裁费由申请人承担。

【评析】

电放业务具有快捷、简便，并为收货人提供方便和节约费用等特点，在实际业务中被广泛采用。货物在交付前，处于承运人掌管期间，作为承运人应谨慎保管涉案货物，并应向电放提单上记载的记名收货人交付货物。一般来说，在电放情形下，由于承运人已收回所签发的全套正本提单或应托运人的要求并未签发正本提单，并如约交付货物，承运人往往不会承担无单放货的风险。然而，电放毕竟属于"异地交单放货"，倘若承运人处理不慎也会带来一定的风险。

本案中申请人为了将提单改为电放提单并更改记名收货人，已将提单交还给被申请人。因此，在卸货港，电放提单记载的记名收货人应能凭电放提单传真件及其身份证明到被申请人的卸货港代理办理提货手续。被申请人作为承运人未按申请人的要求将涉案货物交付给记名收货人，构成对国际海上货物运输合同的违约。对于电放提单记载的记名收货人因此提货不着而造成申请人的经济损失，被申请人应向申请人承担违约赔偿责任。我们可以得出教训，在实践操作中尽量谨慎对待电放来减少其所带来的风险。作为承运人，应当严格遵守电放流程操作，不能接受非托运人的电放请求，否则很有可能被买方故意诈货所利用。

17. 船舶建造合同中船舶价格的变更

【案情】

申请人与被申请人于2009年11月签订《79 600吨散货船造船合同(船体号：YC017)》(以下简称《船舶建造合同》)。2010年5月5日，申请人与被申请人就合同履行过程中的实际情况签订《谅解备忘录》。申请人称，相关生产管理工作申请人已安排就绪。谅解备忘录签订后，申请人多次与被申请人沟通，但被申请人不仅缺乏对增加船舶价格的诚意，并且怠于协商价款的落实时间和支付时间、船舶建造时间和交付时间。故向仲裁委员会提出仲裁申请，请求被申请人继续履行《船舶建造合同》并支付本案仲裁费用。

对于申请人的仲裁请求，被申请人答辩称，被申请人曾主动提出船舶价款的报价方案，但申请人拒绝，就船舶价款的增加被申请人并未怠于与申请人协商。申请人与被申请人签订的《谅解备忘录》中明确约定双方尚未就船价和交船期达成一致的情况下，终止原《船舶建造合同》的继续履行。申请人要求履行原《船舶建造合同》没有合同和法律依据，且违背公平自愿和诚实信用。

【仲裁庭意见】

关于2010年5月5日《谅解备忘录》的性质为何，仲裁庭多数意见认为其构成了对原《船舶建造合同》的变更。根据双方2010年5月5日签署的《谅解备忘录》的第七条“……如合同、协议等与本协议有矛盾或不一致的部分，以本谅解备忘录为准”的约定，《谅解备忘录》的性质应当被视为系对原《船舶建造合同》部分条款的变更。该变更合法有效，对双方均具约束力。

关于被申请人是否仍有继续履行原《船舶建造合同》的义务。仲裁庭多数意见认为，《谅解备忘录》第四条的约定“如果协商不成，卖方不承担原合同规定的船舶价格和交船期的义务”，是基于造船市场原材料价格猛涨的客观事实，原《船舶建造合同》已无法继续履行，双方当事人遂均同意原《船舶建造合同》项下的交船期和船舶价格不应再约束双方。申请人关于该条约定赋予了申请人不履行原《船舶建造合同》的主张，不应支持。

综上，仲裁庭多数意见认为，除非申请人和被申请人能就船舶价格增加和新交船期达成一致，否则被申请人无义务继续履行原《船舶建造合同》，故驳回申请人的仲裁请求。

【评析】

在订立造船合同后，当原材料的涨跌幅度过高超出签订合同时的合理预期时，便会涉及建造船舶价款变更的问题，合同双方当事人都可能就价款的变更提出请求。此时，双方达成《谅解备忘录》应当被视为对《船舶建造合同》部分条款的变更，是双方意思表示一致的结果，该变更合法有效，对双方均具约束力。

涉案《船舶建造合同》系一双务合同，根据权利义务一致、对等之合同法的基本准则以及合同双方均应遵循的公平原则，若申请人认为其可不再受原《船舶建造合同》项下的船舶价格和交船期约束的，则其亦同样无权再要求被申请人受原《船舶建造合同》项下的船舶价格和交船期约束。

本案争议的实质，并非“合同约定不明的处理”，而是公平诚信原则的坚守，合同的约定是明确的。实际上由于造船市场的价格波动，在市场价格上扬明显高于原《船舶建造合同》价格时，申请人主张不再继续履行原《船舶建造合同》，要求调整船舶价格（加价），且要调整至令其能接受和满意之程度；而在市场价格跌落至远低于原《船舶建造合同》之约定时，申请人又转而主张继续履行原《船舶建造合同》，此举实在有违公平诚信，且亦于法无据。因此，该约定不应被解读为系赋予申请人在市场上扬时可选择不再继续履行原《船舶建造合同》、而在市场跌落时可选择要求继续履行原《船舶建造合同》之权利的条款。

18. 承运人援引货物的自然特性免责

【案情】

申请人与被申请人签订《散装液体化学品水路运输合同》,合同约定被申请人提供液体化学品船"华海318"轮为申请人运输纯苯货物。在合同履行过程中,被申请人使用"华海318"轮为申请人运输纯苯3 262.11吨,装船时单价为人民币8 650元,货物价值为人民币8 217 251.50元。货物装船后,申请人委托青岛SGS机构对装货港的船样进行检测,被申请人委托上海SGS机构对船样检测也合格,但抵达卸货港上海漕泾后,经上海SGS机构检验,"华海318"轮的其中4个舱质量不合格(硫和噻吩超标)。该批变质货物最终以总价人民币2 088 513.52元的价格被处理掉。经计算,因货物变质导致的货物实际价值减少人民币3 489 357.98元。

按照被申请人承诺的处理方案,该损失应由被申请人的保险公司赔偿,保险公司免赔部分应由被申请人承担。故申请人提出仲裁请求由被申请人向申请人赔付货物损失款并承担本案仲裁费用。被申请人提出抗辩,认为货物污损不是承运人因素,而是涉案货物自然性质造成的,应属承运人免责事项。

【仲裁庭意见】

仲裁庭认定,在本案中,青岛SGS检验机构和上海SGS检验机构作为双方认可并选择的、有资质的商检机构,其作出的检测报告的结论应得到仲裁庭认可,除非有充分的相反证据足以推翻该结论。被申请人在目的港全程参与了涉案货物取样、检测的情况下,并未提出相反证据证明涉案货物并未超标。由此可知,涉案货物在装港和卸港SGS检测结果的不同就已充分证明了涉案货物在被申请人负责的运输期间内遭受污损。被申请人提供的证据不能证明涉案货物污损不可能是承运人因素造成的而只能是涉案货物自然性质造成的。不论是基于法律还是双方合同约定,被申请人都要对涉案货物污损承担赔偿责任。

被申请人作为承运人在本案中有权享受相应的海事赔偿责任限制,可享受的海事赔偿限额为人民币2 534 344.50元。由于涉案货物的损失金额为人民币3 489 357.98元,高于被申请人可以享受的海事赔偿责任限额,为此,仲裁庭认定,就涉案货物损失,被申请人应向申请人赔偿人民币2 534 344.50元。本案仲裁费由被申请人全部承担。

【评析】

根据我国《合同法》第三百一十一条和第三百一十二条、《国内水路货物运输规则》第四十八条等有关法律法规以及运输合同条款的有关规定,承运人应对其负责的运输期间内发生的涉案货物损失承担相应的赔偿责任。由于海上运输的特殊风险，承运人对于货物发生的灭失或者损坏是由于特定的原因享有免责的权利。我国《海商法》第五十一条和《国内水路货物运输规则》第四十八条均规定“货物的自然特性或者固有缺陷”为承运人免责事项之一。如承运人欲援引该免责事由，其必须完成因果关系举证责任，否则应承担举证不能的不利法律后果。

本案中，被申请人提供的证据只能证明船舶是适航的，所从事的运输是合法的，并不能证明在承运涉案货物时船舶的实际状况以及是否适合于装载涉案货物，也不能证明实际记载涉案货物遭受无形污染(自然特性)而损失的具体情况，用以排除涉案货物在本案所涉运输航次遭受污染的可能性。因此，被申请人提供的证据不能证明涉案货物污损是涉案货物自然性质造成的。被申请人因举证不能而被判令承担责任也就成为必然。

三、小结

海事审判是一个具有较强专业性的审判领域，虽然案件数量规模不大，但国际化程度较高，新情况、新问题较多，国际影响大。同时得益于上海国际航运中心的地缘优势，上海的海事审判机构处理的航运纠纷具有类型全面、数量集中、对国际航运市场的变化反应较为及时等特点。通过整合案件资源，评析典型案件，可以较早地发现航运领域中带有趋势性、规律性的现象以及航运中心建设过程中出现的新问题、新动力，可为航运企业及时发现纠纷、解决纠纷提供有益的借鉴。

第三章　航运政策与法律的行政执行

2013年初，以李克强为总理的中国新一届中央政府宣誓就职。履新伊始，新一届中央政府即奏响改革新曲，于2013年3月10日制定颁布了《国务院机构改革和职能转变方案》(以下简称《方案》)，该方案于2013年3月14日由第十二届全国人民代表大会第一次会议批准实行。《方案》决定重新组建国家海洋局，将铁道部撤销并入交通运输部，这将对中国航运法律界产生重大而深远的影响。上海是中国最大的海运、铁路、公路、航空综合枢纽港，亦是中国面对太平洋的"战略要地"与"新丝绸之路"的"桥头堡"。根据中央政府的整体部署，上海市海洋局(兼挂"上海市水务局"牌子)以及国家海洋局驻上海的分支机构(国家海洋局东海分局和中国极地研究中心)可能会对内部设置、行政职责、对外履职等方面作相应调整；而上海铁路局的某些行政职能也可能会并入上海市交通运输和港口管理局。

在海洋领域，根据《方案》，为推进海上统一执法、提高执法效能，将原先国家海洋局及其中国海监、公安部边防海警、农业部中国渔政、海关总署海上缉私警察的队伍和职责整合，重新组建国家海洋局，由国土资源部管理。重组后，国家海洋局下设战略规划与经济司、政策法制与岛屿权益司、海警司(海警司令部、中国海警指挥中心)、生态环境保护司、海域综合管理司和国际合作司等核心部门。

重新组建的国家海洋局及所辖部门将代表中国(政府)履行下述主要职责：起草内海、领海、毗连区、专属经济区、大陆架及其他海域的法律法规；拟订并监督实施海洋发展战略、海洋生态环境保护、海洋经济发展、海岛保护及无居民海岛开发利用等规划；组织拟订海洋维权执法的制度和措施，制定执法规范和流程，在我国管辖海域实施维权执法活动，管护海上边界，维护国家海上安全和治安秩序，负责海上重要目标的安全警卫，处置海上突发事件；渔业执法检查并组织调查处理渔业生产纠纷；负责海域使用、海洋矿产资源勘探开发、海底电缆管道铺设等的执法检查；参与海上应急救援，按规定权限调查处理海洋环境污染事故等；组织编制并监督实施海洋功能区划，组织拟订并监督实施海域使用管理制度；组织拟订海岛保护及无居民海岛开发利用管理制度并监督实施；组织开展海洋生态环境保护工作、海洋领域国际交流合作，组织履行海洋公约、条约和协定，承担极地、公海和国际海底相关事务。

为加强海洋事务的统筹规划和综合协调，中央政府设立高层次议事协调机构——国家海洋委员会，负责研究制定国家海洋发展战略，统筹协调海洋重大事项。国家海洋委员会的具体工作由国家海洋局承担。国家海洋委员会并非中央政府的组成部门，而是与海洋相关的各部、委、局、办之间的联系会商机制。通过此种机制，国家海洋局可协调、整合、运作中央政府各部门所掌控的“海上资源”，以实现它的主要职责：海洋发展规划，海上维权执法，海域使用监管，海洋环境保护。其中，海上维权执法，即保护钓鱼岛、黄岩岛等中国“海上领土”是国家海洋局的职责亮点。在此方面，国家海洋局以中国海警局名义开展海上维权执法，接受公安部业务指导，并与交通运输部海事局、海关、边防、海军等部门协调一致、联动执法。《方案》彰显出中国保卫海洋领土完整、建设海洋强国、振兴海洋经济的决心。

国家海洋局在上海驻有两个分支机构：国家海洋局东海分局和中国极地研究中心。国家海洋局东海分局是国家海洋局设在东海海区负责监督管理海域使用和海洋环境保护、依法维护海洋权益、管理东海海监队伍的国家海洋行政主管部门，代表国家海洋局在东海区行使海洋行政管理职能。管辖北起江苏连云港，南至福建东山的南黄海和东海海域。国家海洋局东海分局下设东海监测中心，上海海洋预报中心，中国海监第四、第五、第六支队等部门，拥有专业的海洋执法队伍和海洋技术队伍，配备执法调查专用船舶、海监飞机、海洋勘探、调查、测试分析、观测预报等设备。国家海洋局东海分局主要职责包括：依据有关法律、法规监督管理海域使用；颁发海域使用许可证，实施海域有偿使用制度；审批海底电缆管道路由调查和铺设；监督涉外海洋设施建造及海底工程；主管海洋石油勘探开发和海洋倾废污染损害海洋的环境保护，签发海洋倾倒许可证，负责海洋石油勘探开发和海洋环境工程的环境影响报告书的审批和审核；负责监督陆源污染物排海和海洋生态的环境保护工作；组织实施管辖海域的巡航监视、监查工作；依法查处侵犯我国海洋权益、违法使用海域、损害海洋环境与资源、破坏海洋设施、扰乱海上秩序等违法违规行为。而中国极地研究中心是国家海洋局直属公益性事业单位，也是我国唯一专门从事极地考察的科学研究和保障业务中心。

在上海地方政府层面上，上海市海洋局是与国家海洋局接口的地方政府海洋主管部门，该局与上海市水务局合署办公。上海市海洋局下设政策法规处、综合规划处、滩涂海塘处、海域海岛管理处、海洋环境保护处等主干处室。该局的主要职责包括：起草、执行有关海洋管理的政策法律；编制本市海洋专业规划、中长期发展规划和年度计划，并组织实施；制定本市海洋功能区划；参与制定海区海洋经济、资源、环境等规划；负责本市海域海岛的监督管理；审核海域使用申请，实施海域权属管理和海域有偿使用制度；负责海底电缆、管道审批和监督管理；负责本市海域勘界、海洋基础数据管理；负责综合协调海洋事务；承担保护海洋环境的责任；负责防治海洋工程项目和海洋倾废对海洋污染损害的环境保护工作；依法实施水行政执法和海洋行政执法，查处违法行为；协调部门间和区县间的水事纠纷等。

在运输领域，为达到铁路运输政企分开、促进各种交通运输方式相互衔接、完善综合交通运输体系的目的，《方案》决定撤销原铁道部，将原铁道部的行政职责划入新设的、由交通运输部管理的国家铁路局，这些行政职责包括拟订铁路技术标准、监督管理铁路安全生产、运输服务质量和铁路工程质量等。同时，组建中国铁路总公司，承担原铁道部的企业职责，负责铁路运输调度、客货运输经营、铁路设施建设。改革后，交通运输部将统筹规划铁路、公路、水路、民航发展，加快推进综合交通运输体系建设。从《方案》中不难看出，这次国务院机构改革重点围绕转变职能和理顺职责关系，稳步推进大部门制改革，国家将继续大力支持运输业发展、加快推进该产业投融资体制改革和运价改革、建立健全规范的公益性线路和运输补贴机制、继续深化运输企业改制。

在上海地方政府层面上，上海市交通运输和港口管理局是与交通运输部接口的地方政府运输主管部门，而上海铁路监督管理局是对口国家铁道局、中国铁路总公司的地方机构。在《方案》的引领下，上海市交通运输和港口管理局与上海铁路局将会如何"整合"以构建上海"大运输、大物流、大港口、大枢纽"的盛世，值得我们拭目以待。

一、交通运输部海事行政案例①

（一）许可无船承运保证金责任险承保机构

2013年2月20日，经中国太平洋财产保险股份有限公司、中国平安财产保险股份有限公司两家保险公司的申请，交通运输部根据《行政许可法》第二条、第十二条的规定在审查两家机构是否符合《关于试行无船承运业务经营者保证金责任保险的通知》(2013年9月30日因《交通运输部关于无船承运业务经营者保证金责任保险制度操作办法的通知》的实施而废止)第二条保险机构承办条件的基础上，作出许可中国太平洋财产保险股份有限公司、中国平安财产保险股份有限公司两家保险公司从事承保无船承运保证金责任险的行政许可。自此我国无船承运保证金责任险承保机构的数量上升为3家，分别为中国人民财产保险股份有限公司、中国太平洋财产保险股份有限公司、中国平安财产保险股份有限公司。

交通运输部作为国家行政机关，根据法人组织的申请，经依法审查，准予其从

① 了解相关详情请登录 http://www.moc.gov.cn/。

事特定活动的行为符合我国《行政许可法》之规定，此许可合法有据。另就无船承运保证金责任险的承保现状而言，自 2010 年 11 月 1 日起试行无船承运业务经营者保证金责任保险制度以来，投保企业持续保持一定程度的增长趋势。截至 2013 年 1 月底，总数达到 1 537 家，占无船承运企业的 35%。其中，先前缴存保证金的 976 家投保企业获得退还保证金 6.06 亿元，561 家企业通过投保获得无船承运资格，而与之相对的是承保机构单一的状况。因此承保机构由 1 家增至 3 家有利于改变这一不平衡的现状，引入竞争机制，提升承保机构服务水平，优化无船承运行业发展环境，当事人可根据业务合作、经营地域等实际情况选择更为便捷的承保机构。

(二) 取消 6 项海事行政事业性收费规定

2013 年 8 月 1 日，交通运输部根据财政部和国家发改委《关于公布取消和免征一批行政事业性收费的通知》(财综〔2013〕67 号)的要求，在全国统一取消船舶证明签证费、船舶申请安全检查复查费、油污水化验费、海事调解费、浮油回收费、海岸电台无线电电报电话费(含船舶电信业务岸台费)等 6 项行政事业型收费。

作出取消行政事业性收费是对国务院办公厅关于实施《国务院机构改革和职能转变方案》的响应，取消和免征一批行政事业性收费，是国务院确定的重要任务，也是转变政府职能、扎实推进改革的迫切要求。在海事领域取消该 6 项行政事业性收费将在一定程度上便利海事航运等的发展，减少相关当事人的负担，有利于海事航运作业的开展。

当然制度的生命在于落实，各海事部门积极落实才是该行政行为的应有之义。如上海海事局就从三个方面对此通知予以落实：一是积极宣传，通过在政务大厅张贴通告、电子显示屏宣传、口头告知等各种方式，向行政相对人宣传有关取消征收的规定；二是加强学习，主动组织相关人员认真学习相关政策精神，严格按照有关要求做好工作；三是积极落实，做好取消前这些收费项目的清理和汇缴工作，保证在时间节点内完成应收费项目的清理和汇缴工作，做到“应征不漏，应免不征”。

(三) 取消和下放一批行政审批项目

2013 年 12 月 15 日，交通运输部下达公告：即日起取消和下放 12 项行政审批项目。其中具体包括 11 项取消的行政审批项目和 1 项下放的行政审批项目。11 项取消的行政审批项目分别为：①国际船舶运输经营者之间兼并、收购审核；②承担船舶油污损害民事责任保险的商业性保险机构和互助性保险机构的确定；③国际船舶代理业务审批；④船舶修造、水上拆解地点确定；⑤从事内河船舶船员服务业务审批；⑥船员资格临时特免证明签发；⑦港口、码头、装卸站以及从事船舶修造、打捞、拆解等作用活动的单位防治船舶污染能力专项验收；⑧船舶货物污染危害性评估机构认定；⑨船舶化学品安全运输条件评估机构认定；⑩船舶污染事件技术鉴定机构认定；⑪引航员注册审批。1项下放的行政审批项目为外商投资道路运输业立案审批（下放至省级人民政府交通运输行政主管部门）。

此次交通运输部作出的取消和下放该12项行政审批项目是根据《国务院关于取消和下放一批行政审批项目等事项的决定》（国发〔2013〕19号）和《国务院关于取消和下放一批行政审批项目的决定》（国发〔2013〕44号）所作出的行政便利措施。这是响应简政放权的实施举措，为进一步改革政府职能，便民利民尤其是便利航运起到了重要的作用。此外，从另一方面看，结合《行政许可法》第二条、第十二条以及《中华人民共和国海事行政许可条件规定》相关法条的规定不难发现，此次所取消和下放的行政审批项目多属行政许可的范畴，其中所涉及的行政性相对人包括国际船舶运输经营者、保险机构、国际船舶代理、船员、引航员、船货污染危害评估机构以及船舶污染事故鉴定机构，几乎涵盖了大部分的航运相关行业从业者，对于航运业是一项利好措施。当然，可以享受这一措施所带来的经营红利的企业应当做好具体落实的咨询了解工作，充分将政策措施转化为企业盈利。

二、上海海事局行政案例①

（一）上海海事局：船舶超载专项整治活动

2013年3月15日，上海海事局开展“2013年船舶超载运输整治活动”。此次活动旨在切实履行水上交通安全监管职责，严厉打击船舶超载运输行为，保障上海港辖区水域的通航安全。遵照《局船舶超载运输专项整治活动实施方案》具体要求，上海海事局制定并落实实施方案，抽调人手，对于辖区内的船舶进行排查。对于发现的超载船舶根据《内河海事行政处罚规定》第三十七条、《海上海事行政处罚规定》第三十七条以及《内河交通安全管理条例》第八十二条等相关法律的规定给予相应的批评教育或行政处罚。

3月19日下午，上海崇明海事处指挥分中心、大桥办事处联合海事公安局第四派出所开展水工作业船舶超载检查，到长江口青草沙水库北堤保滩抢险工程现

① 了解相关详情请登录 http://www.shmsa.gov.cn/。

场对运输船舶进行突击检查。检查发现工程建设单位对运石船的管理未有效落实专项检查方案的相关要求，正在卸货的运石船存在配员不足、证书未随船等违法行为。海事执法人员和公安干警共同对违法船舶进行教育，并开展违法行为调查、处理。

3月20日，上海洋山港海事处派出执法人员随“海巡01091”轮前往大洋山南侧水域，重点检查装有砂石和建筑渣土的施工船舶及运输船舶，发现“正和188”轮和“洋腾6”轮涉嫌超过船舶核定载重线装载货物，经执法人员现场检查确认其超载行为后，向其开具了《海事行政调查通知书》，并要求其进行强制卸载。同时，海事执法人员利用此次检查机会，向该水域的其他船舶进行了安全宣传。

自3月15日活动伊始，上海吴泾海事处便采取了各项措施：①要求码头、浮吊海事协管员对本船舶作业情况按照制定的台账格式如实记录，严把船舶载货关口；②对装货出港的船舶在装货完毕后载重情况进行拍照，避免出现船舶源头载货超载出港；③在夜间组织执法人员开展对码头以及浮吊作业区的监督检查，适时了解作业单位落实治超活动的情况，对未落实要求、出现船舶载货超载的责令立即卸载，并按照要求实施处罚；④严格落实一船一核一签要求，形成监管闭环。截至2013年6月4日，共计查获超载违法行为314件，处理314件，罚款63.1万元，其中对船公司处罚157件，对责任船员实施处罚157件，船员违法记分157人次。

从法律上而言，船舶超载的行为违反《内河交通安全管理条例》第八条、第二十一的条规以及《海上交通安全法》等的规定。根据《内河海事行政处罚规定》第三十七条、《海上海事行政处罚规定》第三十七条的规定，可以对行政违法行为人按情节处以相应的罚款，并处暂扣适任证书，强制卸载等处罚行为。就实际存在的情况，船舶超载一直是辖区水域较为严重、普遍的违法行为之一，因其存在的短期经济利益使得船舶超载“屡禁不止、屡禁不绝”，给辖区水域的安全带来了严重的安全隐患。每年水上交通事故中存在船舶超载的占了一大部分。展开辖区内定期的船舶超载排查是海事行政监管部门的应有之为，将极大地提高水上运输的安全水平，避免和减少水上交通事故的发生，保障水上航运的顺利进行。

（二）吴泾海事处：查获一起伪造海事执法文书案件

2013年5月14日，上海吴泾海事处执法人员对锚泊于塘鲁线附近江面的“皖旭阳××”轮进行现场检查，发现“皖旭阳××”轮持有的《海事行政处罚证据登记保存清单》以及海事执法文书上加盖的海事执法机关印章、执法人员姓名、执法证号等涉嫌伪造。

5月15日，海事处联合上海海事公安局第二派出所对该轮船员进行调查询问，向出具《海事行政处罚证据登记保存清单》的湖北黄石鄂州海事处发协查函，协查回复：该轮持有的加盖湖北黄石鄂州海事处印章的《海事行政处罚证据登记保存清单》系伪造，执法人员姓名、执法证号以及海事执法机关地址错误。调查人员在对该轮船员胡某、晏某进行调查询问时，两人称：因船舶证书、船员适任证书配备不全，为了逃避检查，经人介绍向中介买了一份《海事行政处罚证据登记保存清单》，执法人员姓名、执法证号以及海事执法机关地址等是乱编造的。

鉴于该轮船员胡某伪造海事执法文书行为，海事处将其移送上海海事公安局第二派出所处理，上海海事公安局根据《中华人民共和国治安处罚法》第五十二条的规定，"买卖或者使用伪造、变造的国家机关、人民团体、企业、事业单位或者其他组织的公文、证件、证明文件的处十日以上十五日以下拘留，可以并处1 000元以下罚款；情节较轻的，处五日以上十日以下拘留，可以并处500元以下罚款"，结合本案的具体情节，决定依法对胡某给予行政拘留的处理。

本案中"皖旭阳××"轮其本身所具有的船舶证书、船员适任证书配备不全的行为违反《内河交通安全管理条例》第六条船舶适航以及第九条船员资格的规定，根据该法第六十四条、第六十五条以及第六十六条可以对违法行为人处以1万元以上10万元以下的罚款。但是根据行政处罚"一事不再罚"的处罚原则，一旦对该违法行为已给予一次罚款的决定，那么其他行政机关就不能就同一事实理由再次给予罚款的处罚。本案的违法行为人就是利用这一点，伪造湖北黄石鄂州海事处出具的《海事行政处罚证据登记保存清单》，以求通过这一方法逃脱可能受到的海事部门对于其船舶证书、船员适任证书配备不全所作出的行政处罚。这种逃避行政处罚的行为是极为恶劣的，极大地破坏了对国内船舶正常的监管秩序，同时更是给国内航运带来了一定的安全隐患，这是对自己和他人生命财产极不负责的表现。海事部门对制假、造假、使用假证书以及虚假执法文书等违法行为坚持"发现一起、查处一起，绝不手软、绝不姑息"的处罚态度，将有利于保护好船公司、船员的利益，维护好水运市场的正常秩序。

（三）崇明海事处：查获一外轮在长江口非法排污

2013年5月上旬，根据船厂提供的待修船舶情况，上海海事局崇明海事处第一特勤大队通过"五三"模式选船，经评估待修船舶的污染风险等级，确定在厂进行维修的巴哈马籍油轮"SIL××"轮为红色风险等级船舶，须100%登轮检查。5月28日，海事处执法人员前往"SIL××"轮的维修船厂对该轮进行防污染检查。在检查过程中执法人员发现该油轮的货油输油管路存在漏油至隔舱情况，现场执法人员当场对该输油管路所经过的压载舱进行核实，确保油污不经过压载舱排出舷外，并要求尽快修理漏油管道，通过合法途径将隔舱漏油进行接收。

另在对其垃圾排放检查中发现，该轮于 2013 年 4 月 13 日将未经粉碎生活垃圾排放在距中国领海基线仅 2.8 海里处的舟山海域，违反了《MARPOL 73/78 公约》附则 V 的相关规定，执法人员根据《垃圾记录簿》和航行日志、GPS 日志中记载的排放地点与船方进行核实，在确凿证据面前，船方承认该船船长由于对中国领海基线认识不清而违法排放的事实。执法人员向船方开具《海事行政调查通知书》，并详细解读了《MARPOL 73/78 公约》附则 V 修正案中对排放垃圾的规定，希望该船能以此为戒，严格遵守防污染规定。

本案中巴哈马籍油轮"SIL××"轮向中国领海排放生活垃圾的行为违反了《防治船舶污染海洋环境管理条例》第十五条关于船舶在中华人民共和国管辖海域向海洋排放的船舶垃圾、生活污水、含油污水、含有毒有害物质污水、废气等污染物以及压载水，应当符合法律、行政法规、中华人民共和国缔结或者参加的国际条约以及相关标准的要求的规定，根据该法第五十九条的规定，"违反本条例的规定，船舶的结构不符合国家有关防治船舶污染海洋环境的技术规范或者有关国际条约要求的，由海事管理机构处 10 万元以上 30 万元以下的罚款"。另外本案涉及《MARPOL 73/78 公约》的适用。2013 年 1 月 1 日《MARPOL 73/78 公约》附则 V《防止船舶垃圾污染规则》正式生效，相对于原有的附则 V，此次生效的修订版首先在定义上有了较大的扩充。在规则中第一条定义条款从原有的 3 项扩充到 14 项，其中对海上垃圾及其各个分类的定义就占到 10 项，都有详细明确的定义，将可能涉及的垃圾给予明确的范围，从而不会再让人混淆，为进一步做好海上垃圾的收集、存储以及按规则分门别类奠定基础。此外，海上垃圾处理更为严格。从规则第三条到第七条，是对海上垃圾处理的要求，而规则第三条更是以往规则中没有的，是新增的一条，开宗明义"禁止排放垃圾入海的一般规定"。所以，如今船舶生活垃圾的排放已成为保护海洋环境的突出整治部分，随着规则的不断完善，船舶垃圾排放已开启新准规则时代，同时也为监管部门对该行为的整治处罚带来了一定的法律依据，助力海洋环境的保护。

（四）金山海事处：联合金山边防首次开展海上联合执法

2013 年 5 月 30 日，金山边检站和金山海事处首次开展海上联合执法演练。此次联合执法的地点选在杭州湾北岸，因为该处是上海市主要的化学工业区，辖区国际知名化工企业聚集，危险品船舶流量大，出入境外籍船员多，海上安全监管和环境保护任务繁重。演习的目的在于贯彻落实《中华人民共和国出境入境管理法》和《中华人民共和国防治船舶污染海洋环境管理条例》，加强辖区国际航行船舶水上交通安全管理和环境保护，形成海上安全监管、抢险救助和打击各种海上违法犯罪活动的协同合力。

在联合执法过程中，执法人员搭乘执法船艇，在金山海事处指挥分中心智能监控系统的引导下，对金山航道、联检锚地及附近海域进行巡逻检查，重点对锚地停泊的国际航行船舶进行登轮检查，对船员海员证、适任证书进行人证对照，并对船员履职情况和船舶防污染设备的运行状况进行现场测试，对存在的安全隐患，执法人员立即责令船方进行整改。同时海事执法人员还向船员发放《防污条例》《杭州湾北岸东南风防抗指南》等法律法规和安全生产常识，提醒船舶要根据杭州湾北岸水域的特殊气象海况条件，加强锚泊期间的船员值班，强化在港期间的自我管理。

当天中午12点，在联合执法过程中发现一艘外籍船舶未经申报停靠金山锚地，两机关共同前往并登船对该外轮进行检查。执法人员详细了解了未经申请停靠锚地的原因，并对全体船员身份进行核查，根据《出境入境管理法》有关条款，对该轮作出行政处罚。

在此次联合执法中所涉及的未经申报停靠锚地的外籍船舶，其行为已经违反《出境入境管理法》第五十条的规定，即出境入境交通运输工具离开、抵达口岸时，应当接受边防检查。同时该行为也违反了《海上交通安全法》第十二条的规定。本案中执法人员作出行政处罚所依据的《出境入境管理法》的条款实为第八十二条第一款："交通运输工具有下列情形之一的，对其负责人处5 000元以上5万元以下罚款：(一)未经查验准许擅自出境入境或者未经批准擅自改变出境入境口岸的……"当然就整个联合执法而言，其重点还是涉及防污，《防治船舶污染海洋环境管理条例》也会成为重要的法律依据，包括防污设备及相关适格证书以及船舶排污的排查执法。这样的联合执法可以进一步加强对辖区开放海域的监管力度，有效地促进相关单位之间在打击海上违法犯罪活动、维护水上交通安全方面的协调配合，有利于共同打造平安、和谐、绿色、畅通的口岸环境。

(五) 浦东海事局：紧急处置一起危险货物泄漏事件

2013年7月17日2000时，正在外二期码头装卸作业的美籍集装箱船"美森威利"轮报告其装载的一个过境危险货物罐柜疑似发生泄漏，内装3类易燃液体"乙二醇一乙醚"。情况危急，接报后浦东海事局立即派遣危防方面执法人员赴现场开展应急处置。

2015时，执法人员抵达泄漏集装箱所在位置，发现该危险货物罐柜所处舱面存在较多泄漏物，泄漏物为疑似油类物质，但罐体部分未发现明显泄漏，且现场无刺激性气味。执法人员立即对现场进行拍照取证，并要求船方按照 IMDG CODE 的 EMS 指南中相应应急反应措施要求，开展应急处置行动，同时采取防护措施。

根据码头方提供的信息，在先前对该危险品集装箱进行翻舱作业时，码头桥吊吊具油泵曾发生故障，导致油泵漏油，该危险品集装箱及舱面上的液体可能是泄漏的液压油。2200 时，经船公司、船舶和码头三方确认后，执法人员协调将包含所报危险品罐柜在内的泄漏区域的 16 个集装箱吊出，并在采取适当防护措施后立即对该 16 个集装箱逐一进行检查。经检查确认，16 个集装箱均未发生破损和泄漏，但该区域的箱体及舱面均存在一定的液压油油污，确认来自泄漏的桥吊油泵，海事执法人员要求船方立即对箱体和舱面油污进行清理。18 日 0100 时，“美森威利”轮舱面油污清理干净，16 个集装箱吊装回船，在船方确认船舶及所载货物安全、码头方书面确认泄漏物来源后，浦东海事局同意该轮续航，本次应急处置结束。

就海事部门在船舶载运危险货物集装箱泄漏事故应急处置的法律依据而言，《海上交通安全法》第三条规定：“中华人民共和国港务监督机构是对沿海水域的交通安全实施统一监督管理的主管机关。”第三十四条规定：“船舶、设施或飞机遇难时，除发出呼救信号外，还应当以最迅速的方式将出事时间、地点、受损情况、救助要求以及发生事故的原因向主管机关报告。”第三十八条规定：“主管机关接到求救报告后，应当立即组织救助。有关单位和在事故现场附近的船舶、设施必须听从主管机关的统一指挥。”据此本次对于外籍集装箱船危险品泄漏的应急措施完全符合上述法律之规定。另外，危险货物按照其等级不同均存在着不同程度的危险性，一旦发生泄漏，影响的不仅是航运业务的顺利开展，对于周边水域的水资源环境的影响和破坏也是较大的。根据《港口危险货物安全管理规定》第四十五条第一款的规定，所在地港口行政管理部门应当建立危险货物事故应急体系，制定危险货物事故应急预案，组织建立专业化应急队伍和应急资源储备，定期组织开展应急培训和事故应急救援演练，提高应急能力。做到有备无患才有可能从容有效地面对所发生的事故。

（六）上海海事局：全面开展国内航行海船消防安全专项检查活动

2013 年 8 月 1 日至 10 月 15 日，上海海事局开展了为期两个半月的国内航行海船消防安全专项检查。本次专项检查活动是上海海事局根据《中华人民共和国海事局关于开展国内航行海船消防安全专项检查活动的通知》(海船舶〔2013〕457 号文)的要求，结合辖区实际所开展的行政监察行为。此次专项检查结合日常船旗国监督检查一并展开，旨在通过专项活动，积极推进非航运公司、船舶等落实消防安全管理责任制，树立“以防为主、防消结合”的船舶消防安全理念，最大限度地消除船舶安全隐患，防止船舶火灾事故的发生，确保水上交通安全形势持续稳定。

活动期间，上海海事局根据《国内航行海船消防安全专项检查指南》及《国内航行海船法定检验技术规则》《船舶安全检查规则》相关修改通报内容，确保工作做实、做细，先后开展"百日会战""安全大检查""消防安全月"等活动，并通过深入辖区码头、航运企业和船舶，对本次船舶消防安全专项活动进行宣传和发动，协调相关当事人把好消防安全关。总结此处活动，上海海事局在辖区内共对国内航行海船实施安全检查 391 艘次，消防安全专项检查 333 艘次，消防安全专项检查缺陷 925 项，因消防专项缺陷滞留船舶 9 艘次。查出消防方面的缺陷较多分布在船舶消防管系、消防栓、水龙、水枪、通风、防火挡板、阀门、速闭装置、移动消防器材、结构防火及固定灭火系统（气体或泡沫灭火系统）等方面。9 艘船舶因消防方面存在缺陷而滞留，滞留缺陷分别为应急消防泵问题、大型 CO_2 灭火系统、防火分隔、油柜速闭阀、探火系统及机舱通风等存在缺陷。

船舶处于海上航行过程中，船上消防系统的正常可用直接关系到船舶整体的安全，完好可用的船舶消防设备与系统可以减轻船舶在航行过程中发生的火灾事故，为岸上的救助争取大量宝贵的时间，有时甚至可以以此直接扑灭船上的火灾，及时保护船舶及船上货物的安全。海事局作为海上安全监管的行政机关，通过此项活动集中发现并纠正了辖区船舶消防安全方面的缺陷，有效提高了辖区船舶总体消防安全状况，维护了辖区安全稳定。

（七）黄浦海事局与杨浦海事局：联合查获一艘肇事逃逸船舶

2013 年 8 月 3 日凌晨 4 点 50 分左右，黄浦海事局指挥中心接到线报称，有一艘不明船舶碰擦外滩防汛墙，肇事船为前驾驶，船名不详。接报后，黄浦海事局指挥中心立即指派巡逻艇到现场处置，发现外滩防汛墙有被碰擦痕迹，但现场已经没有船舶。指挥中心立即通过 AIS 和 CCTV 系统进行回放，经查发现"皖万顺 333"轮存在重大嫌疑，但当时该轮已经关闭 AIS，无法对其所处位置进行准确定位，只能初步估计其已经进入杨浦海事局辖区，黄浦海事局指挥中心立即电告杨浦海事局指挥中心，请求协查该船。接报后，杨浦海事局迅速派出多艘巡逻艇展开拉网式搜寻。5 点 50 分左右，杨浦海事局巡逻艇发现涉嫌逃逸船舶，执法人员通过高音喇叭喊话，向嫌疑船舶说明来意，并指出其可能违法行为的严重性，要求其接受检查。经严肃警告，涉嫌逃逸船舶当场配合执法人员所采取的行动。经初步调查，该轮对肇事事实供认不诲。

本案的船舶肇事逃逸行为违反了《内河交通安全管理条例》第四十六条第二款的规定，"船舶、浮动设施发生碰撞等事故，任何一方应当在不危及自身安全的情况下，积极救助遇险的他方，不得逃逸”。根据该条例第八十三条的规定，“违反本条例的规定，船舶、浮动设施发生内河交通事故后逃逸的，由海事管理机构对责任船员给予吊销适任证书或者其他适任证件的处罚；证书或者证件吊销后，5年内不得重新从业；触犯刑律的，依照刑法关于交通肇事罪或者其他罪的规定，依法追究刑事责任”。足见法律对于船舶肇事逃逸行为的处罚较其他行政违法行为更为严厉。其实水上的船舶肇事逃逸与陆地上的肇事逃逸的危害性并无二意，其主观的对于逃避责任的故意以及客观上给他人财产以及生命可能伤害亦无不同。此外，肇事逃逸相较于水上交通事故本身，其行为程度更加恶劣，应当给予船舶肇事逃逸行为以严惩。从每年的水上交通事故看，船舶肇事后逃逸的现象并不少见，肇事后的侥幸心理是一项重要的原因。对此有关海事部门应当灵活运用AIS等先进的信息化设备，对重大的具有典型意义的案件进行评估总结，提高查处肇事逃逸案件的能力，同时对于所查获的肇事逃逸船舶进行严肃处理。只有形成高压态势，才能对行为人形成心理上的威慑，减少此种侥幸心理，才能有效地打击肇事逃逸行为，维护辖区水域的航行安全。

（八）吴淞海事局：查获一起缅甸籍船员假证书案件

2013年9月5日上午，吴淞海事局派出3名执法人员，对靠泊在张华浜5#泊位的马绍尔群岛籍外轮“黛尔×”轮按照国际海事组织《港口国监督程序》实施PSC检查，并根据上海海事局《关于加强对缅甸籍船员证书核查的通知》的要求开展缅甸籍船员证书检查。执法人员根据船长提供的船员名单，检查发现有船上有一名叫“×MOE PAING”的电机员为缅甸籍，经查该船员护照无“PS”标注。执法人员随即登录IMO公布的缅甸海事局官方系统（http://www.dma-mm.org）认证，经仔细查询核对，确认无该船员的数据库信息。随后，船长与当事船员对此进行了签字确认该船员证书系假证。该行为已违反《海上交通安全法》第七条对于船舶、设施上人员的适任要求，根据《海上交通安全法》第四十四条以及《海上海事行政处罚规定》第三十一的规定应予以罚款，或并处吊销船员证书或扣留船员职务证书3个月至12个月。最后，执法人员结合案情，考虑到由于该船的最低安全配员中无电机员的配员要求，对船舶航行安全影响不大，于是便决定仅对船方进行教育，要求船长不应让该船员继续在船上任职，并遵守相关规章制度。

本案是加强对缅甸籍船员证书核查工作开展以来所查获的第一起缅甸籍船员假证案。据英国卡迪夫大学海员劳务国际研究中心统计，该中心调查的12 635宗船员证书证件伪造案件中，有12 000宗与缅甸有关，缅甸已成为持伪造证书证件国际船员的主要输出地。根据国外举报部分缅甸籍船员使用假证的线索，上海海事局印发《关于加强对缅甸籍船员证书核查的通知》，加强缅甸籍船员证书证件检查工作，各相关单位、部门认真开展到港外国籍船舶缅甸籍船员证书核查工作。

在现场检查中，通过以下途径确认缅甸籍船员所持证书的真实性：一是对该轮缅甸籍高级船员的护照是否标注“PS”字样进行核实；二是对相关船员对基本国际公约的了解情况和操作技能进行现场确认；三是通过缅甸官方网站对该轮船员所持证书的有效性进行核查。吴淞海事局将继续加强缅甸籍船员证书证件检查工作，打击国际假船员证书，维护国际海员的合法权益，保护海上安全。

船员是船舶的核心，是航运得以进行的基础，只有适格的船员才得以使船舶适航，而船员适格的体现就在于是否拥有相应的合格真实的船员适任证书和服务证书上。海上航行的船员应当根据STCW等相关国际公约获得合格的船员证书。我国作为船员输出大国和航运大国，更应当加强对船员的资格审查，对于发现的案件根据《海上交通安全法》和《海上海事行政处罚规定》的相关规定予以严厉的行政处罚，从源头上防止因船员在海上航行中操作不当所造成的海上安全事故的发生。

（九）上海海事局、检验检疫局：危险化学品及包装管理违规行为专项整治联合执法

2013年10月23日起，上海海事局和上海出入境检验检疫局将联合开展一个月的危险化学品及包装管理违规行为专项整治。本次联合整治活动旨在进一步加强政府间的部门协作，提高行政效率，强化进出境船舶、货物监管，有效地打击海运危险货物谎报瞒报、漏报漏检等违法行为。

此次专项活动以洋山保税港区为试点，将联合开箱检验工作作为执法的主要方式。另在具体组织分工上，上海检验检疫局检验监管处和上海海事局危管防污处成立联合监管专项行动协调小组，负责联合监管行动的组织和协调工作，由浦江检验检疫局、洋山检验检疫局、洋山港海事局具体负责落实。按照两家单位对专项整治工作的整体部署，此次专项整治活动包括三方面内容：一是打击进出口危险化学品漏报漏检和瞒报谎报违法行为，严格查处出口危险化学品集装箱漏报漏检和瞒报谎报行为，加大对进口危险化学品的开箱查验力度。二是加强对进出口危险化学品包装质量的现场检查，重点检查：包装有无破损；包装性能是否符合鉴定证书要求；包装等级是否满足货物实际运输安全的需求；包装是否按规定张贴标志标记；包装性能鉴定证书真伪。三是开展危险化学品集装箱装箱质量检查工作，加强对船运危险化学品集装箱装箱质量的现场检查，重点检查装箱货物、衬垫、加固及装箱档案记录等情况，严查装箱品种超过备案范围、随意签发《集装箱装箱证明书》的不规范作业行为。

通过海事与检验检疫的执法人员一同完成了所有现场工作，检验检疫部门将在实验室进一步检查被查出危险品的化学性质并出具报告，随后海事部门将依据报告联系船舶所有人、货主进行调查处罚的行动方式，大大提高对于危险化学品漏报漏检和瞒报谎报以及包装上存在的违法行为的查处力度与效力。

此次专项活动开展中会结合相关法律作出一定的行政处罚，对于危险化学品漏报漏检和瞒报谎报以及不合法包装行为进行法理分析可知，此种行为违反了《港口危险货物安全管理规定》第二十七条，《危险化学品安全管理条例》第十七条、十八条以及《海上交通安全法》第三十二条、三十三条的规定，根据《海上海事行政处罚规定》第五十八、五十九、六十、六十一条的规定应当考虑违法的具体情节分别予以相应的行政处罚。另外，此次专项活动危险品集装箱"一站式"检查不仅让谎报瞒报等违法违规行为无处遁形，为自贸区消除了危险的生存空间，此种联合执法监管模式打破了相互之间的信息壁垒，协同合作，才能为自贸区营造更安全、有序的口岸环境。

（十）上海海事局：试运行国际航行船舶进出港签证服务

2013年11月7日，上海海事局发文称将于2013年12月1日0000时开展国际航行船舶的进出港签证业务，凡停靠上海港（金山、洋山辖区码头除外）的国际航行船舶，均可至上海海事局政务中心办理船舶进出港签证，办理要求同国内航行船舶进出港签证，办理时间为24小时全年无休。上述船舶在办理进出港签证过程中，港务费按航行国际航线船舶标准由局政务中心托收。自11月11日0000时至11月30日2400时为试运行期，上述船舶自试运行期起均可至上海海事局政务中心办理该项业务。政务中心在前期已经做好领取印章、安装IC卡读卡器、加强人员业务培训等各项准备工作，确保国际航行船舶出港许可的顺利进行。

根据《中华人民共和国对外国籍船舶管理规则》《国际航行船舶进出中华人民共和国口岸检查办法》《关于实施〈国际航行船舶进出中华人民共和国口岸检查办法〉暂行规定的通知》《中华人民共和国船舶最低配员规则》《中华人民共和国海上交通安全法》《船舶装载危险货物监督管理规则》《中华人民共和国海事行政许可条件规定》等法规就国际航行船舶进出港许可的规定，对于许可国际航行船舶进出港涉及海事局、港务局等一系列海事行政管理部门，在一定程度上给国际航行船舶进出港的申请人带来程序上的不畅通。此次上海海事局政务中心试行国际航行船舶进出港签证服务，进一步方便了国际航行船舶"一站式"办理进出口许可，避免了重复缴纳船舶港务费的情形，切实为国际航运的开展带来实质的便利，有利于实现航运贸易便利化，助力航运业的复兴。

三、国家海洋局东海分局行政案例[①]

(一)海监第五支队与上海市总队首次在夜间开展查处违法海上倾废联合执法行动

2013年6月5日晚,中国海监第五支队与海监上海市总队首次在上海辖区组织海上违法倾废联合执法行动,查处和打击在夜间擅自向海洋倾倒疏浚物的违法行为。海监五支队和上海总队的6名执法人员,乘坐公安边防海警船在外高桥一带海域进行4个小时的巡航监视,重点对上海外高桥电厂码头附近海域进行巡查,并对巡航中发现的一艘倾废船进行跟踪观察,但未发现该船涉嫌违法向海洋倾倒疏浚物。

《海洋环境保护法》第五十五条的规定:"任何单位未经国家海洋行政主管部门批准,不得向中华人民共和国管辖海域倾倒任何废弃物。需要倾倒废弃物的单位,必须向国家海洋行政主管部门提出书面申请,经国家海洋行政主管部门审查批准,发给许可证后,方可倾倒。禁止中华人民共和国境外的废弃物在中华人民共和国管辖海域倾倒。"违规向海洋倾废是完全为法律所禁止的。另外,《海洋倾废管理条例》在《海洋环境保护法》的基础上作出细化,对于许可证的申请和时限作出规定。《中国海监海洋环境保护执法工作实施办法》还对监管机关执法方式等作出具体规定,如在第三部分检查内容中,就对海洋倾废监督检查内容作出规定,包括:①倾废船舶是否取得海洋废弃物倾倒许可证;②废弃物装载后是否报主管部门核实以及是否按规定进行记录;③船舶倾废是否到指定区域以及倾倒方式、条件等是否符合规定。这些规定都使得海洋倾废执法更加制度化,有法可依,有理有据。在经相关海事监管机关监督检查后发现存在违反《海洋倾废管理条例》和《海洋环境保护法》相关规定的海洋倾废行为时,监管机关应根据《海洋环境保护法》第七十三条、第七十四条和第八十六条,以及根据《海洋倾废管理条例》第十七条和第二十条的规定,结合实际案情作出相应的行政处罚。

海洋是人类赖以生存的重要资源,人们对于海洋环境的保护意识随着社会的进步得到较大的提升,但对利益的追求总是使人为了眼前的利益铤而走险,违法倾废将海洋环境的长远利益抛于脑后。对于此种违法倾废行为,相关行政机关应当加大监督检查的执法力度,一经发现一律从严处理,使违法倾废始终处于高压之下,遏制违法倾废的势头。

---

① 了解相关详情请登录 http://www.eastsea.gov.cn/。

（二）上海中心站配合海监机构开展围填海工程环境执法

2013年6月7—8日，中国海监舟山支队对小洋山围垦一期工程环保措施落实情况开展执法检查。上海海洋环境监测中心站作为该项工程的监测监理单位，积极配合海监机构的执行检查，向海监机构提供该工程施工以来的环境监测监理报告，介绍围垦工程环境监测监理的有关情况。检查表明，该工程各项环保措施基本符合要求，施工现场总体秩序井然，但也发现受7日大风影响，岸边少量漂浮垃圾没有得到及时清理。

上海中心站在该工程监测监理中，严格按规定做好相关工作，及时向海洋主管部门和海监机构报告工程环境监测监理结果，及时与建设单位保持联系，将监测监理情况通报建设单位。

就围填海工程本身而言，根据《海域使用管理法》第四条第二款的规定属于国家严格管理的改变海域自然属性的用海活动。任何围填海行为依照该法第十八条的规定，按照不同用地面积的大小以及不同功能必须经过不同级别的政府机关的审批方可开展。另外按《围填海计划管理办法》国家对于围填海计划指标也有严格的限定，一般情况下各级单位在计划时间内使用的围填海面积不得超过计划指标。如《上海市海洋功能区划（2011—2020年）》就规定："到2020年，全市建设用围填海规模控制在2 300公顷以内，海水养殖功能区面积不少于600公顷，河口海洋保护区面积不少于12.3万公顷，保留区面积12.617万公顷，整治修复海岸线长度不少于60公里。"当然，对于违法围填海的行为，根据《海域使用管理法》等相关法律将受到相应的处罚。

就工程的生态保护而言，可能涉及违法向海中倾倒工程废料等违反《海洋环境保护法》的破坏海洋生态环境行为。监察机关对在执法过程中发现的此类违法行为应当考虑依照《海洋环境保护法》第九章的规定，分别针对不同情形作出相应的行政处罚。另外，在国家发展改革委、国家海洋局出台的《关于加强围填海规划计划管理的通知》中提到各级海洋行政主管部门及其所属的海监队伍要加强对围填海项目的监督检查。对生态环境造成严重破坏的责令恢复原状，不得以罚款取代。可见在围填海工程环境保护方面要强调的是强化海洋生态环境保护，促进海洋空间资源合理利用，推动沿海地区经济社会的可持续发展，而不仅仅是罚款。

（三）东海分局完成东海管辖海域石油平台环保监督检查

2013年12月3—5日，由东海分局环保处、东海监测中心和海监四支队一行5人组成的东海分局环境保护监督检查组，搭乘中海油上海石油分公司租用的中信海直B-7957直升机，对位于我东海管辖海域的平湖油气田生产平台、天外天生产平台和勘探6号石油钻井平台分别进行登临检查，还对上海石油天然气有限公司石油储运分公司和东海春晓天然气处理厂的环境保护工作进行了监督检查。

通过询问了解，查阅原始记录、相关文件和合同，以及现场检查和拍照取证的监督检查，检查组认为，三座平台和两家单位能够认真遵守国家相关法律法规，环保措施落实情况总体良好，未发现有污染损害海洋环境的违法违规行为。两座生产平台的生产与生活污水处理系统、闭排系统等环保设施配置到位、运行正常。钻井平台的油水分离器、生活污水处理装置等环保设施按要求配置、运行正常。三个平台的消油剂、吸油毛毡等配置储存合规且今年以来未有使用，《防污记录簿》填写规范，固体生活垃圾和生产垃圾运回陆地处理，平台实验室工作正常，溢油应急计划均获国家海洋局审查批准，且在2013年相继组织了1～3次的溢油应急演练。两家单位环保设施能够按要求配置和运行，开展职工安全教育管理，组织应急演练。

根据《海洋石油勘探开发环境保护管理条例》第二十条的规定，“主管部门的公务人员或指派的人员，有权登临固定式和移动式平台以及其他有关设施，进行监测和检查。包括：①采集各类样品；②检查各项防污设备、设施和器材的装备、运行或使用情况；③检查有关的文书、证件；④检查防污记录簿及有关的操作记录，必要时可进行复制和摘录，并要求平台负责人签证该复制和摘录件为正确无误的副本；⑤向有关人员调查污染事故；⑥其他有关的事项”。以及《海洋环境保护法》第二章海洋环境监督管理中的规定，此次环境保护监督检查组对于辖区的石油平台属于法定监管行政行为。其中对所受检查的石油平台的评估同样是以《海洋石油勘探开发环境保护管理条例》和《海洋环境保护法》等法律法规为依据的，以此检测是否运作正常。

近年来海洋石油勘探开发速度迅猛，这一方面促进了海洋经济的发展，另一方面海洋生态环境受污染损害的潜在风险增大。虽然我国海洋石油勘探开发溢油污染目前看来所占比例并不大，但由于海上情况复杂，一旦发生溢油污染，消除其危害及影响的成本巨大，风险极高。康菲石油中国有限公司蓬莱19-3油田溢油事故的深刻教训就是一个警钟。开展此类监督检查，是对消除海上溢油污染隐患，降低海洋环境污染事故发生概率的积极回应，对促进海洋石油勘探开发与海洋环境保护协调健康发展具有重要的作用。

四、东海救助局行政案例[①]

(一)“CMA CGM FLORIDA”轮碰撞进水及污染事故应急处置

2013 年 3 月 19 日 0033 时,英国籍集装箱船“CMA CGM FLORIDA”轮与巴拿马籍散货船“舟山”轮在长江口灯船东北约 124 海里处与黄岩岛附近约 30 海里处发生碰撞,事故导致两船受损严重。1456 时,东海救助局救助指挥值班室接获救助信息后,立即指令长江口鸡骨礁待命的“东海救 101”轮前往现场施救。各部门第一时间组织海事、救捞、清污力量,协调 7 艘千吨级船舶和空巡、专业救助直升机等到事故现场救助并开展清污工作,同时成立了由船级社专家、船舶通航安全专家、防污染专家等组成的专家组,全面评估了船舶受损情况和现场海况。

次日零点“东海救 101”轮抵达事发海域,此时,“CMA CGM FLORIDA”轮现场抛锚,船舶浮态稳定,船舶油舱破损,部分燃料油泄漏。“东海救 101”轮立即释放救助艇近距离勘察,发现“CMA CGM FLORIDA”轮左舯后水线位置有一较大破洞,部分燃料油泄漏。

21 日 0410 时,经现场指挥组评估,考虑到“CMA CGM FLORIDA”轮受寒潮大风影响很可能发生断裂,专家组修改了“先在远海彻底消除船舶漏油后再进港卸货修理”的原定计划,“CMA CGM FLORIDA”轮起锚前往洋山锚地,“东海救 101”轮等救援船舶在旁护航并利用吸油毡等清污物品对泄漏的燃油进行处置。由于不断有燃料油泄漏,“CMA CGM FLORIDA”轮在长江口灯船东北约 80 海里处再次抛锚。各方清污力量共同实施清污作业。

24 日 1319 时,由于海上封堵破洞难度较大,且“CMA CGM FLORIDA”轮长时间受涌浪影响,船体存在折损的潜在风险。现场指挥组研究决定,由“东海救 101”轮和“东海救 115”轮将“CMA CGM FLORIDA”轮护航至洋山检疫锚地。

27 日,“CMA CGM FLORIDA”轮溢油得到有效控制,在港作拖轮协助下靠泊洋山港卸货。4 月 4 日,货物卸载完毕,该轮在“东海救 101”轮护航下抵达舟山虾峙门锚地。

据负责本次事故调查的英国海上事故调查局(MAIB)公布的调查报告显示,此次事故共致 610 吨燃料油从“CMA CGM FLORIDA”轮上泄漏入海。而造成本次事故的原因是两船上船员违规使用 VHF,以及双方船员均存在使用第二语言交

① 了解相关详情请登录 http://www.crs.gov.cn/。

流的障碍导致传递信息模棱两可。

分析本案，根据《防治船舶污染海洋环境管理条例》第三十六条对于船舶污染事故等级的规定，本案已属于重大船舶污染事故。对于本次事故的处理相关的行政单位完全符合《海上交通安全法》第三十八条，《防治船舶污染海洋环境管理条例》第三十七条、第三十九条以及《国家海上搜救应急预案》的规定，及时有效。另外从本次事故的原因分析，对于船员尤其是国际航行的船员流畅使用第二语言（主要为英语）能力的培养已迫在眉睫。我国是全球主要的船员输出国之一，船员的第二语言能力可能直接影响船舶的航行安全，这一点可以直接从本案中得出，所以有关单位在今后的船员适任证书考核时应当重视船员语言能力的考核，从源头上避免此类事故的再次发生。

（二）救助台风中主机故障的油船"DANUM 165"轮

2013年10月5日上午，受23号超强台风"菲特"影响，马来西亚籍空载棕榈油船"DANUM 165"轮在由南通驶往香港途中主机突然发生故障，急需救援。10时33分，东海救助局救助指挥值班室接获信息后，立即与浙江省RCC，船舶所有人及代理进行沟通，组织人员对"DANUM 165"轮进行救助前的风险评估，制定接救人员和适时拖救作业方案，指令"东海救112"轮前往现场救助，并通知附近待命的"东海救111"轮做好随时出动增援的准备。

14时15分，"东海救112"轮驶往现场，并于晚上7时抵达事故现场，在对现场状况作出评估后，"东海救112"尝试带缆实施拖救，计划拖往舟山六横岛附近船厂修理。在拖带过程中，由于台风的影响，强力缆绳出现断裂的情况，导致"DANUM 165"轮不得不紧急抛锚，等待再次带缆起拖。然而考虑到"东海救112"轮刚执行过应急保障任务，加上大风浪中长时间作业，人员困乏，指挥中心经评估，决定调派"东海救111"轮前往现场增援。1月6日14时，"东海救111"轮抵达现场，经过对现场海况进行风险评估，"东海救111"轮决定对遇险船舶实施拖救，"东海救111"轮船长指令船舶甲板组执行撇缆、带缆。由于现场海况极其恶劣，风力9～10级，浪高7～8 m，横摇45°，救助船员根本无法站立作业，多次不同位置的撇缆，皆因海上风太大、距离远，撇缆失败。由于天色逐渐变黑，海上能见度越来越低，海况越来越恶劣，经与"DANUM 165"轮船长商定，暂停带缆作业，改为近距离现场守护，视海况择机进行拖救作业。

次日上午8时，利用风力减弱、海况变好的间隙，"东海救111"轮再次靠近难船，进行撇缆、带缆。9时41分，经过2次撇缆，成功撇缆到难船，并成功连接龙须缆。10时30分，正式起拖。最终18时29分，"东海救111"轮将"DANUM 165"轮安全拖至六横岛附近水域,并将难船成功转交前来接应的港拖。

台风天属于航海条件极度不良的情况,一般行政法规或规章规则等都会相应地作出规定,如《上海市防汛防台专项应急预案》第7.3.4条第4项就规定,"当实际风力达到10级时,除特种船舶外,其他船舶一律停航"。而本案中当时的风力已达到停航的条件,所以若按照上海市的规定而不应当在进行航海作业。当然本案中东海救助局采取的救助行为完全符合《海上交通安全法》第三十八条以及《国家海上搜救应急预案》的规定,在极端天气条件下成功保护当事人的财产和生命安全,减少极端天气下可能造成的损失。

(三)救助碰撞进水的散货船"JIA LI HAI"轮

2013年末,华东地区遭遇历史罕见的雾霾天气,对东海辖区海上交通运输安全造成严重影响。12月6日9时30分许,因受大雾影响,现场能见度0.2海里,中国籍货船"JIA LI HAI"轮("佳丽海"轮,长225 m,宽32 m,船员26人,引航员1人,装载67 000 t煤炭)与韩国籍集装箱船"MV XIUMEI TIANJIN"轮("秀美天津"轮,船长168 m,宽27 m,船员20人,引航员1人)在浙江宁波至舟山港核心区深水航路定制线1号警戒区附近发生碰撞,"秀美天津"轮的船首插入"佳丽海"轮左舷生活区部位,导致"佳丽海"轮失去动力,轮机舱、部分货舱进水,船体不断下沉。

9时48分,"东海救117"轮航行途中在高频中听到海上事故发生,主动与相关部门取得联系,并第一时间向局救助指挥值班室报告。获悉险情后,东海救助局救助指挥值班室立即启动应急预案,并指令"东海救117"轮在前往现场途中做好带缆拖救及应急接救遇险船员的准备工作。10时39分,宁波基地转宁波RCC信息,请求东海救助局派遣大马力救助船将"佳丽海"轮拖至马峙锚地附近冲滩。当时,"佳丽海"轮由4艘港拖绑拖航行,艉甲板基本与海平面持平,"秀美天津"轮船首仍插在其尾部,"佳丽海"轮大部分人员撤离,两船随时都可能沉没在主航道上,情况十分危急。12时25分,"东海救117"轮抵达现场立即开始带缆作业。12时46分,"东海救117"轮缆绳带妥,在港拖的协助下起拖遇险船组。15时,"东海救117"轮成功将"佳丽海"轮拖至浅滩坐浅并协助其抛下双锚。至此,两船共48名遇险人员成功脱险,也成功避免了航道阻塞等次生事故的发生。

随后,"东海救117"轮按照宁波RCC要求继续在现场守护,并多次拖带遇险船协助其固定船位。12月13日8时48分,"东海救117"轮将"佳丽海"轮拖至老塘山五期码头前沿水域解缆。在5艘港拖协助下"佳丽海"轮靠妥码头。

雾霾属于海上航行能见度不良的情形,是航海中较为常见的造成碰撞发生的原因之一,《1972年国际海上避碰规则公约》第十九条对在能见度不良情况下的航行有明确的规定。船舶航行应当严格遵守公约的规定,协调同步,避免碰撞事故的发生。在此次施救行动中"东海救117"是在高频中听到事故后主动采取行动的,是对海上事故的积极响应,缩短了遇险船舶的救助时间,使船舶以及船上的人员与财产得到最大程度的保护。同时此次救助根据《海上交通安全法》第三十八条以及《专业救助船舶调度指挥管理办法》的相关规定,有序高效地处理了近年来首次遇到的对两艘碰撞交叉货船实施施救,救助水平得以在实践中得到进一步的提高。

(四)拖救及消防失火木材船"SUPER SUN"轮

2013年10月14日5时30分,长江口灯船以北2.3海里处南下航道中,一艘载有15 000 m^3 木材的巴拿马籍外轮"超级太阳"(SUPER SUN)机舱失火,船舶已失去动力,船上23名中外船员急需救助。上海海事局、东海救助局、上海打捞局和上海市消防局等11家单位随即成立指挥部,对火灾组织协调展开救援。

5时45分,东海救助局在接获上海RCC遇险信息后,立即指令在长江口待命的"东海救101"轮前往现场。与此同时,各部门开始动员:"海巡01015"从南槽赶赴现场维持交通秩序;携带灭火设备的"海港21""东港拖4001""金工二号"等船前往施救,辖区清污船也携带大量清污设备前往现场;在长江口VTS值班台加强信息广播,设置1海里警戒区,提醒有能力救助的船舶尽力前往救助,无能力参与救助的船舶于1海里以外通过。

6时34分,"东海救101"轮抵达事发现场后,强靠遇险船成功将23名遇险船员安全救下。随后,"东海救101"与前来的4条救援船、拖轮或工程船一同待命,等待后方指挥部确定最终的灭火方案。然而由于事故发生正值北方大寒潮,风大浪大,且事发水域又是交通繁忙的主航道,无形中又增加了灭火的难度。另外,由于"SUPER SUN"轮满载的是1.5万 m^3 的木材,火情反复。指挥部最终决定,只能临时处置,将难船拖离出事海域,到鸡骨礁以北的浅水处坐滩,待寒潮过后再作进一步控制。东海救助局协同各方力量经过2天2夜的艰难拖带与临时灭火作业,"SUPER SUN"轮于16日23时40分坐滩成功,并于17日船舱明火熄灭,被安全拖带至长江口锚地。

本次火灾救助各海事部门完全符合《海上交通安全法》第三十八条以及《国家海上搜救应急预案》对于政府部门在应急救助中应有作为的要求。各单位做到了正确研判险情,迅速出动,科学施救,确保船上人员安全,并将次生事故隐患降低到最小程度。此次救助行动涉及多单位、多部门、多力量协同作战,各应急处置力量在统一指挥协调下，服从指挥、主动沟通、分工合作、紧密配合，确保了事件的及时有效处置。此外，考虑到如今海上火灾时有发生，各海事相关部门除了在事故发生时通力合作，共同高效地完成海上援救与灭火外，更应当根据相关法律的规定，定期开展海上火灾救助的联合演习，防患于未然，协调提高多部门之间的合作默契度，并且总结每次实战以及演习的经验，提高应对海上火灾的能力。当然，对于平时船舶消防隐患的排查也是必不可少的工作，唯有如此方能做到治标及治本。

（五）中外两船长江口相撞救助 13 名遇险船员

2013 年 12 月 15 日，中国籍货船“鼎耀景升”轮（长 99 m，宽 16 m）与希腊籍集装箱船（长 351 m，宽 43 m）在长江口灯船附近海域发生碰撞，“鼎耀景升”轮左舷 2 号货舱破损进水、船体发生倾斜，存在沉没的危险，而此时船上还有 13 名遇险船员。

6 时 20 分，东海救助局救助指挥值班室接到上海海上搜救中心救助信息，立即指令在长江口海域待命的“东海 117”轮前往救助。6 时 48 分，“东海救 117”轮紧急起锚火速前往救助。经过半个多小时的快速航行，“东海救 117”轮于 7 时 30 分左右抵达事发现场。经对现场情况进行科学评估后，“东海救 117”轮决定释放救助艇前往遇险船舶接救遇险人员。8 时 03 分，13 名遇险船员全部被救起，随后，“东海救 117”轮将遇险船员移交海巡艇。

对于海上救助人命，根据《联合国海洋法公约》第九十八条规定，每个国家的船舶都应当在不严重危及其船舶、船员或乘客的情况下：(a) 救助在海上遇到的任何有生命危险的人；(b) 如果得悉有遇难者需要救助的情形，在可以合理地期待其采取救助行动时，尽速前往拯救。当然包括一国用于救助的公务用船。另外《1974 年国际海上人命安全公约》在第五章也明确了各缔约国政府承担的义务，即确保为其负责区域内遇险通信和互助协调，并为营救其海岸附近的海上遇险者作出必要的安排。国内的《海上交通安全法》《国家海上搜救应急预案》以及《海上人命搜寻救助条例（征求意见稿）》等法律均对政府的海上人命救助的义务以及具体救助的措施过程进行了规定。人命具有高于一切的自然特性，是人得以存在的体现，是自然人最高的人格权益，救助人命是对生命的尊重。任何法律无不把人命救助放在首要位置，这无疑体现了生命权是法律所保护的最高权益。行政机关对于人命的积极救助是人道主义的考量，也是法律规定的必然要求。行政机关不仅要在船舶遇险时努力救助人命，更应该在平时多加演习。《国家海上搜救应急预案》第7.3.3 条的更是明文规定：“中国海上搜救中心应举行如下海上搜救演习：①每两年举行一次综合演习。不定期与周边国家、地区海上搜救机构举行海上突发事件应急处置联合演习。②每年举行一次海上搜救项目的单项演习，并将海上医疗咨询和医疗救援纳入演习内容。③每半年举行一次由各成员单位和各级海上搜救机构参加的应急通信演习。"此外，2013年9月1日施行的《上海市海上搜寻救助管理办法》第十八条也对定期举行海上搜救演习作出规定。由此足见搜救演习的重要性，只有平时不断训练，提高搜救能力，才能在突发事件中救助更多的人命。

（六）参与2013年度东海水域无预案落水人员搜救演习

2013年11月20日，上海海上搜救中心牵头组织2013年度东海水域无预案落水人员搜救演习。东海救助局、东海第一救助飞行队、东海海洋局预报中心等单位参加演习。

本次演习的是模拟由台湾高雄返沪的上海锦江航运公司货船"夏锦"轮途径鸡骨礁东偏南约35海里处时突发险情、人员落水（假人代替）后的海上快速应急响应。上午9时许，由台湾高雄港返回上海航行途中的"夏锦"轮航行至长江口水域时，随机抛下10具重达80斤的仿真假人模型。9时30分，上海海上搜救中心接报："夏锦"轮航行至31°N，123°E时附近水域船上10名人员不慎落水，亟待救援。获悉险情后，上海海上搜救中心立即启动搜救行动，电话通知上海海事局"海巡01"轮、海事空巡飞机、东海救助局"东海救111"轮、东海第一救助飞行队开展搜救行动；通知东海海洋预报中心推算落水人员漂移位置；通知东海渔政、中海集团、中远集团等协调附近船舶参与搜寻救助。

11时49分，"海巡01"轮先后救起3名落水人员，随后，在事发周边水域展开平行搜救的"东海救111"轮也救起3名落水人员。东海第一救助飞行队直升机悬停在事发水域，顺利起吊两名落水人员，安全驶离。上海海上搜救中心组织播发的交通广播和协助搜救通知也得到了过往商船渔船的积极响应，从事发水域附近经过的中远集运"泰河"轮迅速参与到搜救行动中来，发现并报告发现1名落水人员。14时14分，洋山海事局"海巡011"轮救起最后2人，本次东海水域无预案演习的10名落水人员全部被救起，搜救演习结束。

此次演习的主要目的在于检验2013年9月1日施行的《上海市海上搜寻救助管理办法》的科学性和有效性。该法是上海市政府专门针对上海辖区海域的高效救助所作的积极应对，此次演习使得该法中的第十九条、第二十八条、第二十九条等许多相关条文均得到了良好的实践应用。演习严格按照《上海海事局海（水）上突发事件应急处置指南》中《人员落水失踪事件应急处置指南》的要求执行，做到"无预案，有程序"，成为海上搜救的创新型演习方式。

五、上海打捞局行政案例[①]

(一)"沪救14"轮救助韩籍拖轮拖带失控驳船

2013年1月25日，拖带3艘甲板驳船的韩国籍拖轮"KOSCO 101"在台湾东北洋面(26-49N/122-40E)处因海况恶劣导致主拖缆崩断，2艘驳船处于失控状态，韩籍拖轮"KOSCO 101"多次尝试登泊带缆未果。当天深夜，租家向上海打捞局发出求助，随即打捞局指派"沪救14"轮前往救助。27日，"沪救14"轮抵达出事海域。当时海面上风力7级，且有4 m涌浪，海况条件极为不佳，但是2名甲板船员正是利用此不良海况，在2驳船上下剧烈颠簸的并靠瞬间，强行登船，带好应急拖缆，开始启拖。由于驳船水下仍拖有"KOSCO 101"拖船断掉的800 m拖缆，严重影响航行速度。30日，在海况好转后，开始实施登船割除断缆的作业。2月1日凌晨，"沪救14"轮拖带2艘驳船抵达南日岛附近海域，在对驳船重新带缆编队后，顺利将驳船交给韩籍拖轮"KOSCO 101"。

海上救助历来为国际公约和国内法律所支持，所呈现的法律文本均体现了鼓励救助的立法理念。如《1989年国际救助公约》开篇即点明："及时有效的救助作业，对处于危险中的船舶和其他财产的安全以及对环境保护能起重大的作用，相信有必要确保对处于危险中的船舶和其他财产进行救助作业的人员能得到足够的鼓励。"当然，上海打捞局作为一家非行政机关性质的企业，其根据相关法律法规所进行的救助行为，有可能依据救助双方所订立的救助合同或《海商法》等相关法律的规定取得一定的救助报酬。如本次"沪救14"轮救助韩籍拖轮拖带失控驳船的行为更多的是国际人道主义的考量。积极救助外籍以及本国船舶不仅有利于树立良好的救助品牌，更有利于提升国家的国际形象。

(二)长江口主航道"海泓达"轮沉船打捞

2013年8月7日0050时，一艘长141 m，宽20 m，总吨8 694的散货船"海泓达"轮，满载13 500 t铁矿石从北仑港前往镇江，航行至长江口南槽灯浮附近水域时与巴拿马籍大型散货船"FRONTIER VOYAGER"轮发生碰撞，致使其船体破损进水而沉没。由于沉船的位置历来是航道要冲，众多来自南北向、东西向航行的中外船舶要经过这里，沉船无疑给航行船舶的安全带来严重威胁。

---

① 了解相关详情请登录 http://www.coes.cn/。

按照上海海事部门的要求和有关方委托，上海打捞局立即启动应急预案。在对打捞事宜进行商讨后，打捞局草拟出《"海泓达"沉船混合方法清航打捞方案》，并做好各项准备工作。9月18日，沉船打捞工作正式启动。"大力"号、"勇士"号和"联合正力"号三艘工程船以及救助拖轮"沪救18"轮等救助力量陆续被调遣抵达事故海域，开展了打捞布场、潜水探摸、开孔固定和穿千斤等工作。11月15日，在完成了货物打捞和燃油抽取以及沉船水下链锯等工作后，对"海泓达"轮的打捞工作进入最后攻坚阶段——船体打捞。11月16日15时09分，"大力"号一号主钩、二号主钩稳稳抓住八道13英寸巨型钢缆，"海泓达"轮沉船机舱段主甲板露出水面，并由拖轮送往安全水域装驳。11月21日，"海泓达"沉船机舱段最终完成打捞并装驳，彻底清除了该水域的污染根源，消除了长江口航道"一船沉没、全港瘫痪"的危险局面和对来往船舶造成的安全威胁。

就沉船打捞而言，根据《海上交通安全法》第四十条的规定："对影响安全航行、航道整治以及有潜在爆炸危险的沉没物、漂浮物，其所有人、经营人应当在主管机关限定的时间内打捞清除。否则，主管机关有权采取措施强制打捞清除，其全部费用由沉没物、漂浮物的所有人、经营人承担。"《海洋环境保护法》第七十一条亦规定："船舶发生海难事故，造成或者可能造成海洋环境重大污染损害的，国家海事行政主管部门有权强制采取避免或者减少污染损害的措施。"由此可见，对沉船打捞在某种程度上属于国家的行政行为。《打捞沉船管理办法》对沉船打捞有更为详细的规定，其主要涵盖了应当打捞的沉船、沉船打捞的程序、沉船打捞的结果等。无论是否为强制打捞都应当遵守法律的规定，消除沉船所带来的阻碍，维护航运的顺利进行。

（三）参加南海东部海域溢油应急联合演习

2013年10月31日，上海打捞局参加了由中海石油（中国）有限公司深圳分公司联合中海油番禺作业公司CACT作业集团、新田石油有限公司、雪佛龙中国能源公司等5家中外海洋石油作业者共同举办的南海东部海域溢油应急联合演练。

本次联合演练是为了全面检验东海海域各作业者对海上溢油应急处置的协作能力，提高相关各方的应急响应能力，有效地应对潜在海上油田溢油风险而举办的。除上海打捞局外，参演单位还包括中海油服、中信海直、中海环保等多家单位，并邀请国家海洋局南海分局、广东海上搜救中心、广东海事局、中海油湛江分公司、中海油天津分公司、中海油上海分公司等多家单位领导参加观摩。

演练模拟海上工程船在作业过程中与深圳分公司某油田A平台立管发生"碰撞"，导致管线破裂，约8 t"原油"迅速随风浪扩散、漂移。9时30分演练正式开始。

在接到险情后各单位迅速启动应急预案，组织海陆空力量全面出动，围绕溢油海域进行应急抢救。中国海警3175,3078,3087公务船及监测、执法人员赶赴现场，对溢油事故进行跟踪监测和执法调查；上海打捞局“华镇”“华发”“德海”轮赶到现场，准备对溢油进行围控和回收，并收、施放大型撇油器等；中国海监南海总队执法人员搭乘第一班直升机飞临事发海域上空，低空盘旋进行巡视，实施消油剂喷洒作业。另外，“蛟龙3”号、“深达3”号、“海洋石油256”号环保船也参与到溢油作业中，11时05分，海面“溢油”全部清除，演练顺利结束。

随着人类对于海洋石油等资源的不断深入开发，海洋环境的污染风险也在不断地扩大。墨西哥湾漏油事故、蓬莱19－3溢油事故等每一次惨重的事故都在为海上石油勘探开发敲响警钟。《海洋环境保护法》第五十条第二款更是将海洋石油勘探开发及输油过程中必须采取有效措施，避免溢油事故的发生作为法定义务，同时对于发生溢油事故时企业、事业单位及作业者应有的行为作出规定，如《海洋石油勘探开发环境保护管理条例》第十六条迅速控制响应义务以及报告配合调查的义务。当然，《国家突发环境事件应急预案》《防治船舶污染海洋环境管理条例》等相关法律中也对相应的行政机关的处理行为作出规定。在此次演习中，各单位的处理措施都符合法律的规定且圆满得到落实。

演习是为了更好地应对有可能发生的真实事故。通过演习可以检验政府部门、相关单位联合应对海上溢油的协作能力，锻炼了海上溢油应急反应队伍，所以诸如此类的演习应当在平时的工作中成为一种常态，由此方能有助于海上石油勘探开发的顺利进行，并且能够进一步维护海洋环境安全。

(四) 设备处开展特种工程设备检查

2013年12月初，为保证特种设备在抢险救捞、海洋工程中发挥有效作用，上海打捞局根据《局特种工程设备管理办法》的要求，对存放在工程船队设备保障中心的特种工程设备维护保养情况进行检查。

本次检查不仅仔细查阅了设备保障中心的年度维护保养计划、月度保养计划执行情况和设备运行记录，而且还详细地询问和检查了2013年新引进特种设备攻泥器和溢油回收设备的操作人员上岗前培训情况和记录，从而能够对检查中发现的部分设备资料不全和备件储存量情况进行沟通。

设备的正常工作是与航运相关作业成功的基本保障。随着海上航运技术的不断提升，对于设备的要求也在日益增长，特种设备的运用在一定程度上保证了抢险救捞、海洋工程的有效展开，并且如溢油回收设备等设备装置，在海上溢油处理中起到重要作用，有助于保护海洋生态环境，定期对特种设备进行检查，有助于航运相关作业的顺利进行。同时根据《海商法》第一百八十条，救助设备的可用性乃是获得救助报酬的考量因素，所以通过此类检查，保证设备的效用，方能获得满意的救助报酬。

六、上海市水务局行政案例[①]

（一）毁损堤防工程设施行政处罚案

2012年8月21日，嘉定区蕰藻浜右岸某岸段发生险情，该处堤防沉降长度共约45 m，外倾位移约3 m。根据举报提供的线索，总队执法人员立即赶赴现场开展调查，现场距离堤防6.8 m处有大面积堆土，沿岸线长约100 m，纵深约60 m，堆土最高处达5 m以上。经现场勘查，执法人员初步判断该处堤防损坏与大面积堆土有因果关联，于是对堆土行为人张某某开展进一步调查。

经查，当事人张某某自2012年7月28日起为种植绿化苗圃需要在该处堤防范围内堆土。在调查中，张某某虽承认了堆土行为，但就堆土高度表示异议。执法人员在8月21日现场勘验时发现堆土高度至少5 m以上，而张某某只承认自己堆土高度为1.5～2 m，表示其堆土并非造成堤防出险的直接原因。

就当事人陈述与执法现场取证不一致的情况，执法人员又开展了进一步的补证，一是向当事人所在村委会调取了相关证人证言，证明该处地块的租赁人和使用人系张某某；二是调查了该处场地的周边环境，证明该处场地的相对封闭性，排除外来车辆倾倒泥土的可能性；三是向周边目击者调取了证人证言，了解到该处在案发前一日晚上彻夜实施了堆土作业，堆土高度远远超过2 m；四是为证明墙后堆土与此次事故有直接关系，执法人员又请具有资质的勘测部门出具《堤防护岸出险原因分析》，分析中明确了确为墙后堆土过大过近，加之连夜暴雨，泥土吸水后重量加大，导致堤防不堪重负从而发生险情。同时，张某某就其堆土高度的主张也始终未提供任何证据材料。

根据上述调查的事实和证据，执法人员认为当事人毁损堤防工程设施的行为事实清楚、证据确凿，该行为已违反《中华人民共和国防洪法》第三十七条的规定，根据《中华人民共和国防洪法》第六十一条的规定，对其作出责令限期修复堤防的行政措施与罚款20 000元的行政处罚。当事人会同堤防管理部门，在期限内及时修复了堤防并结算了堤防修复费用，并于2013年2月20日缴纳了罚款。

---

① 了解相关详情请登录 http://www.shanghaiwater.gov.cn/。

堤防安全是本案值得警醒的地方，堤防具备防汛抗浪的重要作用，其安全运行是城市人民生命和财产安全的重要保障，因此行政机关应当加强执法力度，并且也应当做好对当事人的宣传教育工作。

(二) 海陆空“雷霆”应急演练严打海洋乱倾废

2013 年 6 月 7 日，中国海监上海市总队会同上海市公安局警务航空队、上海海事局崇明海事处、长江口航道管理局航政管理处、长江航运公安局上海分局水上巡逻警察支队、上海市海洋环境监测预报中心在长兴岛青草沙水源保护区邻近海域开展上海首次海陆空“雷霆”应急演练行动。演练模拟发现有船舶在长兴岛青草沙水源保护区附近水域实施倾废作业。在接到有船舶倾废的警报后，海陆空各单位在相关水域快速启动执法作业，通过合理分工、紧密配合，锁定倾废嫌疑船舶并快速成功地处置此次事件。

近年来，在本市城市建设过程中产生的工程渣土大都采取外运的方式处置，处置成本较高。一些不法之徒铤而走险，直接将建筑渣土倾倒于长江口水域，谋取不当“暴利”，严重影响了青草沙水源地安全和长江口水域的生态环境，危害到长江深水航道保护及通航安全。特别在 2011 年初，长兴岛青草沙水源地附近水域违法倾倒工程渣土现象一度十分严重，对水源地保护造成重大隐患。另外由于向海洋倾倒工程渣土作业船流动性强、违法行为隐蔽、“暴利”空间大、违法行为涉及的事和船处理分属不同部门，仅依靠一个执法单位单打独斗难以形成有效的管控效果。这些均成为本次联合演习的重要原因。

对于海洋乱倾废行为，国家相关法律等更是明令禁止的。《海洋倾废管理条例》第六条：“任何单位和船舶、航空器、平台及其载运工具，未经依法主管部门批准，不得向海洋倾倒废弃物。”对于违法此项规定的，根据《海洋倾废管理条例》第十七条、第二十条，参照不同的违法情况可能被处以警告或人民币 10 万元以下的罚款。由于行政处罚“一事不再罚”的执法特点，加之倾废所带来的利益与行政处罚所带来的违法成本相比存在较大的差异，成本完全无法压制其所可能带来的利益。因此，在立法上加大惩罚力度属遏制非法倾废的应由之举。

就本次联合执法演练而言，此次演练采取空中直升机、海上执法艇、岸上流动监测车联动的方式展开。直升机空中巡逻搜索范围大、发现目标及时，有效地提升了监管的针对性。海监、海事、公安执法单位开展联合执法，以实战形式检验了上海海域海洋倾废执法协同机制的作战能力，有助于进一步巩固对长江口海域违法倾废严打的高压态势。

(三)联合执法严打非法采砂现象

2013年7月11日,崇明海事局和上海市水务局联合执法,对在长兴岛创建港外侧水域的锚泊采、运砂船进行驱离。

自2013年3月下旬起,上海市水务局执法总队联合相关部门对长江河道上海段崇明岛、长兴岛附近水域的非法采砂行为进行拉网式打击执法活动,此次联合执法属于其中的组成部分。此次联合执法的创建港外侧水域一直是非法采砂监管的重点工程,前期曾对这片水域的非法采、运砂船进行过专项整治,采、运砂现象得到有效的遏制。近期,这些非法作业船舶和海事部门玩起躲猫猫,白天他们聚集到采砂水域抛锚,等到晚上偷偷作业。虽然前期已有过夜间采砂执法活动,但是为了进一步打击非法采砂,杜绝其夜间作业的可能性,决定开展此次联合执法。

当天上午,执法人员发现了大量采、运砂船舶非法停泊在创建港外侧水域,对其采取鸣笛、喊话、绕行等方式进行驱赶,督促其无条件地迅速离开创建港水域。经过4个小时的行动,共驱赶"台×668"轮、"永×6688"轮等34艘运砂船和9艘吸砂船。

1988年国务院颁布的《河道管理条例》赋予水行政主管机关河道采砂管理的职能。2002年,我国颁布《中华人民共和国水法》规定"国家实行采砂许可制度",并授权国务院制定河道采砂许可制度实施办法。随后国务院针对长江河道的采砂行为出台专门的《长江河道采砂管理条例》,对严厉打击长江河道的非法采砂行为起到重要的作用。在此次联合执法中所针对的非法采砂行为都违反《长江河道采砂管理条例》第十条的情形,根据该条例第十八条第一款的规定:"违反本条例规定,未办理河道采砂许可证,擅自在长江采砂的,由县级以上地方人民政府水行政主管部门或者长江水利委员会依据职权,责令停止违法行为,没收违法所得和非法采砂机具,并处10万元以上30万元以下的罚款;情节严重的,扣押或者没收非法采砂船舶,并对没收的非法采砂船舶予以拍卖,拍卖款项全部上缴财政。拒绝、阻碍水行政主管部门或者长江水利委员会依法执行职务,构成违反治安管理行为的,由公安机关依法给予治安管理处罚;触犯刑律的,依法追究刑事责任。"作出相应的行政处罚,甚至有可能以非法经营罪、非法采矿罪等罪名受到刑事处罚。

由此可见,我国对于非法采砂的打击力度是相对较大的。而事实上,非法采砂可能造成的危害也是巨大的,在利益驱动下,部分非法采砂分子敢于以身试法,在堤防、控导(护滩)、桥梁等工程安全保护区内肆意采砂,造成堤防坍塌、决口、桥梁根基受损等严重后果,既破坏了国家宝贵的矿产自然资源,又危害了社会公共安全。行政机关应当加大打击非法采砂的力度,加大对辖区的巡查,使此类针对非法采砂的巡查成为常态,杜绝非法采砂的发生。

（四）联合相关部门开展黄浦江堤防行政许可事后监督专项执法检查

2013 年 8 月 15 日，执法总队联合局防安处、堤防处、受理中心开展黄浦江堤防行政许可事后监督专项执法检查。

此次专项执法重点检查前滩地区 ES4 单元小黄浦河道改造工程、汇山地块滨江公共环境建设等重大项目中涉及的填堵河道、一线防汛墙开缺等建设施工。执法人员一是掌握了许可项目落实情况，对上述许可项目进行资料查阅和实地查看，并听取建设、施工单位的汇报；二是规范了许可项目施工行为，对前滩地区 ES4 单元小黄浦河道改造工程中涉及因动迁延误工期导致无法按照许可时限完成的河道段，要求建设单位按照规定及时到市水务局业务受理中心办理相关行政许可手续，并对如何科学布点监测防汛墙沉降动态变化等方面进行业务指导。

黄浦江堤防工程按照《海事行政许可条件规定》应属于通航水域岸线使用工程，对其的行政许可，应当按照该规定第六条、第七条审查其获得许可的条件。此次执法总队联合有关部门开展的行政许可事后监督检查，由《行政许可法》加以规定。根据《行政许可法》第六十一条规定："行政机关应当建立健全监督制度，通过核查反映被许可人从事行政许可事项活动的有关材料，履行监督责任。"所以说许可机关对于许可的事后监督属于法定的责任，行政机关应当予以遵守。在此次检查中所涉及的资料查阅、实地考察等监督检查手段完全符合《行政许可法》第六十二条第一款规定的行政机关事后检查的方式，包括对被许可人生产经营的产品依法进行抽样检查、检验、检测，对其生产经营场所依法进行实地检查。检查时，行政机关可以依法查阅或者要求被许可人报送有关材料等。对于许可的直接关系公共安全、人身健康、生命财产安全的重要设备、设施，如本次检查的对象，《行政许可法》另规定行政机关定期检查的义务。通常需要行政许可方进行的事项一般都会涉及他人乃至社会公共利益，对于行政许可的事后监督，是对手中职权的负责，更是对社会群众利益的负责。

（五）开展违法用海联合检查

2013 年 12 月 25 日，中国海监东海总队、中国海监上海市总队、中国海监第五支队联合检查组对杭州湾北岸城市沙滩以西保滩工程开展执法检查，上海市海洋事务管理中心、金山区海洋局参加了检查。

针对沿海地区在海域使用、海洋环境保护、海岛开发利用领域存在的突出问题，国家海洋局决定自 12 月初开始组织开展专项整治行动，严厉打击非法围填海、海洋工程环评报告未经核准即开工建设等涉海违法行为，进一步推进依法用海，有效地规范海洋开发活动秩序，全面提升海洋综合管控能力。而本次联合执法检查是根据国家海洋局《群众路线教育实践活动专项整治行动方案——违法用海专项整治行动实施方案》所开展的专项整治活动的一部分。

在此次联合检查过程中，检查组根据联合执法检查方案，听取了建设单位有关项目建设情况、海域使用及海洋工程环评报告核准手续办理情况的介绍，检查了项目建设有关海洋环境监测保护及石化引水管安全保护等措施落实情况，现场实地查看了项目前期准备工作。检查中发现，虽然该项目涉及用海已于2013年11月8日取得上海市人民政府批准，环评报告也于2013年6月26日取得上海市海洋局核准同意，但目前尚未取得《海域使用权证》证书，而石化引水管保护等前期施工已开始实施。

针对上述情况分析可知，保滩工程未取得《海域使用权证》证书就开始实施前期施工的行为违反了《海域使用管理法》关于海域使用权的相关规定。根据《海域使用管理法》第三条的规定，单位和个人使用海域，必须依法取得海域使用权。而海域使用权的取得应当符合该法第十九条或第二十条的规定，自领取海域使用权证书之日起，取得海域使用权。所以在本次执法中，所涉及的未取得《海域使用权证》就开始施工的情形属于尚未取得海域使用权的情形，根据《海域使用管理法》第四十二条之规定处于相应的行政处罚。当然考虑到保滩工程的公益性，且其他方面均已取得行政许可，项目实施也符合规划，并未造成不良后果，应当酌情从轻处罚。

七、上海出入境边防检查总站行政案例①

(一) 上海外高桥边检站：签发首张临时入境许可

2013年7月1日早11时，德国籍货轮"首尔快航"轮行至长江口锚地时，该轮菲律宾籍船员Antonio De Torres Espineli突发急病，腹痛难忍，因船方无法诊治，急需入境上海治疗。由于该船员无中国签证，无法入境，于是船方向外高桥边检指挥中心发出求助，希望边检站能给予必要的帮助，使该船员能尽快上岸救治。

外高桥边检站在对案情进行分析研究的基础上，根据《中华人民共和国出境入境管理法》第二十三条的规定，"有下列情形之一的外国人需要临时入境的，应当向出入境边防检查机关申请办理临时入境手续：(一)外国船员及其随行家属登陆港口所在城市的；(二)本法第二十二条第三项规定的人员需要离开口岸的；(三)因不可抗力或

---

① 了解相关详情请登录 http://www.sh-immigration.gov.cn/。

者其他紧急原因需要临时入境的”，并充分考量人道主义需求，认为该船员属于《出境入境管理法》第二十三条第三款的情形，符合可以申请临时入境许可的规定。

随即在东海救助第一飞行队和上海120急救中心的协调配合下，11时32分，救助直升飞机出发前往锚地接该船员；下午13时23分直升机返航到达高东机场，该船员由在机场等候的救护车接送至医院进行救治，于此同时，边检民警随行在救护车上为其进行人证对照，核实身份后在医院为其办理了临时入境许可。

2012年6月30通过的《出境入境管理法》于2013年7月1日生效，该法制定的目的在于规范出境入境管理，维护国家的主权、安全和社会秩序，促进对外交往和对外开放。全法重点体现了制度管理与便利服务并重的制度执行理念，为此《出境入境管理法》总则第八条指出：“履行出境入境管理职责的部门和机构应当切实采取措施，不断提升服务和管理水平，公正执法，便民高效，维护安全、便捷的出境入境秩序。”而分则部分的具体制度则基于该理念创新作出了制度创新，改进对外国人的出入境服务是其中的一大亮点，基于国际公约、惯例和人道主义考虑，完善临时入境制度，规定外国人因不可抗力或者其他紧急原因需要入境的，可以申请临时入境。本案正是对这一制度创新的落实，边检机关在充分考虑《出境入境管理法》第二十三条的基础上作出的行政许可合理合法。作为《出境入境管理法》实施以来的首个开出临时入境许可的案例，本案为便利高效的出入境流程的实现开了个好头。

（二）机场边检站：办理首批24小时过境免签

2013年7月13日，意大利歌诗达邮轮公司旗下“大西洋”号驶抵吴淞炮台湾国际邮轮码头，一对英国夫妇向上海边检机关提出申请后，成为上海邮轮口岸首批享受24小时过境免签政策的旅客。这对英国夫妇均年近5旬，经常前来中国。几个月前到上海吴淞炮台湾乘坐豪华邮轮时，了解到7月1日起乘坐邮轮旅客可享受24小时过境免签政策。于是，这次他们从韩国登上“大西洋”号邮轮，订好了从上海浦东机场回国的机票，特意向边检机关提出24小时过境免签申请。仅仅几分钟，边检民警就为他们办妥了手续。

2013年7月1日正式实施的《中华人民共和国出境入境管理法》第二十二条规定：“外国人持联程客票搭乘国际航行的航空器、船舶、列车从中国过境前往第三国或者地区，在中国境内停留不超过24小时且不离开口岸，或者在国务院批准的特定区域内停留不超过规定时限的，可以免办签证。”此次实施的新法将过境免签外国人搭乘的交通运输工具由原来的“国际航班”扩大至“国际航行的航空器、船舶、列车”，为搭乘邮轮过境而未持我国签证的外国人办理临时入境手续提供了法律依据。按照此规定，乘坐邮轮的外国旅客将不必再担心未办理中国签证无法入境，只要向边检机关机关提出申请，且符合《出境入境管理法》第二十二条规定的相关条件，在边检机关办理相关手续后，即可享受24小时过境免签政策。此外，随着邮轮旅游观光业近年来的不断兴起，24小过境免签政策也将助力邮轮旅游业的发展。

八、小结

2013年，上海辖区水上安全的总体形势较严峻。据统计，辖区水域共发生一般及以上等级水上交通事故32件、沉船24艘、人员死亡失踪11人、事故直接经济损失人民币22 867.1万元。与2012年同期相比，四项指标中事故发生数量、沉船数量、死亡失踪人数和直接经济损失分别上升33.3%，100%，83.3%和119.3%。

导致事故频发的原因主要是由于强风、浓雾等异常天气增多，以及长江口通航船舶流量密集等。另外也存在如"CMA CGM FLORIDA"轮碰撞事故中所体现的船员第二语言交流障碍和违反避碰规则的原因。

在行政执法手段上，行政单位存在一定的创新，如开箱查验危货、无预案联合演习等，此外各种形式的联合执法成为2013年行政执法的突出特点，相关机关协同配合，全面出击的联合执法的长效机制正在逐渐形成。

在救助方面，上海海上搜救中心、东海救助局包括上海打捞局均发挥重要作用。据统计，2013年上海海上搜救中心共协调组织海上搜救行动243次，出动海事巡逻艇309艘次，协调专业救助船舶63艘次、飞机91架次(其中海事空巡飞机16架次)、社会船舶323艘次，成功救助2 787人次，搜救成功率为98.38%。东海救助局在2013年执行救助抢险任务723起，出动救助力量927次，援救各类遇险人员共计2 153人，救助遇险船舶32艘，获救财产估值人民币42.592亿元，取得了明显救助效果。

在涉及的处罚案件上，非法采砂、船舶超载依旧是重点，同时海上违法倾废案件出现增长趋势，当然处罚案件还涉及"三无船舶"、肇事逃逸、谎报瞒报危险物品集装箱等违法行为。

总结2013年，对于航运行政应当反思所存在的严峻的水上安全总体形势，加紧进行能见度不良天气条件下大型集装箱船舶的航行研究，以应对可能出现的如2013年的极端天气。另外，在溢油事故频发的如今，提升行政机关与相关单位对于溢油事故的应急处置能力应当成为新一年行政工作的一项重点。在执法与处罚上，各单位仍应当保持高压态势，不断提升执法能力，减少违法事件的发生，维护辖区航运稳步顺利的开展。

第四章　航运政策与法律的书文评议

实践的推进需要理论的支持,理论的研究需要实践的检验。学术绝非是逍遥于世外桃源之事,也绝非是居于“象牙之塔”自我欣赏之事。学术问题,即理论研究问题,是关乎航运业总体发展的大问题。

本章选取了2013年出版的10本航运政策与法律相关的专业书籍和发表的12篇航运政策论文作为2013年众多学术成果的代表进行评析。这些书籍既涵盖了航运业的多个领域,如货物运输、航运中心建设、船舶建造、航运法等,又包括对2013年最新热点问题的研究,如《中国(上海)自由贸易试验区新战略研究》一书便把目标锁定在2013年大热的上海自贸区上。

本章选取的12篇文章既涵盖传统领域,如提单性质研究、海洋环境保护、实际承运人制度、预付款还款保函等,又包括一些新兴领域,如航运公证服务一文,作者主要以建设上海国际航运中心为视角探究发展航运公证服务的价值意义,并结合航运法律关系中公证服务的作用,提出发展航运公证服务的可行性建议。

对航运业相关领域的研究,将对航运业的发展起到推动作用;反过来,航运业的不断发展,也对航运理论界提出了新任务和新问题。同时,理论的研究也需得到实践的检验,两者相互影响,相互促进。

一、2013年出版的航运政策与法律类书籍评析

1.《〈鹿特丹规则〉与相关货物运输公约的冲突与协调》①

2008年12月11日,在纽约举行的联合国大会上,《联合国全程或部分海上国际货物运输合同公约》正式得到通过,并且大会决定于2009年9月23日在荷兰鹿特丹举行签字仪式,开放供成员国签署,因而该公约又被命名为《鹿特丹规则》。截至2009年10月31日,已有20个国家签署该公约。根据公约的规定,《鹿特丹规则》将在20个国家批准或者加入一年后生效,目前尚没有一个国家批准或加入,该公约尚未生效。

联合国贸法会制定该公约的目的主要是取代现行的三个国际海上货物运输公约——1924年《海牙规则》、1968年《海牙-维斯比规则》和1978年《汉堡规则》,以

① 吕鸣.《鹿特丹规则》与相关货物运输公约的冲突与协调[M].上海:上海世纪出版社集团,2013.

实现海上货物运输和包括海运区段的国际货物多式联运法律制度的国际统一。

作者以《鹿特丹规则》为切入点，对该公约的产生背景、适用条件及其与三大公约的冲突都作了透彻的分析，又将该公约与国际铁路、公路、航空三大领域的主要经营性运输公约的多方面冲突表现作了周详的比较研究。

本书具有三大创新点：一是体系的创新。本书前半部分以理论分析为主，后半部分侧重应用性，有紧凑而又清晰的创新架构。二是内容的创新。相比国内外的同类成果基本局限于某一具体法条领域的研究，本书则尝试了国际公法、国际私法和海商法的跨学科科目研究。三是形式的创新。通读目录就能知晓整体内容；本书汇集了三张表格、九份图示，表明该书在内容形象化上的匠心运作。本书分为六章正文，主要内容如下所述。

第一章是关于《鹿特丹规则》与相关货物运输公约的比较法研究。以《鹿特丹规则》的立法历史为出发点，通过条款的比较，研究《鹿特丹规则》与三大海运公约及非海运公约的区别和联系，在此基础上运用图表的方式完整地呈现《鹿特丹规则》与三大海运公约及非海运公约的区别。

第二章是关于《鹿特丹规则》与相关货物运输公约冲突的研究。通过对《鹿特丹规则》与相关货物运输公约冲突的界定、成因的分析、分类的概括、表现的总结进行基础性研究，为《鹿特丹规则》与相关货物运输公约的冲突协调研究奠定基础。

第三章是《鹿特丹规则》与相关货物运输公约的冲突协调研究(一)：以条约的解释规则为视角。无论是《条约法公约》的解释规则，还是条约解释的学理规则，都是非常重要的协调条约冲突的方法，是解决条约冲突的首要方法。从条约的解释规则与解决条约冲突的关系入手，通过概述条约的解释规则引出条约的解释规则在解决条约冲突中的作用，进而提出《条约法公约》和运用《条约法公约》所能协调的冲突，以及条约解释的学理规则与条约冲突的解决，所能协调的冲突包括承运人责任期间的冲突、承运人赔偿责任基础的冲突、承运人单位赔偿责任限制的冲突、时效的冲突等。

第四章是《鹿特丹规则》与相关货物运输公约的冲突协调研究(二)：以冲突条款为视角。从冲突条款的含义、分类以及冲突条款在解决条约冲突中的作用为出发点，引出《鹿特丹规则》的冲突条款对条约冲突的解决方式。其中分别列出《鹿特丹规则》中的第89条、第82条、第26条为例，说明这些条款在解决冲突中的作用和不足，在此基础上总结《鹿特丹规则》的冲突条款。虽然在制度设计上仍存在不足，但冲突条款作为当事人真实意思的反映，并具有简单明确的特点，因此不失为解决条约冲突最为直接和有效的方式。

第五章是《鹿特丹规则》与相关货物运输公约的冲突协调研究(三)：以后法原

则和特别法原则为视角。主要分为两部分：第一部分通过对后法原则的界定，以案例的方式引出后法原则的司法应用，进而提出后法原则对《鹿特丹规则》及相关货物运输公约冲突的解决方式；第二部分从界定特别法原则入手，引出特别法原则的应用，进而提出特别法原则对《鹿特丹规则》及相关货物运输公约冲突的解决方式。综上，后法原则和特别法原则都能够有效补充条约解释在解决条约冲突上的不足，能够部分解决真实的条约冲突。

第六章是《鹿特丹规则》与相关货物运输公约的冲突协调研究(四)：以避免条约冲突的方法为视角。无论是条约的解释规则，还是公约本身的冲突条款，或是作为成文法规则的后法原则以及作为习惯法规则的特别法原则，都只能部分缓解条约冲突，而要真正地解决条约冲突，避免产生潜在条约冲突，可能最有效的方式就是注重条约条款的制定技巧。以加强国际组织间的协调与合作、发挥国际海事惯例的补充作用为视角，探讨《鹿特丹规则》与相关货物运输公约的冲突协调。

2.《国际货物运输与保险》①

《国际货物运输与保险》作为一门完整而独立的学科，具有应用性、实践性、操作性的特点。本书结合外贸运输与保险领域的最新形势的发展变化，充分吸取了多年以来已经获得的教学和科研成果，反映国际货物运输与保险业务的规则、程序和操作方法，为从事有关外贸、商务、物流、航海、港口、货运代理和保险等行业的业务人员和学生提供了重要的参考价值。

本书共分为两篇，共十二个项目。上篇为国际货物运输篇，共七个项目，涵盖了国际货物运输概述，国际海上货物运输，国际铁路货物运输，国际航空货物运输，国际公路、内河、管道、邮政运输，集装箱运输和国际多式联运、大陆桥运输，运输代理人与第三方物流；下篇为国际货物保险篇，共五个项目，涵盖了风险、保险与保险的基本原则，海上运输货物保险合同与保障范围，海洋运输货物保险险别与条款，海上货物运输保险实务，陆运货物、空运货物及邮包货物保险。每个项目都有学习目标，每章总体内容框架都有三个递进层次的能力考核，包括理解、熟知和掌握，最后是应会考核，具有实用性、新颖性、创新性和可操作性。因此，本书适合作为高职高专和应用型本科教育层次的国际经济与贸易、报关与国际货运、物流、商务英语、国际商务、航海业务管理、保险等专业的主干课程教材。

项目一为国际货物运输概述。以两个案例为引子，引出任务一、任务二和任务三。任务一是关于运输的概念、功能原理以及运输的性质和特点；任务二从国际贸易运输的特点、基本任务和要求这三方面对国际贸易运输进行介绍；任务三介绍了

---

① 李贺.国际货物运输与保险[M].上海：上海财经大学出版社，2013.

国际贸易运输的组织与方式。

项目二是国际海上货物运输。本项目也有三个任务，包含国际海上货物运输基础知识，国际海上经营方式及进出口代理实务，海运托运单、海运提单、海运单。海上运输是指以船舶为工具，通过海洋航道运送货物和旅客的一种运输方式。本章介绍了海上运输的发展概况，海上船舶、航线、港口，班轮运输和租船运输，并且通过图表的方式清晰地阐述了海运托运单、海运提单、海运单三者之间的区别和联系，绘制了三大单证的样式。

项目三是国际铁路货物运输。本项目要求理解铁路货物运输概述内容，熟知港澳地区的铁路货物运输，最终能掌握国际铁路货物运输。

项目四是国际航空货物运输。本项目要求理解国际航空货物运输基础知识，熟知航空货物运价与运费、航空货运单，掌握国际航空货运代理业务流程。

项目五是国际公路、内河、管道、邮政运输。本项目要求理解公路、内河、管道、邮政运输的概念和特点，熟知公路、内河、管道、邮政运输的分类，公路运输的责任范围，掌握国际公路运输业务、单证。

项目六是集装箱运输和国际多式联运、大陆桥运输。本项目要求理解大陆桥运输，熟知集装箱运输，掌握国际多式联运。

项目七是运输代理人与第三方物流。本项目要求理解代理的概念、分类，代理人的性质，熟知代理人和委托人的责任与义务、第三方物流，掌握运输代理的种类、代理的选择和使用。

项目八是风险、保险与保险的基本原则。本项目要求理解风险的概念、风险的因素、风险事故、损失、风险的特点，以及保险原则的意义和作用，熟知风险的分类、风险概述的内容、补偿原则和重复保险的分摊原则的计算，掌握风险管理、保险合同，各个保险原则的内容、特点以及在不同险种中的应用。

项目九是海上运输货物保险合同与保障范围。本项目要求理解海上保险合同的概念和特征、海上保险单的形式和分类，熟知海上保险合同的概念与特点，保险合同的成立、转让、变更、解除与终止的法律规定，掌握海上保险合同的构成、海上保险合同的主体与客体、海上运输货物的保障范围。

项目十是海洋运输货物保险险别与条款。本项目要求理解伦敦保险协会海运货物保险条款，熟知我国海运保险的险别、基本险的责任范围、海运运输货物专门保险，掌握我国海洋货物运输保险条款与险别、海运货物保险基本险的责任起讫。

项目十一是海上货物运输保险实务。本项目要求理解投保险别的选择，熟知海上保险单据的种类、批改与转让，索赔的方式、程序和索赔单据，掌握保险单的缮制、保险金额保险费的计算、海上保险赔款的计算。

项目十二是陆运货物、空运货物及邮包货物保险。本项目要求理解航空运输货物保险，熟知邮递货物保险，掌握陆上运输货物保险。

本书的内容包含了“学习目标”“项目案例导读”“知识支撑”，还穿插有“小思考”“相关链接”“实例”等具有趣味性的知识，最后还包括“应知考核”和“应会考核”，做到了理论与实践的结合。

3.《航运中心比较与上海实践》①

上海作为港口城市，具有良好的地理位置，发达的经济，有国家的经济、运输等方面的政策支持，这些都为上海航运中心的建设提供了条件和保障。《国务院关于推进上海加快发展现代服务业和先进制造业建设国际金融中心和国际航运中心的意见》中明确指出，到2020年，上海基本建成航运资源高度集聚、航运服务功能健全、航运市场环境优良、现代物流服务高效，具有全球航运资源配置能力的国际航运中心。上海要完成这一目标，前途是光明的，但道路是曲折的，因此需要借鉴国内外港口城市发展的经验，取长补短，完善自身。

本书分为国际篇和国内篇，从这两个视角比较分析，进而提出上海国际航运中心建设可供借鉴的政策和措施。首先是从国际视角对世界典型航运中心航运功能、制度与政策等开展比较分析，然后是从国内视角对主要港口城市的港口发展、航运载体和航运服务进行分析，提炼出国内主要港口城市航运中心建设的相同点与不同点。本书共分九章，各章的主要内容安排如下所述。

第一章是世界主要航运中心发展现状。作者先从区位条件、港口吞吐量、生产能力、发展目标四个方面分析了香港、新加坡、汉堡、纽约、鹿特丹这些世界主要航运中心港口的发展情况，然后作者又分析了这五大港口城市的各自特有的航运功能，最后从税收政策、航运投资政策、金融政策、海关监管政策、船舶登记政策五个方面对五大港口城市的航运政策进行分析。

第二章是对第一章最后一点的细化，即世界主要航运中心的航运政策比较。就税收政策而言，作者通过图表的方式简单清晰地向我们展示了注册在香港、新加坡和上海的企业的航运税收政策上的区别。通过对投资政策、监管政策、自由港政策、航运法律制度、政府服务制度和口岸行政收费制度的比较研究，从不同的角度剖析了政策的优弊，为上海航运中心政策方面的发展提供借鉴。

第三章是世界主要航运中心对上海的经验借鉴。良好的航运管理制度是决定航运业发展规模和发展质量的一个关键因素，因此，上海需要借鉴航运发达国家在航运制度方面的先进经验和便利手段，营造宽松、平等、便捷的航运管理制度。在

---

① 汪传旭，柯蓉，董岗. 航运中心比较与上海实践[M]. 上海：格致出版社，2013.

税收方面，上海应依照国际通行惯例，结合航运企业的实际情况，制定与国际标准接轨的税收制度，以减轻航运企业的运营负担，营造良好的航运环境，扶持航运企业长期持久发展。在航运监管方面，无论是税收还是效率，上海与航运发达国家（地区）之间均存在不小的差距，因此，上海需要进一步简化航运监管手续，减少航运监管环节，降低航运监管关税。

第四章是上海国际航运中心需要完善的配套政策。继《国务院关于推进上海加快发展现代服务业和先进制造业建设国际金融中心和国际航运中心的意见》发布以来，为了推进上海国际航运中心的建设，上海又陆续推出一系列优惠政策。尽管这些优惠政策很好地扶持了上海航运业的发展，但与国外相比，仍存在一定的差距，因此，本章从国家层面政策和上海层面政策双管齐下，建议上海应依照国际国内发达港口的做法，制定有序的政策扶持航运企业持久健康发展，增强航运企业的国际竞争力。

第五章是国内主要港口城市航运中心建设现状。与世界主要航运中心港口发展一样，本章从区位条件、港口吞吐量、生产能力和发展目标这四个方面分析了大连、天津、青岛、上海、广州、南京、重庆和武汉这八大国内航运中心的建设情况，又分别从基本服务、配套服务、高端服务三方面分析了八大航运中心的航运服务情况。在此基础上，对每个航运中心各自所特有的航运载体情况进行比较研究。

第六章是国内主要港口城市航运中心建设的异同点分析。从转变航运发展模式、创新航运政策、突破航运服务功能、优化航运集疏运体系、整合港口资源、改善口岸服务环境这六个方面研究八大国内航运中心的相同之处。从目标定位、腹地范围、临港产业、航运政策、组织架构、建设重点、集疏运系统的发展重点、航运服务业、航运研究支撑、保税港区政策等十个方面分析八大航运中心的差异点。本章的特色是图标居多，简洁明朗。

第七章是国内主要港口城市航运中心竞争力比较研究。结合应用层次分析法、主成分分析方法和聚类方法对国内主要港口的竞争力进行综合比较和分析，得出结论，无论是主成分分析方法还是层次分析方法，上海国际航运中心竞争力的综合排名均为第一，天津位居第二。在聚类分析中，上海始终被单独划分为一类，说明上海作为国际航运中心，有着其他航运中心没有的得天独厚的优势。但是在港口自然条件及基础设施竞争力评价方面，上海没有显示出特别的优势，这与上海港口不是天然的良港有着密切的关系，也符合现实情况。

第八章是国内主要港口城市建设航运中心可供借鉴的经验。作者认为可以借鉴大连的沿海保税港区与内地腹地联动机制，天津的沿海港口与内陆无水港合作发展机制，天津的融资租赁船舶出口退税机制，青岛的港口营销策略，天津的游艇产业服务模式，宁波的铁水联运政策以及天津北方航运中心协调统一的推进机制。

第九章是对进一步完善上海国际航运中心建设环境的建议。从完善国际航运中心建设的市场化运作机制，加快无水港网络建设，大力发展集装箱海铁联运，保税港区与内陆保税区联动发展，保税港区企业所得税减免，形成协调、统一、集中的航运服务业空间布局，从六方面对上海国际航运中心建设环境提出了意见。

4.《中国(上海)自由贸易试验区新战略研究》①

全球化是一个以经济全球化为核心，包含各国各民族各地区在政治、文化、科技、军事、安全、意识形态、生活方式和价值观念等多层次、多领域的相互联系、影响、制约的多元概念。在全球化之风劲吹的同时，中国也走到了各种问题堆积的关口。改革开放30多年来，中国的投资主体和投资机制渐有"开倒车"之意，只有通过开放来倒逼改革，才能使市场体系更加完善，微观经济主体更加强壮。在这样的背景下，中国(上海)自由贸易试验区应运而生。上海自贸试验区诞生的目的就是进一步的开放，进一步的改革，打造中国经济的"升级版"。

本书共分十二章，具体内容如下所述。

第一章为经济全球化新趋势与中国应对。作者认为，服务贸易与对外投资将是下一轮经济全球化的重点，发达经济体由于拥有禀赋优势，仍将居于主导地位，在可以预见的未来，主要的静态全球化要素分配红利仍将由其决定如何分配。发达国家的选择对近期全球化发展的现实来说，起到决定作用，美国的选择尤为重要。对中国来说，应从现实出发，借助并强化中国经济现有的在制造业方面的比较优势，通过促进服务贸易和投资的方式，吸引先进资本要素和资源提升企业生产附加值。同时，推动中国国内全面改革，实现可持续增长。在对外关系中，积极推进多边协议。

第二章为上海自贸试验区发展战略思考。通过对美国自由贸易区实践的分析以及对中国已有的特殊经济功能区做法的回顾，作者认为，中国(上海)自由贸易试验区实际上是一种高层次的"经济特区"，被赋予不同于其他经济体(如美国自由贸易区)的功能，以"自由贸易区"之名，行"经济特区"之实。就上海自贸试验区发展战略而言，在空间范围上，宜采取"整体模式"，而非目前的"局部模式"。因此，可以考虑将整个浦东甚至是整个上海纳入试验区之中。

第三章为借力上海自贸试验区建设，打造中国外贸升级版。通过自贸区的实验进一步拓展中国外贸发展的空间，提升中国外贸发展的质量。本章就是借力上海自贸试验区建设，阐述打造中国外贸升级版需要澄清的五点事实、协调的四类贸

① 袁志刚. 中国(上海)自由贸易试验区新战略研究[M]. 上海：格致出版社，2013.

易以及需要借鉴的三种模式、需要瞄准的两项任务和需要聚焦的一个目标。

第四章为全球价值链分工与上海自贸试验区建设的逻辑。2001年我国加入WTO后，对外贸易迅速发展，但是在国际产业分工中，我国大多处于相同产业的价值链的底端，全球产业链和价值链理论与实证研究为像我国这样的发展中国家的产业升级研究提供了崭新的视角。本章就是从全球产业链和价值链的角度分析我国产业与企业在全球产业链和价值链中的国际定位、收益以及趋势，并针对处于改革先行先试的上海自贸试验区建设提供相应的政策建议。

第五章为上海自贸试验区"价值链"金融服务体系的形成。从大量的国际经验中我们知道，金融开放与实体经济的发展存在密切的匹配关系，"一线放开，二线高效安全管住"在很大程度上是针对金融而言的。鉴于此，未来试验区的金融开放应重点围绕服务实体经济展开。本章围绕"价值链"微笑曲线，对比新加坡发展经验，探索"差异化、专业化、多元化"的金融服务模式发展之道，为上海自贸区内形成"价值链"金融服务体系提供理论思考和经验借鉴。

第六章为上海自贸试验区的资本市场开放与创新。金融服务业对外开放和金融综合改革是上海自贸试验区改革的重大亮点和政策突破。社会各界对上海自贸试验区金融改革的关注焦点基本聚焦在自贸区的利率市场化、资本项目开放和离岸金融等金融综合改革，而往往忽视对中国资本市场开放的创新驱动和改革效应。为此，有必要进一步深化资本市场改革，扩大金融市场对外开放，从资本市场服务实体经济的视角出发，积极开展融资类、投资类、财富管理类和交易类服务，构建中国资本市场对外开放的"桥头堡"。

第七章为上海自贸试验区建设与中国利率市场化。利率是资金的使用价格，其价格水平的高低取决于资金的供求状况，而资本的流动必然会引起一定区域内资金总量的变化，进而引起利率水平的波动。因此，利率水平的最终决定因素取决于一国或地区的资金供求状况。我国设立自贸区的目的之一就是将自贸区作为国内与国外资金流动的枢纽，并通过自贸区内的先行的利率市场化引领从而推进国内的利率市场化改革。

第八章为上海自贸试验区大宗商品人民币计价权研究。中国金融战略的核心内容包括人民币汇率改革、资本账户开放和人民币国际化。跨境贸易人民币结算是人民币国际化的重要组成部分，大宗贸易人民币计价权的确立有利于跨境贸易人民币结算。本章首先从微观企业出口计价货币选择的理论模型入手，对大宗商品计价权影响货币国家化进行理论分析；其次，从美元、欧元、日元的视角，回顾大宗商品计价权影响货币国际化的历史经验；再次，以原油期货为例，阐述我国谋求大宗商品人民币计价权的策略；最后，分析我国谋求大宗商品人民币计价权面临的挑战。

第九章为上海自贸试验区率先试点金融业"营改增"的必要性和方案研究。加快金融业发展、促进金融服务业全面开放是自贸区建设的重要内容。金融服务领域是自贸区服务业扩大开放的六大领域的第一位，为此采取了一系列措施，但是，我国特有的对金融业征收营业税的制度与这种趋势完全不相适应。我国已于2012年启动"营改增"试点并不断扩大试点范围，但是，金融业迟迟未能纳入这一范围，作者在本章论证了对金融业进行"营改增"的必要性、可行性，并提出具体方案。

第十章为上海自贸试验区与离岸再保险中心建设。一个成熟的再保险中心应有助于通过传统和非传统解决方案来促进国内和海外风险转移与融资，并提供承担和管理这些风险的一流场所。上海可以扮演的角色既是一个离岸保险和再保险交易中心，又应该是中国以及亚洲的自保中心，给予资本市场保险方案的实施中心，以及风险管理和风险管理文化传播中心。

第十一章为金融诚信体系建设对上海自贸试验区建设的重要性。本章就金融诚信体系建设的最新文献进展进行梳理，首先，通过梳理公共经济学中关于政府职能与经济发展的理论文献，论证了在自贸区建立一个完善的企业诚信体系和公平公正的市场竞争机制的必要性；其次，作者认为行为经济学是制定金融监管法律的指导理论；再次，作者从三个角度综述了金融诚信体系建设的代表性文献；最后，在此基础上，对自贸区内的金融诚信体系的建设提供了政策建议。

第十二章为自由贸易区洗钱与反洗钱：国际经验与中国对策。对自贸区洗钱和反洗钱的研究目前国内还处于空白状态，国际层面的研究则集中在有关反洗钱国际组织的犯罪类型与最佳实践的文件之中。自贸区反洗钱研究主要集中在三个方面：一是洗钱与恐怖融资风险的研究；二是扩散融资风险的研究；三是反洗钱措施的研究。

5.《租船运输理论与实务》①

本书以研究国际租船市场和租船合同法律条款为主要内容，全面论述租船运输理论与实务操作。在介绍租船运输业务基础知识与租船合同业务操作程序的基础上，详细阐述了航次租船、定期租船、包运租船、航次期租以及光船租赁合同的法律条款和常用合同范本，并且针对合同中的重要条款结合具体案例加以分析，使读者对条款的理解更加具体和透彻。

本书共分为十章，具体内容如下所述。

---

① 陈舜，苏同江，王学锋. 租船运输理论与实务[M]. 上海：上海交通大学出版社，2013.

第一章为租船市场概述。阐述了租船市场的定义、租船市场业务和租船市场分类。租船市场的主体有船舶承租人、船舶出租人和租船经纪人，其中租船经纪人使租船交易迅速完成。

第二章为租船市场价格波动。国际租船市场的供需关系是国际租船市场的核心，国际经济、政治、船队规模等因素对国际租船市场的影响都将反映在国际租船市场的供需关系上，并通过国际租船市场的供需关系变化影响到运费市场的运价或租金率，新造船、二手船市场的船舶交易价格以及拆解船市场的船舶拆解价格。

第三章为租船运输业务。主要介绍租船运输的基本知识，诸如租船运输、航次租船、定期租船、航次期租、包运租船和光船租船的概念和特点，租船运输、租船程序和标准租船合同范本等知识。

第四章为航次租船合同。主要介绍航次租船合同的主要内容，包括船舶概况、货物、装货港和目的港、装卸费用、装卸时间、运费、滞期费、速遣费以及其他有关事项。

第五章为定期租船合同。主要介绍定期租船合同主要条款内容，包括船舶、港口和货物说明，租期和交换船，租金支付，停租，定期租船合同范本内容等。

第六章为包运租船合同。主要介绍包运租船合同的基本知识，包括租船合同主要内容，双方当事人的权利和义务，标准合同范本主要内容。

第七章为航次租船合同。主要介绍航次租船合同的基本知识，包括航次租船合同操作程序以及航次租船实务等若干问题。

第八章为光船租赁合同。主要介绍光船租赁合同的基本知识，光船租赁合同双方当事人的权利和义务，标准合同范本主要内容。

第九章为油轮租船运输合同。主要介绍油轮租船运输合同的基本知识，世界石油运输的主要航线分布，新世界油轮费率表和标准合同范本的主要内容等。

第十章为化学品运输航次租船合同。主要介绍国际化学品运输船舶航次租赁合同条款的主要内容，包括装卸时间、受载期和解约日、运输费用、安全条款以及自动舱单条款等。

本书内容全面，强调理论与实践，立足市场需求，案例丰富，同时具有理论深度，可作为国际航运、国际海事以及外贸运输类专业教材，亦可供从事租船运输实务及从事法律事务工作的读者学习参考之用。

6.《航运联盟利益分配机制设计及稳定性研究》①

航运联盟是指班轮公司之间在运输服务领域航线和挂靠港口互补、船期协调、

① 郑仕源.航运联盟利益分配机制设计及稳定性研究[M].上海：上海交通大学出版社，2013.

舱位互租，以及在运输辅助服务领域信息互享、共建共用码头和堆场、共用内陆物流体系而结成的各种联盟。航运联盟的历史并不久远，引起学术界的广泛注意也是从 20 世纪 90 年代开始的。

本书有三大创新点：一是在研究联盟的形成机制方面，对广义的 Nash 议价模型进行拓展，建立了参数内生、序列议价及面临不确定情况下的议价模型，求出各种情况下的 Nash 议价解和各方的利润，并分析了参与联盟的企业的可靠程度、不确定程度的变化等因素对议价结果的影响。二是在研究联盟的成本分摊机制方面，构建了基于 Chapley 值、公平分配解、对偶分配解、逆向优化解的航运联盟的成本分摊方案，并且着重分析了产品市场的需求量、产地的产量以及运费费率的变化对各承运人成本分摊份额的影响。三是在研究联盟于各种成本分摊机制下的稳定性方面，得出结论：以 Chapley 值为分摊机制时，“差异化联合”的联盟结构更加稳定；以公平分配解为分摊机制时，“强强联合”的联盟结构更稳定；以对偶分配解和逆向优化解为分摊机制时，总联盟更稳定。

本书共分为八章，每章的内容如下所述。

第一章为绪论。概述了航运联盟的形成与发展、动因、运营机制、航运联盟运力合作基本内容及航运联盟的比较分析。

第二章为相关研究进展综述。主要包括航运联盟、企业战略联盟以及战略联盟的利益分配机制三方面。在对现有文献进行综述的情况下，指出存在的不足以及本书的改进。

第三章为合作博弈理论概述。主要包括合作博弈的分类、可转移效用的合作博弈、合作博弈的解、议价博弈、竞合博弈以及联盟的稳定性。在这些的基础上指出合作博弈在这些领域可能的发展方向。

第四章为航运联盟的议价机制。现有关于企业战略联盟的议价机制研究主要集中在供应链管理的领域，其中供应商与零售商之间的谈判问题是研究的热点之一。以航运联盟为例，分别就确定情况和不确定情况下航运联盟中各成员之间的议价问题进行分析。在确定情况的条件下航运联盟的议价机制，在广义 Nash 议价模型的基础上，将模型拓展到双方谈判力量的参数是内生决定的和谈判各方进行序列议价这几种情况下，求出各种情形下的 Nash 议价解和各方的利润，并对各种情况下谈判的成交价、成交量和各方利润进行比较。对于不确定情况下的议价问题，运用实物期权方法求出面临固定需求和弹性需求时谈判双方利润的值函数、谈判双方达成交易的阈值和交易价格的上限与下限，并就固定需求和弹性需求下谈判方的可靠程度和市场风险发生变化时谈判双方的交易阈值和交易区间进行敏感性分析。

第五章为航运联盟的成本分摊机制及其稳定性分析。随着市场竞争的加剧和运输成本的不断攀升,为提高效率,改善服务质量,近年来运输联盟在各种运输方式中有了很大的发展,因而相关的研究也成为运输理论和实践中的热点之一。以航运联盟为例,建立运输合作博弈模型,并以核心解、Shapley值和公平分配解为基本分析航运联盟成员间不同的成本分摊方案及其对航运联盟的影响。

第六章是实证分析。以世界排名前20集装箱班轮公司从2000年到2011年的面板数据为基础,运用统计分析方法分析航运联盟的形成并对其稳定性进行实证研究。

第七章为政策建议。在总结中国航运企业积极参与联盟时存在问题的基础上,提出一些参与联盟时可采用的策略。例如,加入联盟之前评估市场机遇和需求,认识自我,认识联盟;参与联盟过程中选择合适的合作伙伴,建立合理的利益分配机制;重视综合分析评价。

第八章是结论与展望。对全书的主要结论进行系统的回顾与总结,并指出研究的不足及未来的研究方向。

7.《上海国际航运中心建设政策与法律专题研究》①

国际航运中心是一个功能性的综合概念,是集发达的航运市场、丰沛的物流、众多的航线航班于一体,一般以国际贸易、金融、经济中心为依托的国际航运枢纽。自《国务院关于推进上海加快发展现代服务业和先进制造业建设国际金融中心和国际航运中心的意见》颁布后,上海国际航运中心建设进入到一个新的历史阶段,从以基础设施建设为主进入到基础设施建设与软环境建设并重的阶段。航运的行政管理体制与机制、法律与政策、司法与仲裁、金融与贸易、人才与信息、市场竞争与企业管理经营、行业自律与他律、传承与创新、教育与科研、文化与思想观念等都是构成软环境的因素,是提高全球航运资源配置能力,提升软实力要考虑的因素。作者认为,目前来说,上海国际航运中心软实力与软环境尚缺乏竞争力,完善和发展需要一个较长的过程。本书共分为七篇,各篇的主要内容如下所述。

第一篇为《上海市推进国际航运中心建设条例》立法研究。该篇共分为十章,分别是:《条例》立法基本问题;总则一般规定;国际航运枢纽港;集疏运体系;现代航运服务体系;航运金融;邮轮产业;国际航运中心软环境建设;国际航运发展综合试验区;协调推进机制。制定该《条例》的意义主要有以下几点:一是形成上海"四个中心"建设地方性法规体系的需要;二是建立促进与监管并重的国际航运中心法

① 於世成,胡正良,郏丙贵.上海国际航运中心建设政策与法律专题研究[M].上海:上海浦江教育出版社,2013.

律法规体系；三是通过政策法律化，实现政策刚性化的目的；四是细化政策内容，实施既定政策目标；五是解决政策尚未完全解决的问题；六是体现依法行政的需要实现国际航运中心法治建设目标。

第二篇为具有全球航运资源配置能力的上海国际航运中心的软环境研究。这一命题包括以下需要研究的问题：航运资源的种类；全球航运资源的配置机制；世界上主要航运中心对于航运资源的配置现状；上海对于全球航运资源配置的能力与配置现状；上海配置全球航运资源的长项与短板；软环境与全球航运资源配置之间的关系；上海软环境现状与问题；从建设具有全球航运资源配置能力出发，完善上海软环境的对策与措施。本篇就是对这些问题的研究结果。

第三篇为现代航运服务体系行业自律机制研究。以行业自律理论为基础，以上海现代航运服务业行业自律的现状与问题为切入点，借鉴发达国际航运中心行业自律的经验，探讨上海现代航运服务业行业自律机制与制度保障的对策措施，实现更高程度的现代航运服务业行业自律。

第四篇为上海国际航运中心建设与现代航运发展配套支持政策与法律适用完善研究。以完善现代航运发展配套支持政策和相关法律适用问题为研究目的。内容分为现代航运发展配套支持政策完善问题研究和国际航运法律关系法律适用规则完善问题研究两部分，共十章。

第五篇为公私募海事信托基金推出的法律及政策研究。该篇分为五章，分别论述：国际航运基金主流模式和利弊；航运金融产品的创新模式——新加坡海事信托；我国航运基金的发展及其问题；公募海事信托基金推出必需的制度支持；我国推出公募海事信托基金的政策建议。

第六篇为上海建立船舶融资租赁产权登记中心的政策研究。船舶融资租赁业是朝阳产业，未来发展空间巨大，可带来产业集聚和产业链拉动，并带来巨大的税收效应，但我国船舶融资租赁遇到一些瓶颈问题。通过对船舶融资租赁的概念、建立我国船舶融资租赁登记的必要性与可行性、我国船舶融资租赁登记存在的问题和原因、国内外融资租赁登记的实践和经验等进行研究，提出一系列的建议。

第七篇为上海建设"两个中心"背景下远期运费协议交易制度的比较法研究。从本质上说，远期运费协议是一种运费风险管理工具，发展的原动力是套期保值。上海目前正在大力建设国际航运中心和国际金融中心，作为"两个中心"建设交汇点的航运金融建设，特别是运价衍生交易的发展，已经成为重中之重。但是上海的航运运价衍生品交易与世界知名的航运运价衍生品交易之间仍然存在较大差距，因此，引入国外成熟的远期运费协议交易是大势所趋。本篇分为两部分：一是纽约、伦敦、奥斯陆和新加坡远期运费协议交易制度的比较法研究；二是上海建成远期运费协议交易中心城市的研究。

本书的撰写具有重要的意义，内容丰富、信息量大、可读性强，既为上海国际航运中心建设的进一步发展提供一定的理论依据与政策参考，又为关心和支持上海国际航运中心建设的各界人士提供了参考。

8.《2012/2013年上海国际经济、金融、贸易、航运中心发展报告》①

加快建设上海国际经济、金融、贸易、航运中心和社会主义现代化国际大都市，是党中央、国务院立足全局作出的一项重大国家战略。2009年4月，国务院正式印发《国务院关于推进上海加快发展现代服务业和先进制造业建设国际金融中心和国际航运中心的意见》，进一步明确了加快上海"四个中心"建设的总体目标、主要任务和政策措施，体现了国家对上海发展的高度重视和充分支持。

为全面、准确地反映上海"四个中心"建设的全貌，记录上海"四个中心"建设发展的路径和历程，上海市发展和改革委员会从2010年起，按年度组织编写并公开出版《上海国际经济、金融、贸易、航运中心发展报告》。2013年的报告力求客观总结和反映2012年的重点发展任务和举措。报告主要分为年度发展综述、中国(上海)自由贸易试验区、国际经济中心、国际金融中心、国际航运中心、国际贸易中心、重大研究、媒体聚焦和大事记等部分。

本书共分为八个部分。

第一部分为年度发展综述。分为国际经济中心、国际金融中心、国际航运中心和国际贸易中心。面对更加复杂的国际经济形势，上海在国家有关部委的大力支持下，充分依托部际协调机制和市"两个中心"协调推进机制，努力摆脱传统发展模式的束缚，推动上海国际经济、金融、航运、贸易中心建设取得重大进展。

第二部分为中国(上海)自由贸易试验区。从发展概况、总体方案、法制保障三方面来论述自贸区的具体实施情况。建设中国(上海)自由贸易试验区，有利于培育我国面向全球的竞争新优势，构建与各国合作发展的新平台，拓展经济增长的新空间，打造中国经济"升级版"。

第三部分为国际经济中心。从发展概况、现代服务业、战略性新兴产业、先进制造业、2013年重点任务和举措以及经济发展案例六个方面展示了上海坚持科学发展，全力以赴推进稳增长、调结构、抓改革等各项工作，使城市经济总量、地方财政收入持续增长，朝着国际经济中心的目标不断迈进。

第四部分为国际金融中心。2012年初，经国务院同意，国家发改委发布《"十

① 上海市发展和改革委员会，上海市发展改革研究院. 2012/2013年上海国际经济、金融、贸易、航运中心发展报告[M]. 上海：上海人民出版社，格致出版社，2013.

二五”时期上海国际金融中心建设规划》。上海认真贯彻落实国务院 2009 年 19 号文件和规划精神，推动上海国际金融中心建设呈现新亮点，取得新突破。

第五部分为国际航运中心。2012 年，在国务院相关部委、中央驻沪单位的指导下，上海国际航运中心建设深入推进现代航运服务体系建设，现代航运集疏运体系建设取得新进展，国际航运发展综合试验区加快政策创新和先行先试，取得新突破。

第六部分为国际贸易中心。上海国际贸易中心建设聚焦“形成制度和法律保障、落实启动重大项目、构建核心功能平台、推动商贸流通现代化、大力发展开放型经济、建立多方共建机制”等六个方面，聚集多方力量、明确思路、推进实践，各项重点任务均取得突破。

第七部分为重大研究。本章收录社会各界对上海“四个中心”建设关键领域机制、规划、政策等方面的重大研究成果。这些研究成果为上海进一步推进“四个中心”建设提供了清晰的发展方向和路径，为上海制定长远规划和政策措施提供了有益的参考。

第八部分为媒体聚焦。本部分是包括新华社、人民日报、解放日报、东方网等在内的媒体发布的关于上海自贸试验区的新闻和评论。

本书信息丰富、数据翔实、观点权威、图文并茂，通读全书，能对 2012/2013 年上海国际经济、金融、贸易、航运中心发展有细致的了解。本书的撰写具有重要的意义，既总结了 2012/2013 年上海的发展，又能为各界人士做研究提供第一手资料。

9.《船舶建造》[①]

在英国法的框架下比较全面地分析了常见的船舶建造合同的条款，不仅涉及合同条款的磋商和订立，而且还包括合同条款的具体履行要求以及违约后果。

本书共分为二十四章。

第一章为绪论。先从合同的定义入手，接着论述了船舶建造合同的性质；英国法在船舶建造合同中的适用；英国 1979 年《货物买卖法》；买卖合同的默示保证；船舶建造合同的标准格式。

第二章为合同的洽谈和订立。从合同的洽谈、合同的成立、要约、接受、意向书、招标、合同的形式、洽谈合同的协议、对价、合同条款、船舶建造合同当事人、新建船经纪人等方面进行详尽的论述。

第三章为船舶描述及船级。分为船舶描述、船级社、船舶入级、船舶登记、船级

① 林源民. 船舶建造[M]. 上海：上海浦江教育出版社，2013.

社的监造、NEWBUILDCON格式的新规定、船舶建造的分包等方面。

第四章为价格及支付方式。具体包括合同价格、合同价格的支付、支付条件、抵消、约定损害赔偿、合同价格的调整、合同价格的重新谈判、还款保函、付款保函、安慰函。

第五章为设计、审图和监造。具体包括船舶设计、图纸审核、监造代表、船舶检验。

第六章为修改。具体包括船舶所有人的修改、船厂提出的修改、船级规范等变更导致的修改、材料的替代和修改费用的支付。

第七章为试航。包括概述、试航通知、试航天气状况、试航的进行、接受和拒绝、试航后的建造工作。

第八章为交船。包括交船概述、交船的日期、交船款的支付、船舶的交接、交船文件、所有权转移、风险的转移、提交船舶、船舶离厂。

第九章为不可抗力。包括不可抗力概述、不可抗力的特征、不可抗力的后果、不可抗力条款、不可抗力事件、不可抗力通知、合同因不可抗力解除。

第十章为延误及延期。包括船舶建造中的延误、关键路径、阻碍原则、延误通知、交船的延期、船舶所有人的延误解约权。

第十一章为质量保证。包括质量保证条款、船舶交接的意义、质量保证范围、质量保证期限、质保通知、间接损失、质保的转让、质保工程师。

第十二章为船舶所有人的解约。包括建造款的性质、合同的解除、根据合同规定解除、根据法律规定解除、减少损失的义务、解约的后果、责任的解除。

第十三章为船舶所有人的违约。包括船舶所有人违约的构成、利息和费用、顺延和中止、船厂的解约权、船舶的处置。

第十四章为保险。包括建造人保险单、承包风险、除外责任、船舶的损失、船厂的施救义务、保险赔偿的应用和船厂保险义务的终止。

第十五章为争议和仲裁。包括仲裁适用的法律、仲裁程序的开始、仲裁庭的组成、技术争议及其解决、调节、仲裁裁决、仲裁裁决的上诉。

第十六章为变更与转让。包括转让、针对受让人的抵消、合同变更。

第十七章为税收和规费。包括船厂所在国的税收和规费、国外的税收和规费。

第十八章为专利、商标和版权。包括知识产权、知识产权与船舶建造、知识产权的保护。

第十九章为船舶所有人供应品。包括船舶所有人的责任、船厂的责任。

第二十章为通知。包括地址、语言。

第二十一章为合同的生效。包括合同的条件、船舶建造合同的生效、船舶建造合同的解除、当事人的行为。

第二十二章为解释。包括合同文件相互间的关系、整体协议。

第二十三章为选择权。包括选择权的概述、选择权的给予、选择权的行使。

第二十四章为其他规定。

本书有如下特点：在引用法律条文、合同规定以及法院判决时均采用英文原文，从而避免自己理解和翻译的错误给读者造成误解；使用了不少案例，有助于读者对自己实际工作和争议有大致的判断；比较分析了常见船舶建造合同标准格式；准备了索引，以方便读者查阅。

10.《航运法专题研究》①

《航运法》历来与《海上交通安全法》《海商法》和《港口法》一起被认为是我国航运领域的四大"龙头法"，然而于 1996 年启动制定的《航运法》自 2004 年便陷入停滞状态，并未真正出台。近年来，随着我国航运经济的快速发展，尽快制定《航运法》的必要性和紧迫性越来越明显，为此 2011 年交通运输部决定重启《航运法》的起草工作。在此背景下，本书基于与航运法相关研究课题所取得的项目成果，为《航运法》的制定提供一定的理论依据，以便使日后出台的《航运法》更具理论性与可行性。

本书分为七个篇章。

第一篇为《航运法》立法的指导思想、宗旨与基本原则，本篇包括引言以及四个章节的内容。第一章为航运法的概念、性质与地位，通过对《航运法》法理性质的考量，对比国外相关论述，并且比较分析航运法与经济法等相关法律的辨证关系，最后得出《航运法》以国家管理航运经济活动中产生的特定社会关系为调整对象，其在我国航运法律体系中具有"龙头法"之一的地位；第二章是《航运法》的立法指导思想，是对总体立法理念的总结；第三章为《航运法》的立法宗旨，其具体目的在于维护航运市场秩序，鼓励建立和维护中国籍船队和高效的航运体制等；第四章则是对《航运法》立法的基本原则与基本规则体系的概括。

第二篇为国内水运市场运行规则研究，分为六章。第一章是国内水运市场运行规则概论，详细地总结水运市场中所存在的运行机制以及相关法律规范；第二章为国内水运市场运行规则存在的主要问题，运用抽样问卷调查以及大量数据资料的分析研究方法，客观全面地分析现今存在的主要问题，如基础设施的制约、企业结构与运力结构不合理等；第三章是国外水运市场运行规则经验与借鉴，主要分析了美国以及欧盟的规则；第四章为完善国内水运市场运行规则基本问题，根据分析

---

① 胡正良，於世成，频丙贵. 航运法专题研究[M]. 上海：上海浦江教育出版社，2013.

主要集中在市场结构与市场行为之间的关系问题等，最终得出应当构建与航运强国相适应的水运市场运行规则体系；第五章的国内水运市场运行规则具体制度设想以及第六章的《航运法》有关国内水运市场运行规则的建议，是在总结前几章的基础上所作出的制度构想。

第三篇为国际航运反垄断规则研究，共分为五章。第一章是发达国家（地区）国际航运反垄断规则研究，系统地介绍美国、加拿大、澳大利亚、日本、韩国、新加坡及欧盟等航运发达国家和地区在国际航运竞争规则领域的立法状况，总结国际航运反垄断立法的一般发展趋势；第二章是我国国际航运反垄断规则及其实施现状，系统地研究我国国际航运反垄断规则体系及其实施现状；第三章是国际反垄断规则与《反垄断法》的关系，是在前两章的基础上对两者存在的依存关系的总结；第四章的我国国际航运反垄断规则立法对策以及第五章的建议条文与说明，属于对上述分析的立法总结，提出我国国际航运反垄断规则的立法对策，并将立法建议转化为建议条文。

第四篇为航运经济发展政策与规范管理研究，共包含五章内容。第一章为航运经济的界定，主要分析航运经纪人的分类与性质；第二章为上海国际航运中心发展航运经纪市场的基本问题，分析上海国际航运中心目前的发展重点——船舶经纪业以及由此可能带来的重大影响，同时阐述如今存在的市场准入立法滞后、行业管理缺位、行业自律组织未成立等问题，并由此提出航运经纪市场培育的政策需求与总体对策；第三章为国际航运经纪市场发展与规范管理比较，采用比较研究的方式分析了包括伦敦、美国、新加坡以及香港在内的制度经验，选取出如发展航运经纪的法制环境以及行业优惠政策等可以为上海所吸收的经验；第四章为航运经纪市场规范管理的模式与制度，分析以行业自律为基础，以适度监管为准则，有机结合政府监管和行业自律的新型上海航运经纪市场规范管理模式；第五章为上海国际航运中心航运经纪发展对策，是对前几章的总结，并在此基础上推出可行之法。

第五篇为港澳运输研究，分为五个章。第一章为港澳运输范围、性质与地位，从港澳运输范围和运输性质入手，对比回归前后的运输特点并结合大量的数据资料分析港澳运输政策在具体管理制度和业务运作上国内与国际航运交织的特点；第二章为港澳运输市场状况，其中大量的数据运用是本章最大的特点，从业务流程、从业人员以及经营管理模式等方面对港澳运输市场现状作出详细分析；第三章为港澳运输管理制度，是对运输管理体制、市场准入制度、竞争秩序制度、运力调控制度的综合分析；第四章的港澳运输市场发展与规范建议以及第五章的港澳运输立法建议，是在前三章分析研究的基础上所总结的立法建议。

第六篇为中国航运保险业的法律保障研究，共有五章。第一章为航运保险法律研究综述,是对航运保险法律总领性的理论分析;第二章为国际社会航运保险法律保障制度,就如今全球范围内的航运保险作出分析,对比研究法律与国际公约在全球航运保险业中的影响;第三章为我国航运保险业法律保障制度现状与问题,分析总结我国现行的险种趋同度高、市场结构不平衡以及航运业对航运保险有效需求外溢、保源流失严重等突出问题;第四章为航运保险公司问题探讨,在第三章的基础上,专门从保险公司角度出发分析基于典型案例所存在的问题;第五章为完善我国航运保险业法律保障体系设想,是在前四章的基础上分别对海上保险合同、航运保险条款、保赔保险监管制度提出可行性立法建议。

第七篇为各国(地区)航运法律制度研究,共包括九章。第一章至第七章从研究各国(地区)的规制内容与特点入手,分别分析航运调整范围、航运立法体系、航运管理体制、市场准入规则、市场运行规则、市场宏观调控规则以及调查处罚规则等航运法内容;第八章为我国航运立法及基础制度,系统地分析我国航运法的立法特点;第九章为借鉴与建议,在分析我国现行法律的基础上,借鉴各国(地区)的立法特点为构建我国航运法的整体体系结构提出完整的建议。

二、2013 年发表的航运政策与法律类论文评析

1.《倒签、预借提单法律问题本质探析》[①]

本文从法经济学的角度分析了倒签、预借提单在一定程度上可以缓和跟单信用证严格相符性减损贸易活动灵活性的消极影响,从而具有一定的合理性。但倒签、预借提单常常与欺诈联系在一起,这种着眼于提单性质与效力上的法律分析方法并未能切中问题的本质,故应将倒签、预借提单视为一种伦理中性行为,将倒签、预借提单行为与行为损害后果两者区分,倒签、预借提单法律问题的本质应立足于倒签、预借提单损害后果赔偿责任上。本文还论证了倒签、预借提单应定性为共同侵权责任。

本文分为五个部分。

第一部分为澄清蒙在倒签、预借提单现象上的“欺诈”阴影。作者从欺诈在英美法下与我国法下法律规制目的的不同这一点出发,论述在我国法下,将倒签、预借提单行为确定为欺诈的瑕疵行为,于提单活动无益,因为将我国关于欺诈的法律后果套用在提单领域,赋予受欺诈的收货人行使主张倒签、预借提单的无效或可撤销权利,不仅在理论上有生搬硬套、牵强附会之嫌,且该适用在提单法理论和提单实践中将导致一个疑难问题,即如何处理倒签、预借提单行为的效力与倒签、预借

① 陈芳.倒签、预借提单法律问题本质探析[J].湖南社会科学,2013(1):76-80.

提单本身效力的关系问题。并且将倒签、预借提单规定为无效,这与提单作为有价证券要求提单效力的确定性相矛盾,不利提单转让、流通,并且可能与作为提单善意受让人的收货人的经济利益或经济目的南辕北辙,亦与《鹿特丹规则》下关于倒签提单相关规定相左,不符合倒签提单立法的国际趋势,对提单实践有害无益。

第二部分为倒签、预借提单行为合理性分析。作者认为倒签、预借提单在一定程度上可以缓和跟单信用证严格相符性减损贸易活动灵活性的消极影响,而且倒签、预借提单在整体社会经济福利上有积极的意义。当倒签、预借提单在没有对收货人造成实质性损害的情况下,倒签、预借提单不会酿成纠纷,因此法律也没有对其调整或规制的必要。

第三部分作者认为倒签、预借提单法律问题的本质是倒签、预借提单造成损害时的补偿救济问题。如果提单法给予受倒签、预借提单损害的收货人以完善的损害赔偿救济,那么,因倒签、预借提单行为受损害的提单信用就会通过行为人承担相应的法律责任得到修复。

第四部分为倒签、预借提单责任属性——共同侵权责任。倒签、预借提单行为一旦造成对收货人的损失,其所要承担责任的性质即是侵权责任。在司法实践中,倒签、预借提单责任多被定性为共同侵权责任。

第五部分是结语。作者对自己的观点进行总结,认为倒签、预借提单法律问题的本质并不体现在倒签、预借提单行为本身,而是倒签、预借提单造成损害时的补偿救济问题。因此,倒签、预借提单的法律调整须立足于保护受倒签、预借提单行为影响的主体利益而设计的损害赔偿责任制度上。

本文结构清晰、思路严谨。先是解释了欺诈在英美法下和我国法下的法律规制目的的不同;接着通过论述提单行为的合理性,得出从法经济学的角度来说,倒签、预借提单法律问题的本质是倒签、预借提单造成损害时的补偿救济问题,而不是一味地讨论倒签、预借提单行为性质的善恶;最后,就法律后果而言,作者论证了倒签、预借提单应定性为共同侵权责任。本文让我们正确认识了倒签、预借提单的本质,将倒签、预借提单行为视为性质中立的商业行为,从而更好地解决倒签、预借提单所产生的问题及所需要救济的权利。

2.《以上海国际航运中心建设为视角探析航运公证服务》①

本文主要是以建设上海国际航运中心为视角探究发展航运公证服务的价值意义,结合航运法律关系中公证服务的作用,提出发展航运公证服务的可行性建议。

本文共分为四个部分。

---

① 林江,许周莹.以上海国际航运中心建设为视角探析航运公证服务[J].水运管理,2013,35(3):17-20.

第一部分为上海国际航运中心建设现状。作者先是指出国家颁布一系列文件，对于把上海建设成为航运中心的扶持力度之大，建成决心之坚，是前所未有的。接着，作者认为，现代意义上的航运中心应该是由航运业、航运服务业和航运物流业组成的，从航运业来说，上海已经建成了国际航运中心，但是从航运服务业和航运物流业来看，上海尚未建成国际航运中心，特别是在海事法律服务方面，上海仍处于落后地位。国际航运中心的法律服务包括海事诉讼、海事仲裁、海事调解和航运公证等。公证是现代法律服务的组成部分，具有纠纷预防、解决的前置职能，可以保障当事人的合法权益。但是现在航运领域内的公证服务目前还处于真空状态，上海若要在2020年前成为国际航运中心，发展航运公证服务大势所趋。

第二部分是发展航运公证服务的价值意义。作者认为，在我国《公证法》的规定下，航运领域完全可以开展公证服务，公证服务的对象也可以随着航运市场的需求而逐步深入。航运公证服务的价值主要体现在以下三个方面：一是为公证业务探索创新思路。目前，国内还没有一家公证机构正式开展航运公证服务，如果上海的公证机构能大胆尝试、敢为人先，在航运公证服务方面"先行先试"，那么既开拓了与航运有关的服务领域，又促进了上海国际航运中心建设过程中法律服务的完善。二是解航运市场需求之急。公证机构对航运市场动态需求的敏感反应是解航运市场需求之急的意识基础，凭借公证的公信力，能有效地减少纠纷，增加交易的可预期性，最大程度地维护当事人的交易安全，促进航运市场的稳定发展。三是彰显法律服务与产业的紧密结合。航运公证服务从某种角度上来说，属于航运高端配套服务中的法律保障，是国际航运中心建设中崭新的法律服务亮点，也是公证服务与航运领域交叉结合的产物。

第三部分是发展航运公证服务的建议。作者提出三大部分的建议。首先是公证服务的种类应丰富，范围应广泛。现代航运公证服务可以在以下几个方面有所作为：①证明与航运相关的法律意义文书；②航运公司的邮件证据保全；③现场监督公证；④办理具有强制执行力的运费单及航运金融衍生品协议；⑤船员死亡继承公证。其次是建立专业团队，为航运市场深入服务。目前来说，公证人员多毕业于法律院校，缺乏航运类院校的专业公证人员，这在某些方面也限制了航运公证服务的发展，因此，要逐步开拓航运公证服务就必须引进知晓航运市场的专业人才，将航运方面的专业人才与公证人员有机地结合起来，建立专门的团队，为航运市场深入服务。最后是加强与航运各类协会的沟通，加大宣传力度。启动航运公证服务，必须发挥行业协会的作用，定期举办一些沙龙活动、研讨会讲座，互通航运市场发展动态信息。此外，公证机构还要加大宣传力度，为企业免费提供公证法律咨询，展现上海公证行业的风采。

作者通过以上三个方面的阐述,总结认为航运公证服务虽然是创新的,但是这项服务是可行且具有操作性的。若上海公证机构能率先发展航运公证服务并有所突破,则不仅拓展了公证服务的业务范围,而且开创了国内的航运公证业务,建立起法律服务的创新驱动模式,填补了目前与航运、海商、海事相关的公证空白,提高了公证服务在上海航运业的影响力,为促进上海国际航运中心软实力的完善添砖加瓦。

3.《实际承运人制度在航次租船合同中的适用》①

实际承运人制度的建立是为了解决海上货物运输合同中承运人的识别问题。本文以"桐城"轮案的判决为基础,引出实际承运人责任制度能否适用航次租船合同的思考。从法律解释学的角度对实际承运人制度应当适用于航次租船合同中的合理性和妥当性进行分析,并进一步认为实际承运人的责任属法定责任,并不受到合同相对性原则的限制。

本文共分为四个部分。

第一部分为案情介绍。案件是一起因船舶不适航而引起的共同海损事故,托运人从保险公司处获赔后将涉案货物的索赔权转让给保险公司,保险公司请求法院判令承运人和实际承运人就货损承担连带责任。

第二部分是审判情况。案件经历了一审、二审和再审。一审时,法院就上海明日(承运人)、连云港明日(实际承运人)是否应承担连带责任问题认为,上海明日作为航次租船合同的出租人应当承担赔偿责任。连云港明日作为实际承运人,应当与上海明日承担连带赔偿责任。二审维持一审判决。再审认为,实际承运人并非航次租船合同的当事人,根据合同相对性原则,连云港明日不应承担赔偿责任。

第三部分作者探讨了《海商法》下实际承运人的由来,从《海商法》"实际承运人"制度的适用范围,《海商法》中实际承运人的责任性质和责任范围三方面探讨了关于航次租船下实际承运人的相关法律问题。作者对于实际承运人是否应当适用提单之外的航次租船合同这一问题,从法律的文义解释、体系解释、目的解释和比较法学解释四方面都得出相同的结论,即实际承运人应当适用于航次租船合同。对于航次租船下实际承运人的责任性质和责任范围这一问题,作者认为实际承运人承担的是"法定责任",对于责任范围,作者认为,可以将航次租船合同也理解为一种"特别协议",如果实际承运人书面同意航次租船合同中超过法定范围的义务的,那么其也应按照该约定承担责任,否则,实际承运人仅应承担法定范围的责任,也仅在法定范围内享有免责和责任限制。

第四部分为结语。作者通过上文的论述,得出三个方面的结论:第一,从对

① 郑蕾,钱舒鸿.实际承运人制度在航次租船合同中的适用[J].中国海商法研究,2013,24(1):36-44.

《海商法》的文义解释、体系解释、目的解释及比较法解释的角度，实际承运人制度适用于航次租船合同运输具有合理性和妥当性。第二，按照《海商法》的规定，航次租船合同下的实际承运人承担责任的性质应属法定责任，其承担这种法定责任的基础是侵权。第三，中国应当借鉴《鹿特丹规则》中的“海运履约方”制度，在将来修订《海商法》时进一步明确实际承运人的适用范围和责任范围。

本文对实际承运人在航次租船合同的适用问题进行全方位的分析，既对实际承运人的由来进行阐述，又从法律的文义解释、体系解释、目的解释和比较法学解释的角度撩开了蒙在“实际承运人”这一概念上的层层雾纱，得出实际承运人能够适用于航次租船合同的结论。最后对实际承运人在航次租船合同中的责任性质、责任范围进行分析。本文对实际承运人制度的探讨对修改《海商法》具有积极的意义。实际承运人的适用范围和责任范围应当在修改《海商法》时加以明确。

4.《论清末国际公法的引入与中国法律的近代化》①

国际公法是最初被引入中国的西方法律，是当时清政府为应对与列强之间频繁的国际交涉的产物。随着国际法书籍的大规模引入，西方的法律概念、法律思想也一并传入中国，引发了中国法律的近代化。本文通过分析清末清政府引入国际法的初衷及其之后的发展，论证中国法律的近代化带有功利主义的色彩。

本文共分为四个部分。

第一部分通过法学著作的翻译、法律人才的培养以及时人的评论三方面阐述清末引入国际公法的初衷就是为了更好地处理外交事宜。

第二部分从两个方面论证国际公法引入的结果。直观的结果是清政府得以运用国际公法规则赢得一定意义上的外交胜利。更深层的结果是清末国际法的引入，真正拉开了中国法学近代化的大幕，为中西法律文化的交流打开了最初的通道，这一点从以下三个方面也可以看出：国际公法的翻译与引入，为之后中国的大规模引入西法，首先是做了知识上的准备；其次是做了人才上的准备；最后，国际公法的引入，使得西方法中的平等、法治等观念得到最初的传播，动摇了中国传统的身份等级法律观。

第三部分从两个方面阐述了由于清末引入国际法的特殊诉求导致中国法律近代化进入功利主义的思想误区。首先，就整体的法律观而言，在对西方法律汲汲以求的背后，传统的法律工具主义的法律观不仅没有消解，反而继续顽强生长，影响了中国法律近现代化的全过程。然后，就法律人才观与教育观而言，这种功利主义的影响也极为明显。

---

① 陈刚. 论清末国际公法的引入与中国法律的近代化[J]. 唐山学院学报，2013，26(1)：64－70，66.

第四部分是对前文论述的总结。提出在救亡图存的急迫性已然得到缓解的今天，化解百年来中国法律近现代化中所存在的功利主义倾向，是法治真正落实于社会生活所必须的前提这一观点。

本文对清末国际公法引入的原因、结果、带来的影响进行全面的分析，指出由于引入的特殊历史契机，使得中国法律的近代化带上了功利主义的色彩，并且一直延续至当今的法学教育中。本文帮助我们更清楚地认识到现今法学教育的功利主义的弊端，从而化解把法学仅仅作为工具的观念和做法。

5.《论堆场协议的法律性质》①

堆场协议是堆场经营人与船公司为明确双方对集装箱的堆存、清洁、修理、改制、检验、接箱和放箱等业务的权利和义务而订立的合同。我国法律对堆场协议缺乏明确的规定，导致堆场协议的形式和内容多样，且随意性较强。实践中，堆场协议文本通常由船公司提供，其中往往包含船公司利用自身优势地位预先拟定的对己有利的格式条款，不利于堆场行业的健康发展。本文探讨堆场协议的法律性质，以期为完善堆场协议法律规定及解决堆场协议纠纷提供参考。

本文分为两个部分。

第一部分阐述了堆场协议的主要内容。堆场协议一般规定堆场经营人向船公司提供集装箱的堆存、清洁、修理、改制、检验、接箱和放箱等服务并收取相应费用。作者就各个环节分别下了定义，让我们清晰地明白了各个环节的主要内容。

第二部分就堆场协议的法律性质进行阐述。首先，作者指出，堆场协议是无名合同，从广义和狭义两方面对无名合同与有名合同进行对比，指出堆场协议的名称和规则在法律、行政法规、部门规章、司法解释及其他规范性文件中均未作规定，因此其为无名合同。其次，作者认为堆场协议是无名合同中的混合合同。堆场协议中对集装箱的堆存、保管、修理、改制、清洁、检验、接箱和放箱等行为是分别由《合同法》中的“保管合同”“承揽合同”“委托合同”加以规范的，因此，堆场协议是无名合同中的混合合同。再次，作者认为堆场协议是混合合同中的二重典型合同。作者首先对混合合同进行分类，认为在堆场协议中，堆场经营人的给付义务分别规定在《合同法》“保管合同”“承揽合同”“委托合同”中，而且船公司的给付义务也非单纯的付费，而是不同的给付。由此可见，堆场协议属于二重典型合同。最后，作者指出，堆场协议不是保管合同、承揽合同和委托合同的联立。作者首先阐述了合同联立的定义和分类，从而指出，在堆场协议下，堆场经营人提供服务的地点在堆场内，且标的物均为集装箱，各项服务之间存在牵连关系，但并不相互依存，因此，堆

① 陈喜燕.论堆场协议的法律性质[J].集装箱化，2013，24(4)：30－31.

场协议不是保管合同、承揽合同和委托合同的联立。

本文结构清晰、分析透彻，通过下定义和分类的形式一步步分析堆场协议的法律性质，为我们了解堆场协议、完善堆场协议法律规定及解决堆场协议纠纷提供了参考价值。

6.《韩国强化无人岛管理的做法及对中国的启示》①

按照国际海洋法规则，陆地决定海洋，国家管辖的海洋区域都是依据自己拥有和管理的陆地向海洋方向延展而形成的。国际海洋权益形势的发展促使韩国不断调整其海洋政策，以不断拓展其海洋权益空间。在此，韩国特别重视无人岛的管理，以此最大限度地维护其海洋权益。本文从韩国对无人岛管理的法律和实践出发，最终得出对我国的启示。

本文分为三个部分。

第一部分从韩国加强无人岛立法和综合管理、加强无人岛实况调查和强化领海基点无人岛的管理三个方面论述韩国对无人岛的管理。在立法方面，作者通过举例说明了韩国针对特定岛屿，特别是与周边国家有争议的无人岛，进行专门立法。在实况调查方面，韩国将启动地籍再调查工程。此项举动也是韩国借此对于与邻国的主权纷争抢占先机的重要举措之一。在对领海基点无人岛的管理方面，由于领海基点的岛屿直接决定着国家管辖海域的范围，在海域划界中起着基础性作用，因此，韩国在其《关于无人岛屿保护和管理的法律》中，明确规定在确定无人岛管理类型时，必须特别考虑无人岛与确定韩国管辖海域之间的关系这一因素。

第二部分是韩国强化无人岛管理的特点。作者从三个方面归纳了韩国强化无人岛管理的特点。首先，把无人岛管理看作一个系统工程，强调立法与行政的衔接。韩国非常重视海洋立法与海洋行政的衔接，强调海洋法律规则与行政规划或计划的配合。其次，把无人岛管理纳入国土综合管理框架，强调无人岛管理与国家总体经济规划相配合。从韩政府先后编制的四次国土规划可以看出，韩国国土开发利用在均衡的前提下逐步向西部倾斜，而韩国西海岸分布着众多岛屿。最后，着眼于海洋权益的维护与拓展。海洋权益的空间范围与岛屿密切相关，韩国加强对岛屿尤其是无人岛的管理，实质上是着眼于海洋权益的维护和海洋管辖空间的拓展。

第三部分是对中国的启示。作者指出，通过分析韩国强化无人岛管理的做法和总结其强化无人岛管理的特点，并对比我国的做法，可以得出以下启示：一是加强无人岛立法是维护海洋权益的重要手段；二是特别岛屿立法模式值得借鉴；三是无人岛立法与总体计划和具体措施相结合的做法值得效法；四是特别重视无人岛

① 桂静，于耀东. 韩国强化无人岛管理的做法及对中国的启示[J]. 当代韩国，2013(1)：101-108.

的做法值得学习；五是应警惕韩国借无人岛管理侵害我国海洋权益的可能性。

本文脉络清晰，首先向我们展示了韩国对无人岛的管理做法，其次分析了管理特点，最后是对我国的启示，对我国加强无人岛的管理有重要的参考价值。

7.《宪法学视野下的海洋战略》[①]

海洋战略是指导国家海洋事业发展和保障国家海洋利益安全的总体方略，是国家战略在海洋事务中的运用和体现，是一个集指导海洋经济发展、海洋科技进步、海洋环境保护和海上安全保障等于一身的战略体现。海洋战略的根本性、重要性及长期性等特征决定了它属于一项基本国策。从宪法角度审视，海洋强国战略既是党的政策也是一项基本国策，涉及宪法的制度安排，蕴含着重大的宪法意义和价值。本文拟对此予以探讨，以更好地维护我国的海洋主权和权益，实现经济的可持续发展和海洋强国的愿景。

本文共分为三个部分。

第一部分为海洋战略的宪法国策属性。作者从基本国策的定义，海洋战略的基本属性，即根本性、长期性、综合性、整体性和重要性等，总结海洋战略完全符合国策的条件，具备基本国策的属性，应当在我国宪法当中予以体现。

第二部分为海洋战略的宪法价值属性。作者从三个方面论述海洋战略具有宪法价值属性。一是海洋战略涉及宪法调整的国家主权，突显出国家统一和主权完整的宪法价值。二是海洋战略涉及宪法对国家的整体调整，彰显出宪法的制度安排价值。三是海洋战略涉及“制海权”，折射出宪法保护国防与经济安全的价值诉求。

第三部分为海洋入宪的必要性与可行性。作者分两方面论述。首先是必要性。作者认为，有三个方面的必要性依据。第一，解决海岛、海洋争端需要宪法提供明确的依据。第二，提升我国海洋执法的正当性和合法性，需要宪法提供最高依据。第三，宪法规定海权还是构建海洋法律体系的需要。然后是海权入宪的可行性。作者认为我国领海为邻接中国陆地领土和内水的一带海域，我国政府对专属经济区和大陆架行使着主权权利和管辖权，这些内容理应在宪法当中有所体现，尤其对沿海大国而言，在宪法当中是否规定涉海条款，直接影响到国民的海权意识和海洋国土观念。在海权争端解决机制方面，作者认为我国可以把南海及钓鱼岛明确写入宪法中，而不能采用隐含的需要予以解释的模糊入宪方式。就海权入宪后，作者认为，国家还需要后续跟进一些立法和行政措施，因为海洋入宪只是在法律层面落实海洋战略的第一步。最终构建出以维护海权为核心、以海洋基本法为主要内容，国家和地方各级海洋法律法规相结合，国际法与国内法相衔接的多层次、立

① 仪喜峰. 宪法学视野下的海洋战略[J]. 法学研究，2013，29(6)：116－119.

体化的海洋法律体系。

本文结构完整,脉络清晰,从海洋战略的宪法属性出发,一步步得出海洋入宪的必要性、可行性以及具体步骤和措施。本文对海洋主权方面的宪法修改具有重要的参考意义,其中提出的涉海条款更是对宪法修改提供强有力的支持。

8.《宪法视野下的海权保护初探》①

海洋在政治、经济、军事、外交上都有举足轻重的战略地位。数世纪以来的经验告诉我们,世界强国同时也是海洋强国。从宪法角度审视,海洋强国战略既是党的政策又是一项基本国策,涉及宪法的制度安排,蕴含着重大的宪法意义和价值。在海洋战略的大背景下,本文拟对中国的海权保护予以探讨,以更好地维护我国的海洋主权和权益,实现经济可持续发展和海洋强国的愿景。

本文共分为四个部分。

第一部分通过三个西方经典海权理论对海权的表述,得出在西方对于海权这一概念的不同理解。作者接着论述中国海权的内涵和特征,认为中国海权的内涵十分丰富,它实际上是在三个不同的层次展开的,包括涉及领海区域的排他主权,在毗连区行使的海关、卫生、财政等管辖权以及在专属经济区和大陆架享有的勘探开发自然资源的主权权利,还包括对海洋环境污染、海上人工设施建设、海洋科学研究的管理权,由海洋权利产生的各种经济、政治、文化利益等内容。并且中国海权具有三方面的特征：第一,祖国统一的伟业和海洋强国的战略目标休戚相关,中国实现国家统一的进程也是我国海权日趋强大和完善的过程;第二,特殊的地缘政治条件决定了中国海权具有自卫性;第三,中国海权的有限性。

第二部分是我国海权法律保护的现状及缺陷。中国专属经济区有三分之一与周边国家声称拥有的海域重合,这就使得原本已经存在的海洋争端越演越烈。比如南海问题、钓鱼岛问题等。而我国对于海权的法律保护并不完善,具有多方面的缺陷。首先是缺乏宪法层面的保护,然后是与其他国家相比显得相对滞后,并且现今的涉及海权的法律大多都是在改革之初制定的,当时只是为了完成对海权的宣示,这些都使其具有宣示性、缺乏操作性和协调性等弊端。

第三部分为海权保护的宪法意义。作者从海洋战略是基本国策出发,论述海权保护的宪法意义,在这些基础上,指出海权入宪的必要性和可行性。

第四部分是结语,作者指出,无论是钓鱼岛之争还是南海之争,归根结底是国家对海权的争夺,对海权的保护关系到国家今后的发展与生存。海权入宪,是落实十八大报告所确立的海洋战略的重要步骤,"海洋"只有在宪法当中有所体现,并得

① 仪喜峰.宪法视野下的海权保护初探[J].华中科技大学学报：社会科学版,2013,27(6)：36－43.

到宪法层面的保护，才能从根本上维护中国的海权。

本文对海权、海权的宪法保护，通过对比的方式向我们作了全面详细的介绍，并分析了宪法保护海权的必要性和可行性。通过此文，我们可以看出，我国海权的法律保护存在宪法关注缺失、立法相对滞后及体系不平衡等缺陷，因此我们应当利用十八大报告及时将海权入宪，通过增设涉海条款和授权普通法律来保护海权。

9.《提单设权证券性质之证成》[①]

根据证券权利于证券作成后才发生，还是在证券作成前已然存在，可以将证券分为设权证券和证权证券。设权证券是指能设定权利的证券，开立证券是产生权利的法律事实；证权证券是指用以证明某项业已存在的权利的证券，证券所证明的权利并非开立证券的结果，而由其他行为所产生。本文以设权证券和证权证券的基本概念的界定为出发点，从历史的角度、现实的角度论述了提单具有设权性而不是证权性。

本文分为四个部分。

第一部分通过对提单证权证券性论点的形成原因及其实质分析，得出主张提单为证权证券的学者未能考察提单签发行为的独立性，甚或否定了提单签发行为的独立性这一观点。

第二部分通过对海商法领域中“诉权”问题的实质的分析，认为提单是否能表征独立的提货权，决定着提单的法律性质是设权证券还是证权证券。然后，作者通过《英国提单法》从历史的角度对提单的设权性进行考察，并且认为，提单设权性奠定了国际货物贸易从实物贸易向单证贸易演变的基石。最后，分析提单的设权性与提单文义性的关系，得出提单设权性已为相关国际公约及各国海商法所确定。

第三部分阐述提单的设权性解决了提单转让后托运人的诉权问题。首先通过一个案例提出托运人诉权问题的实质，即托运人对运输途中发生的货损货差是否享有实体请求权的问题。接着，作者提出提单设权性能阐释提单债权与运输债权之间的并存性，并且，提单设权性并不能剥夺托运人在运输合同下的独立请求权。总之，提单设权性不仅构筑了提单持有人（收货人）对承运人享有独立诉权的法理基础，而且对解决诸如提单转让后托运人的诉权问题的司法实践亦具有重大实用价值。

第四部分阐述提单的设权性为提单法律关系理论奠定了逻辑基础。作者认为，提单设权性能为提单法律关系独立于运输法律关系，以及提单法律关系概念的独立形成奠定基础，进而建立提单法律关系理论。

本文逻辑严谨，论述层层递进，还提单为设权证券之本原。这不仅能解决长期

① 陈芳. 提单设权证券性质之证成[J]. 法学，2013(3)：44－51.

以来困扰海事审判实践的“提单诉权”及当事人身份识别等问题，还能为建立提单法律关系理论奠定基础，便于在提单商业活动所涉国际货物贸易、国际结算等领域识别、厘清相关法律关系，进而在提单立法权利义务配置及提单争议纠纷解决的法律适用方面提供更为精准的技术理论工具。

10.《国际海运服务环境保护之法律审视》①

国际海运服务是指以船舶为工具从事跨越海洋运送货物和旅客的海上运输、海运辅助服务及港口服务的部门。国际海运服务自由化程度是居世界领先地位的，并且这种自由化已经成为国际社会的共识和奋斗目标。但是影响国际海运服务贸易自由化的措施还是广泛存在的，其中最为典型的是有关国际海运服务的环境保护措施不断出现。本文依据包括国际贸易法律制度在内的国际法律制度来审视有关国际海运服务环境保护的合法性和合理性。

本文分为五个部分。

第一部分详细介绍了有关国际海运服务环境保护的主要制度，包括船舶排放证书制、船舶垃圾记录制、以船旗国为主的分工合作管辖制度、排放控制区制度和海运碳税制度。

第二部分作者认为在国际海运服务环境保护中，国家主权原则在国际海运服务环境保护中被普遍滥用，善意履行国际义务原则在国际海运服务环境保护中没有得到严格遵循。就国家主权原则而言，多个国家利用方便旗来逃避船旗国管辖原则，并且，部分国家还肆意扩大国家主权的管辖范围。对善意履行国际义务原则来说，这一原则是指各主权国家应当有善意履行国际义务的职责。而且在达成有关 WTO 海运服务贸易协定之前，禁止实施任何影响海运服务贸易的措施已经成为国际社会的共识。因此，无论是欧盟将海运碳排放纳入其碳排放交易系统，还是其他国家试图单方面提高国际海运服务环境保护的标准，应该都是一种影响国际海运服务贸易的措施，都是对善意履行国际义务原则的违背。

第三部分是生命健康例外被严重滥用。生命健康例外是指为防止国际服务贸易自由化或某一服务贸易的开展对人类、动植物的生命或健康构成危害，国家或地区有权可以采取排除或减少此危害所必需的措施。在实际情况中，首先认定某种贸易是否给人类、动植物的生命健康真正带来威胁可能是一个难题，然后是国际社会对何为保护人类、动植物生命健康所必需的措施中的“必需的”一词缺乏统一或权威的解释，在这些情况下，生命健康例外就被严重滥用了。

第四部分是国际环境合作原则和共同但有区别责任原则形同虚设。作者以欧

① 佘少峰．国际海运服务环境保护之法律审视[J]．国际商务研究，2013，34(194)：50－60．

盟单方面执意征收船舶碳税为例，说明了对国际合作原则的践踏。就共同但有区别责任原则而言，发达国家的不遵守、借机逃避历史责任的行为也使这一原则被彻底背弃。

第五部分是结语。作者认为国际海运服务贸易中的环境保护问题不仅是国际环境法律问题，而且更是国际服务贸易法律问题。发达国家更要承担起历史责任，通过国际合作来提高发展中国家和不发达国家参与国际海运服务环境保护的积极性和主动性，最终提高国际海运服务环境保护水平。

本文对国际海运服务环境保护问题的全方位的分析，既让我们了解了当今国际海运服务环境保护的主要制度和实施效果，又阐述了在环境保护中，各个原则的实施情况，同时作了总结，认为国际海运服务贸易中的环境保护问题不仅是国际环境法律问题，而且更是国际服务贸易法律问题。各国在国际海运服务环境保护中应该谨慎行使国家主权，善意履行国际义务，审慎利用生命例外原则，不应妨碍国际海运服务贸易自由化，并通过国际合作和真正落实共同但有区别责任原则来提高发展中国家和不发达国家参与国际海运服务环境保护的积极性和主动性，最终实现国际海运服务环境保护目标。

11.《提单法律性质诸论评议》[①]

提单是指用以证明海上货物运输合同和货物已经由承运人接收或者装船，以及承运人保证据以交付货物的单证。对于提单的法律性质，各位论者因其学术视角的选择不同、学术方法的运用有别，可谓见仁见智，众说纷纭，远未达成共识。这种认识上的分歧不仅导致不同法院对该类案件所作出的判决截然相反，甚至同一法院就此所作判决也存在自相矛盾的现象，提单纠纷司法裁判的不统一，损害了提单法律制度的威仪，亦使其秩序控制所应有的规范功能大打折扣。本文通过对提单法律性质的各种论点作了评析，认为最合宜的应该是“有价证券说”。

本文分为四个部分。

第一部分是提单法律性质诸论评议。在这一部分中，作者分别提出物权凭证说、所有权凭证说、占有权利凭证说、债权关系说、阶段论说和有价证券说这六种观点，并分别进行评析，最赞同的是提单有价证券说，认为将提单法律性质归结为有价证券，可以说是实至名归，可以从根本上解决提单的诸多立法及实践问题，提单有价证券说是目前关于提单法律性质诸理论中最为先进合理，最能说明提单本质的一种观点与理论。

第二部分是对提单法律性质是有价证券的探究。作者首先认为，有价证券使

① 陈芳. 提单法律性质诸论评议[J]. 江西社会科学，2013(1)：152－162.

权利这种无体物得以有体化，并且使有体物的权利得以表征化。权利证券的实质是债权的证券化，有价证券所记载表征的权利只能是债权请求权。提单的法律性质之所以发展成为有价证券，也是有脉络可以遵循的。因此，提单为有价证券的法律性质界定，不是学者的主观偏好，其既是源于提单经济功能发展与扩张的本质要求，也是对提单在经济生活中功能发挥机理的观察与发现，从而在法律理论上所给予的反映与抽象。

第三部分为提单作为有价证券的法律特征。作者分别运用对比的方式论述了提单是提示证券、缴回证券、设权证券、文义证券、要式证券和无因证券。

第四部分是结论。通过上文分析，可以得出以下结论：第一，提单法律性质可以是而且应当是有价证券；第二，提单是提示证券、缴回证券、设权证券、文义证券、要式证券和无因证券；第三，提单为有价证券的法律性质界定，源于提单经济功能发展与扩张的本质要求，提单证券化是国际货物贸易的形式实现从实物贸易到单证交易的客观要求，提单的可转让流通性是提单证券化的价值和目的所在，维护和保障提单的可转让性、流通性是提单制度立法的基本出发点及宗旨。

本文结构清晰，论述逻辑严谨，对提单的法律性质的各种观点进行全方面的论述，最终认为将提单法律性质界定为有价证券，是最能促进提单经济功能，合乎提单本质的一种理论。本文深化了关于提单的各种观点以及由此牵扯进来的各个概念，对于我们更好地理解提单的法律性质有非常积极的意义。

12.《新造船融资中预付款还款保函下银行的还款责任》①

预付款保函指担保人(银行)根据申请人(合同中的预收款人，通常情况下是出口商)的要求向受益人(合同中的预付款人，通常是进口商)开立的，保证一旦申请人未能履约，或者未能全部履约，将在收到受益人提出的索赔后向其返还该预付款的书面保证承诺。预付款保函是新造船项目中十分重要的合同文件和融资文件，被称为造船项目的基石。它不仅是船舶建造方从船舶所有人处获取建造进度款的先决条件，也是船舶所有人从银行或其他金融机构获得融资的重要条件。本文拟考察中国法和英国法下有关预付款保函方面的法律原则、相关立法和案例，对银行在预付款保函下的还款责任的性质进行探析。

本文共分为四个部分。

第一部分为预付款保函在新造船融资中的作用。首先，由于预付款的款项数额有时会高达造船合同价款的80%以上，在通常情况下，造船合同都会明确规定

① 郑蕾.新造船融资中预付款还款保函下银行的还款责任[J].大连海事大学学报：社会科学版，2013，12(6)：60-64，99.

船舶所有人在交船前支付的进度款属预付性质，当船舶所有人根据造船合同的约定终止合同或者船舶发生全损时，建造方应将该笔款项连同利息返还船舶所有人。其次，首期预付款的还款保函通常被规定为造船合同生效的先决条件之一。最后，还款保函也往往是船舶所有人向银行获得融资所必须具备的一份文件，是其融资银行审核和同意向船舶所有人提供融资的前提条件。

第二部分是担保法的一般原则。作者从大陆法和英美法两方面论述担保的一般原则。在大陆法国家，与保证相区别的是独立担保，目前实践中所指的独立担保大多是银行担保；在英美法系国家，关于担保的术语混乱而不统一，所以对担保责任性质的判断应当通过对担保中所有正文和叙文中条款和内容的解释综合性地得出结论。

第三部分是还款保函中的约定及独立担保的认定。作者从三个方面论述独立担保的基本法律原则：一是独立担保的概念和担保人的义务；二是独立担保的识别标准；三是英国法院对保函条款约定性质的认定的判例。就独立担保的识别标准来说，作者认为，应从四个方面考察认定：一是担保人的付款条件应当与对造船合同条款或造船合同双方当事人是否违约的解释无关，且并不取决于买方对卖方违反造船合同作出证明；二是索赔数额的确定应当不以对造船合同条款的解释或造船合同当事人之间争议的解决为前提条件；三是保函中的一些条款可以作为判定独立担保的依据；四是"保证"和"补偿"条款并存时，应当就整体含义解释担保的性质。

第四部分是结语。作者认为，对预付款还款保函性质的判定归根结底取决于对保函条款的解释，因此，在新船建造融资项目中当事人有必要谨慎考察和审核预付款保函的具体条款，以明晰的措辞约定保函的性质和担保银行应当承担的责任，以最大限度地避免歧义和争议。

本文脉络清晰，思路严谨。作者从预付款保函在新造船融资中的作用出发，结合分析担保法的一般原则，得出独立担保的概念，接着通过对还款保函中的约定和独立担保的认定分析，最终得出银行在出具预付款保函时应当谨慎审核保函的具体条款和内容，以最大限度地避免歧义和纠纷的结论。本文对我们认识预付款保函的性质、作用以及预付款保函下银行的还款责任有重大的指导价值。

三、小结

2013年，教育界、学术界及业界的相关人士纷纷为上海国际航运中心的建设建言献策，努力营造百花齐放、百家争鸣的学术氛围，为促进我国海事实践及其理论研究取得更大的发展贡献智慧和力量。

第五章　年度航运聚焦

2013年，尽管国际、国内经济环境仍不乐观，但上海建设自由贸易试验区和国际航运中心的步伐丝毫没有放缓，各界有识之士正乐此不疲地打造一个包括港口、贸易、物流、金融、邮轮经济在内的航运产业链，争取抢占分配全球航运资源的制高点。在此期间，亮点、热点、焦点层出不穷。本章对2013年航运中心建设中的突出事迹、热点问题和创新之举进行分类陈述，以勾画出航运中心的建设轮廓。

2013年也是见证现代航运服务产品不断发展的一年。上海航运交易所旗下的上海航运运价交易有限公司推出全球首个运力交割航运衍生品，"南北线煤炭运力衍生品合同"正式上市交易。此外，上海国际能源交易中心也在上海自贸试验区顺利挂牌，阳光财产保险股份有限公司航运保险运营中心正式落户上海，人保、太保、平安、阳光四大航运险聚集上海。国内首家专业性航运保险社团组织——上海航运保险协会在沪成立，31家上下游保险公司加入。上海清算所推出人民币远期运费协议(FFA)中央对手清算业务，在中国境内由经纪公司帮助达成交易、以人民币计价和清算结算的远期运费协议产品。邮轮经济持续升温，上海宝山区正在谋划借助邮轮经济带动经济转型发展，瞄准邮轮服务、航运物流、文化娱乐等现代服务业，打造上海国际邮轮产业发展综合改革试点区。

文化常被熏陶在经济大潮中的人们所忽视，殊不知它是上海建设"四个中心"不可或缺的软实力。航运文化是教育航运从业人员维护航运社区道德底线，规范航运市场行为，促进航运产业良性发展的一支特殊力量。上海要打造国际航运中心，必须要致力于发展软实力，打造航运文化品牌，增强全社会的航运法治意识。2013年是航运文化建设的大年。第四届国际航运文化节在沪成功举办，引燃了航运文化建设的浪潮。此次盛典目的在于弘扬航运文化，发表了旨在推进我国航运文化建设、提升航运软实力的《航运文化虹口宣言》。此外，中国海员大会、中国国际海事会展、中国航海博物馆"邮轮时代"主题展、苏州河"水上流动书屋"的推出、首届"游艇自由日"等一系列活动的举办，展示了建设航运文化的重要性，有利于我国航运文化的建设以及航运软实力的提高。

2013年，我们关注到上海航运政策与法律发展中的诸多热点。首先是上海自由贸易试验区的建设。为贯彻落实《中国(上海)自由贸易试验区总体方案》中的相关政策，财政部、海关总署、国家税务总局明确规定了中国(上海)自由贸易试验区有关进口税收政策。其次，国务院发布修改后的《中华人民共和国外资保险公司管理条例》,于8月1日起正式施行。再次,在航运业下滑趋势下,中国进出口银行向因高油价及低运费而正经历财政问题的国内船舶所有人提供大约200亿元规模的船舶金融项目,中国进出口银行上海分行以与本地船厂签署合同的船舶所有人为主,提供约30亿元规模的船舶金融项目。最后,针对当前我国经贸环境复杂严峻,进出口增速均出现明显放缓的局面,为支持小微企业发展,国务院常务会议决定从8月1日起,对小微企业中月销售额不超过2万元的增值税小规模纳税人和营业税纳税人,暂免征收增值税和营业税,并抓紧研究相关长效机制。

在上海航运法治的建设过程中,交通运输部、上海海事局、上海国际仲裁中心与律师事务所及其他法律服务组织都作出了重大贡献。航运服务业正在进一步提高、深化,从而更好地服务于上海自由贸易试验区和上海国际航运中心的建设和发展。

众所周知,航运的发展离不开人才。上海虽然聚集了一批精英,但还远不能满足市场所需。2013年,上海以高校为依托,以社会培训和企业内部培训为辅助,积极培育"懂航运、懂法律、懂英语"的航运专业人才。同时,积极从国外引进高水平的航运复合人才,与国外著名高校合作,吸引优秀师资,伴以潜移默化的航运文化建设,为上海航运中心建设输送新鲜的血液。上海高级国际航运学院的成立、国际海事教师联合会在沪揭牌、世界海事大学在沪首推航运金融高级研修班等举措都是上海努力培育航运人才的写照。

此外,2013年,在上海召开的各类具有全国乃至世界影响的航运论坛会议,举办的各种航运交流活动,彰显了上海在世界航运舞台上扮演着愈发重要的角色。在这些会议、活动中,各协会、学会、教育及培训机构研究、探讨了航运政策与法律的前沿问题,对于促进上海航运业的发展起到重要作用。

一、自贸区与现代航运服务产品

(一) 国务院批准设立中国(上海)自由贸易试验区

国务院正式批准设立中国(上海)自由贸易试验区,试验区范围涵盖上海市外高桥保税区、外高桥保税物流园区、洋山保税港区和上海浦东机场综合保税区等4个海关特殊监管区域,总面积为28.78 km^2。

建设中国(上海)自由贸易试验区,是顺应全球经贸发展新趋势,实行更加积极主动开放战略的一项重大举措,其主要任务是要探索我国对外开放的新路径和新模式,推动加快转变政府职能和行政体制改革,促进转变经济增长方式和优化经济结构，实现以开放促发展、促改革、促创新，形成可复制、可推广的经验，服务全国的发展。建设中国（上海）自由贸易试验区有利于培育我国面向全球的竞争新优势，构建与各国合作发展的新平台，拓展经济增长的新空间，打造中国经济"升级版"。

（二）能源交易中心落户上海自贸区，有助中国争夺原油定价权

2013 年 11 月 22 日，上海国际能源交易中心股份有限公司在上海自贸区揭牌。该交易中心是经中国证监会批准，由上海期货交易所出资设立的面向全球投资者的国际性交易场所，从而国内期货交易所数量增至 5 家。上海国际能源交易中心的顺利挂牌，意味着原油期货筹备工作又向前迈进一步。

原油期货市场的基本方案是"国际平台、净价交易、保税交割"。上海期货交易所目前的方案中，原油期货以人民币计价结算，而境外投资者则可用外币作为保证金。

根据上海国际能源交易中心官方网站介绍，2013 年 11 月 6 日，该交易中心注册于中国（上海）自由贸易试验区，经营范围包括组织安排原油、天然气、石化产品等能源类衍生品上市交易、结算和交割，制定业务管理规则，实施自律管理，发布市场信息，提供技术、场所和设施服务。交易中心注册资本金为 50 亿元，也是目前进驻自贸区规模最大的金融类企业。

这次把能源交易中心放在自贸区，解决了服务海外投资者的问题，为原油期货上市扫清了障碍。而国际客户参与到中国这个最大消费市场，有助于逐步增强中国原油竞价的全球地位，最终为原油和其他大宗商品定价权铺平道路。上海国际能源交易中心将依托区位优势，加快改革创新的步伐，抓紧做好原油期货的准备工作，为自贸区建设作出贡献。

（三）财政部、海关总署、国家税务总局明确上海自贸区进口税收政策

为贯彻落实《中国（上海）自由贸易试验区总体方案》中的相关政策，2013 年 10 月 24 日，财政部、海关总署、国家税务总局明确中国（上海）自由贸易试验区有关进口税收政策。具体如下：

（1）对试验区内注册的国内租赁公司或其设立的项目子公司，经国家有关部门批准从境外购买空载重量在 25 t 以上并租赁给国内航空公司使用的飞机，享受《财政部、国家税务总局关于调整进口飞机有关增值税政策的通知》（财关税〔2013〕53 号）和《海关总署关于调整进口飞机进口环节增值税有关问题的通知》（署税发〔2013〕90 号）规定的增值税优惠政策。

（2）对设在试验区内的企业生产、加工并经"二线"销往内地的货物照章征收

进口环节增值税、消费税。根据企业申请，试行对该内销货物按其对应进口料件或按实际报验状态征收关税的政策。

(3) 在现行政策框架下，对试验区内生产企业和生产性服务业企业进口所需的机器、设备等货物予以免税，但生活性服务业等企业进口的货物以及法律、行政法规和相关规定明确不予免税的货物除外。

(4) 在严格执行货物进口税收政策的前提下，允许在特定区域设立保税展示交易平台。

除上述进口税收政策外，中国(上海)自由贸易试验区所属的上海外高桥保税区、上海外高桥保税物流园区、洋山保税港区和上海浦东机场综合保税区分别执行现行相应海关特殊监管区域的税收政策。

(四) 上海海事大学成立自贸区供应链研究院

为落实交通运输部、上海市政府签署的《关于落实〈中国(上海)自由贸易试验区总体方案〉加快推进上海国际航运中心建设的实施意见》精神，2013年10月31日，上海海事大学成立中国自贸区供应链研究院。

研究院将关注与自贸区供应链紧密相关的航运、物流、金融、法律等领域，在自贸区航运服务、物流服务、供应链金融服务、与TPP(跨太平洋伙伴关系协议)等国际协议的对接研究、APEC可靠供应链等领域开展研究咨询、政产学研合作、境外合作、高端教育培训、情报发布等工作。

上海海事大学将力争把该研究院打造成具有国际影响力的决策咨询机构，并建设成为自贸区供应链研究领域的基地。

(五) 四大航运险聚集上海

依托上海航运中心建设，众多保险企业开始在航运险领域发力。2013年7月初，阳光财产保险股份有限公司航运保险运营中心正式落户上海，成为继人保、太保以及平安之后第四家扎根上海的航运保险运营中心。

阳光产险航运中心采用事业部制，实现销售、运营、两核、出单、理赔为一体，按照专业航运保险运营机构模式设置，给予全面的经营管理授权，全面承担阳光产险全系统的航运保险业务经营管理责任。

截至2013年，中国航运险的规模不到200亿元，其中货运险的规模为100亿元，船舶险为50亿～60亿元。但值得注意的是，在航运业不景气的大环境下，上海港作为货物吞吐量世界第一的港口，其船舶险逆势增长，保持较高的保费收入。然而航运保险在世界上的占比依旧较低，滞后于航运业发展。而目前上海国际金融中心和国际航运中心建设正在向纵深推进，航运保险作为连接航运业和金融业的服务平台，面临着前所未有的发展机遇。

(六) 上海推出全球首个运力交割航运衍生品

上海航运交易所旗下的上海航运运价交易有限公司(以下简称 SSEFC)宣布，2013 年 10 月 10 日，全新"南北线煤炭运力衍生品合同(合同代码 NS)"正式上市交易。

中国(上海)自由贸易试验区总体方案明确指出加快发展航运运价指数衍生品交易业务，将航运运价衍生品作为自贸试验区总体方案的重要组成部分，使中国航运衍生品市场迎来新的发展机遇。

此次推出的南北线煤炭运力衍生品合同，是全球航运衍生品领域首个以实际运力交割的衍生品合同。根据该衍生品合同，满足交割条件的买(货)卖(船)双方，将在合同到期后，按相应的交割手续进行交割，双方按约定分别交付货物和船舶，完成实际运输合同。通过这种方式，以套期保值为目的的交易双方将不必担心到期交割时，即期市场无法找到船与货的问题。船公司如果有闲置运力，除了通过传统方式找到货主外，如今还可以通过 SSEFC 衍生品平台寻找客户，在衍生品市场现货月抛出运力，即可实现运力的实际交易，有助于船公司解决运力过剩的问题。同理，货主如果有运输需求，除了通过传统方式以外，也可以通过衍生品平台实现从最近 1 个月内到最远 12 个月内的实际运力交易。

航运运价衍生品交易平台将立足国内、面向国际市场，希望对国际客户也起到保值避险的作用。自贸区的建设有助于引入国际化的交易方式，这才能够真正实现上海建立资源配置型的国际航运中心，才能使上海的航运运价定价权真正实现。

通过 SSEFC 的交易平台可以对风险进行控制，确保客户之间正常履约，并可以使经营期限大幅度拉长。自贸区这类对外商投资限制的放宽等政策，将给航运业带来非常重要的积极意义。

(七) 我国在全球化衍生产品上实现了以人民币计价清算零的突破

2013 年 4 月 16 日，上海清算所在上海举办业务发布会，宣布正式推出人民币远期运费协议(FFA)中央对手清算业务。

人民币远期运费协议中央对手清算业务，指在中国境内由经纪公司帮助达成交易、以人民币计价和清算结算的远期运费协议产品，由上海清算所提供中央对手清算服务，在规范、专业的风险管理体系下，即使原来的交易对手方违约甚至破产，其所达成人民币远期运费协议的权利和义务也仍然可以确保得到履行。

上海清算所首批推出海岬型船平均期租远期运费协议(CTC)、巴拿马型船平均期租远期运费协议(PTC)和超灵便型船平均期租远期运费协议(STC)等三个产品的中央对手清算服务,经人民银行批准并报上海市政府同意,2012年12月10日试运行,2013年4月16日正式推出。

远期运费协议作为一种运费风险管理工具,具备套期保值和价格发现的功能,有助于企业管理远期运费风险。具体而言,航运相关企业在现货市场进行船舶租赁交易的同时,可在远期运费协议市场买入反向协议以锁定成本或利润。人民币远期运费协议中央对手清算业务对于深化上海在全球航运金融衍生品市场的竞争力、协同推进上海国际金融中心和国际航运中心建设,确立上海全球性人民币产品清算中心地位等都具有战略意义。

上海清算所表示,下一阶段将考虑向铁矿石、动力煤等与航运相关的大宗商品价格指数衍生品市场拓展中央对手清算业务。

(八) 关于修改《中华人民共和国外资保险公司管理条例》的决定

2013年6月8日,国务院发布修改后的《中华人民共和国外资保险公司管理条例》,对第七条第一款及第二款分别作出修改。

修改后的第七条第一款内容为:"合资保险公司、独资保险公司的注册资本最低限额为2亿元人民币或者等值的自由兑换货币;其注册资本最低限额必须为实缴货币资本。"删除了此前"外国保险公司的出资,应当为自由兑换货币"的内容。

此外,第七条第二款内容中由原来的"外国保险公司分公司应当由其总公司无偿拨给不少于2亿元人民币等值的自由兑换货币的营运资金"修改为"外国保险公司分公司应当由其总公司无偿拨给不少于2亿元人民币或者等值的自由兑换货币的营运资金"。

修改后的《条例》将于2013年8月1日起正式施行。

(九) 上海航运保险协会成立

2013年12月26日,国内首家专业性航运保险社团组织——上海航运保险协会在沪成立。

上海航运保险协会的会员单位包括航运保险中心、财产保险公司、保险经纪公司及保险公估公司等31家上下游保险公司。第一届会员单位名录中有13家为发起人单位,其余为后期加入的会员单位。名录中既有人保财险、太平洋产险、平安产险、中再产险和大地保险等国内主要的中资直保公司和再保险公司,又有东京海上、美亚、劳合社、三井住友和安联等国际知名航运保险业者,还包括中怡、韦莱、华泰、环亚等国内外保险经纪公司。

（十）宝山区推动城市转型打造“邮轮新城”

近年来，邮轮经济方兴未艾。坐拥上海濒江临海的水上门户——吴淞口的宝山，则在谋划借助邮轮经济带动经济转型发展，瞄准邮轮服务、航运物流、文化娱乐等现代服务业，打造上海国际邮轮产业发展综合改革试点区。

2013 年 11 月 15 日，由国家旅游局、中国交通运输协会和上海市人民政府共同主办的第八届中国邮轮产业发展大会暨国际邮轮博览会在上海宝山召开。

宝山如何依托邮轮码头推动城市转型，实现从“邮轮码头”到“邮轮港”，再到“邮轮新城”的转变？2012 年以吴淞口为中心的“中国邮轮旅游发展实验区”正式获批，为中国邮轮经济发展打开了新局面。启动编制新一轮滨江发展战略规划，上港滨江城、零点广场、崇明三岛码头整合，滨江大道等项目加快推进，使滨江“邮轮城”的建设站上新起点。宝山区正研究吴淞口国际邮轮港续建方案，洽谈“伊丽莎白女王二号”邮轮酒店入驻吴淞口事宜，规划游艇基地的布局，研究开发近海邮轮航线，未来的宝山滨江将形成“邮轮、游艇、游船”三游经济集聚发展的格局，走出一条从“邮轮码头”到“邮轮港”再到“邮轮城”的转型发展道路，成为上海乃至中国水上旅游的新门户。

上海邮轮经济中心正着力研究中国邮轮旅游发展实验区对接自贸区的有关路径，例如，在自贸区内与境外邮轮公司合作组建邮轮服务企业，重点在邮轮旅行社、邮轮人才培训、邮轮人才中介机构、邮轮物资供应等领域开展合作，借鉴境外邮轮服务企业的市场运作经验，积极延伸邮轮产业链，提升上海邮轮产业的发展能级；将自贸区总体方案明确的“允许在特定区域设立保税展示交易平台”等政策延伸到宝山滨江地区，设立专门针对邮轮游客的免税品展示交易中心，进一步发挥消费的带动作用，放大邮轮产业联动效应。

二、航运文化建设

（一）中国海员大会在沪举行

2013 年 6 月 25 日，由交通运输部和上海市人民政府联合主办，上海海事局和虹口区人民政府承办的 2013 中国海员大会在虹口区召开。

6 月 25 日为“世界海员日”。中国作为海员大国，目前拥有海员约 65 万人，承担着我国 93%的外贸运输任务。党的十八大提出建设海洋强国的战略目标。拥有一支数量众多、质量较高、配备齐全的海员队伍，是我国发展海运事业、建设海洋强国的基础之一，因此，如何提高海员社会地位，提升海员福利待遇与生活质量，是促进海运行业的健康快速发展的重要因素。

中国海员大会已落户上海三年，并且连续第二次在虹口召开，这对于推动上海国际航运中心建设，特别是促进北外滩航运资源集聚有着深远的影响。

（二）第四届中国国际航运文化节隆重举办

2013年6月25日，为纪念“世界海员日”，弘扬航运文化，由中国交通运输协会、中国海员建设工会全国委员会、中国航海学会、中国船东协会和中国引航协会等5家单位共同主办，上海市北外滩航运服务集聚区建设发展办公室协办的第四届中国国际航运文化节在虹口区1933会展中心隆重召开。

本届航运文化节为期3天，以“谋变、转型、未来”为主题，立足当下国际和国内航运环境与形势，探讨未来航运市场的发展趋势。其间还开展“2013中国国际航运高峰论坛”“下海庙禅修及祈福活动”“第十届中国货运业大奖（金轮奖）颁奖盛典”等活动，并发表了旨在推进我国航运文化建设、提升航运软实力的《航运文化虹口宣言》。

（三）上海中国航海博物馆“邮轮年代”主题展开幕

2013年9月15日，由上海中国航海博物馆和上海旅游会展推广中心联合主办的“邮轮年代”主题展在上海环球港开幕。本展览免费向公众开放，并持续至10月7日。

此次展览以翔实的史料，结合“泰坦尼克”号和“玛丽女王”号两大具有时代标志的邮轮舱室实景再现，带领观众回到20世纪初，领略邮轮的黄金时代、战时英姿、落日余晖和华丽转身。“泰坦尼克”号的奢华精致与“玛丽女王”号的简约明丽，将带领观众欣赏不同年代的邮轮风景。

（四）中国国际海事会展在沪举行

由工业和信息化部、交通运输部和上海市人民政府主办的2013年中国国际海事技术学术会议和展览会（简称第17届中国国际海事会展）于2013年12月3—6日在上海举行。

本届展览在“海洋工程”“远洋渔业”和“海事安全”等主题上进行拓展，同时举行了高级海事论坛，为各地参展商和采购商构建一个交流沟通的平台。

中国国际海事会展于1981年创办，是集学术、展览、贸易于一体的大型国际海事交流活动，是中国与国际海事界寻求全方位、多层次合作的桥梁和纽带，是国际海事界了解中国船舶与海洋工程装备、航运、港口等产业的重要窗口。

(五) 国际海上人命救助联盟主席获颁上海市政府“白玉兰纪念奖”

2013 年 12 月 8 日，上海市政府副秘书长黄融在沪会见了国际海上人命救助联盟主席麦克·乌拉斯托先生，并代表上海市政府和上海市外办授予他“白玉兰纪念奖”。

会见期间，黄融副秘书长对麦克·乌拉斯先生为推动中国与联盟合作方面付出的努力表示感谢，为联盟对推动全球海上人命救助事业发展和帮助发展中国家建设水上救生机构作出的贡献表示赞赏，并表示上海市政府将一如既往地关注和支持人命救助事业的发展以及联盟亚太交流合作中心在沪设立，同时希望麦克·乌拉斯先生在保障海上人命安全和上海国际航运中心建设以及上海区域水上应急救助抢险能力建设方面继续给予关心和支持。麦克·乌拉斯先生对上海市政府、市建交委和市外办对海上人命救助事业的关注表示钦佩，对中国救捞系统对联盟的支持表示感谢，并希望今后进一步加强协调与合作，共同维护世界海上人命安全。会谈后，黄融副秘书长代表上海市政府和市外办授予麦克·乌拉斯先生“白玉兰纪念奖”，表彰其对上海市经济社会发展和中外友好交往的杰出贡献。

据悉，2013 年有 53 位外籍友人荣获上海市“白玉兰纪念奖”。25 年来，共有 909 位境外友人获此殊荣，他们为推动上海国际航运中心建设和经济社会发展作出了积极贡献。

(六) 黄浦海事局组织开展首届“游艇自由日”活动

为进一步整合黄浦江游船资源，培育浦江旅游品牌，形成浦江“三游”经济的规模效应，促进上海游艇等高端休闲旅游经济的发展，黄浦海事局进行认真研究，在充分考虑黄浦江其他船舶航行安全的同时，经过前期多次测试，从 2013 年 9 月开始，在泰公线到卢浦大桥之间水域，每月选择一天，定期组织“游艇自由日”活动，让游艇在规定的区域内，以不超过 18 节航速航行，同时免除其签证以及报告等海事监管手续。

经前期报名和审核批准，9 月 28 日晚 1900 时至 2100 时，金茂盛融、巴富士、德禹等多家游艇俱乐部的 20 艘游艇(其中 9 艘游艇为未备案游艇)参加了首次“游艇自由日”活动。到 1800 时，游艇分别从黄浦局辖区数个游艇俱乐部码头开航。

为了确保“游艇自由日”活动的安全，黄浦局指挥中心在活动当日出动 5 艘巡逻艇，20 多位执法人员，通过前期宣传提醒、活动现场交通管控、活动期间不间断巡航等方式有效保障了活动的安全进行。截至活动当晚 2130 时所有游艇回靠码头后，未出现人身伤亡和财产损失报告。

在后期，黄浦局进一步完善“游艇自由日”活动制度和机制，并以该活动为契机，从管理上促进游艇经济的发展，从制度上解放游艇旅游发展的束缚，从理念上树立对游艇行业的服务意识，为服务游艇经济、促进上海旅游发展贡献力量。

(七)中国航海学会救捞专业委员会年会圆满闭幕

2013年9月12日,中国航海学会救捞专业委员会2013年年会暨学术交流会在广西桂林召开。原交通运输部副部长、中国航海学会理事长、中国航海博物馆馆长徐祖远专程莅临大会并讲话,救捞专业委员会主任委员、部救捞局局长王振亮,救捞专业委员会常务副主任委员、东海救助局局长陆鼎良,以及相关委员单位的委员和会议代表共100余人出席了会议。

会上,王振亮局长代表救捞专业委员会作了题为《坚持办会宗旨强化服务功能为救捞事业发展创造良好的科学人文环境》的救捞专业委员会30年工作报告;中国航海学会理事长徐祖远发表了重要讲话,他充分肯定了救捞专业委员会30年来的工作成绩,并从六个方面进一步明确未来发展思路;陆鼎良局长作了题为《引领救捞科技创新服务海洋强国战略在更高起点上开创救捞专业委员会工作新局面》的讲话。

会议以"创新救捞科技助力海洋强国"为主题开展了学术交流,并表彰了特殊贡献奖和优秀论文奖的获奖代表,同时为新批准加入的委员单位颁发证书。会议期间还播放了纪念中国航海学会救捞专业委员会成立三十周年专题片《知识的纽带业务的桥梁》,并举办了由中船总重工集团750试验场等9家单位提供的救助打捞装备、新技术展。

(八)上海海事法院举行文化展示厅启用仪式

2013年1月14日,上海海事法院举行文化展示厅启用仪式,市高院党组书记、院长应勇出席并为仪式剪彩,仪式由海事法院应新龙院长主持。

上海海事法院调整后的文化展示厅着力三个定位:一是上海乃至中国海事审判的缩影,二是海事司法服务国际航运中心建设的平台,三是全院干警的精神家园。

文化展示厅采用"三位一体"的设计理念,分为四大板块,分别是"启程""扬帆""港湾""远航",其容纳和承载着海事法院30年的成长发展历史,海事审判服务航运经济发展的使命历程以及一代代海事审判工作者用心血和付出凝聚而成的海事司法文化。市高院应勇院长在海事法院党组成员和各部门负责人陪同下参观了文化展示厅。

(九)上海国际航运研究中心建设的历史记忆和现状研究专题研讨会召开

2013年11月9日,由上海市政协文史资料委员会、上海市文史资料研究会、上海市哲学社会科学规划办、上海国际航运研究中心和当代上海研究所共同主办的上海国际航运中心建设的历史记忆和现状研究专题研讨会在上海市政协顺利召开。

会上，上海市政协常委、市政协文史资料委员会主任冯小敏致辞，上海市社联党组书记、专职副主席沈国明讲话，上海市文史资料研究会执行会长朱敏彦教授主持会议。来自复旦大学、上海国际航运研究中心、中共上海市黄浦区委党校、中共上海市委党史研究室、当代上海研究所、上海海事大学等多个单位的代表就上海国际航运中心建设的历史和现状作了主题发言，并和与会人员进行了交流。上海市文史资料研究会副会长、上海师范大学人文学院院长苏智良教授对主题发言进行了点评。最后，上海国际航运研究中心主任、上海海事大学党委书记於世成教授对本次研讨会作了学术总结。

(十) 苏州河迎来"水上流动书屋"

2013 年清明小长假，苏州河上跑运输的船民们有了新的"节目单"，那就是去"水上流动书屋"挑选自己喜爱的书籍。

为满足船员精神文化需求，进一步提升海事服务水平，上海市地方海事局直属海事处团支部探索建立了"水上流动书屋"。所谓"水上流动书屋"，就是将图书馆搬到海事巡逻艇上，利用巡逻艇水上巡航时间，向来往的船舶开放借阅图书功能，"水上流动书屋"涵盖海事法规、时政、文学、卫生厨艺、小儿教学、故事小说、期刊杂志和体育娱乐等各类图书近千册，船民可以在航线任何一个执法点借阅与归还。

这也是上海首个设在海事巡逻艇上的图书馆，将进一步丰富船民们的生活。

三、热点关注

(一) 交通运输部关于在上海试行中资非五星旗国际航行船舶沿海捎带业务的公告

为推动上海国际航运中心和中国(上海)自由贸易试验区建设，根据我国相关法律法规和规定，交通运输部决定，允许中资航运公司利用全资或控股拥有的非五星旗国际航行船舶，经营以上海港为国际中转港的外贸进出口集装箱在国内对外开放港口与上海港之间的捎带业务(以下称"试点捎带业务")。相关事项公告如下：

1. 自本公告公布之日起，拟开展试点捎带业务的中资航运公司经向交通运输部办理备案手续，可利用其全资或控股拥有的非五星旗国际航行船舶，开展相关业务。

2. 本公告所称"中资航运公司",指注册在境内,依据《中华人民共和国国际海运条例》取得《国际班轮运输经营资格登记证》、从事国际海上运输业务的企业法人。

3. 中资航运公司申请试点捎带业务,应向交通运输部提交备案申请。备案申请的材料和程序如下:

(1)《中资非五星旗国际航行船舶试点沿海捎带业务备案申请表》。

(2)中资航运公司的《工商营业执照》《国际船舶运输经营许可证》《国际班轮运输经营资格登记证》复印件。

(3)中资航运公司拟开展试点捎带业务船舶的《国籍证书》《入级证》,以及船舶所有权关系证明材料。

如船舶为中资航运公司通过境外独资投资企业间接拥有的,还需提供中资航运公司投资该境外独资企业的证明文件、该境外独资投资企业全资或控股拥有船舶的证明,以及中资航运公司租赁船舶的证明文件。

4. 交通运输部自收到上述齐备、有效的备案材料后,出具《中资非五星旗国际航行船舶试点沿海捎带业务备案证明书》。

5. 中资航运公司不得擅自将经备案批准开展试点业务船舶转租他人。一旦转租,自船舶租赁合同生效之日起,船舶自动丧失开展试点业务的资格。

6. 除依照本公告备案的船舶外,其他任何非五星旗船舶,不得承运中国港口间的集装箱货物,包括不得承运在国内一港装船、经国内另一港中转出境,或者经国内一港中转入境、在国内另一港卸船的外贸集装箱货物。如违反本条规定,将依据《中华人民共和国国际海运条例》第四十五条等规定予以处罚。

(二)外管局:完善银行贸易融资业务外汇管理

国家外汇管理局2013年12月7日宣布,已发布《国家外汇管理局关于完善银行贸易融资业务外汇管理有关问题的通知》,以遏制无真实交易背景的虚假贸易融资行为,防范异常外汇资金跨境流动。该《通知》的主要内容包括以下三点。

一是督促银行完善贸易融资真实性、合规性审核。银行应遵循"了解你的客户"原则,加强对贸易融资,特别是远期贸易融资的真实性、合规性审查,积极支持实体经济真实贸易融资需求,防止企业虚构贸易背景套取银行融资。银行应加强内控督导,及时报告可疑交易,严禁变通执行或协助规避外汇管理规定。外汇局加大对银行贸易融资真实性、合规性的监测力度,评估银行交易尽职审查情况,必要时实施现场核查或检查。

二是加强企业分类管理，营造公平有序的市场环境。强调企业贸易外汇收支应具有真实合法的交易基础。外汇局加大对贸易收支异常企业，特别是远期贸易融资规模异常增长且具有典型套利交易特征企业的监测核查力度，按照货物贸易外汇管理有关规定进行分类管理，对守法合规的企业继续给予最大程度的便利化支持，对列为B类或C类的企业予以重点监管。

三是加大对银行、企业违规行为的处罚力度。银行未充分履行审查职责的，外汇局将进行风险提示或按照有关规定予以处罚。对企业有关违规行为，外汇局依照有关法规，区分不同情形，分别以外汇非法流入、非法结汇、非法套汇或逃汇定性处罚。银行、企业有关行为构成犯罪的，依法追究刑事责任。

(三) 中国进出口银行为国内船舶所有人提供金融扶持

2013年2月，中国进出口银行在航运业下滑趋势下，向因高油价及低运费而正经历财政问题的国内船舶所有人提供金融扶持，最终让造船厂获得更多的订单。

针对造船厂、港口以及物流业界的金融项目，2013年中国进出口银行给国内船舶所有人提供大约200亿元规模的船舶金融项目，与2012年相比上升40%。

中国进出口银行上海分行相关人士表示，船舶金融项目将以船舶、海洋工程装备及能源有关项目为主，尤其给予超大型集装箱船、燃气船舶、高燃耗船舶以及海洋有关船舶等高科技造船项目高度关注。而对在中国船厂订购船舶的船舶所有人实施金融扶持政策，让中国船厂获得更多的订单。中国进出口银行上海分行将以与本地船厂签署合同的船舶所有人为主，提供约30亿元规模的船舶金融项目。

(四) 8月1日起对月销售不超过2万元的小微企业免征增值税和营业税

2013年7月24日，国务院常务会议决定进一步公平税负，暂免征收部分小微企业增值税和营业税；研究确定促进贸易便利化、推动进出口稳定发展的措施。

为支持小微企业发展，会议决定，通过调整支出结构、盘活存量财政资金，缓解财政收支矛盾，按照公平税负原则，从2013年8月1日起，对小微企业中月销售额不超过2万元的增值税小规模纳税人和营业税纳税人，暂免征收增值税和营业税，并抓紧研究相关长效机制。

会议指出，当前我国经贸环境复杂严峻，进出口增速均明显放缓，要通过制度创新，提高贸易便利化水平，增强企业竞争力。一是制定便利通关办法，抓紧出台

"一次申报、一次查验、一次放行"改革方案,分步在全国口岸实行。二是整顿进出口环节经营性收费,减少行政事业性收费;暂免出口商品法定检验费用;减少法检商品种类,原则上工业制成品不再实行出口法检;抓紧研究法定检验体制改革方案。三是鼓励金融机构对有订单、有效益的企业及项目加大支持力度,发展短期出口信用保险业务,扩大保险规模。四是支持外贸综合服务企业为中小民营企业出口提供融资、通关、退税等服务;创造条件对服务出口实行零税率,逐步扩大服务进口。五是积极扩大商品进口,增加进口贴息资金规模;完善多种贸易方式,促进边境贸易。六是努力促进国际收支基本平衡,保持人民币汇率在合理均衡水平上基本稳定。

(五) 国务院批准扩大"营改增"试点范围

2013年5月,国务院批转国家发展改革委《关于2013年深化经济体制改革重点工作的意见》。该意见指出,扩大营业税改征增值税试点范围,在全国开展交通运输业和部分现代服务业"营改增"试点,择机将铁路运输和邮电通信等行业纳入试点范围。

国家发展改革委在2013年主要从两个方面扩大试点:一是扩大地区试点,自2013年8月1日起将交通运输业和部分现代服务业"营改增"试点在全国范围内推开,适当扩大部分现代服务业范围,将广播影视作品的制作、播映、发行等纳入试点;二是扩大试点行业,择机将铁路运输和邮电通信等行业纳入试点,力争"十二五"期间全面完成"营改增"改革。

(六) "营改增"负担增

为进一步解决货物和劳务税制中的重复征税问题,完善税收制度,沪开展营业税改征增值税(即"营改增")改革试点。但是沪航研中心的报告指出,"营改增"对航运企业的减税效果并不明显,约半数的航运企业税负反而增加,主要原因是企业可抵扣的项目偏少。首先,生产设备是航运企业最主要的成本,但企业2012年1月1日之前购置的固定资产投资不可抵扣;其次,航运业属于劳动力密集型行业,劳动资料成本占企业总成本的20%左右,而支付给自有职工的薪酬无法抵扣;最后,资金成本、路桥费、房屋租金、保险费等都不能进行抵扣。

就航运企业而言,"营改增"后大部分成本构成中的主要事项都不能进行抵扣,而税率大幅提升,因此税赋出现增加。据中国航运景气调查显示,在船舶运输企业中,税负增加的企业占到43.62%,税负明显减少的仅占12.77%;港口企业中的这两个比例分别是61.3%和9.68%;航运服务企业则是43.08%和7.69%。

(七)波罗的海航运交易所在沪设办事处

2013年10月中旬,总部在英国伦敦的波罗的海航运交易所(简称波交所)在上海设立办事处,这是其269年历史上首次在中国有实体办公地点。

波交所在上海设立办事处目标有三:其一,进一步贴近中国航运市场,更多地吸纳和服务其会员,例如增加来自亚洲的成员比重,由原来的10%~15%增加到约25%;其二,推广人民币远期运费协议(FFA)业务,波交所、上海清算所、浦发银行成立联合项目组将FFA引入国内形成人民币FFA产品,以便提升中国企业FFA的参与度,规避运价波动风险,从而提升FFA在全球航运业界的影响力;其三,在其航运指数的编制时更多考虑中国和亚太因素的影响力,以便适应亚太地区的需求。

通过设立分支机构,一方面,波交所可与亚太地区和快速发展中的中国分享其宝贵的航运经纪、航运管理、运价指数、航运运价衍生品的管理经验;另一方面,可推动英国高端航运服务的经营理念、管理规则和衍生产品在新兴市场的传播和发展,增强其辐射能力和影响力。

波交所办事处在上海设立,将进一步完善上海国际航运中心的航运服务产业链,健全其高端航运服务能力,促进航运要素、国际航运组织和机构进一步向上海聚集,提升上海在国际航运规则、运价交易等方面的影响力,从而不断提升上海在国际航运界的影响力与竞争力。而上海建立自由贸易试验区,特别是未来可能推出的一系列制度创新措施,为波交所以及其他国际航运组织和机构提供了更为广阔的发展空间。

(八)波罗的海国际航运公会上海中心成立

2013年2月25日,我国首家由国际性行业组织设立的民办非企业组织——波罗的海国际航运公会上海中心在浦东揭幕,我国航运业在国际航运标准制定和交易规则设置等方面的影响力有望进一步加强。

波罗的海国际航运公会是国际各类航运政策的制定者和航运实用信息的提供者。据估计,目前国际海运和相关行业中有将近3/4的交易采用该公会的标准合同和条款。

波罗的海国际航运公会成立上海中心,将对上海航运产业带来更大的集聚效应,有力地提升上海国际航运中心的软实力,力推上海在提升市场配置资源能力的过程中实现转变经济发展方式。借助波罗的海国际航运公会的国际影响力,中国航运业在世界航运舞台上的话语权有望增强,尤其是在国际航运标准制定和交易规则设置等方面的影响力有望进一步加强。

该中心将立足中国，向全球范围内的国际航运企业和相关机构提供一流的国际航运服务，力争在航运交易、航运融资等领域开拓新业务。

（九）国际海事教师联合会上海中心正式揭牌

2013年12月3日，国际海事教师联合会上海中心正式揭牌。这是2013年继波罗的海航运公会、波罗的海航运交易所、美国保赔协会之后，第四家把上海浦东作为长期发展基地的重量级国际航运功能机构。

国际海事教师联合会是国际海事组织的正式咨询机构，是目前国际海事教育界最重要和最具影响力的学术机构之一。该组织致力于海事教育和培训研究，参与国际海事组织决策文件的起草、修订和参会讨论，并在整个过程中享有重要发言权。国际海事教师联合会上海中心的设立，显示了我国高等海事教育在全球海事教育界的地位和实力，将对发展我国航运事业、推动上海国际航运中心建设产生深远影响。

（十）上海市首家海洋工程协会成立

2013年6月8日，上海市海洋工程协会成立。这是上海首家海洋工程领域的行业自律组织，为政府转变职能、市场有效调节、行业自律管理创设了新平台。

上海市海洋工程协会是由本市海洋工程领域内从事综合管理、生产建设、技术服务、科研教育等相关业务的企事业单位及其他组织和个人自愿组成的专业性、自律性、非营利性的社会团体法人。海洋工程协会的业务范围主要包括行业组织协调、课题研究、咨询服务、调查统计、专业培训、成果评优、合作交流和成果推广等。协会已有153家会员，都是在本市从事海洋工程建设的管理、科研、规划、设计、咨询、检测、施工、监理企事业单位和相关组织，以及在海洋工程领域的资深研究专家或管理人员。

（十一）交通运输部海事局取消《海员出境证明》

2013年12月23日，交通运输部海事局印发《交通运输部海事局关于取消〈海员出境证明〉的通知》（海船员〔2013〕827号），为便利海员出境，经商公安部出入境管理局同意，自2014年1月1日起，各海事管理机构和有权签发《海员出境证明》的单位不再向海员签发《海员出境证明》。边防检查站除查验海员的《海员证》外，不再查验《海员出境证明》。

（十二）中国航运数据库发布运行 80 多万条航运数据，可一站查阅

上海国际航运研究中心打造的“中国航运数据库”正式发布运行，截至 2013 年 10 月底，已录入数据 80 多万条。

该数据库是国内首个全面整合中国港航领域统计数据、信息资源的公共服务平台，旨在为政府机关、航运企业、科研院校等各类用户提供数据查询和数据分析等一站式数据服务。同时，该研究中心通过信息化平台建设，集成网站、数据库、电子刊物、手机报等多种产品，以在线方式传递信息，受到业内普遍欢迎。

自成立以来，上海国际航运研究中心参与了一系列国家、交通运输部、上海市有关国际航运中心建设重要课题的论证和研究，为政府和国内外航运企业及机构提供决策咨询和信息服务，取得了一些重要成果，在国内外拥有较强的影响力。例如，针对上海国际航运中心建设过程中的一些政策瓶颈、制度壁垒和实践探索问题，为政府机构起草撰写了《关于加大上海国际航运中心建设推进力度》等 20 多份研究报告，一些观点和建议被政府有关部门和相关企业采纳；陆续发布了《航运市场分析报告》等多项分析报告，对相关经济指标进行数据挖掘，监测并预测航运业的发展动态和趋势，分析相关的航运热点；编制《中国航运政策法律报告》等年度报告。

（十三）上海市政府发布《临港地区中长期发展规划》

2013 年 5 月 2 日，上海市政府发布《临港地区中长期发展规划》。根据规划，临港地区将建设成为国家新型工业化产业和海洋经济的示范基地。

临港地区由主城区、重装备产业区和物流园区、主产业区、综合区以及临港奉贤园区组成。未来将在“大产业＋大生活区”的布局上，重点构建“一轴、两带、双核、四片”的功能布局。

一轴：城市发展主轴。沿临港大道和轨道交通 16 号线，重点展现城市建设风貌，聚集主要服务设施。

两带：产业发展带和文化生活发展带。其中，产业发展带连接重装备产业区中心区、泥城社区、主产业区核心区、书院社区和综合区，重点发展先进制造业和生产性服务业；文化生活发展带连接综合区、主城区、洋山保税港区陆域部分和芦潮港社区，重点提供完善的城市服务功能配套。

双核：围绕 16 号线临港北站和滴水湖，重点发展会展、金融、采购、总部研发等生产性服务业，重点提升城市服务功能，展现城市宜居宜业的环境氛围。

四片：主城区、主产业区、综合区和重装备产业及物流园区。主城区提供全方位、高品质的城市服务功能的核心区，重点发展生活性服务业，积极培育发展航运、

金融、文化创意以及相关生产性服务业；主产业区是上海高端装备制造业基地的重要组成部分，重点发展先进制造业和战略性新兴产业；综合区着重发挥高品质生态环境优势，积极培育发展旅游度假、运动休闲、居住和创意研发等产业；重装备产业及物流园区是上海高端装备制造业基地的主体部分，着重依托先进制造业基础和港区、岸线资源，积极发展先进制造业、战略性新兴产业，以及现代物流等相关服务业。

（十四）崇明海事局横沙办事处签证点正式开通

为了更好地维护横沙水域安全，方便进出横沙水域的船舶办理进出港业务，经过崇明海事局授权和横沙办事处近期的筹备，横沙办事处签证点于 2013 年 10 月 23 日正式开通。

通过前期对辖区水域船舶和码头的广泛宣传，横沙办事处签证点正式开通的第一天早晨便迎来了前来办理进出港业务的船员。以前进出横沙东滩码头都要前往长兴办事处政务大厅办理签证，程序繁琐，横沙签证点的开通极大地节约了船员的时间和成本。

（十五）崇明气象海事合作，海事服务惠船民

2013 年 11 月 12 日，在崇明气象局的大力支持下，崇明海事局横沙办事处趸船安装了自动气象仪。通过该仪器能更好地接收气象信息，能为辖区船舶免费提供实时、准确和小尺度的航行气象信息。通过安装该气象仪，可以提高海事对辖区灾害性天气的监测水平，能够更加准确、及时地采集到大雾、强风等各类中小尺度灾害性天气的现场数据和资料，并及时通知辖区船员、水上作业人员及涉水群众，满足船舶安全航行、水上作业的需求，让海事服务惠及辖区每一片水域、每一艘船舶、每一位船民。

四、航运法治建设

（一）《最高人民法院关于海事法院可否适用小额诉讼程序问题的批复》公布

《最高人民法院关于海事法院可否适用小额诉讼程序问题的批复》于 2013 年 5 月 27 日由最高人民法院审判委员会第 1579 次会议通过，6 月 19 日公布，自 2013 年 6 月 26 日起施行。

该批复根据2012年修订的《中华人民共和国民事诉讼法》"简易程序"一章中关于小额诉讼程序的规定及《中华人民共和国海事诉讼特别程序法》第九十八条关于海事法院可以适用简易程序的规定，规定海事法院可以适用小额诉讼程序审理简单的海事、海商案件，并同时规定适用小额诉讼程序的标的额应以实际受理案件的海事法院或其派出法庭所在的省、自治区、直辖市上年度就业人员年平均工资百分之三十为限。

2012年修订的《民事诉讼法》第一百六十二规定：基层人民法院和它派出的法庭审理符合本法第一百五十七条第一款规定的简单的民事案件，标的额为各省、自治区、直辖市上年度就业人员年平均工资百分之三十以下的，实行一审终审。这为小额诉讼程序在我国的确立提供了法律依据。

小额诉讼程序针对的是事实清楚、权利义务关系明确、争议不大的简单民事案件，多体现在小额债务、劳动争议、邻里纠纷、消费者权益保护等领域。小额诉讼程序应当被认定为简易程序的一种，只不过它有别于一般简易程序的是实行一审终审，即案件受理时如标的额在各省、自治区、直辖市上年度就业人员平均工资百分之三十以下的，实行一审终审。它避免了当事人因提起上诉、应付上诉、参与二审程序而投入的精力，节省了不必要的开支，是一种比简易程序更简便快捷的审理程序。

上海海事法院已制定《上海海事法院适用小额诉讼程序暂行办法》。该暂行办法列明：权利义务关系明确的货运代理合同欠费纠纷；权利义务关系明确的海上（或通海水域、沿海）货物运输合同运费纠纷；权利义务关系明确的船舶物料、备品供应合同欠款纠纷；权利义务关系明确的港口作业欠款纠纷；劳动（或劳务）关系明确，仅在工资报酬、工伤医疗费、经济补偿金（赔偿金）、遣返费等的给付数额和给付时间上存在争议的船员劳务纠纷；事实清楚的拖欠救助款、打捞费的海难救助、打捞合同纠纷等六类案件，若标的额在当年度小额诉讼案件金额标准以下的，可以适用小额诉讼程序，实行一审终审。该暂行办法还对排除适用小额诉讼的情形、当事人约定适用的处理、审理期限、审理方式、程序转化和审判监督等作出安排。

（二）交通运输部关于实施融资租赁船舶运力认定政策的公告

为扶持中小航运企业发展，帮助企业盘活船舶资产，缓解资金压力以应对低迷航运形势，交通运输部2012年9月发布《关于融资租赁船舶运力认定政策的公告》（2012年第40号），并在上海试行一年。根据政策实施效果，交通运输部决定将该政策相关内容进行调整后在全国执行，对符合本公告规定的融资租赁船舶，在国际、国内水路运输经营资质管理中，经核准可认定为航运企业的自有运力。交通运输部将有关事项公告如下：

1. 本公告所指融资租赁船舶是指航运企业将已取得国际、国内水路运输经营资格的船舶出售后，以融资租赁方式回租的船舶。

2. 融资租赁出租人应依法取得国家有关部门批准的融资租赁经营资格。

3. 航运企业将已取得国际、国内水路运输经营资格的船舶出售给融资租赁企业，应在交通运输部公布的船舶交易服务机构办理船舶交易手续。

4. 航运企业办理认定融资租赁船舶为自有运力手续时，应提交下列有效证明材料：

(1) 融资租赁船舶的《船舶所有权登记证书》《船舶国籍证书》《船舶检验证书》以及按照有关规定应符合安全和防污染、入级要求的证书。

(2) 融资租赁合同及出租人的融资租赁资格证明文件。

(3)《船舶营业运输证》或《国际海上运输船舶备案证明书》及船舶交易机构出具的交易证明文件。

(4) 认定融资租赁船舶为企业自有运力的权限，与国际、国内水路运输经营资质的管理权限一致。

(三) 交通运输部清理规范水上涉企收费，取消4项监督费用

2013年8月29日，中国交通运输部在新闻发布会上披露，为规范水上涉企收费，交通运输部将取消、免征7类行政事业性收费中的10个具体收费项目，取消或暂停收取4项监管服务性收费。

此次专项清理规范工作涉及的收费项目主要有三大类。

一是行政事业性收费。由航运、港口、航道行政管理部门和海事部门征收。在此次清理规范工作中，共取消和免征7类行政事业性收费中的10个具体项目，即船舶证明签证费、油污水化验费、海事调解费、浮油回收费等。

二是监管服务性收费。指航运企业、营运船舶为了满足水上安全监管和防污染国际公约、法律法规要求，向非政府第三方购买服务而支付的费用。此次专项清理规范工作中共取消或暂停收取4项监管服务性收费。

三是经营服务性收费。指港口企业根据《中国港口收费规则》向航运企业、营运船舶及货物收取的费用。在此次专项清理规范中，交通运输部出台《推进阳光引航提升服务水平工作方案》，规范引航收费，提高港口引航服务水平；规范船舶交易服务机构收费，将船舶交易服务费与船舶交易价格脱钩，改为按次定额收费。

同时，对航运企业所属全资或控股子公司之间因船舶资产划拨涉及所有权变更的船舶，以及对企业兼并重组涉及所有权变更的船舶，免于进场交易；加强船舶代理市场监管，加大监督检查力度，杜绝内贸船舶强制代理问题。

(四) 8月沉没的“海泓达”轮被打捞出水，航道定时炸弹排除

交通运输部上海打捞局历经63个昼夜，战胜重重障碍，终于将8月沉没的“海泓达”轮机舱段主甲板打捞出水。长江口航道一颗“定时炸弹”终于被排除。

2013年8月7日凌晨，装载1.35万t铁矿砂的散货船“海泓达”轮航行至长江口南槽灯浮附近水域时，与一艘外轮发生碰撞，船体破损进水后下沉。南槽灯浮水域历来是航道要冲，是船舶进出长江口的必经之地，沉船严重威胁着长江口海域的通航安全和水域环境。上海打捞局120名施工人员历经两个多月的连续作战，完成了货物打捞和燃油抽取、沉船水下链锯切割等工作。

(五) 农业部：禁止个人新建或购置渔船从事远洋渔业

2013年9月3日，农业部办公厅印发《关于进一步加强远洋渔船更新建造管理工作的通知》，以进一步加强远洋渔船更新建造管理。通知明确不再批准个人新建或购置远洋渔船从事远洋渔业生产，不再批准通过代理或挂靠方式从事远洋渔业生产。

通知要求各省(区、市)渔业行政主管部门和有关单位切实贯彻《国务院关于促进海洋渔业持续健康发展的若干意见》(国发11号)、国务院全国现代渔业建设工作电视电话会议和《农业部关于促进远洋渔业持续健康发展的意见》(农渔发30号)有关精神和要求，加快推进老旧远洋渔船更新，着力提升远洋渔船装备水平，切实做好远洋渔船更新建造管理工作。

考虑到国际组织和部分入渔国配额、渔业资源、市场销售等因素影响，除替代旧船外，通知要求各地不再受理新建金枪鱼、鱿鱼、秋刀鱼、公海拖网、公海围网和印尼阿拉弗拉海作业渔船的造船申请。从作业方式上，通知明确不批准建造双拖网、单船大型有囊灯光围网(三角虎)等作业类型渔船和国际组织及入渔国政府限制或禁止从事渔业生产的渔船，不再批准新建、购置木质渔船和钢丝网水泥渔船。同时，明确不再批准个人新建或购置远洋渔船从事远洋渔业生产，不再批准通过代理或挂靠方式从事远洋渔业生产。

通知还要求，更新建造远洋渔船时被替代的渔船原则上应当开回国内，采取拆解、销毁或用作人工鱼礁等方式进行处理，并对更新建造程序及有关要求进行明确，并要求各省(区、市)渔业行政主管部门加强监管，对不按要求报废拆解旧船或瞒报、谎报有关信息的企业将予以相应处罚。

(六) 最高人民法院司法审查仲裁案件

贸仲委管辖权之争，源自贸仲华南分会于2012年10月22日更名为“华南国

际经济贸易仲裁委员会”,并同时使用“深圳国际仲裁院”的名称。贸仲上海分会2013 年 4 月 17 日更名为“上海国际经济贸易仲裁委员会”,并同时启用“上海国际仲裁中心”的名称。更名有助于当事人在将来约定仲裁条款时对仲裁机构作出明确的选择,但是,更名并未彻底消除三家仲裁机构之间管辖权之争带来的影响。

2013 年以来,江苏、浙江等地出现了仲裁当事人申请法院裁定、不予执行相关仲裁机构的仲裁裁决的案件,当地法院作出的裁定也有所反复,导致当事人对三家机构的管辖权问题,以及法院裁判尺度方面的担心。

2013 年 9 月 4 日,最高人民法院《关于正确审理仲裁司法审查案件有关问题的通知》(法〔2013〕194 号),要求地方各级法院在因上述三家仲裁机构管辖权争议案件引发的仲裁协议效力纠纷案件和撤销、不予执行仲裁裁决案件的司法审查中实施“逐级报告制度”,以统一各地法院的裁判尺度,为当事人提供明确的指引。

(七) 上海海事法院首次举行异地船舶拍卖

2013 年 6 月 26 日下午,上海海事法院首次在连云港派出法庭公开拍卖“凯电”轮。为确保拍卖会的顺利进行,连云港派出法庭做了充分准备,执行局赴现场进行指导,办公室通过微博平台对整个拍卖过程进行同步“微直播”。

(八) 中国豪华邮轮“海娜”号韩国被扣留

在中国航运法治的建设过程中,中国法律、司法将与国外法律、司法经历不断地碰撞。“海娜”号扣押案即为一典型案例。

2013 年 9 月 14 日,我国内地首艘豪华邮轮“海娜”号被韩国济州地方法院扣留。“海娜”号是由海航旅业运营的一艘主要用于旅游的商业邮轮,也是我国目前最豪华的邮轮。“海娜”号邮轮原定于当地时间 9 月 13 日 16 时由韩国济州开往仁川,但在离港时,被济州地方法院扣留。这次扣押事件,起因是江苏沙钢集团有限公司旗下的沙钢船务有限公司因与海航旅业有法律纠纷,向济州地方法院提起申请,法院因此扣押船舶。两家公司的经济纠纷,最后却让 2 300 多人滞留韩国,其中包括 1 659 名来自中国各地的游客。最终,在“海娜”号所属船舶公司向债权人提交 30 亿韩元(约合人民币 1 690 万元)的保证金后,“海娜”号得以离港。

(九) 上海海事局首次完成远海船舶救助清污

2013 年 3 月 19 日凌晨,“达飞佛罗里达”轮在长江口灯船东北约 124 海里处与另一艘外轮相撞,导致船舶的第四、第五两舱破损进水,造成大面积油污泄漏。

事发后,上海海上搜救中心立即启动一级响应,第一时间组织海事、救捞、清污力量，协调 7 艘千吨级船舶和空巡、专业救助直升机等到事故现场救助并开展清污工作，同时成立由船级社专家、船舶通航安全专家、防污染专家等组成的专家组，全面评估船舶受损情况和现场海况。为尽量消除船舶在航行过程中给途经水域造成的溢油污染，10 余艘由海巡艇、救助船、清污船组成的船队不间断伴航，“达飞佛罗里达”轮缓慢行驶，清污船舶紧随其后，将从破损船舱溢出的少量燃油回收处理。

3 月 27 日 12 时 15 分，在东海海域被撞受损的外籍船舶“达飞佛罗里达”轮，由海事巡逻船、专业救助船和清污船等 10 余艘船舶组成的船队护航，顺利靠泊上海洋山港码头。这是我国海事部门首次组织实施的远海船舶救助、清污行动。

根据中国海事局烟台溢油中心等单位为清污工作提供卫星云图和溢油扩散模型，以及海事部门派出密切监视油污扩散趋势的固定翼飞机和直升飞机监测结果显示，目前，事发水域已不见大片油污，“达飞佛罗里达”轮航经水域也无明显污染。海事部门已对此次事故进行调查并启动相关油污索赔工作。

（十）东海救助局的有效应急措施

2013 年，东海救助局根据救助法律法规及其制定的应急措施，成功救助数十艘国内外船舶。例如：2013 年 12 月 2—4 日，东海救助局在长江口鸡骨礁附近海域，成功拖救因故障漂航的柬埔寨籍货船“安洋河”轮，船上 9 名遇险船员安全获救。

2 日上午，东海救助局接报：载有超过 800 t 废钢铁的柬埔寨籍货船“安洋河”轮在由韩国平泽驶往浙江台州途中，在长江口鸡骨礁东北约 70 海里处主机故障失控漂航，船上 9 名船员危在旦夕。

接报后，东海救助局立即调遣“东海救 196”轮前往施救。救助船舶全速航行 10 余小时抵达现场，并在事发位置西南约 7 海里处搜寻到遇险货船。在完成对现场海况的安全评估后，“东海救 196”轮果断对难船实施拖救，并克服天文大潮汛的不利影响，经过连续 20 多个小时的艰苦拖带，于 4 日凌晨将“安洋河”轮安全拖至金塘锚地锚泊，船上 9 名遇险船员随船获救。

又如，2013 年 12 月 6 日，由于受历史罕见雾霾天气的影响，韩国籍集装箱船“MV XIUMEI TIANJIN”轮与满载 67 000 t 矿砂的巴拿马籍货船“JIA LI HAI”轮在浙江宁波至舟山港核心区深水航路定制线 1 号警戒区发生碰撞，“JIA LI HAI”轮机舱货舱进水，两船共计 46 人遇险，事故严重危及浙江宁波至舟山深水航道的通航安全。

接到救助信息后，东海救助局立即调遣在浙江海域待命的“东海救 117”轮前往救助。抵达现场时，“JIA LI HAI” 轮由 4 艘港拖协助航行，“MV XIUMEI

TIANJIN”轮仍斜插在“JIA LI HAI”轮艉部，情况紧急。“东海救117”轮立即对两艘难船实施拖救作业，并慢速拖带遇险船舶前往马屿锚地附近浅水区冲滩。经过2个多小时的拖救，难船被安全拖至浙江马屿锚地浅水区并成功坐滩，两船共计46名遇险船员成功脱险。

(十一) 上海举行首次海陆“雷霆”应急演练行动

2013年6月7日上午9时30分，上海首次海陆“雷霆”应急演练行动拉开序幕，对在青草沙水源保护区邻近水域乱倒渣土等倾废污染海洋环境行为以雷霆万钧的力度严厉打击和整治。

近年来，上海市城市建设过程中产生的工程渣土大都采取外运的方式处置，处置成本较高。一些不法之徒铤而走险，直接将建筑渣土倾倒于长江口水域，谋取不当“暴利”，严重影响了青草沙水源地安全和长江口水域的生态环境，危害到长江深水航道保护及通航安全。

为保护青草沙水源地及长江深水航道安全，提高上海海洋环境保护执法应急处置能力，提升联合海陆空执法协同作战水平，中国海监上海市总队会同市公安局警务航空队、海事局崇明海事处、长江口航道管理局航政管理处、长江航运公安局上海分局水上巡逻警察支队、市海洋环境监测预报中心在长兴岛青草沙水源保护区邻近海域开展了上海首次海洋环境保护联合执法应急演练、集中整治，并期形成联合执法的长效机制。

据介绍，上海市公安局警务航空队会经常在这一带海域上空巡视，发现情况也会及时通知海监执法，打击倾倒渣土和其他废弃物的违法行为。

(十二) 上海自贸试验区对法律服务业的影响

中国(上海)自由贸易试验区于2013年9月29日正式挂牌，标志着自贸区试点正式启动。

2013年10月22日中国(上海)自由贸易试验区仲裁院的揭牌，为涉自贸区商事纠纷提供了便捷的仲裁咨询、立案、开庭审理等仲裁法律服务，这为上海自贸区运行营造了良好的法律氛围。律师也可以更多地介入商事仲裁业务，拓展服务范围。可以预见，自贸区内无论是公司设立的法律文件制作，经营中商务合同的拟定，还是发生争议后的处理，都需要法律服务的协助，这在客观上对律师、公证、调解、仲裁、诉讼等法律专业服务或法律保障的需求会大大提高。

从现实来看，自贸区内可能会涉及一些新型业务，采用新的做法，在法律相对滞后的情况下，律师要更多地帮助企业创建一个法律上可行的框架，拟定具体的合同和配套文件，比如金融衍生品业务，非进出口企业与自贸区外企业的商品交易、融资租赁业务、离岸金融、离岸贸易，此外像增值电信、游艺设备国内市场销售、工程设计、娱乐场所经营等受一定限制的业务，一些当事人不一定了解法律、法规的要求，律师应发挥专业特长，为当事人提供法律咨询、法律文件制作、法律评估等的帮助。

五、航运人才服务

(一) 上海海事大学成为决策咨询研究基地

2013 年 1 月 22 日，上海市政府发展研究中心与上海海事大学联合成立决策咨询研究基地，并在基地内设立上海社会调查研究中心上海海事大学分中心。

研究基地坚持"需求导向、全面开放、深度融合、创新引领"的基本原则，以解决上海国际航运中心建设中的理论与实践问题为研究目的，努力成为"思想库""信息库""人才库"和"智囊团"。

(二) 上海海事局与复旦大学签署战略合作协议

2013 年 4 月 11 日，上海海事局与复旦大学战略合作签约仪式在复旦大学光华楼举行。该协议的签字，正式拉开了双方建立长期、紧密、稳定合作伙伴关系的序幕。

仪式上，复旦大学副校长林尚立教授表示，复旦大学将与上海海事局紧密合作，在海洋战略、海洋政策、海洋安全等方面开展研究，共同构建一个面向上海、全国乃至全球的开放型研究合作平台。

徐国毅局长在讲话中指出，双方有着良好的合作基础，有着共同的发展愿景，有着深化合作、促进交流、共进双赢的现实需求，应当借助战略合作平台，利用各自优势，在支持海事依法履职、服务上海地方经济发展、助推国家海洋发展战略等层面开展紧密合作。

随后，双方与会的领导、专家分别就保障海上运输安全、保护海洋环境、履行海事国际公约、国内海事立法等议题进行了重点发言和自由讨论。

上海海事局与复旦大学的战略合作将结合海事管理的实践经验和高等学府的理论研究，深入探索"海洋强国"战略的时代内涵，着力于建立并完善双方交流机制，有重点地开展课题研究，形成丰富的成果体系，力争为国家海洋事业的发展提供有效的政策建议，共同营造一个具有上海特色、更具国家情怀的海洋研究中心。

（三）世界海事大学在沪首推航运金融高级研修班

2013年5月31日，由世界海事大学、上海海事大学合办的首期航运金融研修班在沪正式开班。

据了解，此次研修班教师队伍由来自世界航运金融领域的知名专家、学者组成，代表着国际航运金融教育的最高水平。首批学员均是中远集团、中海集团、浦发银行等多家航运和金融相关机构的高层管理人员。在为期7个月的课程中，各专家将每个月围绕一个主题讲授课程，课程均为定向设计，以实际工作能力为培养目标。其间，还举办国际、国内业界专家讲座。

为了使学员能更好地完成教学课程，研修班还为每位专家配备一名上海海事大学有博士学历且有留学经历的青年教师作为助教，协助师生更好地完成教与学。

（四）上海市建设交通委与上海海事大学签订战略合作协议

2013年6月18日，上海市建设交通委与上海海事大学正式签订战略合作协议。

市建设交通委表示，上海国际航运中心建设在各方面已经取得了不少成绩，但中国建设航运强国、上海建设国际航运中心的空间和潜力依然巨大，对各类航运人才和知识服务依然存在巨大的需求。上海海事大学的优势学科和特色专业与上海国际航运中心建设高度相关，在人才培养和知识服务上为上海国际航运中心建设提供了有力支撑。

此次双方签订战略合作协议，将有利于提升市建设交通委在航运领域的决策能力和上海海事大学的研究咨询能力和创新能力。双方将共同努力推进上海国际航运中心建设，提升航运软实力，增加国际航运话语权。

（五）国际海事教师联合会上海中心揭牌

2013年12月3日，国际海事教师联合会上海中心正式揭牌。这是继波罗的海航运公会、波罗的海航运交易所、美国保赔协会之后，第四家把上海浦东作为长期发展基地的重量级国际航运功能机构。

国际海事教师联合会是国际海事组织的正式咨询机构，是目前国际海事教育界最重要和最具影响力的学术机构之一。该组织致力于海事教育和培训研究，参与国际海事组织决策文件的起草、修订和参会讨论，并在整个过程中享有重要发言权。国际海事教师联合会上海中心的设立，显示了我国高等海事教育在全球海事教育界的地位和实力，将对发展我国航运事业、推动上海国际航运中心建设产生深远影响。

（六）上海高级国际航运学院成立

2013年12月6日，以“打造高端航运服务人才智库”为目标的上海高级国际航运学院在上海海事大学宣布成立。

作为培养航运服务业高级管理人才、支持上海航运中心建设的战略决策，上海海事大学于2012年11月开始筹建上海高级国际航运学院。截至目前，学院已与剑桥大学、伦敦城市大学卡斯商学院、格林威治大学海事研究所、南安普顿大学、普利茅斯大学等国际知名高等学府沟通并与部分教授签订授课与合作协议。

学院今后将在航运金融、邮轮管理、国际航运管理、航运物流、航运法律与管理等相关专业开设硕士和博士学位课程，着力打造国内领先、国际知名的航运金融教育品牌。

作为国内唯一的航运金融类EMBA教育基地，该学院将充分利用上海区位等优势和上海自贸区建设的契机，突出“高端化、国际化、开放型、服务型”等特点，构筑具有影响力的航运高端人才输出基地，以满足上海乃至全国航运金融业发展的需要，助推上海形成优质高效的现代航运金融服务环境。

六、交流活动及会议

（一）伦敦海事仲裁员协会与上海国际航运研究中心联办的《艰难市场时代下的仲裁》国际研讨会圆满举行

2013年4月15日，伦敦海事仲裁员协会（LMAA）与上海国际航运研究中心（SISI）在上海成功举办主题为《艰难市场时代下的仲裁》国际研讨会。

LMAA主席CHRIS FYANS，秘书长IAN GAUNT和决策组成员CLIVE ASTON亲赴上海，针对其仲裁的国际海商海事案件发表了四篇主旨演讲，为中国航运企业，特别是造船企业，答疑解惑，同时也向中国企业显示了伦敦仲裁的实力与魅力。四篇主旨演讲分别是：

（1）LMAA历史发展的启示及其对现代航运市场争议解决机制的贡献；

（2）反映艰难市场时代的近期期租案例；

（3）造船合同纠纷中存在的问题；

（4）艰难市场时代下仲裁之实践建议。

与会者多达230余位，来自全球20多个国家。会议期间，上述LMAA资深仲裁员与参会者进行互动交流，逐一解答参会者的问题。

此次会议是在LMAA与SISI以及上海仲裁委员会于2012年4月签署的《合

作备忘录》的框架下结出的硕果，凝结了 SISI 对打造适合上海国际航运中心发展软环境的贡献。

（二）中国审判理论研究会海事海商审判理论专业委员会 2013 年年会暨“现代海洋经济发展与海事司法服务保障”研讨会在上海召开

2013 年 6 月 28 日，中国审判理论研究会海事海商审判理论专业委员会 2013 年年会暨“现代海洋经济发展与海事司法服务保障”研讨会在上海召开。最高法院副院长、中国审判理论研究会副会长江必新出席会议并讲话，上海市副市长姜平，上海高院代院长、海事海商审判理论专业委员会主任崔亚东，中国应用法学研究所所长、中国审判理论研究会秘书长孙佑海出席会议并致辞。会上，上海海事法院院长、海事海商审判理论专业委员会副主任应新龙宣读了会议获奖论文表彰决定。随后举行了颁奖仪式。来自全国海事审判系统的代表和海商法研究领域的专家就“航运交易创新与海事司法规制”“海洋生态建设与海事司法保护”“海事纠纷解决机制的创新与完善”等议题展开研讨。最后，最高法院民四庭副庭长、海事海商审判理论专业委员会秘书长王彦君作了会议总结。

（三）第四届国际航运战略发展研讨会暨 2013 陆家嘴航运论坛召开

第四届国际航运战略发展研讨会暨 2013 陆家嘴航运论坛于 2013 年 9 月 16 日开幕，共有来自中国、英国、美国、新加坡、挪威、瑞士、德国、希腊、韩国、巴西、尼日利亚、日本、巴拿马、加拿大、孟加拉、土耳其、印度尼西亚、哥伦比亚、加拿大、俄罗斯以及意大利的近 800 位代表参加本次峰会。

论坛 16 日下午的议程紧紧围绕着上海航运服务业的建设和航运风险的管理，通过对比分析和研究全球各航运中心的航运集聚的政策和环境，为上海的国际航运中心建设出谋划策。通过基于波罗的海交易所 BDI 的人民币远期运费协议的交易的分析和探讨，为行业客户提供一个风险管理的重要工具。论坛 17 和 18 日的议程围绕着航运市场展望、新市场新机遇、航运金融等展开。

（四）长江流域主要地区航运统计工作交流会

2013 年 5 月 29—30 日，上海市统计局组织召开长江流域主要地区航运统计工作交流会。国家统计局服务业司、上海国际航运中心建设推进办以及江苏、浙江、湖北、重庆等四省一市统计局、交通厅和上海市交通港口局等部门出席会议。

会上，市局工交处介绍了上海国际航运中心建设统计工作开展情况，与会各省市分别交流了各自省市开展航运统计工作的现状和经验，并对完善长江流域主要地区航运统计信息交流机制提出相关建议。国家统计局服务业司、上海国际航运中心建设推进办等部门高度评价上海国际航运中心建设统计工作和长江流域主要地区航运统计信息交流机制，指出这是统计部门适应我国经济转型发展的创新之举，对建设上海国际航运中心、服务长江流域区域经济、完善国家交通运输统计方法制度均具有十分重要的意义。

此次会议的召开标志着长江流域主要地区航运统计信息交流机制已正式建立。

（五）上海市公安局、上海市司法局、上海市律师协会签署合作框架协议

2013 年 6 月 13 日下午，上海市公安局、上海市司法局、上海市律师协会合作框架协议签约仪式暨 2013 年度三方协作会议在上海市律师协会举行。

会上，三方签署了合作框架协议，旨在进一步规范律师执业行为，保障律师执业权利，进一步加强公安机关执法能力，保障刑事诉讼活动的正常进行，积极践行公安机关管理机制创新工作理念。根据协议内容，市公安局和市律师协会每年将就共同关注的有关法律实施、重大政策以及社会管理等方面的热点、难点、新类型问题适时沟通交流，共同开展调查研究，并根据需要不定期召开工作会议；聘任公安民警担任律师执业维权顾问，聘任律师担任公安执法监督员；建立本市区（县）律师工作委员会与区（县）公安分局律师人身权保护联动处理机制。市公安局与市律师协会共同规范和保障律师参与刑事诉讼活动的各项合法权利。

良好法治环境的营造离不开公安、法院、检察院、司法局和律师的共同努力。合作框架协议的签署，实现了律师协会和本市的公、检、法在组织层面，全面建立沟通渠道和合作平台的目标。这为今后律协相关工作的开展，为律师更深入地服务法治，服务社会奠定了基石，提供了支撑。

此次合作协议确定的几项工作机制，既有利于维护律师执业权利，又有利于公安机关更好地承担起社会公共管理、公共服务的责任，对确保法律的实施，更好地维护当事人的权益有积极意义，也有利于共同建立一个高效、公正的司法环境。

（六）上海市法学会举行“2013 上海航运法治论坛”

为配合上海国际航运中心建设，着力研究并解决其中遇到的重点、难点法律问题，“2013 上海航运法治论坛”于 7 月 2 日下午在青松城大酒店举办，来自本市法学院校、司法和行政部门、航运企业、法律服务机构的专家学者近 200 人参加论坛。

本届论坛由上海市法学会主办，以“上海国际航运中心国际化进程中的法制建设”为主题。本次论坛的议题：一是上海国际航运中心建设的法律政策问题；二是

上海国际航运中心建设的法律实务问题。

6位嘉宾结合航运法治热点问题发表了真知灼见，内容涉及基地航空公司的法律地位与国际航运中心建设、全球四城市航运经纪公司的税收制度比较、我国发展邮轮产业的若干法律问题、货代企业执业过程中的法律困惑与应对、旅客权益保护与航运安全秩序维护的平衡以及完善海事保全制度服务航运中心建设等。

上海海事大学於世成书记指出，上海国际航运中心建设既需要相关法律的完善与修改，又涉及国际化人才的储备，包括通晓外语和法律的法官、律师、仲裁员及有国际影响力的专家学者等。这些因素决定了上海国际航运中心法制环境建设是一个长期积累的过程，国际航运中心建设任重而道远。

（七）香港旗船海员劳动法规研讨会在沪举行

2013年11月20日，由香港海员工会、中国海事仲裁委员会上海分会、大连国际海事技术服务有限公司、华洋海事中心共同主办的“香港旗船海员劳动法规研讨会”在上海顺利举行。来自海事局、海员工会、船员外派机构、院校、海事律师所等单位的80多名代表参加了此次会议，中央人民政府驻香港特别行政区联络办公室也派代表参加。

随着经济的发展，伦敦、香港等航运集聚中心已经难以觅得本土海员。中国大陆海员的加入壮大了有优良传统的香港海员队伍。香港旗船海员与大陆有着非常密切的联系。

有数据统计，中国已成为世界第一的海员输出国，但是，海员的社会地位近年来却不尽人意，海员逐渐成为弱势群体，合法权益亟待保护。上海作为中国海员输出的重地，肩负着国际航运中心国家战略的重任，其中保护海员利益，让船员光荣体面地工作也是建设国际航运中心的一个重要方面。

2013年，香港海员工会与中国海事仲裁委员会上海分会签订合作协议，全面推动香港旗船海员劳务争议，包括：在港外籍船员的劳务争议提交上海海事仲裁，为海员提供争议解决保障机制，提升上海航运中心软环境建设，扩大上海海事仲裁影响力。这种合作模式将会成为沪港合作的良好典范。香港海员工会还将与海仲进一步合作，探索基于上海自贸试验区负面清单，在沪实施海员的直接招聘，为大陆海员提供更多工作机会。

因此，本次研讨会对于深入了解《2006年海事劳工公约》（MLC 2006）和香港海员劳动法，公平、公正地保护中国海员群体合法权益有着重要意义。

（八）上海海事仲裁院第八次专家咨询委员会扩大会议召开

2013年9月5日，上海海事仲裁院第八次专家咨询委员会扩大会议顺利召开。会上，蔡鸿达秘书长汇报了中国海事仲裁委员会上海分会2013年1—8月的工作情况，专家们就中国（上海）自由贸易试验区的作用、标准合同起草工作、上海海事仲裁院下半年的工作重心及安排等问题进行了热烈讨论。

与会专家认为中国海事仲裁委员会在上海自贸试验区中大有可为，需要积极创新；肯定了《航运标准合同系列（上海格式）》的起草工作，并建议海仲加快研究制订第二分册；肯定了中国海事仲裁委员会上海分会在诉调对接方面做出的工作，并建议中国海事仲裁委员会继续做好制度创新。

会议披露，截至2013年8月31日，中国海事仲裁委员会上海分会受理案件共计71件，争议标的金额为8.33亿元。涉外案件21件，涉及加拿大、日本、新加坡、美国、印尼、越南、德国、利比里亚以及中国香港和中国台湾等11个国家和地区。其中，海事侵权案件12件，海商合同案件59件，结案30件。

上海海事法院转交的诉调对接案件32件。已结案的有19件，14件调解成功，成功率为74%。诉调对接案件增幅显著。

（九）《船舶油污损害赔偿基金征收使用管理办法实施细则》研讨会召开

2013年10月12日，交通运输部在上海组织召开《船舶油污损害赔偿基金征收使用管理办法实施细则》（征求意见稿）研讨会，邀请了国内主要石油公司、航运企业、保险公司、海事院校、律师界等30余名代表出席，以听取各相关单位、部门的意见，进一步完善该实施细则。

2010年以来，国务院法规《防治船舶污染海洋环境管理条例》和交通运输部配套部令相继出台，这标志着由“防、治、赔”三个环节组成的我国船舶防污染管理法律体系已基本建立。随着2012年财政部、交通运输部《船舶油污损害赔偿基金征收使用管理办法》（下简称《办法》）的实施，作为该体系最后一个组成部分的“船舶油污损害赔偿基金制度”也已初步开始运作。为贯彻执行《办法》，进一步规范船舶油污损害赔偿基金征收和使用工作，交通运输部、财政部在征求各界意见的基础上，起草了《船舶油污损害赔偿基金征收使用管理办法实施细则》（征求意见稿）。

会上，起草组人员就该实施细则的起草过程和主要内容作了简要介绍。与会代表围绕基金征收和使用工作中的重点、难点问题进行深入探讨，针对船载持久性油类范围的明确、免征具体情况的确定、如何避免对同一货主重复征收基金、基金赔偿范围和标准的细化、索赔人的基本权利和义务赋予、理赔事务机构民事地位的明确等内容提出很多实用性建议。在群策群力下，对《船舶油污损害赔偿基金征收使用管理办法实施细则》进行了全面修改完善。

本次研讨会上与会代表提出的意见和建议对完善《船舶油污损害赔偿基金征收使用管理办法实施细则》具有很好的参考意义，财政部将会同交通运输部继续做好该实施细则的进一步修订工作，争取早日出台。

（十）中国港航发展论坛关注“转型合作”

2013年10月30日，以“转型”“合作”为主题词的2013中国港航发展论坛举办，400余位国际知名港航企业家、高管和国内各大港口、航运集团精英，以及港航权威研究咨询机构专家齐聚上海，都将“转型合作”视为港航业应对后金融危机时代发展自救的最有效途径。

2013年第三季度，港口、航运指数纷纷企稳回升，仿佛看到了新一轮港航发展的“曙光”。面对回暖信号，中国航海学会理事长、中国港口协会名誉会长徐祖远表示：中国港航业发展一定要有“大港口、大路网、大物流”的意识；调整“大港口”的发展，不仅要加快推进综合运输和临港产业园的建设，推进物流园的延伸与发展，继续推进口岸便利化，还要加强口岸单位之间的信息共享，提高中国外贸的竞争力，大力发展现代港口的服务业，推进港航共建，立志于培育共同市场，深化信息、资本和新的领域的合作，实现合作共赢。同时，加快建设绿色港口，利用先进技术和管理手段提升港口的综合优势。

论坛上，参会代表主要围绕全球经济、港航发展的趋势，联动发展，转型升级等热门话题各抒己见，一同探讨热点问题，擘画港航业与临港经济的发展方略。

论坛期间还举办了配套展示会，即“中国港口航运物流展览会”，为国内外港航企业、物流企业和相关设备制造与供应商搭建交流互惠平台。

（十一）中国-东盟海事磋商机制第九次会议召开

2013年11月7—8日，中国-东盟海事磋商机制第九次会议在上海召开。会上，各方围绕《2006年海事劳工公约》《压载水公约》以及海事技术合作和能力建设等议题开展研讨，并将积极探讨加强双方互联互通合作的方式。

中国-东盟海事磋商机制建立于2005年10月，迄今已经连续召开9次会议，这一机制已经成为中国和东盟国家在海事领域交换信息、分享经验和加强合作的重要平台。会议的议题涉及当前海上航行安全、海洋环境保护的各个方面，涵盖航运中的船员培养、船舶设计及建造、船舶安全检查、事故应急反应等各个环节。

此次会议讨论的一项重要内容是《2006年海事劳工公约》的履行。该公约在

2013年8月20日正式生效，这意味着全球海员将受到统一的海事劳工标准的保护，全球的船舶所有人将在统一的船舶工作和生活条件下公平竞争，这将成为国际航运业发展历程中的一件具有重要历史意义的事件，对于海员权益维护、船舶所有人公平良性竞争、整个航运业的健康持续发展，都将发挥积极的促进作用。在公约生效至会议召开将近2个月的时间里，各个成员国都给予了高度的重视，船旗国的检查发证机制开始启动运作，港口国监督网络也不断加强。中国政府也在过去的一年里，一方面继续大力推动公约在国内的实施，另一方面加快推进批约进程。

会议还讨论了《压载水公约》、海事技术合作和能力建设等问题。

（十二）航海学会年会热议海洋强国战略

2013年11月15—16日，中国航海学会学术年会在上海海事大学举行。

与会专家围绕海洋强国战略、北极航运、水运技术与应用、海事管理与安全保障、船舶操纵技艺与实践等议题进行交流和发言。

中国航海学会理事长徐祖远表示，希望广大航海科技工作者借助航海学会年会，进一步对航海技术、航运政策、安全管理等问题进行深入研究和广泛交流，更好地服务航海经济、服务航海科技事业，不断增强航海学会在国际航海科技界的影响力。

（十三）公安、检察机关联合召开服务上海自贸区建设法治研讨会

2013年11月21日，由上海市检察官协会、上海市虹口区人民检察院、上海港公安局、上海市公安局水上公安局联合举办的“服务上海自贸区建设法治研讨会”在上海港公安局洋山分局召开。

研讨会上，虹口区人民检察院分别与上海港公安局、上海市公安局水上公安局签订了关于加强协作配合服务、保障自贸区建设的工作协议。按照协议要求，双方将共同加强自贸区内航运领域刑事案件的打击与防范工作，重点打击航运金融、航运物流、航运服务领域的合同诈骗、票据诈骗、信用证诈骗、洗钱、骗取出口退税、侵犯知识产权犯罪等新型刑事案件。双方还将建立自贸区内航运领域重点案件优先快速办理机制。公安机关对于辖区内发生的影响较大的突发性或群体性案件、涉外案件、定性和取证方向存在较大争议的重大疑难案件等，及时通知检察机关，检察机关主动加强提前介入、引导取证工作，协助配合公安机关做好释法说理工作，共同妥善处置社会矛盾，维护自贸区内航运领域安全稳定。

研讨会后，虹口区人民检察院和上海港公安局、上海市公安局水上公安局将积极做好两个探索：一是公安机关与检察机关探索建立自贸区内航运领域专项工作

信息平台,实现信息联通、资源共享;二是探索建立自贸区内航运领域刑事案件年度综合报告制度,研究航运、金融领域引发犯罪的薄弱环节和突出问题,探寻行业监管可能存在的制度缺漏,完善自贸区内航运领域的航运、金融制度。

(十四)国际海上人命救助联盟亚太交流合作中心第一届理事会在沪召开

2013 年 12 月 9 日,国际海上人命救助联盟(IMRF)亚太交流合作中心(APRC)第一届理事会在沪召开。

会上,亚太中心副主任章荣军汇报了亚太中心章程和在沪注册登记相关工作情况,总结了亚太中心 2013 年工作情况,并提出 2014 年工作计划和财务预算方案。听取汇报后,各位理事就各项提议进行研讨,通过了亚太中心的组织章程和财务预算方案,决定加快亚太中心在沪登记注册工作,并对 2014 年 9 月在新加坡召开的 IMRF 亚太地区第二次发展会议、2014 年亚太地区海上搜救业务培训班等重点工作进行研究和部署。理事会还在明确部救捞局和东海救助局继续对亚太中心提供经费支持的同时,对亚太中心尽快制定具体筹资策略和方案、加快建立与亚太地区国家相关救助机构的沟通联系等提出要求。

2013 年,亚太交流合作中心在港承办了首次亚太地区发展会议,在深圳举办了首届海上搜救业务培训班,并受联盟委托派员赴新加坡出席了 2013 年亚洲海上人命救助大会,亚太中心在全力开展对外工作的同时,也不断加强内部工作机制的建立和完善,这对推动区域性海上搜救国际交流与合作起到了积极的促进作用。

七、小结

尽管 2013 年的航运界依旧避不开“运力过剩”“市场低迷”等字眼,但上海还是交出了满意的航运法治发展问卷。在各界的共同努力下,上海市获得了多项突破。上海自由贸易试验区的设立和建设,将为航运业的发展提供更有利的政策环境和发展机遇。

当然,我们应当清醒地认识到,相对于领先于全球的硬件设施而言,上海在发展航运的软环境方面,特别是在航运法治文化建设、航运法律服务提供、航运人才培养等方面还有很大的提升空间。新兴的航运业态、航运企业和现代航运服务产品难以找到与之匹配的法律与政策、市场规则、运作平台及专业人才,新的航运产品的运用还有待与国际接轨。但我们坚信,上海将在第一个国际航运中心建设五年计划中完成航运法治软环境的顶层设计。

第六章 展 望

建立中国(上海)自由贸易试验区的目的之一是扩大开放,鼓励外国资本、货物、技术、数据信息、人才自由进入中国各行各业,特别是航运、金融、商贸、文化、社会等专业服务领域,形成与上海国际航运、金融、贸易、经济中心建设相适应的政策法律制度,以促进"四个中心"的早日建成。2013 年 9 月 29 日,上海市人民政府发布的自由贸易试验区首张负面清单是自贸区建设起飞的浓缩版。该张负面清单将之前成千上百条的限制禁止外商投资措施缩减到 190 条,其中与航运业有关的主要有 15 条。我们承认首张负面清单具有里程碑作用,但同时认为该 190 条限制禁止措施,特别是与航运业有关的措施可予以进一步缩减,甚至是完全除去。以下稍作分析,供大家商榷。

第 C351(1),C351(2),C433(3)项,限制外商投资(深水)海洋工程装备(包括模块)设计、制造与修理。当前,(深水)海洋工程及所含机械设备的设计、建造、监造、运营的关键技术(包括专利)均掌握在新加坡、日本、北欧、北美等国家和地区的公司手中。这些外国公司因担心技术外泄,通常不愿与其他公司合资。我国深水海洋工程业尚在起步阶段,而国家又急需(深水)海洋工程设备来勘探、开发自然、海洋资源。在此背景下,限制外商投资(深水)海洋工程领域将不利于外国相关公司"携技术、数据信息、人才"进入中国市场,以解我国燃眉之急。我们建议允许外商在自贸区设立独资公司,经营有关(深水)海洋工程及所含设备的设计和其他相关业务,以便我国公司、技术人员有机会"渗透"从而获得国际一流技术、经验。

第 C373(1),C373(2)项,限制外商投资船舶低中速柴油机及相关曲轴、零部件的设计、制造。中国已是低中速柴油机制造大国,但远非制造强国。国产的低中速柴油机油耗大、功效差、不环保,究其原因在于设计落后,中国企业输在第一步上。在国际海事组织不断制定公约"强行鼓励"绿色、低碳、少排放船舶的背景下,国产低中速柴油机几乎没有立足之地。放眼全球,低中速柴油机的关键技术(包括专利)都掌握在北欧等国家和地区的公司手中。这些外国公司因担心技术外泄,通常不愿与其他公司合资。若限制外商投资船舶低中速柴油机产业,则将导致中国市场竞争不充分,国内企业继续闭门造车,导致夜郎自大的局面。我们建议允许外商在自贸区设立独资公司,经营低中速柴油机及所含设备的设计、制造和其他相关业务,以便我国公司、技术人员"渗透"获得关键技术。

第 C373(1)项,限制外商投资邮轮、游艇制造。随着我国经济的持续发展,邮轮、游艇产业将成为重装备(船舶)制造业中的支柱产业,亦将成为我国旅游业、建筑业、零售业、娱乐业的主要发展载体之一。我国邮轮、游艇制造业起步很晚,当前我国制造厂商只能生产初级产品——低技术、低附加值、低价邮轮、游艇。高端舰艇的设计、制造均掌控于德国、意大利、美国、日本等国的公司手中。这些外国公司因担心技术外泄,通常不愿与其他公司合资。有鉴于此,我们建议允许外商在自贸区设立独资公司,经营邮轮、游艇设计、制造和其他相关业务,以便加速我国游艇(制造)业的发展。

第C373(3),C373(4)项,限制外商投资船舶(包括分段、船舶舱室机械)设计、制造与修理。在普通船舶(如散货船、中小型集装箱船、小型油轮等)设计、制造与修理领域,中国企业已达到世界水平,并正在"享受"国际市场的自由竞争,无需通过限制外资来"保护"我国企业。在非普通船舶(如大型集装箱船、中大型油轮、液化气船、邮轮等)领域,限制外资进入将延迟中国企业与国际水平接轨。外国公司因担心技术外泄,通常不愿与其他公司合资。所以,只有先允许外国公司独资,将其引入中国,然后通过人才雇佣、商业合作等手段获得世界级技术和人才。

第G551/G552项,限制外商投资国际海上运输业务。国际大型航运公司一般都为家族企业(如世界第一大集装箱运输公司——马士基),在扩张海外业务时通常不愿与当地航运公司合资或合作。既然已允许外国航运公司在自贸区设立由其控股的合资公司(理论而言外国公司可控股至99.99%),不如索性在迈一小步而彻底开放,允许外国航运公司设立独资公司。99.99%与100%的区别不大,但将足以显示中国开放的诚意、海纳百川的气度。

第G553(1)项,限制外商投资国际海运货物装卸、集装箱场站、堆场业务。国际货物装卸是国际海上运输的辅助行业。上海正在大力发展集装箱拼箱中转运输产业,无论是水水中转还是水路中转,此时允许外商无限制投资国际海运货物(集装箱)装卸领域正逢其时。一方面,完全开放可吸收国际先进管理技术、操作规程、服务规范;另一方面,完全开放可将国内装卸、堆场、场站服务企业推到世界竞争的第一线,以便它们早日具备提供全球物流服务的能力。

第G553(2)项,限制外商投资船舶代理业务。船舶代理是国际海上运输的辅助行业。既然国际海上运输业都可完全对外开放,实在找不出限制外商投资国际船舶代理业务的理由。再者,《国际海运条例》早已允许外国航运公司在华设立独资船务公司,为本公司所有、租用船舶提供代理服务,继续限制外商投资该领域已失去实质意义。

第G553(3)项,限制外商投资外轮理货业务。外轮理货是国际海上运输的辅助行业。既然国际海上运输业都可完全对外开放,实在找不出限制外商投资外轮理货业务的理由。在业界，早已有众多外国公司在华设立货物检验公司，开展与理货有关或相近的业务，继续限制外商投资该领域已失去实质意义。

第J66(2)项，限制外商投资保险中介机构（包括经纪人、代理人、公估公司）。国际航运业的发展离不开航运保险（航运金融三大领域之一）。在国际市场上，航运企业与保险机构的接触、协商、订立、履行合同、理赔、核赔、争议解决都是通过保险中介机构（特别是保险经纪人）完成的。保险中介机构还是保险产品创新的源泉。航运保险中介市场（航运保险市场的分市场）应是一个完全开放、竞争的市场，以便保险需求、资源能够以最佳状态配对。上海正在打造国际、国内、离岸保险市场（包括航运保险市场），需要汲取国际技术、人才、经验，此时限制外商投资保险中介机构行业显得不合时宜。我们认为在此方面，可让市场决定一切。

第J66(5)，L721项，限制外商投资设立融资租赁、投资性公司。国际航运业发展与创新的引擎是航运金融。船舶融资是航运金融的主干。在当前国内外航运市场持续低迷的背景下，传统船舶融资工具中的船舶融资租赁渐成中流砥柱，而在新型工具中私募（中介组织富人组建航运投资公司）已崭露头角。上海正在打造国际、国内、离岸金融市场，需要汲取国际技术、人才、经验，此时给外商投资建立融资租赁、投资性公司设置任何障碍都将拖住金融改革的步伐。我们认为在此方面，可让市场决定一切。

第L722(1)，L722(2)，L723(2)，L729项，限制外商投资律师、市场调查、评级服务领域。航运业的持续、健康发展离不开中介机构。除航运经纪人（包括航运保险经纪人）外，律师、市场调查公司、评级服务公司等都是不可或缺的市场催化剂、润滑剂。国内航运市场缺乏懂国际市场、惯例、法律、语言的“四懂人才”，亦缺乏具有全球侦测系统的调查、评级公司，这严重阻碍了上海航运、金融双中心的建设。在业界，早已有众多外国公司在华设立商务咨询公司，开展与调查、评级相关的业务。有鉴于此，我们认为应借自贸区的建设春风，毫无限制地欢迎国外律所、市场调查、评级服务公司进入中国市场。

航运业是中国最为开放、与国际最为接轨的产业，我国所制定的航运政策法律在世界范围内处于相对领先地位。中国（上海）自由贸易试验区的建设让我们对航运业进一步开放抱有无限希望，也给了我们对航运业彻底开放的无限遐想。我们甚至考虑建议中央、上海政府制定“航运政策法律负面清单”：除非必要，并经全国人大或上海人大确认，停止在自贸试验区内施行一切限制外资、民资进入航运业的行政法规、部门规章、地方法规、地方政府规章及其他法律性、规范性文件。我们所做的上述“彻底开放”建议可能会给国内航运及相关产业带来一定的负面冲击，但它将打破不必要的“市场垄断”“市场保护”“市场补贴”，促进国内航运产业与国际市场的完全接轨，以获得可持续的中高速发展。我们相信上海能借自贸区建设春风，在2020年前后实现“中国航运梦”，建成国际航运中心，并同时构建完成适合航运市场健康发展、航运企业茁壮成长、航运产品不断创新的航运法治环境。

航运政策与法律发展白皮书编写组
上海国际航运研究中心政策与法律研究所
二零一四年一月一日

附录一

中国(上海)自由贸易试验区总体方案

建立中国(上海)自由贸易试验区(以下简称试验区)是党中央、国务院作出的重大决策,是深入贯彻党的十八大精神,在新形势下推进改革开放的重大举措。为全面有效推进试验区工作,制定本方案。

一、总体要求

试验区肩负着我国在新时期加快政府职能转变、积极探索管理模式创新、促进贸易和投资便利化,为全面深化改革和扩大开放探索新途径、积累新经验的重要使命,是国家战略需要。

(一) 指导思想

高举中国特色社会主义伟大旗帜,以邓小平理论、"三个代表"重要思想、科学发展观为指导,紧紧围绕国家战略,进一步解放思想,坚持先行先试,以开放促改革、促发展,率先建立符合国际化和法治化要求的跨境投资和贸易规则体系,使试验区成为我国进一步融入经济全球化的重要载体,打造中国经济升级版,为实现中华民族伟大复兴的中国梦作出贡献。

(二) 总体目标

经过两至三年的改革试验,加快转变政府职能,积极推进服务业扩大开放和外商投资管理体制改革,大力发展总部经济和新型贸易业态,加快探索资本项目可兑换和金融服务业全面开放,探索建立货物状态分类监管模式,努力形成促进投资和创新的政策支持体系,着力培育国际化和法治化的营商环境,力争建设成为具有国际水准的投资贸易便利、货币兑换自由、监管高效便捷、法制环境规范的自由贸易试验区,为我国扩大开放和深化改革探索新思路和新途径,更好地为全国服务。

(三) 实施范围

试验区的范围涵盖上海外高桥保税区、上海外高桥保税物流园区、洋山保税港区和上海浦东机场综合保税区等4个海关特殊监管区域，并根据先行先试推进情况以及产业发展和辐射带动需要，逐步拓展实施范围和试点政策范围，形成与上海国际经济、金融、贸易、航运中心建设的联动机制。

二、主要任务和措施

紧紧围绕面向世界、服务全国的战略要求和上海“四个中心”建设的战略任务，按照先行先试、风险可控、分步推进、逐步完善的方式，把扩大开放与体制改革相结合、把培育功能与政策创新相结合，形成与国际投资、贸易通行规则相衔接的基本制度框架。

（一）加快政府职能转变

1. 深化行政管理体制改革。加快转变政府职能，改革创新政府管理方式，按照国际化、法治化的要求，积极探索建立与国际高标准投资和贸易规则体系相适应的行政管理体系，推进政府管理由注重事先审批转为注重事中、事后监管。建立一口受理、综合审批和高效运作的服务模式，完善信息网络平台，实现不同部门的协同管理机制。建立行业信息跟踪、监管和归集的综合性评估机制，加强对试验区内企业在区外经营活动全过程的跟踪、管理和监督。建立集中统一的市场监管综合执法体系，在质量技术监督、食品药品监管、知识产权、工商、税务等管理领域，实现高效监管，积极鼓励社会力量参与市场监督。提高行政透明度，完善体现投资者参与、符合国际规则的信息公开机制。完善投资者权益有效保障机制，实现各类投资主体的公平竞争，允许符合条件的外国投资者自由转移其投资收益。建立知识产权纠纷调解、援助等解决机制。

（二）扩大投资领域的开放

2. 扩大服务业开放。选择金融服务、航运服务、商贸服务、专业服务、文化服务以及社会服务领域扩大开放（具体开放清单见附件），暂停或取消投资者资质要求、股比限制、经营范围限制等准入限制措施（银行业机构、信息通信服务除外），营造有利于各类投资者平等准入的市场环境。

3. 探索建立负面清单管理模式。借鉴国际通行规则，对外商投资试行准入前国民待遇，研究制订试验区外商投资与国民待遇等不符的负面清单，改革外商投资管理模式。对负面清单之外的领域，按照内外资一致的原则，将外商投资项目由核准制改为备案制（国务院规定对国内投资项目保留核准的除外），由上海市负责办理;将外商投资企业合同章程审批改为由上海市负责备案管理,备案后按国家有关规定办理相关手续;工商登记与商事登记制度改革相衔接,逐步优化登记流程;完善国家安全审查制度,在试验区内试点开展涉及外资的国家安全审查,构建安全高效的开放型经济体系。在总结试点经验的基础上,逐步形成与国际接轨的外商投资管理制度。

4. 构筑对外投资服务促进体系。改革境外投资管理方式,对境外投资开办企业实行以备案制为主的管理方式,对境外投资一般项目实行备案制,由上海市负责备案管理,提高境外投资便利化程度。创新投资服务促进机制,加强境外投资事后管理和服务,形成多部门共享的信息监测平台,做好对外直接投资统计和年检工作。支持试验区内各类投资主体开展多种形式的境外投资。鼓励在试验区设立专业从事境外股权投资的项目公司,支持有条件的投资者设立境外投资股权投资母基金。

(三)推进贸易发展方式转变

5. 推动贸易转型升级。积极培育贸易新型业态和功能,形成以技术、品牌、质量、服务为核心的外贸竞争新优势,加快提升我国在全球贸易价值链中的地位。鼓励跨国公司建立亚太地区总部,建立整合贸易、物流、结算等功能的营运中心。深化国际贸易结算中心试点,拓展专用账户的服务贸易跨境收付和融资功能。支持试验区内企业发展离岸业务。鼓励企业统筹开展国际国内贸易,实现内外贸一体化发展。探索在试验区内设立国际大宗商品交易和资源配置平台,开展能源产品、基本工业原料和大宗农产品的国际贸易。扩大完善期货保税交割试点,拓展仓单质押融资等功能。加快对外文化贸易基地建设。推动生物医药、软件信息、管理咨询、数据服务等外包业务发展。允许和支持各类融资租赁公司在试验区内设立项目子公司并开展境内外租赁服务。鼓励设立第三方检验鉴定机构,按照国际标准采信其检测结果。试点开展境内外高技术、高附加值的维修业务。加快培育跨境电子商务服务功能,试点建立与之相适应的海关监管、检验检疫、退税、跨境支付、物流等支撑系统。

6. 提升国际航运服务能级。积极发挥外高桥港、洋山深水港、浦东空港国际枢纽港的联动作用,探索形成具有国际竞争力的航运发展制度和运作模式。积极发展航运金融、国际船舶运输、国际船舶管理、国际航运经纪等产业。加快发展航运运价指数衍生品交易业务。推动中转集拼业务发展,允许中资公司拥有或控股拥有的非五星旗船,先行先试外贸进出口集装箱在国内沿海港口和上海港之间的沿海捎带业务。支持浦东机场增加国际中转货运航班。充分发挥上海的区域优势，利用中资“方便旗”船税收优惠政策，促进符合条件的船舶在上海落户登记。在试验区实行已在天津试点的国际船舶登记政策。简化国际船舶运输经营许可流程，形成高效率的船籍登记制度。

（四）深化金融领域的开放创新

7. 加快金融制度创新。在风险可控前提下，可在试验区内对人民币资本项目可兑换、金融市场利率市场化、人民币跨境使用等方面创造条件进行先行先试。在试验区内实现金融机构资产方价格实行市场化定价。探索面向国际的外汇管理改革试点，建立与自由贸易试验区相适应的外汇管理体制，全面实现贸易投资便利化。鼓励企业充分利用境内外两种资源、两个市场，实现跨境融资自由化。深化外债管理方式改革，促进跨境融资便利化。深化跨国公司总部外汇资金集中运营管理试点，促进跨国公司设立区域性或全球性资金管理中心。建立试验区金融改革创新与上海国际金融中心建设的联动机制。

8. 增强金融服务功能。推动金融服务业对符合条件的民营资本和外资金融机构全面开放，支持在试验区内设立外资银行和中外合资银行。允许金融市场在试验区内建立面向国际的交易平台。逐步允许境外企业参与商品期货交易。鼓励金融市场产品创新。支持股权托管交易机构在试验区内建立综合金融服务平台。支持开展人民币跨境再保险业务，培育发展再保险市场。

（五）完善法制领域的制度保障

9. 完善法制保障。加快形成符合试验区发展需要的高标准投资和贸易规则体系。针对试点内容，需要停止实施有关行政法规和国务院文件的部分规定的，按规定程序办理。其中，经全国人民代表大会常务委员会授权，暂时调整《中华人民共和国外资企业法》《中华人民共和国中外合资经营企业法》和《中华人民共和国中外合作经营企业法》规定的有关行政审批，自2013年10月1日起在三年内试行。各部门要支持试验区在服务业扩大开放、实施准入前国民待遇和负面清单管理模式等方面深化改革试点，及时解决试点过程中的制度保障问题。上海市要通过地方立法，建立与试点要求相适应的试验区管理制度。

三、营造相应的监管和税收制度环境

适应建立国际高水平投资和贸易服务体系的需要，创新监管模式，促进试验区内货物、服务等各类要素自由流动，推动服务业扩大开放和货物贸易深入发展，形成公开、透明的管理制度。同时,在维护现行税制公平、统一、规范的前提下,以培育功能为导向,完善相关政策。

(一)创新监管服务模式

1. 推进实施"一线放开"。允许企业凭进口舱单将货物直接入区,再凭进境货物备案清单向主管海关办理申报手续,探索简化进出境备案清单,简化国际中转、集拼和分拨等业务进出境手续;实行"进境检疫,适当放宽进出口检验"模式,创新监管技术和方法。探索构建相对独立的以贸易便利化为主的货物贸易区域和以扩大服务领域开放为主的服务贸易区域。在确保有效监管的前提下,探索建立货物状态分类监管模式。深化功能拓展,在严格执行货物进出口税收政策的前提下,允许在特定区域设立保税展示交易平台。

2. 坚决实施"二线安全高效管住"。优化卡口管理,加强电子信息联网,通过进出境清单比对、账册管理、卡口实货核注、风险分析等加强监管,促进二线监管模式与一线监管模式相衔接,推行"方便进出,严密防范质量安全风险"的检验检疫监管模式。加强电子账册管理,推动试验区内货物在各海关特殊监管区域之间和跨关区便捷流转。试验区内企业原则上不受地域限制,可到区外再投资或开展业务,如有专项规定要求办理相关手续,仍应按照专项规定办理。推进企业运营信息与监管系统对接。通过风险监控、第三方管理、保证金要求等方式实行有效监管,充分发挥上海市诚信体系建设的作用,加快形成企业商务诚信管理和经营活动专属管辖制度。

3. 进一步强化监管协作。以切实维护国家安全和市场公平竞争为原则,加强各有关部门与上海市政府的协同,提高维护经济社会安全的服务保障能力。试验区配合国务院有关部门严格实施经营者集中反垄断审查。加强海关、质检、工商、税务、外汇等管理部门的协作。加快完善一体化监管方式,推进组建统一高效的口岸监管机构。探索试验区统一电子围网管理,建立风险可控的海关监管机制。

(二)探索与试验区相配套的税收政策

4. 实施促进投资的税收政策。注册在试验区内的企业或个人股东,因非货币性资产对外投资等资产重组行为而产生的资产评估增值部分,可在不超过5年期限内,分期缴纳所得税。对试验区内企业以股份或出资比例等股权形式给予企业高端人才和紧缺人才的奖励,实行已在中关村等地区试点的股权激励个人所得税分期纳税政策。

5. 实施促进贸易的税收政策。将试验区内注册的融资租赁企业或金融租赁公司在试验区内设立的项目子公司纳入融资租赁出口退税试点范围。对试验区内注册的国内租赁公司或租赁公司设立的项目子公司，经国家有关部门批准从境外购买空载重量在25吨以上并租赁给国内航空公司使用的飞机，享受相关进口环节增值税优惠政策。对设在试验区内的企业生产、加工并经"二线"销往内地的货物照章征收进口环节增值税、消费税。根据企业申请，试行对该内销货物按其对应进口料件或按实际报验状态征收关税的政策。在现行政策框架下，对试验区内生产企业和生产性服务业企业进口所需的机器、设备等货物予以免税，但生活性服务业等企业进口的货物以及法律、行政法规和相关规定明确不予免税的货物除外。完善启运港退税试点政策，适时研究扩大启运地、承运企业和运输工具等试点范围。

此外，在符合税制改革方向和国际惯例，以及不导致利润转移和税基侵蚀的前提下，积极研究完善适应境外股权投资和离岸业务发展的税收政策。

四、扎实做好组织实施

国务院统筹领导和协调试验区推进工作。上海市要精心组织实施，完善工作机制，落实工作责任，根据《方案》明确的目标定位和先行先试任务，按照"成熟的可先做，再逐步完善"的要求，形成可操作的具体计划，抓紧推进实施，并在推进过程中认真研究新情况、解决新问题，重大问题要及时向国务院请示报告。各有关部门要大力支持，积极做好协调配合、指导评估等工作，共同推进相关体制机制和政策创新，把试验区建设好、管理好。

附件 中国(上海)自由贸易试验区服务业扩大开放措施

一、金融服务领域

1. 银行服务(国民经济行业分类：J金融业——6620货币银行服务)	
开放措施	(1) 允许符合条件的外资金融机构设立外资银行，符合条件的民营资本与外资金融机构共同设立中外合资银行。在条件具备时，适时在试验区内试点设立有限牌照银行 (2) 在完善相关管理办法，加强有效监管的前提下，允许试验区内符合条件的中资银行开办离岸业务

（续表）

<table>
<tr><td colspan="2">2. 专业健康医疗保险（国民经济行业分类：J 金融业——6812 健康和意外保险）</td></tr>
<tr><td>开放措施</td><td>试点设立外资专业健康医疗保险机构</td></tr>
<tr><td colspan="2">3. 融资租赁（国民经济行业分类：J 金融行业——6631 金融租赁服务）</td></tr>
<tr><td>开放措施</td><td>（1）融资租赁公司在试验区内设立的单机、单船子公司不设最低注册资本限制
（2）允许融资租赁公司兼营与主营业务有关的商业保理业务</td></tr>
</table>

二、航运服务领域

<table>
<tr><td colspan="2">4. 远洋货物运输（国民经济行业分类：G 交通运输、仓储和邮政业——5521 远洋货物运输</td></tr>
<tr><td>开放措施</td><td>（1）放宽中外合资、中外合作国际船舶运输企业的外资股比限制，由国务院交通运输主管部门制定相关管理试行办法
（2）允许中资公司拥有或控股拥有的非五星旗船，先行先试外贸进出口集装箱在国内沿海港口和上海港之间的沿海捎带业务</td></tr>
<tr><td colspan="2">5. 国际船舶管理（国民经济行业分类：G 交通运输、仓储和邮政业——5539 其他水上运输辅助服务）</td></tr>
<tr><td>开放措施</td><td>允许设立外商独资国际船舶管理企业</td></tr>
</table>

三、商贸服务领域

<table>
<tr><td colspan="2">6. 增值电信（国民经济行业分类：I 信息传输、软件和信息技术服务业——6319 其他电信业务，6420 互联网信息服务，6540 数据处理和存储服务，6592 呼叫中心</td></tr>
<tr><td>开放措施</td><td>在保障网络信息安全的前提下，允许外资企业经营特定形式的部分增值电信业务，如涉及突破行政法规，须国务院批准同意</td></tr>
<tr><td colspan="2">7. 游戏机、游艺机销售及服务（国民经济行业分类：F 批发和零售业——5179 其他机械及电子商品批发）</td></tr>
<tr><td>开放措施</td><td>允许外资企业从事游戏游艺设备的生产和销售，通过文化主管部门内容审查的游戏游艺设备可面向国内市场销售</td></tr>
</table>

四、专业服务领域

8. 律师服务(国民经济行业分类：L租赁和商务服务业——7221律师及相关法律服务)	
开放措施	探索密切中国律师事务所与外国(港澳台地区)律师事务所业务合作的方式和机制
9. 资信调查(国民经济行业分类：L租赁和商务服务业——7295信用服务)	
开放措施	允许设立外商投资资信调查公司
10. 旅行社(国民经济行业分类：L租赁和商务服务业——7271旅行社服务)	
开放措施	允许在试验区内注册的符合条件的中外合资旅行社，从事除台湾地区以外的出境旅游业务
11. 人才中介服务(国民经济行业分类：L租赁和商务服务业——7262职业中介服务)	
开放措施	(1) 允许设立中外合资人才中介机构，外方合资者可以拥有不超过70%的股权；允许港澳服务提供者设立独资人才中介机构 (2) 外资人才中介机构最低注册资本金要求由30万美元降低至12.5万美元
12. 投资管理(国民经济行业分类：L租赁和商务服务业——7211企业总部管理)	
开放措施	允许设立股份制外资投资性公司
13. 工程设计(国民经济行业分类：M科学研究与技术服务企业——7482工程勘察设计)	
开放措施	对试验区内为上海市提供服务的外资工程设计(不包括工程勘察)企业，取消首次申请资质时对投资者的工程设计业绩要求
14. 建筑服务(国民经济行业分类：E建筑业——47房屋建筑业；48土木工程建筑业；49建筑安装业；50建筑装饰和其他建筑业)	
开放措施	对试验区内的外商独资建筑企业承揽上海市的中外联合建设项目时，不受建设项目的中外方投资比例限制

五、文化服务领域

15. 演出经纪(国民经济行业分类：R文化、体育和娱乐业——8941文化娱乐经纪人)	
开放措施	取消外资演出经纪机构的股比限制，允许设立外商独资演出经纪机构，为上海市提供服务
16. 娱乐场所(国民经济行业分类：R文化、体育和娱乐业——8911歌舞厅娱乐活动)	
开放措施	允许设立外商独资的娱乐场所，在试验区内提供服务

六、社会服务领域

17. 教育培训、职业技能培训(国民经济行业分类：P 教育——8291 职业技能培训)	
开放措施	(1) 允许举办中外合作经营性教育培训机构 (2) 允许举办中外合作经营性职业技能培训机构
18. 医疗服务(国民经济行业分类：Q 卫生和社会工作——8311 综合医院，8315 专科医院，8330 门诊部[所])	
开放措施	允许设立外商独资医疗机构

注：以上各项开放措施只适用于注册在中国(上海)自由贸易试验区内的企业。

附录二

交通运输部上海市人民政府文件

交水发〔2013〕584号

交通运输部　上海市人民政府关于落实《中国(上海)自由贸易试验区总体方案》加快推进上海国际航运中心建设的实施意见

各有关单位：

为深入贯彻落实国务院发布的《中国（上海）自由贸易试验区总体方案》，进一步加快推进上海国际航运中心建设，交通运输部和上海市人民政府联合制定本实施意见。

一、总体要求

推进中国（上海）自由贸易试验区和上海国际航运中心建设是我国战略需要和任务。要以中国（上海）自由贸易试验区建设为契机，加快推进上海国际航运中心建设，进一步深化改革，扩大开放，坚持先行先试，丰富拓展国际航运发展综合试验区内涵，经过2—3年的改革实验，探索创新具有国际竞争力的航运发展制度和模式，形成可复制、可推广的经验，更好地发挥创新驱动、示范带动作用，有力地推动上海国际航运中心升级发展。

二、重点任务

(一) 扩大开放水平

1. 放宽外商投资国际船舶运输的股比限制。允许外商在中国（上海）自由贸易试验区以超过49%的投资比例设立中外合资经营企业或者中外合作经营企业经营国际船舶运输业务。允许船舶登记主体的外商出资比例突破50%的限制，按照有关法律法规以及其它有关规定办理船舶登记业务。港澳台商比例执行。相关管理试行办法另行制定。

2. 允许外商设立独资企业从事国际船舶管理业务。外商可在中国(上海)自由贸易试验区投资设立独资企业经营国际船舶管理业务。港澳台商比照执行。相关管理试行办法另行制定。

3. 与金融、贸易等领域扩大开放做好融合。充分利用好中国(上海)自由贸易试验区在金融、贸易等领域的开放政策与创新做法，做到相关产业融合发展、创新发展，着力发展航运金融、保险、交易、咨询、海事仲裁、港口物流等现代航运服务业。

4. 在中国(上海)自由贸易试验区范围内，探索建立航运领域外商投资准入负面清单管理模式，进一步扩大航运服务业对外开放。不断探索航运领域政策和制度创新措施，充分发挥上海国际航运中心"先行先试"作用，进一步提高上海国际航运中心综合竞争力。

(二) 创新航运政策

5. 创新多港区联动机制。积极发挥外高桥港区、洋山深水港区、浦东机场国际枢纽港的联动作用，探索形成具有国际竞争力的航运发展制度和运作模式。

6. 实施沿海捎带试点政策。推动中转集拼业务发展，允许中资航运公司利用自有或控股拥有的非五星旗国际航行船舶，先行先试外贸进出口集装箱在国内开放港口与上海港之间(以上海港为中转港)的捎带业务。

7. 创新国际船舶登记制度。充分发挥上海的区域优势，利用中资"方便旗"船税收优惠政策，促进符合条件的船舶在上海落户登记。在"中国洋山港"船舶登记政策的基础上，研究推动建立并实施便捷高效的国际船舶登记制度，简化国际船舶运输经营许可程序，适当放宽登记主体、船龄范围等登记条件，完善船员配备、登记种类、登记收费、船舶航行区域等登记内容，优化船舶营运、检验与登记业务的相关流程，促进符合条件的船舶在上海登记。

8. 支持扩大启运港退税政策试点范围。在现有试点港口和运输企业的基础上，进一步增加积极性高、信誉好的港口和运输企业加入试点，扩大政策效应，充分发挥长江黄金水道作用，增强上海港辐射服务能力。

(三) 拓展中心功能

9. 加快推进国际航运交易发展。加快发展航运运价指数衍生品交易业务。完善监管制度，防范航运金融风险，加强远期运价监管。支持上海开展中国进口干散货、原油等大宗散货运价指数的编制和发布工作。制定船舶交易信息的统计报送制度,支持在上海建立船舶交易信息平台,提供船舶交易信息服务。

10. 完善航运发展基金。支持建立市场导向和政府推动相结合的航运发展股权基金,允许发起人设立股权基金公司。支持航运发展股权基金与有关拆船资金、特许航运经营权等政策相结合使用,重点用于运力结构调整、所有权与经营权分离、航运企业规模化与专业化发展等领域。

11. 加快航运人才、教育、科研发展。支持上海高级国际航运学院发展,建设国际化、开放型、服务型的高端航运人才培养基地。支持上海国际航运研究中心、上海国际航运信息中心的建设和发展,打造具有国际影响力的航运咨询机构。支持上海组合港管委会办公室、上海国际航运中心发展促进会开展有关研究。

(四) 提升服务水平

12. 加快建设现代航运服务功能平台。积极发展航运金融、国际船舶运输、国际船舶管理、国际航运经纪、国际船舶租赁、国际船员管理等产业,研究相关促进政策,探索建立长效推进机制。吸引船舶要素集聚,带动航运信息、船舶融资、船舶保险、海事仲裁等航运服务业发展,增强上海航运市场综合服务功能。

13. 鼓励发展邮轮产业经济。支持筹建邮轮发展基金,促进我国邮轮船队发展,带动航运金融、保险业发展。支持中资方便旗邮轮经批准从事大陆沿海到港澳台的邮轮运输。允许包租外籍邮轮经批准后多航次经营两岸邮轮业务。鼓励中资方便旗邮轮从事以上海为母港的两岸四地邮轮运输业务。支持上海邮轮母港建设,鼓励在上海成立中外合资邮轮公司拓展邮轮业务。

14. 做实"软实力",提升国际影响力。探索体制机制创新,加强与相关政策的配合,做实抓手,着力提升上海国际航运中心在国际航运规则和标准制定、市场规制、信息咨询服务等领域的能力和水平,提高国际市场影响力。鼓励吸引国内外航运组织、相关协会、服务机构和平台落户上海。支持上海中国航海博物馆提升等级,开展文物征集及文化交流等工作。

(五) 加强基础建设

15. 积极有序推进港口基础设施建设。加快推进洋山深水港四期工程建设,满足洋山港日益增长的运量需求。加快铁路(包括沪通铁路、沪乍铁路等)、内河集装箱运输基础设施前期工作和建设。提高上海港海铁联运、水水中转等集疏运能力。有序推进干支泊位建设,缓解上海港干支泊位的结构矛盾,优化码头功能配置。加强长江口深水航道疏浚土综合利用,更好地服务上海国际航运中心发展。

16. 引导港口集疏运结构和功能优化。发挥内河、长江水运优势，推进综合运输体系建设，加强外高桥、洋山两港区联动，提高水路运输规模和效率，提升港口水水中转比例，促进上海港可持续发展。支持研究江海直达运输船型标准、管理标准和收费标准，降低江海直达运输成本，鼓励江海直达船舶的推广应用。

17. 加快推进安全绿色航运发展。构建平安海区，着力提高上海港区及周边海域海上人命、财产、环境救助能力和船舶污染防控能力。加强通航水域重要桥梁防碰撞设施建设，保障重要通道安全、畅通。认真组织实施“阳光引航”，逐步取消海进江内贸船舶强制引航。制定和完善相关技术规范和标准，共同促进内河 LNG 燃料动力船舶推广应用。

18. 加强和完善国际海运市场监管机制，授权上海航运交易所承担国际、境内和海峡两岸航运市场的集装箱班轮公司、无船承运人运价备案受理工作，并配合和协助相关部门对运价备案实施检查、监督。进一步发挥航东、港口等有关行业协会在行业自律方面的作用。

三、组织保障

交通运输部和上海市人民政府各有关部门要按照各自职责，密切配合，相互支持，形成合力，切实做好中国（上海）自由贸易试验区总体方案在国际航运领域政策的落实。各相关部门要按照本实施意见确定的目标、任务，结合实际抓紧制订具体实施方案，确保完成各项任务目标。

交通运输部水运局、上海市城乡建设和交通委员会具体负责牵头联系相关工作任务，跟踪研究政策实施过程中出现的新情况、新问题，做好联系与任务推进工作。

交通运输部

上海市人民政府

2013 年 9 月 27 日

附录三

CMAC航次租船合同(推荐版)

第一部分

合同编号：

<table>
<tr><td colspan="7">本合同经承租人和出租人签章后成立，传真方式签署有效。双方之间的权利、义务和责任，除本合同另有规定外，适用于《中华人民共和国合同法》及中华人民共和国交通运输部《国内水路货物运输规则》等相关法律规定。(以下内容按需要填写)</td></tr>
<tr><td rowspan="4">1. 承租人</td><td>全称</td><td></td><td rowspan="4">2. 出租人</td><td>全称</td><td colspan="2"></td></tr>
<tr><td>地址</td><td></td><td>地址</td><td colspan="2"></td></tr>
<tr><td>电话
传真</td><td></td><td>电话
传真</td><td colspan="2"></td></tr>
<tr><td>银行
帐号</td><td></td><td>银行
帐号</td><td colspan="2"></td></tr>
<tr><td rowspan="4">3. 船舶资料</td><td>船名</td><td></td><td>船籍港</td><td></td><td>载货吨</td><td></td></tr>
<tr><td>总长/
型宽/
型深</td><td></td><td>满载吃水</td><td></td><td>空载吃水</td><td></td></tr>
<tr><td>总吨/
净吨</td><td></td><td>包装舱容/
散装舱容</td><td></td><td>吊杆数/
负荷</td><td></td></tr>
<tr><td>舱口数</td><td></td><td></td><td></td><td></td><td></td></tr>
<tr><td rowspan="3">4. 货物资料</td><td colspan="6">货物名称、数量、件数、包装规格等：</td></tr>
<tr><td colspan="6">整票货或拼货：</td></tr>
<tr><td colspan="6">最大货量和最小货量：</td></tr>
<tr><td colspan="2">5. 装货港(地点)</td><td></td><td>6. 卸货港(地点)</td><td colspan="3"></td></tr>
<tr><td colspan="2">7. 受载期</td><td></td><td>8. 预计抵达装货港日</td><td colspan="3"></td></tr>
</table>

（续表）

<table>
<tr><td colspan="2">9. 装卸时间(若装卸时间分别规定，选 a)；若装卸时间共同规定，则选 b))(参见第 4 条)</td><td>10. 滞期费率/速遣费率(参见第 7 条)</td><td></td></tr>
<tr><td>a) 装船期限/卸船期限</td><td rowspan="2"></td><td>11. 最长允许滞期时间(参见第 8 条)</td><td rowspan="2"></td></tr>
<tr><td>b) 装卸共用期限</td><td>12. 最长允许待装时间(参见第 3 条)</td></tr>
<tr><td>13. 运费率</td><td></td><td rowspan="2">14. 运费支付安排(参见第 6 条)</td><td rowspan="2"></td></tr>
<tr><td>15. 亏舱费率</td><td></td></tr>
<tr><td colspan="4">其他特别约定(可采用附件形式)：</td></tr>
<tr><td colspan="4">凡因本合同产生的或与本合同有关的任何争议，均应提交中国海事仲裁委员会，按照申请仲裁时该会现行有效的仲裁规则进行仲裁。仲裁裁决是终局的，对双方当事人均有约束力。</td></tr>
<tr><td colspan="2">承租人(签章)：
代表(签字)：
日期：
地点：</td><td colspan="2">出租人(签章)：
代表(签字)：
日期：
地点：</td></tr>
</table>

本部分(包括特别约定部分)为承租双方租船合同的组成部分，若本部分内容与本合同第二部分产生冲突，则以本部分内容为准。

第二部分

1. 船位动态报告条款

船舶到港前，出租人应将到港时间及时通知承租人。出租人应在船舶到港前第 3/2/1 天及时向承租人更新并报告船舶动态。

2. 装货/卸货条款

(1) 费用/风险

承租人负责将货物送至舱内，装船，积载和/或平舱，绑扎和/或加固，并从舱内提取和卸货，出租人不承担前述作业任何风险、责任和费用。如为保护所运输货物使用垫舱物料，则承租人应提供放置的所有垫舱物料，出租人允许在船上使用所有可用的垫舱物料并自行承担责任、风险、费用。承租人根据本租约自行负责在卸货后移走所有垫舱物料，所花费时间应计入装卸时间。

装卸工人以及参与货物上述作业的船员均视为承租人的雇佣人员，但船长有权监督装卸等作业。

(2) 船吊

除非船舶无船吊或双方同意不使用船舶装卸设备,出租人应在装/卸货物的全部过程中提供船舶装卸设备供承租人使用,并提供足够的动力。所提供设备应处于良好工作状态,除非由于承租人以及装卸工人方面的原因导致,否则所有因船舶装卸设备或动力不足导致实际时间损失(根据本合同约定的船吊/绞盘车数量按比例计算)不得被计入装卸时间或滞期时间。

应承租人要求,出租人应提供船员担任船吊/绞盘车司机。如果当地规章禁止,则承租人应承担费用自行安排船吊/绞盘车司机,并由承租人承担风险和责任。

(3) 装卸工人损害

承租人负责装卸工人造成的对船舶的损害(正常损耗除外)。该损害应由船长在合理时间内通知承租人或其代理人以及装卸工人,否则承租人不承担责任。船长应尽力取得装卸工人的书面认可作为证据。

承租人必须在航次结束前修复装卸工人所造成的对船舶的损害,但如该损害有损船舶的适航,则应在造成或发现损害的港口起航前修复,所有额外费用亦由承租人承担,时间损失则按滞期费率由承租人向出租人支付,未约定滞期费率的,则按实际损失计算。

3. 最长允许待装时间条款

如船舶到达装货港锚地或约定的地点后,因承租人未能备妥货物,或者因其他非出租人原因未能在前表第12格列明的时限前开始装货作业的,出租人有权选择解除合同。

4. 装卸时间起算、计算条款

若船舶直接靠泊的,装卸时间自船舶靠泊完成之时起算;若船舶无法直接靠泊的,则从船舶到达装/卸货港口锚地锚泊时起算,装卸时间以装卸事实记录或者航海日志记载为准。

从等泊位置移到装/卸泊位的时间不应计入装卸时间。

如经检验发现船舶未准备就绪,从发现之时起至船舶再次准备就绪的时间不得计入装卸时间。若船舶重新准备就绪所耗费时间超过__24/__小时的,则承租人有权选择解除合同。

装卸时间包括节假日,如以"日"为单位计算,则连续24小时计算,不足1日部分按比例计算。

5. 附近港口卸货条款

如卸货港口或地点发生不安全情形,船长或出租人应向承租人发出船舶不能抵达目的港通知,承租人应在收到通知后的__24/__小时后指定替代安全港口或其他安全地点。否则,船长或出租人有权选择附近合理替代港口进行卸货。如同在原卸货港卸货一样,出租人有权收取相同运费,并视航程情况,按比例增加替代港口交付货物的运费。

6. 运费支付条款

(1) 如约定运费预付(包括部分预付)的,相应运费应当在船舶相应载货航次开航后__3/____个工作日支付,无论船舶/货物是否灭失,不予返还。除非运费已支付给船舶所有人,否则出租人或其代理无需签发运费预付单证。

预付运费,承租人应该按实际装货重量/数量支付。

(2) 如约定运费到付(包括部分到付)的,则相应运费应于货物到达卸货港开舱卸货之前支付。如运费或部分运费为到付,承租人应按照实际到达卸货港之货物重量/数量支付运费。

(3) 除由于出租人原因外,如果计费数量少于约定最小货量的,按最小货量计收运费。

7. 滞期费用/速遣费用条款

滞期费用/速遣费率由承租人根据本合同第一部分约定支付,不足一日者按比例计算,滞期费用结算方式可另行约定。

除另作约定外,滞期费用/速遣费用应在相应装卸货物作业结束后结算。若选择装卸港口装卸时间并用的,则应在卸货作业结束后结算。

8. 最长允许滞期时间和延滞损失条款

若装卸滞期时间超过该前表第 11 格约定期限的,则船舶延滞损失可由出租人选择按当时市场实际损失计收。

9. 费用支付与留置权条款

除非另有约定,否则运费、亏舱费、滞期费、滞留损失、所有其他应付费用等应在货物提取之前支付完毕。对于未支付的前述费用,以及为取得该笔收入所发生的费用等,出租人可以对货物享有留置权。

10. 出租人责任条款

出租人应当使船舶处于适航状态,妥善配备船员、装备船舶和配备供应品,并使干货舱、冷藏舱、冷气舱和其他载货处所以及出租人所提供的集装箱等装运工具适于并能安全收受、载运和保管货物。应当按照合同的约定接收货物,并应当按照约定妥善地装载、搬移、积载、运输、保管、照料和卸载所运货物。

出租人应当按照约定的或者习惯的或者地理上的航线将货物运送到约定的到达港。但出租人为救助或者企图救助人命或者财产而发生的绕航或者其他合理绕航,不属于违反前款规定的行为。

11. 解约条款

出租人在约定的受载期限内未能提供船舶并做好装货准备的，承租人有权解除合同。但是，在解约日期前，出租人将船舶延误情况和船舶预期抵达装货港的日期通知承租人的，承租人应当自收到通知时起在工作日的24小时内，将是否解除合同的决定通知出租人，否则视为承租人接受新的抵达时间作为受灾期限。

12. 税收和使费条款

(a) 关于船舶——出租人支付所有通常对船舶征收的使费、费用和税。

(b) 关于货物——承租人支付所有通常对货物征收的使费、费用和税。

(c) 关于运费——承租人支付所有对运费征收的税，另有约定除外。

13. 代理

除另有约定外，装货港和卸货港由出租人指定自己的代理人。

14. 法律和仲裁

本合同适用中华人民共和国法律。凡因本合同产生的或与本合同有关的任何争议，均应提交中国海事仲裁委员会，按照申请仲裁时该会现行有效的仲裁规则进行仲裁。仲裁裁决是终局的，对双方当事人均有约束力。

附加其他选择性条款(由当事人按需要选择)：

1. 普通罢工条款

(a) 当船舶从上一港口准备启航时，或在驶往装货港的途中，或在抵港后，如因罢工或停工而影响全部或部分货物装船，船长或出租人可以要求承租人声明同意按没有发生罢工或停工的情况计算装卸时间。如承租人未在24小时内以书面(必要时以电报)作出声明，出租人有解除合同的选择权。如果部分货物已经装船，则出租人必须运送该货物(运费仅按装船的数量支付)，但有权按自己的利益在途中揽运其他货物。

(b) 当船舶抵达卸货港或港外之时或之后，如由于罢工或停工而影响货物的卸载，并且在48小时内未能解决时，收货人可选择使船舶等待到罢工或停工结束，并在规定的装卸时间届满后，支付半数滞期费，或者指示船舶驶往一没有因罢工或停工而延误和危险的安全港口卸货。这种指令应在船长或出租人将影响卸货的罢工或停工情况通知承租人后48小时内发出。在这种港口交付货物时，本租船合同和提单中的所有条款都将适用，并且，船舶应和原目的港卸货一样，收取相同的运费，但当到替代港口的距离超过100海里时，在替代港所交付的货物运费应按比例增加。

(c) 除了上述规定外，承租人和出租人对任何罢工或停工而影响货物装卸所引起的后果均不负责任。

2. 战争风险(Voywar 1993)

(1) 本条定义

(a)"出租人"指船舶所有人、光船租船人、实际承运人、船舶经营人或其他管理人员,或船长。

(b)"战争风险"包括任何实际的或预料的战争、敌对行为、军事行动、内战、内乱或革命、破坏活动、海盗行为、侵略行为、敌对或恶意行为、封锁、或任何个人、团体、侵略者、政府、交战国或组织宣布为封锁的任何行动(无论是针对所有船舶或某一船旗的船舶,或针对某种货物或船员),且根据船长和/或出租人的合理判断,可能或似乎将对船舶,其货物,船员或船上其他人员构成危险。

(2) 如在船舶开始装货前的任何时候,根据船长和/或出租人的合理判断,发现履行合同或任何部分合同将使船舶或船长和船员或货物在航次任何阶段遭受战争风险,则出租人有权告知承租人解除本租船合同,或拒绝履行部分合同。如果该租约规定了装卸货物港的范围,且承租人指定的港口将使船舶、货物、船员或其他船上人员遭受战争风险,那么出租人应首先要求承租人指定在范围内的其他港口,若承租人在收到该要求 48 小时后仍未指定安全港时,则出租人有权解除租船合同。

(3) 无论在开始装货后或在卸货结束前的航行的任何阶段,根据船长和/或出租人的合理判断,若发现船舶、货物(或部分货物)、船员或船上其他人员将遭受战争风险,则不能要求船长继续装货或继续航程或部分航程或签发提单,或通过任何运河或水道,或前往或滞留在任何港口。如发生此种情况,出租人应通知承租人指定卸货的安全港口。如在收到该通知 48 小时后,承租人未指定所述港口,船舶所有人有权选择在任何安全港口(包括装货港)卸下货物,并视为合同的全部履行。出租人有权从承租人那里得到因该卸货的额外支出,若在非装货港卸货,则就像货物运达至目的性一样船舶所有人有权收取全部运费,若超过原卸港 100 海里,则按距离收取额外运费,且出租人有权因该支出和运费留置货物。

(4) 如在装货开始后,根据船长和/或出租人的合理判断,若发现船舶、货物(或部分货物)、船员或船上其他人员将在正常和习惯航线(包括运河和水道)中遭受战争风险,且有一条至卸货港的较长航线,则出租人应通知承租人他将采用该航线,在此情况下,若总的航行距离超过原航线 100 海里,则出租人有权按距离收取额外运费。

(5) 船舶可以自由:

(a) 服从船旗国或根据法律船舶所有人应遵守的国家,或其他政府或团体或组织所发出的有关装载、离港、到港、航线、护航、挂港、停航、目的港、地区、水域、卸载、交货或任何其他方面的任何命令、指令或建议。

(b) 服从任何个人依据本船的战争险条款有权发出的任何命令、指令或建议。

(c) 服从联合国安理会的提议，欧盟指令，或其他任何有权超国家的团体所发出的指令。船舶所有人应遵守的国际法和其他强制性命令和指令。

(d) 在任何港口卸货或部分货物，该货物可能使船舶因视为走私而被充公。

(e) 挂靠任何港口以调换船员或部分船员或船上的其他人员，应有理由认为他们可能被埋葬、入狱或受制裁。

(f) 当根据本条规定未装货或已卸货时，出租人为其自身利益装运其他货物并运至其他港口，无论是向前或返回或与正常或习惯航线相反航行。

(6) 如根据本条(2)至(5)款规定而作为或不作为，都不得视为绕航，而应视为本租约的完全履行。

3. 普通冰冻条款

装货港

(1) 当船舶准备从上一港口开航时，或在航程中的任何时候，或在船舶抵达时，因冰冻而不能进入装货港，或者，在船舶抵港后发生冰冻，船长可以因担心船舶被冻结而决定不装运货物离港，本租船合同因此失效。

(2) 如在装货过程中，船长因担心船舶被冻结而认为离港更有利时，他可以决定载运已装船的货物离港，并可为出租人的利益将船舶驶往任何其他港口揽载货物运至包括卸货港在内的任何其他港口。根据本租船合同已装船的任何部分货物，在不因此增加收货人额外费用的条件下，由出租人转运至目的港并承担费用，但运费仍应支付，此运费按交付的货物数量计付(若为整笔运费，则按比例支付)，所有其他条件按租船合同。

(3) 如装货港不止一个，并且其中一个或数个因冰冻而关闭，船长或出租人可选择在不冻港装载部分货物，并按(1)款规定，为其自身利益而在其他地点揽载货物，或者，当承租人不同意在不冻港装载货物时，宣布本租船合同失效。

(4) 本冰冻条款不适用春季。

卸货港

(1) 如船舶因冰冻(春季除外)而不能抵达卸货港，收货人可选择使船舶等候至恢复通航，并支付滞期费，或指示船舶驶往一安全并能立即驶入并安全卸货而没有因冰冻而滞留风险的港口。这种指示应在船长或出租人向承租人发出船舶不能抵达目的港通知后48小时作出。

(2) 如在卸货期间，船长担心船舶被冻结而认为离港更为有利时，他可以决定载运船上货物离港，并驶往能驶入并能安全卸货的最近港口。

(3) 在此种港口交货时，提单上的所有条件应适用，船舶应按其在原目的港卸货一样，收取相同运费，但如到达替代港口的距离超过100海里，则在替代港口交付货物的运费应按比例增加。

附录四

创立上海船东互保协会(Shanghai P&I Club)

第一部分 关于船东互保协会会

1. 什么是保赔协会

由船舶所有人们自己组织成立的一个互助性的不以营利为目的的协会，称之为“船东互保协会”，又称为“保赔协会(P&I Club)”。该协会主要承保船舶所有人对第三者责任的风险，各船舶所有人按入会船舶的具体情况缴纳入会费，组成协会的赔付基金来赔偿个别船舶所有人的船舶发生意外事故而造成船舶以外的第三者的损失，包括船载货物等的物质损失、污染事故损失和人身伤亡的损失等。

2. 保赔险与商业保险

海上保险主要划分为以营利为目的的商业保险和不以营利为目的的互助型的保赔保险。

保赔保险是海上保险的内容之一，但是它与普通商业保险又存在明显的区别。

作为船舶保险的补充，它适应了船舶所有人在经营船舶业务中的客观需要，也丰富了海上保险的内容。办理保赔保险业务的主要不是保险公司，而是由船舶所有人自愿组织起来的保赔协会。

3. 协会的保障和赔偿

承保船舶所有人在经营船舶业务中应承担的，却不包括在船舶保险(特指船壳和机器险(Hull & Machine Insurance)，可简称为 H&M，船壳险(Hull Insurance))承保范围内的责任风险。

保赔保险是保障与赔偿保险(Protection and Indemnity Assurance)的简称。

协会向船舶所有人提供 1/4 的船舶碰撞保险、超额碰撞险和人身伤亡等的保障，统称为“保障(Protection)”；协会向船舶所有人提供油污、货损货差责任赔偿等的保险，称之为“赔偿(Indemnity)”。

4. 协会收费

协会向会员提供集体相互保险(Mutual Assurance)，而会员是由共同利益的团体将风险联合在一起，以图获得“按成本价”承保。

协会非营利性组织的宗旨决定了其收取保险费的方式，协会收取的费用为"入会费"而不称为"保费"，这费用又可以分为船舶入会时的年度预付入会费/保费和到年底时的追加费用/保费两部分。

预付保费一般由协会业务管理部与会员在船舶申请入会时，及/或保险年度开始前，根据船舶登记吨位、船价、船龄、船型、船舶技术状况、营运特点以及历年保险赔付状况等因素来商定而缴纳的保费。

追加保险是到达保险年度末，由于当年入会船舶发生的赔案多，协会认为年初收取的保费已经不足以应付所有的赔偿，因此协会会对所有入会船舶追加一定比例的保费，一般为5%～20%不等。

5. 保赔协会历史

1885年5月(128年前)，世界上第一个船东互保协会成立，它就是英国的不列颠尼亚Britannia保赔协会。1886年又成立了北英保赔协会(North of England P&I Association)。19世纪后期，以英国为中心的协会在世界上逐渐成立。英国有英联合王国保赔协会(UKP&I)、西英保赔协会(West of England)、伦敦轮船保赔协会等船东保赔协会相继成立。

6. 世界上的保赔协会

截至1993年底，国际上有41家海上保赔协会在英国开办保险业务，其中有5家在百慕大进行运作，有2家在卢森堡进行运作。9家保赔协会的管理部门均设在伦敦，其余协会分设在中国、北欧、大洋洲和远东等地。很多年来，世界上最大的保赔协会是联合王国保赔协会，近几年来Gard保赔协会成为入会船舶吨位最多的协会。一百多年来，刚开始时协会的成员几乎全部是英国船舶所有人，但到现在已成为国际间船舶所有人的组织，其成员来自世界各地。

7. 国际船东互保协会集团

多年前(笔者未能考证出其确切年份)，世界上国际性大型的13家保赔协会组成了一个相互进行再保险的集团，称之为"互保协会集团(International Group, IG)，其总部设在伦敦。在这些协会中，尽管没有拥有多少船舶的英国本土却拥有8家国际性的保赔协会。这些协会在香港或新加坡设有远东地区的营运中心。IG共承保了世界商船总吨位约90%的远洋船舶和95%的远洋油轮。

8. 集团以外的协会

世界上还有一些小型的保赔协会，如韩国的保赔协会、注册在新西兰的Maritime Mutual(MM)保赔协会、注册在百慕大的British Steamship保赔协会、南英保赔协会(South England P&I Club)和俄罗斯的保赔协会等。

收取固定保险费承保保赔险业务的商业保险公司，如澳大利亚的QBE和荷兰的 Raest 保险公司，主要是中小船舶的保赔险，而且它们也可以按船舶所有人的需要只承保保赔协会业务中部分的风险，如油污险、沉船打捞险和船员意外险等。

9. 我国船东保赔协会

1965 年 10 月，人保公司上海分公司按照西英保赔协会的条款承保了中波轮船公司 2 艘船舶的保赔保险，人保在自留了少量风险后，把绝大部分的风险转移给了西英保赔协会，这是我国保赔险业务的开始。

1984 年 1 月 1 日，由中国远洋运输公司（简称为中远）发起组建的“中国船东互保协会（China Shipowners Mutual Assurance Association，简称为中船保或 CPI）”在北京正式成立。

10. 我国船舶数量

据交通运输部《2011 中国航运发展报告》称：到 2010 年底，全国拥有水上运输船舶 17.92 万艘，21 264.32 万载重吨。其中远洋运输船舶 2 494 艘，6 703.86 万载重吨；沿海运输船舶 10 902 艘，5 780.47 万载重吨；内河运输船舶 16.58 万艘，8 779.99万载重吨。在我国远洋船舶中方便旗船队比重约为 60%。

11. 我国海上保险

全球海上保险市场规模约为 300 亿美元，包括英日德美在内的海上保险大国占据约 60%的份额。我国中资保险公司承保的全部国际海上保险业务不足全球市场的 3%。作为货物吞吐量世界第一的上海港，其海上保险业务只占世界海上保险市场不到 1%的份额（有人说约 10%）。因此，在我国中资保险公司的财产保险领域中，技术含量较高的传统的海上保险业务正在被边缘化，日益萎缩，失去了其在国内外保险业中的影响力。

12. 我国保赔险承保能力不足

由于中船保主要是为了解决中远和中海等大型船舶所有人自身船舶的保赔险问题，截至 2011 年 3 月底，入会船舶仅为 1 112 艘，2 500 万总吨，仅占我国船舶总吨位的 1/3。另外，由于我国众多的商业保险公司不做保赔险，或只承保保赔险中个别的风险，因此我国保赔险的承保能力严重不足。

13. 加入国外保赔协会的风险

我国船舶所有人加入国际上小型保赔协会，不但造成中国巨大外汇保险费资金的外流，同时造成船舶难以进入世界上很多港口，难以得到协会提供的服务，也得不到我国法律对船舶所有人权益的保障。

当船舶发生重大海事责任事故时，小型保赔协会往往连财务担保都不肯提供，任由船舶所有人自己想办法解决，从而使被扣押的船舶在国外港口长期滞留，船公司的损失进一步扩大。如果发生纠纷，由于保赔协会在国外，就很难行使有效的法律手段来维护船舶所有人自身的利益，如果发生诉讼或仲裁就不得不按协会的规定到国外法院或仲裁机构去审理，需要付出高昂的司法以及国外律师费用和成本。

14. 中国为什么不能有更多的协会？

尽管我国已经是航运和贸易大国，随着我国对船舶所有人第三者责任的赔偿要求越来越高，无论是人身丧亡、财产损失方面，特别是由船舶造成水域油污的风险已被国家列为强制保险项目，对污染水域的赔偿金额越来越高，被诉的案件越来越多，因此我国船舶所有人保赔险的市场需求非常巨大，具有很大的成长空间。然而，我国有2/3航行于国际间港口的船舶都加入国外的保赔协会，因此为什么我国自己不能拥有除了中船保之外更多的船东互保协会为自己的船舶所有人提供更好的服务、更全面的保障船东的权益呢？

随着我国各大保险公司的航运保险营运中心陆续落户上海，航运保险在沪集聚效应初显，上海地区船舶险业务占全国的市场份额由2010年的19.6%提升至2011年的37%。但是上海地区的保赔协会则还是一块空白，这与上海地区航运保险业务集约化、专业化的目标十分不符。站在上海加快建成国际航运中心的高度上，非常有必要在上海建立一家专业、高效、与国际接轨的船东互保协会。

第二部分　创立上海船东互保协会

1. 课题研究

3年以前，笔者与上海市航海学会秘书长桑史良以及前中国远洋运输总公司副总经理雷海，对于在上海再组建一家船东互保协会共同进行探讨，并决定作为一个课题研究项目，得到上海市城市建设交通委的支持，去年10月底我们已经完成该课题研究，并向市政府提供了课题报告。

2. 上海成立保赔协会的条件

在上海有可能找到实力雄厚的发起人，并能保证协会的信誉。这些发起人可以是具有实力的轮船公司，也可以是具有丰富管理投资经验的大型投资管理公司和保险公司。上海有大、中、小不同类型的轮船公司、船舶管理公司和船舶融资租赁公司。

那些加入国外保赔协会的船舶就是我们主要的市场空间，如果能有政府职能部门牵头，设法以优惠的政策吸引船舶所有人们加入上海当地的船东保赔协会。这样政府、航运公司、互保协会就可以形成一个“三赢”的良好局面。

上海有人才和技术优势，近几年上海重点培养和引进各个方面的航运人才，集聚与国际航运中心相匹配的航运专业高素质人才，打造在全国乃至亚洲处于领先地位的人才高地，基本确立能够覆盖整个航运产业链的人才队伍结构。有关人才包括高级航海技术人才、航运企业和船舶管理人才、国际海事法律和仲裁人才、航运金融人才、国际航运保险人才、航运经纪人才、船舶设计与修造人才、港口机械设计与制造人才、船舶检验人才、货物检验人才、海事安全与海事技术服务人才、航运咨询人才、国际海事教育与培训人才、航运研究人才等各类相关业务的专业人才。

3. 上海市政府的支持

在国外成立一家保赔协会很容易,不需要注册资本金,不需要投入巨额的启动资金,因此愿意承保中国中小船舶的保赔协会大多是一些为了赚取保险费的实力不强的协会。

解决我国广大船舶所有人的保险问题是适应建设上海国际航运中心的需求,是激活海上保险业的发展和尽快建成上海国际航运中心的一项有力措施,对广大船舶所有人来说是一项实事工程,因此需要政府有关部门给予有力的支持。

4. 成立船东互保协会的法规依据

在我国的有关法规中,如《民法》《海商法》《保险法》和其他有关规章中,对船东互保协会都没有直接或间接的明确规定,中船保也没有被纳入我国保险监督管理委员会的管辖范围。20 年前,中船保是在获得了交通部的批准下,到民政部注册登记后成立的。其业务受原交通部指导,行政上受民政部管理。

鉴于在保赔协会方面我国法规的缺失和批准成立中船保的程序,上海的保赔协会应该也可以在获得上海市政府的批准和交通运输部的支持下,在上海市民政局按 1998 年 10 月 25 日国务院令第 250 号《社会团体登记管理条例》的规定进行注册登记。

5. 协会发起人

按《社会团体登记管理条例》的规定,上海市社会团体管理局认为,只要有 10 家以上的船舶所有人作为发起人,在获得其上级主管单位——上海市建交委的批准下,就可以筹办上海的保赔协会。

6. 协会主管机构

按民政局的意见,保赔协会的业务主管部门为上海市建交委,负责协会的发展规划、布局调整、政策制定和协调管理。市社团管理局是协会的登记管理机关,负责协会的设立、变更、注销的登记和备案,以及对协会实施年检和监督检查。

7. 协会的经费

协会的经费来源有：会费、政府资助和为政府购买服务的收入、为企业和其他经济组织有偿服务的收入、接受捐赠收入和其他合法收入。

8. 协会税收优惠

由于船东互保协会是由船舶所有人们组织起来的、互助性的协会,其会员全部是船舶所有人，船舶所有人们按入会船舶的数量支付入会费。由所有船舶所有人们支付的入会费组成协会的赔偿基金。该赔偿基金用于赔付会员船舶发生海损事故而遭遇的损失，因此按国际通行做法，政府是不对船东互保协会征收任何税费的。

按我国行业协会税收优惠的规定：行业协会的会费收入、捐赠收入、政府资助和有偿服务收入是非应税收入，也非营利性收入，因此不属于营业税征收范围，不征收营业税，不征收建筑税、教育附加等税费；行业协会经费年度结余，不征收所得税。

9. 协会申请程序

上海船东协会协会发起人在得到上海市建交会的批准文件后，可以依照《社会团体登记管理条例》的规定，向上海市社会团体管理局提出筹备申请。

10. 协会组织机构和管理模式

协会的组织形式分为协会代表大会、协会负责人/理事会、法定代表人和执行机构等。

协会每年召开1～2次会员大会，4～6次理事会议，协会只在召开会员大会、会员代表大会、协会理事会等会议时，行使有关权力。

协会的日常业务由协会的执行机构来经营管理。执行机构由机构内的总经理、副总经理和业务部门经理来管理协会的业务。执行机构提供服务所发生的费用由理事会来审核。

11. 协会的组织形式

协会实行会员制，会员大会为协会的最高权力机构。协会的章程必须经会员大会或者会员代表大会审议通过，并符合我国有关法律和法规的规定。

协会经选举产生理事长、副理事长、秘书长和监事等。选举规则、任期和职权均按协会章程的规定执行。秘书长是协会的专职管理人员，由理事会聘任，也可以按照行业协会章程规定的其他方式产生。

12. 经营协会业务的原则

船东之间相互保险的协会是非营利性的组织，其经营原则就是不赢不亏。船舶所有人年初缴纳入会船舶的入会费后，到年底结算时，如果协会发现年初收缴入会费的总和不够保险事故损失的赔偿时，就会要求会员追加入会费。

协会成立初期通过再保险，把协会的风险尽可能地分散出去，把自身的风险压到最低。

13. 协会对国内外船舶所有人开放

保赔协会不同于一般的行业协会，它是非常具有国际性的行业协会，一般保赔协会的会员都是由很多国家的船舶所有人组成的，因此上海的保赔协会也应该尽可能地吸收国际船舶所有人的参与，成为一家名副其实的国际性的船东互保协会。

14. 建立赔偿基金

建立协会的赔偿基金是一件十分重要的工作，因为虽然按规定协会并不一定需要注册资本金，也没有强制要求多少数额的流动资金，但是协会刚开业时，由于入会船舶少，收取的入会费即保险费少，而万一发生承保范围内的重大海损事故时，协会就有可能没有足够的资金来补偿会员的损失，因此在协会开业时，务必需要筹措一笔相当数额的资金来充当海事赔偿基金。

如果这笔基金并不是由入会船舶所有人们提供的，而是从外部募集的，那么协会在若干年（如 3～5 年）之后，当自留的基金达到一定数额时，就应该考虑偿还这笔资金。至于如何募集和归还这笔资金，可由协会自行商议解决。

The writing group would like to thank all the following organizations and institutions for their help (According to the sequence of the investigation and survey):

Shanghai Municipal Hongkou District Investment Promotion Office (also known as Shipping Service Office)
http://www.hkq.sh.gov.cn
Shanghai Municipal Huangpu District Financial Service Office
http://www.huangpuqu.sh.cn/shhp/xxgk/031004/HI8/Default_1.htm
Shanghai Municipal Huangpu District Bund Street
http://bund.huangpuqu.sh.cn
Shanghai Municipal Bureau of Justice Lawyers Administration Department
http://www.justice.gov.cn
American P&I Club Shanghai Office
http://www.american-club.com
Navig8 Group Shanghai Office
http://www.navig8group.com/
Shanghai Municipal Lingang Area Development and Construction Management Committee
http://www.lgxc.gov.cn/home_f.html
Shanghai Municipal Pudong New Area State Administration of Taxation
Shanghai Municipal Pudong New Area Local Taxation Bureau
http://www.csj.sh.gov.cn/pdtax/
BIMCO Shanghai Representative Office
http://www.bimco.org/
Research Department of Shanghai Maritime Court
http://www.shmsa.gov.cn
CPPCC Shanghai Pudong New Area Committee
http://www.pdzx.gov.cn/
Mossack & Fonseca Group
http://www.mossfon.com.hk/

Shanghai Municipal Pudong New Area Education Bureau
http://www.pudong-edu.sh.cn
Shanghai Fishery Supervision and Administration Office (Shanghai Fishery Command Center)
http://e-nw.shac.gov.cn
Yangtze Estuary Waterway Administration of the Ministry of Transport
http://www.cjkhd.com
China Shipowners Mutual Assurance Association
http://www.cpiweb.org
Shanghai People's Procuratorate
http://www.shjcy.gov.cn
Shipping Supervision Department of Shanghai Urban Transportation Administration
http://www.shygc.net
Shanghai Advanced Institute of International Shipping
http://saiis.shmtu.edu.cn/
Aon - COFCO Insurance Brokers Company Limited Shanghai Branch
http://www.aon.com/china/risk/risk_reinsurance.jsp
Chonghe Shipping Financial Leading Company
http://www.cmigroup.com.cn/Finance/
Zhejiang Shenzhou Shipbuliding Co., Ltd
http://www.shenzhouship.com
ABC Finical Leasing Co., Ltd
http://www.abcleasing.com
Bank of Communications Finical Leasing Co., Ltd
http://www.bocommleasing.com
Jiangsu Sainty Marine Corporation Ltd
http://www.saintymarine.com.cn
Nantong Mingde Heavy Industry Stock Co., Ltd
http://www.mdship.com
Shangdong Shanwei Group
http://www.swjt.net
Reed Smith Hong Kong Office
http://www.reedsmith.com/Hong-Kong-China/

Hisun & Co Law Firm
http://www.hisunlaw.com
Bank of Communications Qingdao Branch
http://www.bankcomm.com/BankCommSite/cn/qingdao/index.jsp

Preface

In 2013, the great event in Shanghai, which is also a great event in the shipping industry and legal profession, is the establishment of China (Shanghai) Pilot Free Trade Zone. The Free Trade Zone is established to speed up the transformation of government functions, innovate the opening mode and further explore the experience of reform and opening up. To shipping and related industries, the importance of the construction of the Free Trade Zone is as important as the reform and opening up in 1978, 1979 and the major policy decisions made by CPC in 1992, 1995 to construct Shanghai international shipping, trade, financial and economic centers.

Three words have run through the foundation of China (Shanghai) Pilot Free Trade Zone, rule of law. In August 2013, the fourth meeting of the 12th Standing Committee of the National People's Congress decided to authorize the State Council to temporarily adjust related administrative examination and approval, which are prescribed by three laws on foreign-funded enterprises of foreign investment except those implement special access management measures in the China (Shanghai) Pilot Free Trade Zone, which was set up based on Shanghai Waigaoqiao Free Trade Zone, Shanghai Waigaoqiao Logistics Center, Yangshan Free Trade Port Area and Shanghai Pudong Airport Comprehensive Free Trade Zone. In brief, except for the special field of special industries, the establishment, discrete, consolidation, dissolution, the determination and extension of operation period, equity transfer (shares), the alteration of articles of association and other important things of foreign-funded enterprises, which are changed from administrative examination and approval items (items need to be examined and approved by central and local government in advance) to archival filing items (items do not need to be examined and approved in advance, but only need to file after the event). The above decisions of the Standing Committee of the NPC have the nature of law, which laid legal foundation to the creation, operation, innovation and reform of the law in the Free Trade Zone.

Under the authorization of the NPC, the State Council made and published the *Framework Plan for the China (Shanghai) Pilot Free Trade Zone*[①] in September 2013. The general thinking of the Plan is that under the new situation of reform and opening-up, exploring model innovation of administration, promoting the facilitation of trade and investment, establishing a foreign-fund access management mode, which takes the negative list as a core and comprehensively promoting the regulation in process and afterwards after the access of foreign fund. The innovative reform measures including increasing service sectors in the Free Trade Zone, propelling the opening and creation in financial area, constructing an international standard investment and trade system, creating an international standard legal environment suitable for the regulated development of the market. As to the shipping industry, the Plan requests to promote the level of international shipping service: actively play the role of the linkage port of Shanghai Port, explore and form shipping development system and operation mode with international competitiveness; actively develop shipping finance, international ship transportation, international ship management, international shipping broker and other industries; accelerate the development of shipping freight index derivatives trading business; use the preferential tax policies of Chinese flag of convenience, promote the qualified ships to be registered in Shanghai and form an efficiency ship registration system.

The Measures to open up the service sectors in the China (Shanghai) Pilot Free Trade Zone attached to the Plan lists the following breakthrough the Free Trade Zone will obtain in shipping industry and related auxiliary industry:

(1) the minimum registered capital requirements for a project company (i. e. single-ship/aircraft company) set up by financial leasing companies within the China (Shanghai) Pilot Free Trade Zone will be removed.

(2) financial leasing companies will be allowed to conduct commercial factoring that are related to its primary businesses.

(3) limitations on foreign participation in Sino-foreign equity joint venture and Sino-foreign cooperative joint venture international shipping enterprises will be relaxed. The transport administrative authorities of the State Council shall be

① Guo Fa[2013]No. 38.

in charge of the rulemaking.

(4) foreign ships owned or indirectly owned by Chinese-invested companies are allowed to pilot the coastal shipping between domestic coastal ports and Shanghai port.

(5) incorporation of wholly foreign-owned ship management enterprises will be allowed.

(6) qualified foreign financial institutions will be allowed to set up wholly foreign-owned banks and Sino-foreign equity joint venture banks with eligible private capital within the China (Shanghai) Pilot Free Trade Zone. Restricted license banks will be allowed to be incorporated under certain conditions.

(7) qualified Chinese banks will be allowed to conduct offshore business under the condition of improving related regulations and enhancing supervision.

(8) cooperative mechanism between Chinese and foreign law firms will be explored.

(9) incorporation of foreign invested credit information companies will be allowed.

(10) setup of Sino-foreign equity joint venture human resources agencies will be allowed. Investors from Hong Kong and Macau will be allowed to set up wholly foreign-owned human resources agencies.

(11) incorporation of foreign-invested joint-stock holding companies will be allowed; and

(12) establishment of Sino-foreign cooperative joint venture education and training institutions and vocational skills training institutions will be allowed.

We have reason to believe and the world also have reasons to believe that borrowing the east wind of the construction of China (Shanghai) Pilot Free Trade Zone, Shanghai is expected to be able to build a policy and legal system (environment) soon, which is suitable for the development of shipping market, the innovation of shipping products, the building of shipping human resources, the exchange of shipping information and the communication of shipping culture and Shanghai will become an international shipping center, an international shipping law in or around 2020.

Shanghai Shipping Policy and Law Development White Paper 2013 focused on the legal development that Shanghai international shipping center has experienced in its construction. The book is divided into 6 chapters: Shipping Laws and Regulations, Judicial Execution of Shipping Policy and Law, Administrative Execution of Shipping Policy and Law, Literature Review with regard to Shipping Policy and Law, Annual Shipping Highlights and Prospect. Chapter 1 concentrates on the shipping legislation, combing through the shipping policies and laws issued by national and Shanghai People's Congress and briefly introducing and commenting on those regulations with great influence and significant innovation in order that the latest shipping legislation actions can be known. For instance, the *Maritime Labour Convention 2006* went into effect in China on August 20, 2013 and *Regulation on the Administration of Domestic Water Transport* was implemented. Chapter 2 pays attention to shipping judicial practice, introducing and discussing the status of Shanghai shipping judicial practice and shipping policies and laws, at the same time, commenting on some cases with great influent or innovation. In 2013, there are two highlights in Shanghai shipping judicial practice. Firstly, Shanghai Maritime Court published *Maritime Judicial Situation of Shanghai Maritime Court in 2103* (i. e. the white paper on maritime trial), this is the fourth time for Shanghai Maritime Court to publish maritime judicial report after taking the lead in publishing trial white paper in 2010, becoming the pioneer of Chinese maritime court. Secondly, the number of cases accepted by all shipping judicial institutions in Shanghai reached historically high levels. Chapter 3 puts emphasis on law enforcement, the State Oceanic Administration after restructuration is introduced. In the meanwhile, several important maritime, ocean, fishing and shipping cases of law enforcement in 2013 are selected and analyzed briefly with related regulations. Chapter 4 considers from the perspective of law-related education. Articles and books wrote by scholar and person in the shipping industry which are published in all kinds of core journals and several publishing houses are selected and analyzed briefly. Chapter 5 provides a compilation and a brief analysis of the hot points in the shipping policies in the past year, especially, significant events, hotspot issues, innovative measures and major achievement in the development of the shipping industry in Shanghai in 2013. It will help the readers to understand the construction progress of Shanghai as a shipping center and also related legal environment development. Chapter 6 not only concludes the whole book but also foresees the future development divertion of Shanghai shipping policy and law, moreover, it sets out some directive suggestions on the ground of the above analysis.

The book was organized and written by LIN Jiang, Associate Professor in Law School of Shanghai Maritime University and deputy directors of Shipping Policy and Law Institute of SISI, who specifically responsible for the first five chapters of the book's written work. Peter MURRAY, foreign expert of SISI and senior consultant of Hisun & Co was responsible for proofreading the English version of the book. WANG Yanan, the researcher of the Shipping Policy and Law Institute of SISI and a lawyer of Hisun & Co, also joined in the book writing and translation work.

The publication and writing of this book was supported and guided by Shanghai Maritime University and SISI. We would like to thank party secretary of Shanghai Maritime University, Director of SISI, Professor YU Shicheng; Secretary-General of SISI, Professor ZHEN Hong; Deputy Secretary-General of SISI, Professor LI Gang; Dean of Law School of Shanghai Maritime University, Professor JIANG Zhengxiong; director of Shipping Policy and Law Institute of SISI, Mr. YE Hongjun and deputy director, Professor SHEN Qiuming. In addition, the book also received the community's concern and support. For ensuring the authenticity and accuracy of the information sources and the statistics, also enriching the book content, the preparation team visited dozens of agencies, units to conduct research for which we express our gratitude.

The purpose of this book is that by reviewing the 2013 Shanghai shipping policy and legal developments, persons of insight from all circles can explore the construction of the Shanghai shipping legal environment direction, path, and the starting point, and so can raise the relevant suggestions of developing Shanghai Shipping Center in legislation, law enforcement, judicial, legal culture and educational aspects. We also expect that this book will bring a little inspiration for the industry, triggering deep thought for building legal shipping environment. This book is the first development report about exploring Shanghai's even Chinese shipping market policy and law. The book was drawn up in haste, so there are bound to be oversights and omissions. It is hoped that the readers will kindly point out our errors (please send email to john. lin@hisunlaw. com), this will encourage and drive us doing better.

Shipping Policy and Law Development White Paper Compiling Group

Shipping Policy and Law Institute of SISI

December 31, 2013

Chapter 1 Shipping Laws and Regulations

In the current complex international shipping situation, shipping policies are increasingly showing significance for promoting the overall development of China's port and shipping industry. After several decades of efforts, the construction of Shanghai international shipping center has made remarkable achievements, but on the goal of being an acknowledged international shipping center, a pronounced gap still exists. To support further development of the shipping industry, the State Council, the Ministry of Transport, the Supreme People's Court etc. issued a number of policies and laws to guide and promote the development of the shipping industry. In particular, the State Council's decision to establish a free trade zone in Pudong district of Shanghai has brought new opportunities and challenges for the development of Shanghai's shipping industry and the construction of Shanghai international shipping center. After that, the Ministry of Transport and the Shanghai Municipal People's Government jointly issued *Opinions on the Implementation of Framework Plan for the China (Shanghai) Pilot Free Trade Zone to Accelerate the Construction of Shanghai International Shipping Center*, which involves a series of new shipping policies covering the construction and development of the Free Trade Zone. Among these series of shipping policies, there are not only policies to adjust the current shipping policies, such as allowing foreign ship registrant to operate ship registration service in accordance with laws, regulations and other relevant provisions, of which the investment ratio can exceed limit of 50%; innovation of international ship registration system; liberalization of restrictions of foreign investment proportion in international shipping transportation; allowing foreign-owned enterprises to invest and establish international ship management companies in the Free Trade Zone, but also brand-new shipping policies, such as the exploration of negative list management model of foreign investment access in the shipping industry fields; implementation of coastal shipping pilot policy to allow Chinese-invested shipping companies to use foreign ships engaged international voyages owned or controlled by them pilot shipping import and export containers between domestic opening port and Shanghai Port (taking Shanghai as a transshipment port).

As mentioned above, the shipping policies of Shanghai Free Trade Zone in ship registration, the liberalization of shipping market and other aspects have broken many restrictions, enhance the extent to the level of opening up of China shipping and will have a great impact on China's shipping policies in the future. On one hand, the policies will play a good role in promoting foreign investment in Chinese shipping industry and learning from advanced international management experience; on the other hand, the consequent risks and challenges cannot be underestimated. The shipping policies of Shanghai Free Trade Zone have changed the existing opening pattern of shipping industry, and will have a greater impact on domestic shipping market and transport enterprises. For example, the management model of negative list leaves policy void to foreign enterprises; pilot coastal shipping business has opened the closed gates of Chinese coastal transport market, thereby it will increase the pressure on government to regulate and control, and influence the stability of domestic shipping market. In general, however, the introduction and implementation of shipping policies of the Shanghai Free Trade Zone will provide a good reference and accumulate valuable experiences for innovation mechanism of Chinese shipping policy. Driven by the Shanghai Free Trade Zone shipping policies, there will be more innovation in shipping policy in the future. Shipping policies will gradually emerge in form of interlocking ring chain, and batches of clustering ones will appear in succession.

1 Laws, Regulations and Rules

1.1 Shipping Management

Domestic Waterway Transport Regulations

http://www.gov.cn/zwgk/2012-10/22/content_2248746.htm

Decision of the State Council on Matters Concerning Administrative Approval Projects to Be Cancelled and Delegated to Lower Levels

http://www.gov.cn/zwgk/2013-12/10/content_2545569.htm

Decision of the Ministry of Transport to Modify Detailed Rules for the Implementations of the International Shipping Regulations of the People's Republic of China (2013)
http://www.moc.gov.cn/zfxxgk/bnssj/syj/201309/t20130913_1482606.html

Framework Plan for the China (Shanghai) Pilot Free Trade Zone
http://www.gov.cn/zwgk/2013-09/27/content_2496147.htm

Opinions of the Ministry of Transport and the Shanghai Municipal People's Government on the Implementation of the Framework Plan for the China (Shanghai) Pilot Free Trade Zone to Accelerate the Construction of Shanghai International Shipping Center
http://www.moc.gov.cn/zfxxgk/bnssj/syj/201309/t20130929_1490661.html

Interim Measures of Shanghai Maritime Safety Administration on Yacht Security
Management http://www.scsya.org/detailed.asp?id=12259&species=6

Several Opinions on Promoting Healthy Development of the Transformation and Upgrading of the Shipping Industry
http://www.moc.gov.cn/zfxxgk/bnssj/syj/201309/t20130902_1475227.html

Notice of the General Office of the Ministry of Transport to Establish the Contact System of Key Leading Cross-strait Shipping Enterprises
http://www.moc.gov.cn/zhuzhan/zhengwugonggao/jiaotongbu/shuiluyunshu/201303/t20130315_1379922.html

Notice of the Maritime Safety Administration of the People's Republic of China on Issuing Management Measures on Safety and Credibility of Shipping Enterprises and the Selection Procedure of Safe and Credible of the Enterprises (Modified in 2013)
http://zhaomu.msa.gov.cn/NewsContent.aspx?CatalogId=c7c58ccb-c081-4d53-9098-ebcbeb3f5215&ContentId=8727b538-28ce-4d44-a2ab-7747a4b8b21b

Notice of the Ministry of Transport on Operating Measures of Non-vessel Operation Common Carrier Security Deposit Liability Insurance System
http://www.moc.gov.cn/zfxxgk/bnssj/syj/201310/t20131014_1496222.html

Announcement of the Ministry of Transport on Foreign Ships Engaged in International Voyages Pilot Coastal Shipping in Shanghai
http://www.moc.gov.cn/zfxxgk/bnssj/syj/201309/t20130930_149183.html

Guiding Opinions of the General Office of the Ministry of Transport on Promoting Informatization and Intelligentialization of Transportation
http://www.moc.gov.cn/zfxxgk/bnssj/kjs/201309/t20130930_1491623.html

Announcement of the Ministry of Transport on Several Issues of Improving Management System of Non-vessel Operation Common Carrier
http://service.law-star.com/cacnew/201309/2910089348.htm

Guiding Opinions of the Ministry of Transport on Scientific and Technological Innovation to Promote the Transformation and Upgrading of Transportation
http://www.gov.cn/gongbao/content/2013/content_2535956.htm

Several Guiding Opinions of the Ministry of Transport on Improving and Enhancing Transport Services
http://www.moc.gov.cn/zfxxgk/bnssj/dlyss/201309/t20130930_1491497.html

Notice of the General Office of the Ministry of Transport on the Work of On-line Applications of Domestic Waterway Transport Management System of Administrative Licenses
http://www.moc.gov.cn/zfxxgk/bnssj/syj/201309/t20130905_1477804.html

Notice of the Ministry of Transport on Issuing Program of Promoting the Sunshine Pilot to Improve the Service Level
http://www.moc.gov.cn/zfxxgk/bnssj/syj/201307/t20130715_1451098.html

Several Opinions of the Ministry of Transport on Building a Transport Government Departments Ruled by Law in All-round Way
http://www.moc.gov.cn/zhuzhan/zhengwugonggao/jiaotongbu/qita/201305/t20130522_1415663.html

1.2 Ships

Notice of the State Council Issuing the Plan on Accelerating the Structure Adjustment and Promoting Transformation and Upgrade of Shipbuilding Industry (2013 -2015)
http://www.gov.cn/zwgk/2013-08/04/content_2460962.htm

Registration Measures of Fishing Vessels of the People's Republic of China
http://www.gov.cn/gongbao/content/2013/content_2307059.htm

Notice of the Fishery Bureau on Deep-sea Fishing Vessels Uniformly Implementing the International Convention on Civil Liability for Bunker Oil Pollution Damage
http://www.cnfm.gov.cn/yyywyzj/201302/t20130216_3218368.htm

Implementation Plan of Scrapping and Upgrading Old Transport Vessels and Single-hull Tankers in Advance
http://www.moc.gov.cn/zfxxgk/bnssj/syj/201312/t20131209_1525204.html

Provisions of Investigation and Handling of Ship Pollution Accidents at Sea of the People's Republic of China (Modified in 2013)
http://www.moc.gov.cn/zfxxgk/bzsdw/bhsj/201401/t20140102_1538835.html

Announcement of the Ministry of Transport on Implementation of Policy on Capacity Identified of Finance Leasing Ships
http://www.moc.gov.cn/zfxxgk/bnssj/syj/201312/t20131227_1536326.html

Announcement of the Ministry of Transport on Recordation of International Shipping Agency Business
http://www.moc.gov.cn/zfxxgk/bnssj/syj/201310/t20131009_1493269.html

Announcement of the Ministry of Transport of Plan on Promoting the Standardization of National Inland-water Ships During the Twelfth Five-Year Period
http://www.moc.gov.cn/zfxxgk/bnssj/syj/201308/t20130823_1471060.html

Implementation Measures of the People's Republic of China on Ship Oil Pollution Civil Liability Insurance (Amended in 2013)
http://www.moc.gov.cn/zfxxgk/bzsdw/bhsj/201309/t20130913_1482692.html

Notice of the Maritime Safety Administration of the People's Republic of China on Issuing Administrative Regulations on Inland Navigation Ships Changing Vessel Inspection Organization (Amended in 2013)
http://www.shmsa.gov.cn/NewsContent.aspx? CatalogId = dd1750e9 - f9e0 - 451b - b641 - 9fb0f426e046&ContentId = 229e4695 - 5307 - 42d0 - 82a8 -de21a6ebefbe

Announcement of the Maritime Safety Administration of the People's Republic of China on Implementation of Interim Provisions on the Statutory Inspection of the Inland Navigation Ships with Natural Gas Fuel (2013)
http://www.moc.gov.cn/zizhan/zhishuJG/haishiju/zhengceguiding/zhengcexingwenjian/201311/t20131112_1511012.html

Shipbuilding Industry Normality Conditions
http://www.gov.cn/gzdt/2013-11/13/content_2526512.htm

Announcement of the Ministry of Transport on Domestic LNG Ships Shipping Market Access Policy
http://www.moc.gov.cn/zfxxgk/bnssj/syj/201310/t20131010_1494207.html

Notice of the Maritime Safety Administration of the People's Republic of China on Issuing the Provisions on the Supervision and Administration of Vessels under Special Follow-up
http://www.moc.gov.cn/zfxxgk/bzsdw/bhsj/201307/t20130710_1448603.html

Announcement of the Maritime Safety Administration of the People's Republic of China on the Implementation of the Interim Regulations of Yacht Statutory Inspection (2013)
http://www.moc.gov.cn/zizhan/zhishuJG/haishiju/zhengceguiding/zhengcexingwenjian/201305/t20130506_1407052.html

Announcement on Amendments of International Convention for Prevention of Pollution from Ships, 1973 as Modified by the Protocol of 1978 and other Mandatory Instruments of the International Maritime Organization Coming into Force
http://www.moc.gov.cn/zhuzhan/zhengwugonggao/jiaotongbu/haishijiulao/201303/t20130327_1385412.html

1.3 Ports and Waterway

Notice of the Maritime Safety Administration of the Ministry of Transport on Issuing the Implementation Plans on Inland Navigable Areas Division Projects
http://www.moc.gov.cn/zfxxgk/bzsdw/bhsj/201312/t20131216_1528984.html

Announcement of the Ministry of Transport on Additions or Amendments of the Pilot Boarding /Leaving Ships Waters of Main Ports Countrywide
http://tjvts.com/a/zcfg/gzwj/2014/0825/192.html

Announcement of the Ministry of Transport on Disclosure of the Recordation List of the First Installment of Safety Assessment of Hazardous Goods at Ports Institutions
http://www.moc.gov.cn/zfxxgk/bnssj/syj/201307/t20130715_1450976.html

Provisions on the Safety Management of Hazardous Goods at Ports
http://www.moc.gov.cn/zhuzhan/zhengwugonggao/jiaotongbu/gangkouhangdao/201301/t20130109_1352695.html

Notice of the Yangtze River Shipping Administration of the Ministry of Transport Issuing the Standard and Measures on Equipment of Auxiliary Tugboat Engaged in Pilot Operations in Yangtze River (For Trial)
http://www.cjhy.gov.cn/changhangzhengwu/zhengwugonggao/changhanggonggao/201310/t20131029_242745.html

Announcement of the Ministry of Transport on the Cancelling Compulsory Pilotage of Foreign Ocean-going Vessels when Entering into and Departing from Taicang Port and the Waters therefrom
http://www.moc.gov.cn/zfxxgk/bzsdw/bhsj/201310/t20131016_1497500.html

Announcement of the Ministry of Transport on Opening up Port-centered Industrial Operation Areas of Hangzhou Bay in Shanghai Port to Foreign Vessels
http://www.mofcom.gov.cn/article/b/g/201311/20131100395814.shtml

Notice of the General Office of the Ministry of Transport on Recordation Work of Safety Evaluation of Hazardous Goods at Ports Institutions
http://www.moc.gov.cn/zhuzhan/zhengwugonggao/jiaotongbu/gangkouhangdao/201305/t20130506_1407479.html

Notice of the Ministry of Transport on Issuing Measures on Supervision and Management of Source of Hazardous Goods at Ports (For Trial)
http://www.moc.gov.cn/zhuzhan/zhengwugonggao/jiaotongbu/gangkouhangdao/201305/t20130502_1405851.html

1.4 Talents

Maritime Labour Convention 2006
http://www.nbmsa.gov.cn/portal/section/10/2010/10/24/8fb7fcaf5fdd4cd9adf1b9449d6c2ed4/

Notice of the Maritime Safety Administration of the People's Republic of China on Chinese Ships Engaged in International Voyages Doing Preparatory Work to Perform Maritime Labour Convention 2006
http://www.moc.gov.cn/zfxxgk/bzsdw/bhsj/201308/t20130805_1460878.html

Decision on Amending Regulation on Seafarers Competence Examination and Certificate of the People's Republic of China by the Ministry of Transport
http://www.moc.gov.cn/zfxxgk/bzsdw/bhsj/201401/t20140102_1538846.html

Decision on Amending Regulations on Administration of Seafarers Service of the People's Republic of China by the Ministry of Transport
http://www.moc.gov.cn/zfxxgk/bzsdw/bhsj/201309/t20130913_1482663.html

Notice of the Ministry of Transport on Issuing Administration Measures of the People's Republic of China on Working and Living Conditions of Seafarers on Board
http://www.seaman-cn.com/news/view.asp?id=5468

Rules on the Duty of Seafarers of the People's Republic of China
http://www.moc.gov.cn/zhuzhan/zhengwugonggao/jiaotongbu/haishijiulao/201301/t20130109_1352694.html

Measures of the People's Republic of China for Administration of Pilot
http://www.moc.gov.cn/zhuzhan/zhengwugonggao/jiaotongbu/guanliguiding/201401/t20140102_1538784.html

Notice of Circular of the Maritime Safety Administration of the People's Republic of China on Further Normalizing the Management of Crew Certification

http://msa.gov.cn/notice/8cobd5fb_eb2b_437c_ad8b_2f75a47a8c65

1.5 Fiscal and Levy

Announcement of the State Administration of Taxation and the Ministry of Transport on Issuing the Administrative Measures for the Delegated Collection of Vehicle and Vessel Tax on Vessels

http://www.csj.sh.gov.cn/pub/xxgk/zcfg/ccs/201301/t20130115_401768.html

Law of the People's Republic of China on Administration of Tax Collection (2013 Revised)

http://www.360doc.com/content/13/1205/13/7499155_334665726.shtml

Announcement of the State Administration of Taxation on Several Issues on Collection of Vehicle and Vessel Tax on Vessels

http://www.csj.sh.gov.cn/pub/xxgk/zcfg/ccs/201301/t20130115_401768.html

Notice on the List of Second Installment of Chinese Ships of Flag of Convenient Enjoying Preferential Import Tax Policy during the Twelfth Five-Year Plan Period

http://www.mof.gov.cn/mofhome/guanshuisi/zhengwuxinxi/zhengcefabu/201309/t20130917_990339.html

Notice of the General Office of the Ministry of Transport on Submitting Application Materials of Registration of the Ship Exempting from Tax under Special Circumstances

http://www.moc.gov.cn/zhuzhan/zhengwugonggao/jiaotongbu/shuiluyunshu/201302/t20130219_1368901.html

1.6 Oceanic Legislation

Several Opinions of the State Council on Promoting the Sustainable and Healthy Development of Marine Fisheries Industry
http://www.gov.cn/zwgk/2013-06/25/content_2433577.htm

Notice of General Office of the State Council on Issuing the Provisions on Main Functions and Staffing of Internal Bodies of State Oceanic Administration (2013)
http://www.gov.cn/zwgk/2013-07/09/content_2443023.htm

Decision of the Ministry of Transport on Amending the Regulations of the People's Republic of China on Preventing and Controlling Environmental Pollution Caused by Ships and Relevant Working Activities (2013)
http://www.moc.gov.cn/zfxxgk/bzsdw/bhsj/201401/t20140102_1538839.html

1.7 Others

Plan of the State Council on Institutions Reform and Functional Transformation
http://www.chinareform.org.cn/gov/system/Policy/201303/t20130315_162938.htm

Interpretations of Supreme People's Court on Several Issues concerning the Application of Insurance Law of the People's Republic of China (II)
http://www.court.gov.cn/spyw/mssp/201306/t20130609_185241.htm

Provisions of Supreme People's Court on Handling the Request for Judicial Assistance of Judicial Documents Service and Investigation and Evidence Collection in Civil and Commercial Cases on the Basis of International Conventions and Bilateral Judicial Assistance Treaties
http://www.court.gov.cn/spyw/qtyw/sfxz/201306/t20130627_185742.htm

Interpretations of Supreme People's Court on Several Issues concerning the Application of the Law of the People's Republic of China on Choice of Law for Foreign-related Civil Relationships (I)
http://rmfyb.chinacourt.org/paper/html/2013-01/07/content_56241.htm

Decision of the Standing Committee of the National People's Congress on Authorizing the State Council to Temporarily Adjust Relevant Laws and Regulations on Administrative Examination and Approval in China (Shanghai) Pilot Free Trade Zone
http://news.hexun.com/2013-08-30/157595422.html

Special Administrative Measures of China (Shanghai) Pilot Free Trade Zone for Admittance of Foreign Investments (Negative List)
http://www.shanghai.gov.cn/shanghai/node2314/node2319/node12344/u26ai37036.html

Decision of the State Council to Temporarily Adjust Special Administrative Measures on Administrative Approval or Admittance Provided in Relevant Administrative Regulations and the Documents of the State Council in China (Shanghai) Pilot Free Trade Zone
http://www.gov.cn/gongbao/content/2014/content_2567151.htm

Thirty Policies on Establishing Special Mechanisms and Implementing Special Policies in Lingang Area
http://gov.pudong.gov.cn/pudongNews_YWYQ/Info/Detail_459514.htm

Interim Measures of Shanghai Maritime Court on Application of Small Claims Procedure
http://shfy.chinacourt.org/article/detail/2013/08/id/1042044.shtml

Customs Law of the People's Republic of China (2013 Amendment)
http://www.scgysf.gov.cn/Article/news_view.asp?newsid=3520

Fisheries Law of the People's Republic of China (*2013 Amendment*)
http://www.pkulaw.cn/fulltext_form.aspx? Db=chl&Gid=218763&keyword=&EncodingName=&Search_Mode=accurate

Announcement of the Ministry of Transport on Amendment of International Convention for the Safety of Life at Sea 1974 Coming into Force Amended by International Maritime Organization
http://www.moc.gov.cn/zhuzhan/zhengwugonggao/jiaotongbu/haishijiulao/201211/t20121115_1326416.html

Announcement of the Ministry of Transport on Amendment of International Convention for the Safety of Life at Sea 1974 and International Convention for Prevention of Pollution from Ships, 1973 as Modified by the Protocol of 1978 and other Mandatory Instruments of the International Maritime Organization Coming into Force and Other Mandatory Instruments Amendment by International Maritime Organization
http://www.pkulaw.cn/fulltext_form.aspx? Db=chl&Gid=210749&keyword=&EncodingName=&Search_Mode=accurate

2 Analysis and Comments

2.1 *Domestic Waterway Transport Regulations*

On October 13, 2012, No. 625 Order of the State Council published the *Domestic Waterway Transport Regulations of the People's Republic of China* (hereinafter referred to as the *Regulations*), which has come into effect since January 1, 2013. The promulgation and implementation of the *Regulations* are playing an important role in the promoting management of waterway transportation industry and promoting scientific and security development of water transport industry.

There are 6 chapters and 46 articles in the *Regulations* in total, namely general principles, waterway transport operators, waterway transport operations, waterway transport auxiliary services, legal liability and supplementary provisions. The

Regulations establish the following ten major systems:

(1) Establishing the legal status of waterway transportation management agencies

Waterway transportation management agencies at all levels have been responsible for a large number of front-line enforcement of laws on waterway transportation for over 20 years. However, due to their legal status is not clear enough, the role of waterway transportation management agencies have not been able to give full play to some extent, which has affected the effect of waterway transport management work and enforcement of waterway laws. The *Regulations* provides that local people's governments above the county level are the administrative departments or agencies in charge of waterway transportation (hereinafter referred to as the departments in charge of waterway transportation management) assume the waterway transport management work provided in the *Regulations*. The agencies here refer to all levels of waterway transportation management agencies. This provision makes clear the main qualifications of administrative law enforcement agencies of waterway transport management, and directly grants the authority of law enforcement to waterway transportation management agencies at all levels in the administrative licensing, administrative punishment, etc. which effectively ensure the comprehensiveness and effectiveness of supervision of waterway transport market. In the future, transportation departments of local people's governments above the county level establish waterway transportation management agencies shall be in charge of specific work on management of the waterway transportation.

(2) Streamlining administrative licensing system

Based on the principles of streamlining administrative license and regulating the licensing process, the *Regulations* cancel three licensing projects in the following aspects: the shipping agent, waterway passenger transportation agents and waterway cargo transportation agent, and only retain waterway transport business license, ship management business license, license of foreign ships interim operating coastal transport in China etc. Approval conditions are more scientific. What's more, the Regulations cancel the matters that can be decided by the market players themselves, such as whether to have a stable source of supply. On setting conditions, it focused on the management capacity, staff conditions, security system, protection of public interest etc. Licensing procedures, implementation period of license, license issuance procedures are stipulated clearly. It provides the main subjects to implement the administrative license are departments or agencies of the Ministry of Transport or the people's governments which have municipal districts in charge of the management of water transport, and specific permission division is authorized by the Ministry of Transport in the form of department rules.

(3) Setting up new macro-control system of ship's capacity

The *Regulations* confirm the waterway macro-control measures in the level of administrative regulations for the first time and standardize the principles, subjects, basis, scope, methods and forms of the macro-control measures. The *Regulations* provides that to protect water transport safety and maintain fair competition order of the waterway transport market, transport authorities of the State Council can decide to suspend new capacity license in specific routes and waters of passenger liner shipping and bulk liquid dangerous goods transport, based on the waterway transport market situation. Through the capacity regulation measures, new-increasing capacities in the water transport market can be managed orderly, and the purpose of a basic balance between supply and demand of water transportation can be achieved.

(4) Establishing new energy conservation and emissions reduction, and structural adjustment policies

To implement the requirements of building a resource-saving and environment-friendly society, the *Regulations* provide very clearly that the state supports and encourages waterway transport operators to implement large-scale and intensive management, promotes structural adjustment of waterway transport industry, ensures transport safety, energy conservation and pollutant emissions reduction by using advanced and practicable waterway transport equipment and technology. When formulating and implementing new ship technology standards, capital subsidies and other measures can be taken to guide and encourage waterway transport operators to update and transform ships being used which do not meet the new standards but in line with existing standards and haven't reached the required age of scrapped ship. For ships need to force early retirement, compensation should be made for the shipowners. This system will play a positive role in optimizing waterway transport structure, saving energy, protecting water environment, improving efficiency of waterway and navigation facilities, and protecting water transport security.

(5) Establishing new integrity management system

To implement the Party and the government's deployment on establishing and improving the market credit system, further regulate the market management behaviors, and safeguard market order and the healthy, sustainable development of waterway shipping industry, the *Regulations* provide that business waterway transport and ancillary services shall be in accordance with law and the principles of honesty and trustworthiness, and require the transportation authorities of the State Council and the departments in charge of the management of water transport to establish a operators integrity management system and report situation of supervision and inspection to the public in time. Establishing a comprehensive waterway transport market integrity management system and promoting the construction of waterway transport market integrity system will play a very important role in improving market regulation measures, promoting market discipline of business entities, and forming an effective market discipline.

(6) Establishing new service quality management system

The *Regulations* establish a service quality management system, require waterway transport operators to provide security for passengers and shippers with safe, convenient and excellent service to ensure passenger and goods transport safety in accordance with the laws, administrative regulations and rules, quality, standards, and the contract of waterway passenger and goods transport stipulated by the Ministry of Transport of the State Council. It also sets up an information releasing system of passenger liner shipping and cargo liner shipping, requiring passenger liner service operators and cargo liner shipping business operators to publish ships, schedule, freight and other information within the time limits, and timely promulgate change of schedule, freight or information of halt of all or part of liner routes, to protect passengers and cargo owners' right to know. These provisions will help to improve safety and service awareness of waterway transport operators, and safeguard the legitimate rights and interests of passengers and cargo owners.

(7) Establishing new emergency transport security system

Emergency waterway transport security is an important statutory obligation of transport business operators. The *Regulations* require waterway transport operators to give priority to transport materials, equipment, tools, emergency rescue workers and emergency personnel, and focus on the security of urgent and important military transport in accordance with laws, administrative regulations and relevant rules. When emergency transportation needs related to the national economy and the people's livelihood appear, according to the State Council, waterway transport operators shall give priority to transport goods and materials of emergency transport.

(8) Strengthening the market dynamic supervision and exit mechanism

With streamlining administrative examination and approval system, strengthening market supervision will be the focus of waterway management. The *Regulations* enhance the provisions on supervision of waterway transport market, establish a dynamic regulatory system, stipulate fair competition, ship seaworthy and other obligations of business entities, and in particular, propose requirements on security and quality of service for liner shipping and transport of dangerous goods. A market exit mechanism is established for some serious behaviors violating laws and regulations.

(9) Retention of domestic waterway transport market protection system

For the protection of national security and rights of domestic water transport, referring to international practices, the *Regulations* stipulate some prohibitive provisions on foreign enterprises, other economic organizations and individuals engaged in domestic waterway transport, set more restrictions for foreign vessels, and provide severe penalties for illegal foreign vessels engaged in domestic waterway transport.

(10) Establishing passenger ships compulsory insurance system

To improve passengers transport market access threshold, the safety level of passenger transport management and secure damages suffered by passengers to be compensated effectively, the *Regulations* provide that waterway passenger transport operators should purchase liability insurance against their running ships or obtain appropriate financial guarantees for passenger ships.

2.2 *Maritime Labour Convention 2006* has come into force since August 20, 2013 in China

International Labour Organization (ILO) held the 94th Congress and the

Tenth Maritime Conference in February 2006, in which *Maritime Labour Convention 2006* (hereinafter referred to as the *Convention*) was adopted. The *Convention* is a new comprehensive ILO Maritime Labour Convention consolidated and revised the existing 68 Conventions and Recommendations. It establishes a unified international maritime labor standard. The *Convention* has come into force in China since August 20, 2013.

(1) Necessity of Formulation

The decision of ILO to develop a new integrated maritime labor Convention is based on a joint proposition in 2001 of the International Maritime Organization and the International Shipowners' Association, which had received the support of the ILO member states. The following factors have been taken into consideration:

① The shipping industry is the world's first truly global industry. It needs an international standard to be applied to the entire industry;

② ILO has been setting international standards for seafarers since 1920. Before the *Maritime Labour Convention 2006* was adopted, there were dozens of conventions, recommendations and other relevant legal documents specially formulated for crews. But with the continuous development of the shipping industry, some of the standards of the *Convention* haven't updated in time, so they are unable to meet the needs of contemporary work and life of seafarers on board;

③ Most of the existing maritime conventions of ILO are documents for processing single issue, and the provisions are too detailed to make all ILO member states to ratify and implement the relevant requirements. So few existing ILO conventions have been ratified by the member states;

④ Establishing a system of effective implementation and enforcement of the *Convention* and strike against low standard ships.

Given these factors, ILO merged and updated the existing 68 relevant international maritime standards, developed a new integrated maritime labor Convention to establish a unified maritime labor standard. ILO hopes to help the owner to get equal competitive environment and help the crew to get a decent job by implementing the *Convention*.

(2) Main Content

The *Convention* consists of three parts: articles, regulations, and codes.

Articles and Rules set out the core rights, principles the basic obligations of the member states. The Codes contain the implementation details of the rules. It comprises Part A (Mandatory Standards) and Part B (Non-mandatory Guidelines).

Regulations and codes are organized into general areas under five Titles, each of which contains groups of provisions relating to a particular right or principle or enforcement measure, as follows:

① *Title 1 – Minimum requirements for seafarers to work on a ship*, which addresses minimum age, medical certificates, training and qualifications, recruitment, and placement;

② *Title 2 – Conditions of employment*, which addresses employment agreements, wages, hours of work and rest, leave entitlement, repatriation, compensation in the event of loss of a ship, manning levels, career and skill development, and seafarer employment opportunities;

③ *Title 3 – Accommodation, recreational facilities, food and catering*, which addresses standards for accommodation, recreational facilities, and food and catering;

④ *Title 4 – Health protection, medical care, welfare and social security protection*, which addresses medical care, shipowner's liability, health and safety and accident prevention, access to shore welfare facilities, and social security;

⑤ *Title 5 – Compliance and enforcement*, which addresses flag State responsibilities, port State responsibilities, and labor supply responsibilities.

In the formulation of *Maritime Labour Convention 2006*, provisions of implementing measures involving basic rights of seafarers in many existing conventions on maritime labour have been converted into part B of the codes.

In the *Convention*, articles, regulations, and Part A of the codes are mandatory requirements, while Part B of the codes gives guidelines on how to implement these mandatory requirements. Part B of the codes as non-mandatory requirements, give the member states autonomy to decide whether to adopt the provisions in this respect, which reflects the flexibility of the *Convention*, and its purpose is to make the *Convention* widely accepted around the world.

After the *Convention* comes into force, inspection of port state does not refer to requirements of Part B. But the *Convention* requires the member states to undertake liability provided in articles, regulations and Part A of the codes, at the same time take full consideration of the methods provided in Part B of the codes.

2.3 *Plan of the State Council on Institutional Reform and Function Transformation*

Plan of the State Council on Institutional Reform and Function Transformation (hereinafter referred to as the *Plan*) is based on sprit of the Second Session of the Eighth National Congress and the Eighth Central Committee of the People's Republic of China to deepen institutional reform and function transformation of the State Council. *Decision of the First Session of the Twelfth National People's Congress on Plan of Institutional Reform and Function Transformation of the State Council* was adopted on March 14, 2013.

(1) Necessity and Urgency of Institutional Reform and Function Transformation

During the last five years, new progress has been made in the institutional reform and function transformation of the State Council, the reform of administrative approval system continues to be promoted, the macro-control system has gradually improved, market supervision, the functions of social management and public service have been further strengthened, the management system of some important areas has been improved, big departments reform has taken important steps, efforts of opening of government affairs and administrative accountability have been intensified, administration according to law has achieved new results. However, there are still many problems, mainly as follows: function offside and vacancy, overlapping responsibilities, powers not being matched by responsibilities, shrinking responsibility, low administrative efficiency, unreasonable institutional setting, overlapping agencies and overstaffing problem, imperfect constraint and supervision mechanism, abuse of power, corruption and other phenomenon have not been effectively curbed. These issues need to be addressed in particular by deepening function transformation and improving the systems and mechanisms.

(2) Reform Principles

To deepen institutional reform and function transformation of the State Council, we must adhere to the dominant position of the people, most widely mobilize and organize the people to manage state, social, economic and cultural affairs according to law; adhere to the liberate and develop social productive forces, stimulate the market and social vitality; adhere to streamline unified administrative efficiency, optimize organizational structure and functions of the configuration; adhere to innovation institutional mechanisms and management, and improve government management services capabilities; adhere to strengthen supervision of the executive power constraints, and ensure that government perform their duties in accordance with the statutory authority and procedures; adhere to ground on the actual situation in the country at this stage and adapt to the economic and social development, and reform and opening up process.

(3) Main Content

The crucial point of the reform is to focus on the transformation of functions, rationalization of responsibilities relations, steadily restructure central government offices, implement separating the rail from government to enterprises, strengthen and integrate management agencies in the fields of hygiene and birth control, food and medicine, journalism, publishing, radio, film and television, ocean, energy. Specific contents are as following:

① Separate the railway department from government to enterprise, and improve the overall transportation system. After the reform, China Railway Corporation unified command of rail transport, implement the whole road centralized management to ensure the orderly and safe railway operations, complete important transport tasks, constantly improve the management level and provide the people with security, convenient, quality service.

② Organize the National Health and Birth Control Commission, to improve the population quality and people's health.

③ Organize China Food and Drug Administration to improve safety and quality standards of food and drug.

④ Organize the State Administration of Press, Publication, Radio, Film and Television to promote prosperity and development of radio, television, news and publishing industry.

⑤ Re-establish the State Oceanic Administration to promote the unification of maritime law enforcement.

⑥ Re-establish the National Energy Administration to improve energy supervision and management system.

⑦ Transform the State Council Functions. In the light of the existing prominent problems of the State Council functions, the *Plan* proposes measures from the following six aspects to clear the direction, principles and priorities of the function transformation.

a. Give full play to the fundamental role of the market in resource allocation. In order to deregulate all kinds of market entities to a maximize extend from institutional mechanism, stimulate enterprises and individual entrepreneurship initiative, the *Plan* puts forward that reduce the administrative examination and approval of investment, production and business activities, reduce qualification license, reduce administrative charges, and reform business registration system gradually.

b. Better use social forces in the management of social affairs role. Firstly, gradually advance trade associations and chambers of commerce to separate from administration, bring in competition mechanism, and explore one industry with several associations, change executive tendency of industry association and chamber of commerce to enhance their autonomy and vitality. Secondly, give priority to cultivate the development chamber of commerce associations of science and technology classes, charity class, urban and rural community service type of social organization. Thirdly, insist to guide the development and at the same time manage according to law strictly, establish and improve the unified management system of registration, duties, coordination, levels of responsibility according to the regulatory of social organization.

c. Give full play to the initiative of central and local government. Firstly, decentralize approval projects of investment. Secondly, decentralize approval projects of production and business activities. Thirdly, reduce and combine local special transfer payments from central government.

d. Optimize function configuration. The *Plan* puts forward three points of the integration: firstly, according to the principle that the same thing is in the charge of one department; integrate the duty of registration of house, woodland, grassland, land; integrate fundamental urban basic medical insurance of employees, basic medical insurance for urban residents, the new rural cooperative health care to be in the charge of one department respectively. Secondly, integrate the same or similar inspection, testing, certification organs to resolve the problem that organs are too scattered and lacking vitality. Thirdly, integrate public resources to establish a standardized trading platform and credit information platform to share resources and improve efficiency. As to other overlapping responsibilities, decentralized problems shall be solved in the above way.

e. Improve and strengthen macro-management. The *Plan* puts forward that strengthen the formulation of development plans, judgment of economic trends, institutional mechanism design and overall planning, management issues, co-ordination and other system functions. Perfect macroeconomic control system, strengthen the authority and effectiveness of macroeconomic control measures, maintain the uniformity of law, government decrees, eliminate regional blockade, break up monopolies and maintain a unified and open, fair and honest, competitive and orderly national market.

f. Strengthen system construction and law-based administration. The *Plan* puts forward to strengthen fundamental system construction and strengthen law-based administration to perfect the system of law-based administration and improve the quality of the system.

2.4 *Decision of the State Council on Cancelling and Decentralizing a Batch Administrative Examination and Approval Projects*

On November 8, 2013, the State Council announced and implemented the *Decision of the State Council on Cancelling and Decentralizing a Batch Administrative Examination and Approval Projects* (hereinafter referred to as the *Decision*) which cancels and decentralizes 82 items of administrative examination and approval projects and publishes 16 items of administrative examination and approval projects published by the *Decision of the State Council on Cancelling and Decentralizing a Batch Administrative Examination and Approval Projects* on May 15, 2013, which has been reported to the Standing Committee of the National People's Congress.

The 82 items of administrative examination and approval projects cancelled and decentralized involving a total of 6 areas:

① Primary industry. Agriculture, forestry, animal husbandry and fishery are all involved, mainly concentrated in the agriculture, including assigning crop seed inspector qualification assessment to the agriculture administrative departments of provincial government; decentralizing identification of qualification of edible fungus inspector, grain and oil quality supervision and inspection institutes, wild plants protection, serious animal disease material collection to the provincial competent authority; decentralizing examination and approval of feed additives and additive pre mixed feed production enterprise to the provincial feed administrative department etc., decentralizing examination and approval of scientific research observation and investigation activities in national nature reserve in the charge of fishery department to the provincial fishery department, decentralizing assessment and evaluation of forest tree inspectors, decentralizing examination and approval of salt production project, fixed-point salt production enterprises to the provincial salt industry departments etc.

② The import and export trade and investment field. The number of the administrative examination and approval items cancelled and decentralized is relative large, relating to the fund, patent, foreign export trade etc., including cancelling approval of appointment of senior managers of department of the fund trust; decentralizing identification authority on searching institute which subsidize to apply for foreign paten sponsorship to patent competent authority of provincial-level and cities specifically designed in the state plan; cancelling the processing trade registration (change), outward processing, deep processing and transfer of surplus material, carryover and verification; cancelling the examination of loans from international financial organizations and exemption from customs duties of parts and components imported in foreign government loan project which are international bid electromechanical equipment; decentralizing the examination of establishment of accounting firm to the provincial public finance department; cancelling mechanical and electrical products qualification for international tendering agency.

③ The transportation field. Transport includes railway transport, air transport and maritime transport. The quantity of the projects cancelled and decentralized relating to shipping industry is more than the other two kinds of transportation, such as cancelling the issuance of crew qualification temporary proof-free certificates and pilot registration. Other includes canceling approval of identification of qualification of the civil air transport document printing enterprises and civil aircraft pilot II, III operating permit etc.

④ Social enterprise projects. Social undertakings projects specifically related to education, health, culture and other social public services, is the main field of the decentralization and cancellation of administration authority. Such as canceling approval of higher occupation schools regulated by the provincial people's government to use beyond the specified naming scope and appointment of principals of private school; decentralize approval of regional wholesale enterprises which need to buy drugs and the first class of psychotropic drug from surrounding province, autonomous region, municipality directly under the central government to provincial food and drug regulatory departments directly; canceling approval of antiques that haven't reached the standard and are unworthy to conserve dealt by antiques collection department under the direct control of state administration of cultural heritage.

⑤ Natural resources such as oil coal and mine. Further canceling qualification of enterprises, such as cancelling examination and approval of issuance of the coal production license; establishment of coal trading enterprises; the areas where the state invests to conduct regional mineral geological survey suspending to accept new registration of mineral exploration right; export qualification of tungsten, antimony production enterprise.

⑥ Prevention and control of environmental pollution. The environmental pollution is mainly reflected in the pollution accident caused by the ship and hazardous wastes, including cancelation special inspection of port, wharf, unloading station and capability of agencies engaged in ship repair, salvage, scrapping such as these operation activities; cargo pollution hazard assessment; identification of transportation condition chemical safety assessment agencies; ship pollution accidents technical appraisal institutions; and decentralizing approval of hazardous waste management licensing used to be in the charge of the competent administrative department of environmental protection under the State Council to the environmental protection administrative department of provincial government.

In the projects decided to be cancelled and decentralized by the State Council, shipping related mainly concentrates in two major areas, namely the transportation and environmental protection.

2.5 *Interpretations of Supreme People's Court on Several Issues Concerning Application of Insurance Law of the People's Republic of China* (*II*)

Interpretations of Supreme People's Court on Several Issues Concerning Application of Insurance Law of the People's Republic of China (*II*) was adopted on May 6, 2013 by 1577th meeting of the judicial committee of People's Supreme Court and has come into force since June 8, 2013.

(1) Purpose of Formulation

To correctly try insurance contract dispute cases and protect the lawful rights and interests of the parties, in accordance with the *Insurance Law of the People's Republic of China*, the *Contract Law of the People's Republic of China*, the *Civil Procedure Law of the People's Republic of China*, and other laws, and in light of trial practice, the issues concerning the application of the General Rules for Insurance Contracts in the *Insurance Law* are interpreted in the Interpretations.

(2) Background of Formulation

In recent years, insurance industry develops rapidly in China and plays a more and more important role in economic and social development. With the rapid development of the insurance industry, the quantity of cases of insurance disputes presents a continuous growth.

In addition, a large number of tort disputes also involves in the relevant problems of insurance contract. Especially, according to the provisions of the *Road Traffic Safety Law*, China implements the system of compulsory insurance of motor vehicle, almost all the disputes of the road traffic accident compensation for personal injury disputes relate to the insurance contract.

Insurance Law is promulgated and implemented in 1995. Although it was amended in 2002, because of the restriction of history, a lot of problems existing in the practice haven't been solved very well. In 2009, the *Insurance Law* was amended again in order to maintain the stability of financial order, promote the healthy development of the insurance industry, especially to protect the right of the insured and insurer and exert a positive role of insurance interest. Since the implementation of the new *Insurance Law*, internal structure and the external environment of insurance industry have undergone great changes, there are some new situations and new problems, such as the scope of obligation of telling the truth and performance standard of specific explanation obligation of the insured; calculation of the underwriting period and the exercise of the right of insurance subrogation of the insurer etc. Issues on application of the *Insurance Law* are complicated and specific, in addition, understanding and recognition of the law do not consistent, judge criteria on insurance contract around the country is not unified. If these problems cannot be solved as soon as possible, it will greatly affect the uniform judicial standards, the authority of the judiciary and the sustainable and healthy development of Chinese insurance industry.

It is in this context that the judicial interpretation work of part of general provisions on insurance contract in the *Insurance Law* is launched.

(3) Main Content

The first part is the protection of insurance consumers. The following seven aspects are involved in the protection of consumers. Firstly, regulate the underwriting behavior of insurance company, urge insurance company to underwrite as soon as possible and require the insurance company to assume the responsibility of insurance accident took place before the insurance company expresses an intention to accept but the insurance premium has been collected. Secondly, refine the insured's obligation of telling the truth and prevent the insurer from refusing to compensate the insured by reason that the insured violated the obligation of telling the truth at will. Thirdly, strengthen the reminder and specific explanation obligation of the insurer. Fourthly, clarify the interpretation rules of insurance terms. Fifthly, determinate the contents of the insurance contract correctly. Sixthly, clarify the starting point of settlement period and solve the difficult problem in the settlement of claims. Seventh, remove the obstacles posed by the insurer to the insured and beneficiary.

The second part is provisions with regard to the insurance salesman sign the insurance contract on behalf the insurance applicant. When entering into an insurance contract, the insurance applicant or the agent thereof does not personally affix its signature or seal to the contract, and the insurer or the agent thereof affixes a signature or seal to the contract on behalf of the insurance applicant, the contract shall not be effective to the insurance applicant. However, if the insurance applicant has paid the insurance premium, the insurance applicant shall be deemed to have subsequently recognized the signature or seal affixed on its behalf.

The third part is provisions with regard to the insured's obligation of telling the truth. *The Interpretations* (*II*) provides from four aspects to limit the right of the insurer to refuse to compensation when the insured breaches its obligation of telling the truth to protect the legitimate rights and interests of insurance consumers. Firstly, the scope of the insured's obligation of telling the truth limits to the content he knows to prevent the infinite extension of the scope. Secondly, the principle of inquiring system is established, the scope of insured's obligation is limited to content inquired by the insurer. Thirdly, draw on foreign experience and introduce waiver system. Fourthly, regulate the relationship between reject of claim and termination of insurance contract to prevent the insurer's casual refusal.

The last part is the reminder and specific explanation obligation of the insurer. *The Interpretations* (*II*) stipulates from the following four aspects to further strengthen the insurer's prompt and specific explanation obligation. First, comprehend the exclusion clauses of the insurer provided in Article 17 of the *Insurance Law* leniently. According to Article 9 of the *Interpretation* (*II*), the exclusion clauses, the amount and ratio of deductibles, proportionate compensation or payment, and other clauses exempting an insurer from liability or mitigating the liability of the insurer in a standard contract provided by the insurer may be deemed "clauses exempting the insurer from liability", the insurer must remind and specifically explain these contents. Second, clarify the performance methods and standards of reminder obligations of the insurer. The first paragraph of Article 11 of the *Interpretations* (*II*) provides the insurer may present the clauses exempting the insurer from liability in the insurance contract in words, fonts, symbols or other conspicuous signs that suffice to draw the attention of the insurance applicant, the people's court shall determine that the insurer has performed its obligation of presentation. Third, improve the insurer's explanation degree. In order to prevent the specific explanation obligation becoming a mere formality, second paragraph of Article 11 of the *Interpretations* (*II*) provides where an insurer explains to the insurance applicant in writing or verbally the concepts, content and legal consequences of the clauses exempting the insurer from liability to the extent that ordinary people can understand. The first paragraph of Article 13 of the *Interpretations* (*II*) clearly stipulates an insurer shall bear the burden of proof for its performance of the obligation of express explanation and the insurer shall perform its obligation of express explanation required by paragraph 2 of Article 11 of this Interpretation. It is in line with the provisions on burden of proof in the *Civil Procedure Law*, and is conducive to effectively protect right and interest of the insured.

2.6 *Provisions of Supreme People's Court on Handling Judicial Assistance Request of Judicial Documents Service and Investigation and Evidence Collection in Civil and Commercial Cases on the Basis of International Conventions and Bilateral Judicial Assistance Treaties*

Provisions of Supreme People's Court on Handling Judicial Assistance Request of Judicial Documents Service and Investigation and Evidence Collection in Civil and Commercial Cases on the Basis of International Conventions and Bilateral Judicial Assistance Treaties was adopted on January 21, 2013 in the 1568th meeting of the judicial committee of Supreme People's Court and has come into force since May 2, 2013.

(1) Purpose of Formulation

In order to correctly apply relevant international conventions and bilateral treaties on judicial assistance and legally handle requests for service of judicial documents, investigation and taking of evidence in civil and commercial cases, these Provisions are formulated in accordance with the provisions of the *Civil Procedure Law of the People's Republic of China*, the *Convention on the Service Abroad of Judicial and Extra-judicial Documents in Civil or Commercial Matters* (hereinafter referred to as the *Hague Service Convention*), *the Convention on the Taking of Evidence Abroad in Civil or Commercial Matters* (hereinafter referred to as the *Hague Evidence Convention*), and bilateral treaties on judicial assistance in civil matters and in consideration of China's judicial practice.

(2) Characteristics of the Provisions

The Provisions has three characteristics: the first one is to clear the principle that should be followed by the courts when put forward or deal with request of judicial assistance of service of judicial document and taking of evidence in civil and commercial matters, including convenient and efficient principle, principle of reciprocity, principle of examination according to law. The second one is to clear the management mechanism of international judicial assistance work of the courts. That is to unify management and put special person in charge of the work. The third one is to clear the system construction of international judicial assistance work of the people's Court, including registration and filing system.

(3) Main Content

① Convenient and efficient principle. Article 1 of the Provisions provides that the people's court shall, according to the convenient and efficient principle, determine request of the service of judicial documents and investigation based on the *Hague Service Convention*, *Hague Evidence Convention*, or bilateral civil judicial assistance treaties of foreign civil and commercial cases.

② Responsibility of review. When the Supreme People's Court and the local people's courts at all levels handle foreign requests for assistance matters, should exercise the responsibility of review on the purpose to ensure the country's sovereignty and safety not to be harmed through extensive and rigorous review mechanism. Therefore, Article 3 of the Provisions provides the people's court for assistance in foreign civil and commercial cases for service of judicial documents and investigation shall review the request. The request for assistance proposed by foreign courts, which belongs to the situations where a request should be turned down provided in *Hague Service Convention*, *Hague Evidence Convention* and bilateral civil judicial assistance treaty, the people's court shall refuse to provide assistance. According to this article, the Supreme People's Court and the specific court deals with a specific request for judicial assistance shall review the request for judicial assistance.

③ Management mechanism. Unified management shall be in combination with the assignment of special personnel to take charge. It includes three tiers of meaning as provided in Article 6 of the Provisions, namely, firstly, the Supreme People's Court manages national international judicial assistance work uniformly; secondly, the prime people's court shall determine a department to manage international judicial assistance of the people's courts at all levels in its jurisdiction areas and to designate special person to take charge of the work; thirdly, intermediate people's court, the grassroots people's courts and the courts which have authority to accept foreign-related cases should designate special person to take charge of the work of international judicial assistance, if conditions allow, it can simultaneously determine a department to manage international judicial assistance work. Specific functions of specialized agencies and personnel in charge of the management of the international judicial work will be stipulated in the implementation rules of the Provisions.

④ Construction of system. In addition to the establishment of management mechanism of the international judicial assistance work, the Provisions provides registration system and filing system to assist the construction of international judicial assistance system. The provisions of these two systems are formed in the foundation of the summary of work experience for many years on international judicial assistance work by the people's courts. Unified registration system and filing system, is the typical representative of the mature and successful experience. Incorporating these mature and successful experiences into the judicial interpretations is to further improve and standardize the work of international judicial assistance system construction of the people's courts and guide future work of international judicial assistance.

2.7 *Interpretations of the Supreme People's Court on Several Issues Concerning Application of the Law of the People's Republic of China on Choice of Law for Foreign-related Civil Relationships (I)*

Interpretations of the Supreme People's Court on Several Issues Concerning Application of the Law of the People's Republic of China on Choice of Law for Foreign-related Civil Relationships (I) was adopted on December 10, 2012 in the 1563rd meeting of the judicial committee of Supreme People's Court and has entered into force on January 7, 2013.

(1) Background

Law of the People's Republic of China on Choice of Law for Foreign-related Civil Relationships is the first single law applied to foreign-related civil relations in China. It has a profound influence in the legislation history of Chinese private international law. But in light of the problems found in the process of drafting and the implementation of the law, it is necessary to formulate relevant judicial interpretations.

(2) Main Content

The Interpretations mainly focus on the main problems existing in the implementation of the application of law on foreign-related civil relations. There are a total of 21 articles. Specifically as follows:

① The foreign-related civil relationship. Article 1 of the Interpretations redefines how to ascertain foreign-related relations. (a) Habitual residence is provided to be an important point of junction for the subject of the civil legal relations and it does not only emphasize nationality as point of junction any more. (b) Foreigners shall include foreign natural persons, legal persons and other organizations of foreign countries. (c) Describing foreign countries as places outside the territory of the People's Republic of China is more reasonable. (d) The provisions of miscellaneous clause to embrace situations where it may be confirmed as foreign-related civil relationship in practice.

② The retroactivity. According to the retroactivity principle of substantive law, the application of this law shall be determined as non-retroactivity.

③ The conflict rules. Article 3 of the Interpretations specifies the conflict rules between the *Law of the People's Republic of China on Choice of Law for Foreign-related Civil Relationships* and other laws. The specific understanding as follows:

Where the *Law of the People's Republic of China on Choice of Law for Foreign-related Civil Relationships* and other laws have different provisions on applicable laws for same foreign-related civil relation, the provisions of *Law of the People's Republic of China on Choice of Law for Foreign-related Civil Relationships* shall prevail.

Where other laws instead of the *Law of the People's Republic of China on Choice of Law for Foreign-related Civil Relationships* have special provisions on any foreign-related civil relations, such other law shall prevail. Otherwise, the provisions of the *Law of the People's Republic of China on Choice of Law for Foreign-related Civil Relationships* shall prevail.

④ International treaties and conventions. Article 4 and Article 5 of the Interpretations make guidelines on the legal basis of the application of international treaties and conventions.

⑤ The range of applicable law to be selected. Article 3 of the *Law of the People's Republic of China on Choice of Law for Foreign-related Civil*

Relationships is a declarative clause, which emphasizes that only in the case where the law of our country stipulates clearly that the parties are allowed to choose, can they choose the applicable law. Otherwise, the choice of law is invalid, the people's court should not support. Article 6 of the Interpretations makes a clear explanation.

⑥ International treaties which have not yet come into force in China. In judicial practice, the parties quote international treaties which have not yet come into force in China in the legal documents (e. g. contract), the people's courts usually respect the choice of the parties. But at the same time, since the international treaties have not yet entered into force in China, the treaties have no binding force on our country and it cannot be used as the legal basis.

⑦ Mandatory provisions. Article 10 of the Interpretations not only makes a general description on what are mandatory provisions in our country, but also solves operational problems in a incomplete enumeration method to solve operational problems. Enumeration sequence is based on the correlation between related laws and people's livelihood.

⑧ Habitual residence. Article 15 of the Interpretations defines how to identify the habitual residence of natural person. The existing international treaties do not have recognized criterion of habitual residence. There are few provisions in legislation of other countries on definition of habitual residence, the German law and Swiss law only have some abstract rules, just emphasize it should be center of life.

⑨ Foreign law cannot be ascertained. Article 17 of the Interpretations has made provisions on this issue. The first paragraph of Article 3 of the *Law of the People's Republic of China on Choice of Law for Foreign-related Civil Relationships* stipulates the people's court has the obligation to prove foreign law in the first place. In the case where the parties choose the applicable foreign law, it is provided that the parties shall provide the foreign law. Therefore, Article 17 of the Interpretations makes rules on situation where foreign laws cannot be ascertained.

⑩ Understanding and application of foreign law. Article 18 of the Interpretations has made clear stipulations. The applicable foreign law, whether it is provided by the parties, or obtained by the authority of people's court, the people's court shall hear the opinions of each party on the contents, understanding and application of the foreign law. If there is no objection, the people's court shall, according to the common understanding of the parties to determine the content of foreign law and its understanding and application; where the party has any objection, it should be decided by the people's court ultimately.

⑪ The application of law in Hong Kong, Macao and Taiwan related cases. Chinese law has not stipulated the applicable law for Hong Kong, Macao and Taiwan-related civil relations. Judicial interpretations formulated for Taiwan-related cases individually have provided in Fa Shi 〔2010〕 No. 19 Supreme People's Court on *Application Law for the Taiwan-related Civil and Commercial Matters*. Article 19 of the Interpretations provides that the application of law in connection with civil relations involving Hong Kong Special Administrative Region, Macao Special Administrative Region, shall apply to these interpretations.

2.8 *Notice of the State Council on Issuing Implementation Plan on Accelerating the Transformation and Upgrading of Structure Adjustment of the Shipbuilding Industry (2013 – 2015)*

The State Council promulgated the *Notice of the State Council on Issuing Implementation Plan on Accelerating the Transformation and Upgrading of Structure Adjustment of the Shipbuilding Industry* (*2013 – 2015*) (the *Notice*) on July 31, 2013.

(1) Purpose of Formulation

The shipbuilding industry is a comprehensive industry which provides technology and equipment for marine transportation, ocean development and national defense construction. Influenced by the international financial crisis, the international shipping market continues to slump; new shipbuilding orders are in a serious shortage; new ship prices continue to fall, overcapacity contradiction increases, the development of Chinese shipbuilding industry is facing serious unprecedented challenges. In order to maintain the sustained and healthy development of the industry, the *Notice* was formulated according to the work requirements of steady growth, structure adjustment and transformation promotion.

(2) Background of Formulation

Since the new century, the development of Chinese shipbuilding industry has made remarkable achievements and the industry scale expands rapidly, China has become the world's most influential shipbuilding country. But affected by the impact of international financial crisis, downturn of international shipping market and other factors, serious shortage of new shipbuilding orders and falling prices of newbuilding ship result in overcapacity contradiction of Chinese shipbuilding industry, and industry development is facing unprecedented challenges. At the same time, it should be noted that we have high-level shipbuilding infrastructures, complete upstream and downstream industry, abundant labor resources and potential domestic market. We should strengthen confidence, seize the opportunity, take the initiative to integrate into the trend of profound adjustment of the world shipbuilding industry, push the adjustment of the industrial structure and accelerate the transformation and upgrade of the shipbuilding industry.

(3) Guiding Ideology

Comprehensively implement the spirit of Eighteenth National People's Congress, take Deng Xiaoping theory and the important thought of "Three Represents" and the scientific outlook on development as guidance, based on the present, focus on the long term, stick to transformation of mode of the development of ship industry as the main line to improve the quality and benefit of development, adapt to the new trend of international shipping technology and product development, focus on improving the demand structure, encourage the implementation of innovation, promote upgrading technology and product structure, exert a main role of enterprises in the market, strengthen macro-control and guidance, strive to promote merger and reorganization and transformation of production, optimize the structure of industrial organization and capacity structure, actively cope with the international shipping market changes to strengthen enterprise management and the service industry, the stability and the consolidation of the international market. Improve the international competitiveness of the shipbuilding industry, lay a solid foundation for the realization of powerful ship industry.

(4) Basic Principles

Strengthen guidance of the demand and adjust product structure. Develop environmental ships of high technological content and enormous market potential, special kind ships, high technology ships, develop marine engineering equipment, improve supporting capacity of marine equipment, expand domestic effective demand, and promote the upgrade of ship products structure.

Implement innovation-driven pattern to improve the competition ability. Promote technological innovation, fully meet the requirements of the new regulations, international convention and standards. Improve the level of ship design and manufacture, enhance the international competitiveness of ship products, stabilize international market share. Implement foreign investment and industrial restructuring, develop global industrial layout and actively expand new space of development in foreign countries.

Control newly expanded production capacity, optimize the structure of production capacity. Curb blind expansion of production capacity, use existing capacity of newbuilding, ship repair, marine engineering equipment infrastructure of backbone enterprises, promote the large-scale enterprises to restructure and adjust, integrate advantages of capacity, adjust business structure, encourage small and medium-sized enterprises to transform line of production, eliminate backward production capacity.

Improve policy system, innovate system and mechanism. Respect the rules of market economy, comply with new situations of profound adjustment in the world shipbuilding industry, perfect the policy system of industrial transformation and development of shipbuilding industry, promote the innovation of reform and institutional mechanism in key areas, strengthen enterprise management, improve the service industry and constantly enhance its vitality in the development of shipbuilding industry.

(5) Main Content

According to the Notice, main contents of the implementation plan on accelerating the transformation and upgrading structure adjustment of the shipbuilding industry are as following:

Firstly, accelerate the innovation of science and technology, implement innovation-driven pattern. Conduct key technology researches on ship and marine engineering equipment, and cultivate the scientific and technological innovation ability.

Secondly, improve manufacturing level of key equipment and materials. Mainly relying on domestic market demand, promote research and development of key ship corollary equipment, dedicated system of marine engineering equipment and research and manufacture of special construction materials.

Thirdly, adjust and optimize the layout of productivity of shipbuilding industry. Strict control new added capacity, clean up and rectify illegal construction projects. Eliminate backward production capacity and promote industrial layout adjustment through optimizing organizational structure, merger and restructuring, transformation of the line of production and integration advantages of production capacity.

Fourthly, improve the structure of demands, accelerate the development of high-end products. Encourage the old ship to be scrapped and updated in advance, accelerate the development of marine engineering equipment and high technology of ship, strengthen the administrative law enforcement and configuration of public service ship, implement renovation and transformation of fishing vessels, and promote the upgrade of structure of ship products industry.

Fifthly, stabilize international market share. Encourage financial institutions to increase the credit and financing support, introduce the core talent and team, support enterprises to exploit the international market, develop overseas industry restructure and global industry layout.

Sixthly, promote the development of military and civilian integration. Promote the sharing of civil and military research conditions, resources and achievements.

Seventhly, strengthen enterprise management and industry service. Guide the shipbuilding enterprises to strengthen comprehensive management, strengthen the crew team construction. Exert the important role of industry associations and professional institutions in information, technology and training etc.

2.9 *Decision of the Ministry of Transport to Modify Detailed Rules for Implementation of the International Shipping Regulations of the People's Republic of China*, 2013

Decision of the Ministry of Transport to Modify Detailed Rules for

Implementation of the International Shipping Regulations of the People's Republic of China was passed on August 22, 2013 in the tenth ministerial meeting of the Ministry of Transport, and was announced on August 29, 2013, these provisions went into effect on the day they were promulgated.

(1) Background of Amendment

In May 2013, the State Council issued the *Decision on Cancelling and Decentralizing A Batch of Administrative Examination and Approval Projects* (Guo Fa [2013] No. 19) which cancels review of merger and acquisition of the international shipping operators provided in the *International Shipping Regulations of the People's Republic of China* (*Shipping Regulations*), cancels approval of shipping agency business provided in the *Shipping Regulations*. In July 2013, the State Council issued *Decision on Abolishing and Modifying Several Administrative Regulations* (No. 638 Order of the State Council of the People's Republic of China), which deletes and modifies related contents in *Shipping Regulations* in terms of the above-mentioned examination and approval projects.

(2) Purpose of Amendment

In order to implement cancellation and decentralization of related items of administrative examination and approval projects, do a good job of cohesion with the provincial departments in charge of transportation, full play the role of self-discipline of industry associations, and ensure to further strengthen the follow-up supervision, according to the amended contents of the *Shipping Regulations*, the Ministry of Transport timely released No. 9 Order [2013] to amend the *Detailed Implementation Rules of the Shipping Regulations*.

(3) Principles of Amendment

Firstly, strictly follow higher-level law. Comply with new provisions of the *Shipping Regulations* and combine with the characteristics and operation situations of international shipping agency enterprises and international shipping enterprises at the same time.

Secondly, strengthen the supervision over streamlining administration and delegation of power to the lower levels. Cancel the administrative examination and approval of international ship agency business of Chinese-capital enterprises. Implement filing system, shift from prior approval to mid-event control and subsequent supervision.

Thirdly, protect the healthy development of the industry. *Detailed Implementation Rules* specifies business premises, senior business management personnel and other necessary conditions of the business.

(4) Main Content

① Cancelapproval of Chinese-capital international shipping agency enterprises, implement filing system. The amendment of Article 7 of the *Detailed Implementation Rules* reflects great changes in the management of international ship agency business. For example, the filing system to be implemented provides specific requirements of filing materials that should be submitted. China Shipping Agency and NVOCC Association commissioned by the Ministry of Transport undertakes the acceptance work. International shipping agency enterprises shall put a file to the Ministry of Transport within 15 days after they change or cease their business.

② Expose penalties on the international shipping agency business operators have not put on file. International shipping agency business operators fail to put on record, will be punished by the Ministry of Transport according to Article 45 of the *Shipping Regulations* (*Revised*).

③ Chinese-foreign equity joint venture international shipping agency enterprises continue to implement the system of examination and approval. Article 41 of the *Detailed Implementation Rules* provides that foreign investment ratio of Chinese-foreign joint ventures or Chinese-foreign cooperative enterprises engaged in international shipping agency business shall not exceed 49% in accordance with Article 29 of the *Shipping Regulations*, and shall continue to implement the system of examination and approval. The Ministry of Transport shall make a decision of approval or disapproval in accordance with the first paragraph of Article 7 of the *Detailed Implementation Rules*. If it is approved, an approval documents will be issued; where approval is not granted, the applicant shall be notified in written form with explained reasons.

Applicants should go through corresponding formalities of establishment of the foreign investment enterprise with documents of approval issued by the Ministry of Transport. The applicant can get international shipping agency business qualification registration certificate from the Ministry of Transport after obtaining relevant approval documents.

④ Cancel approval for merger and acquisition of international shipping services operators. In view of the fact that approval for merger and acquisition of international shipping services operators provided in Article 24 of the *Shipping Regulations* has been deleted, Article 33 of the *Detailed Implementation Rules* is deleted correspondingly. Merger and acquisition between Chinese international shipping services operators or between Chinese international shipping operators and foreign international shipping operators no longer need to report to the Ministry of Transport.

⑤ Cancel examination and approval for foreign international shipping operators and foreign international shipping auxiliary enterprises in setting up a resident representative office in China. The *Detailed Implementation Rules*, through deleting article 48, article 49, article 50 and article 51, clearly stipulates the establishment, extension, alteration and termination of resident representative offices of foreign international shipping operators and foreign international shipping auxiliary enterprises within the territory of China.

2.10 *Framework Plan of China (Shanghai) Pilot Free Trade Zone*

State Council issued the *Framework Plan of China (Shanghai) Pilot Free Trade Zone* on September 18, 2013.

(1) Purpose of Formulation

The China (Shanghai) Pilot Free Trade Zone is established based on the strategic decision by the Central Government, and is a significant measure to boost China's reform and opening up under the new circumstances. This Framework Plan provides detailed guidance on initiatives and their respective implementation measures.

(2) Overall Objectives

During the course of two to three years of piloting reforms, the China (Shanghai) Pilot Free Trade Zone shall expedite the functional transformation of government, expand the opening up of service sectors and promote the reform of the foreign investment administrative system, and develop headquarter economy and new trade forms, further deepen reform, speed up the transformation of government functions, adhere to pilot, actively explore management mode innovation of the government on trade and investment, expand opening of services industry, guard against all kinds of risks, promote the construction of the investment and trading facilitation with international standard, enhance efficient and convenient regulation, and normative legal environment, make it become "experimental field" to promote the reform and improve the level of the opening economy, form experience that can be duplicated and popularized, play a positive role of model, serve the whole country, and promote the common development of all regions. This is conducive to the cultivation of new competitive advantages of China, build a new platform for cooperation with foreign countries, expand new space for development of economic growth, and enhance China's economic position globally.

(3) General Requirements

The China (Shanghai) Pilot Free Trade Zone will create a regulatory environment on cross border investment and trading that is in line with international practices, enhance China's economic position globally, and contribute to achieving the revival of the Chinese People's China Dream.

(4) Scope of Implementation

The China (Shanghai) Pilot Free Trade Zone is comprised of the four customs supervision areas, including Shanghai Waigaoqiao Bonded Zone, Waigaoqiao Bonded Logistics Zone, Yangshan Bonded Port and Shanghai Pudong Airport Free Trade Zone. The Free Trade Zone shall base on the ongoing results of the implementation to expand the scope of implementation and the scope of the pilot measures progressively, forming a supporting mechanism for building Shanghai as an international economic, finance, trade and transportation center.

(5) Major Tasks

① Accelerate the transformation of government functions and deepen the reform of administrative management system.

② Expand investment sector, open up the service sector, explore the negative list administration approach, and build foreign investment service promotion system.

③ Promote transformation of trade development mode and upgrade international shipping service level.

④ Deepen innovation and open up the financial service, accelerate the innovation of financial system, and strengthen financial service function.

⑤ Improve regulatory supporting system.

⑥ Establish an appropriate regulatory environment for supervision and tax. In order to establish a service system for investment and trade with international standard, an innovative supervision model will be created to facilitate smooth transactions for all goods and services under a highly transparent administrative system within the China (Shanghai) Pilot Free Trade Zone and to promote opening up in service sectors and further development in goods trade. Meanwhile, under the premise of keeping a fair, consistent and standardized current tax system, related policies for the purpose of functional development will be improved. It includes two aspects, one is to create new mode of supervision, strictly enforce "Second-tier Effective and Efficient Control", and enhance cooperation among authorities; the second is to explore a supporting tax regime and implement tax policies to boost investment.

⑦ Organize and implement effectively. All relevant departments need to support actively, provide cooperation, guidance and evaluation feedbacks, work together to promote the innovation on relevant system, mechanism and policy, and construct and well-manage the China (Shanghai) Pilot Free Trade Zone.

(6) Significance of Implementation of the *Plan*

① It indicates that "the Chinese economy upgrade edition" was officially launched. The construction of Shanghai Pilot Free Trade Zone is excellent opportunity to stimulate reform via opening up. If it can be promoted smoothly, it will certainly reform nationwide broken bureau and bring a huge demonstration effect. In terms of Shanghai's geographic and economic conditions, Shanghai should make full use of its own advantages of the port, and the long period of free trade zone preferential policies and experiences to develop a free trade zone covering 28 square kilometers as Waigaoqiao as the main body to radiate externally and form a number of radiation zones of free trade zone. So, Shanghai can become a large free trade zone of the multi-function on the real meaning. This means that, Shanghai will be the leader to further expand opening up to the outside world, achieve upgrade of Shanghai's economy in new ten years and play the exemplary role to build the "upgraded version" of China economy.

② It illustrates the nationwide reform begins to break a deadlock. The construction of the free trade zone will directly lead to the reform of a series of policies on finance, taxation, trade and government management, the transformation of overall management ideas of government departments and redefinition of their functions.

③ It shows that there is a new pilot for Chinese economy in line with international standards. Free trade zone is a specific area set up by a single country or region in their own territory to reduce international trade cost, promote the development of foreign trade and international investment. The free trade zone is set up to implement the customs bond and free of duty and other special regulatory policies. Compared with the existing system of domestic bonded zone, free trade zone have more facilitated conditions on trade in the areas of foreign exchange management, supervision of goods, construction of enterprises and other aspects. Hence, it is also regarded as "upgrade edition" of the bonded zone. Shanghai comprehensive bonded zone once pilot the work of the free trade zone, it will realize the coordinated development of offshore trade and onshore trade, logistics function and settlement function, domestic trade and foreign trade, it will become the largest combination of Shanghai international financial center, international shipping center and international trade center and open a door for Shanghai to participate in a wider range of international competition.

2.11 *Opinions of the Ministry of Transport and Shanghai Municipal People's Government on Implementing Framework Plan of China (Shanghai) Pilot Free Trade Zone and Accelerating the Construction of Shanghai International Shipping Center*

In order to promote the construction of Shanghai international shipping center, the Ministry of Transport and Shanghai Municipal People's Government jointly issued *Opinions of the Ministry of Transport and Shanghai Municipal People's Government on Implementing Framework Plan of China (Shanghai) Pilot Free Trade Zone and Accelerating the Construction of Shanghai International Shipping Center* (hereinafter referred to as the *Opinions*) on September 29, 2013, which provide support to opening up, reform and innovation measures in shipping field put forward in the *Framework Plan*. The *Opinions* explores the innovation of shipping development system and the model with international competitiveness and supports upgrade and development of Shanghai international shipping center from five aspects. The specific measures as follows:

① Expand opening up level. The *Opinions* puts forward to allow to set up Chinese-foreign equity joint ventures or Chinese-foreign equity cooperative ventures to operate the international shipping business, of which proportion of foreign investment could exceed 49% in China (Shanghai) Free Trade Zone; allow proportion of foreign investment of the ship registration body to break the limit of 50%; allow foreign investors to set up wholly owned enterprises engaged in international ship management services in the free trade zone. Take advantage of the open policy of free trade zone in the financial, trade and other areas to focus on the development of shipping finance, insurance, trade, consulting, maritime arbitration, port logistics and other modern shipping service industry.

② Innovate shipping policies. The *Opinions* points out to actively exert a joint role of seaport and airport, explore the formation of shipping development system and mode of operation with international competitiveness; implement coastal shipping pilot policy; promote the transit LCL business development; allow Chinese shipping companies to use foreign ship owned or controlled by him to pilot coastal shipping business of foreign import and export container in domestic open port and the port of Shanghai (taking Shanghai port as transshipment port); use the Shanghai regional advantages and preferential tax policies of Chinese convenience ship to promote qualified vessels to settle registration in Shanghai based on ship registration policy of China Yangshan Port, to research and promote the establishment and implementation of efficient international ship registration system, simplify licensing procedures to operate international shipping business; expand the scope of pilot of tax rebate policy in departure ports; exert the role of the golden waterway of Yangtze River, and enhance radiation ability of Shanghai port.

③ Expand the center function. The *Opinions* requires to accelerate the development of shipping freight index derivatives business; support the establishment of market-oriented and government-driven fund shipping development equity of fund, allow the sponsor to establish equity fund company; support the development of Shanghai senior international shipping college, construct advanced, international, opening, service-oriented shipping talents training base; support the construction and development of Shanghai international shipping search center and Shanghai international shipping information center, build shipping consultancies with international influence; support studies carried by Shanghai Combination Port Management Committee Office and Shanghai International Shipping Center Development Association.

④ Improve the service level. The *Opinions* stresses to develop shipping finance, international shipping, international shipping management, international shipping agency, international ship leasing, international crew management industry and so on; supports to build cruise development fund and construct the Shanghai cruise mother port; improves ability and the level of Shanghai international shipping center in formulating international shipping regulations and standards, market regulation and information consulting service; encourages to attract domestic and foreign shipping organizations, associations, service to locate in Shanghai.

⑤ Strengthen infrastructure construction. The *Opinions* puts forward to speed up the preparatory work and the infrastructure construction of inland water container transportation of railway, and promote berth construction, strengthen the comprehensive utilization of the Yangtze estuary deep-water channel dredged soil; promote the construction of comprehensive transportation system, improve ratio of waterway transfer, encourage popularization of river-sea transportation and application of LNG fuel powered ships, perfect the international shipping market supervision and management mechanism, further play role of shipowner, ports and other relevant industry associations in industrial self-discipline.

2.12 *Decision of the Standing Committee of the National People's Congress on Authorizing the State Council to Temporarily Adjust the Relevant Provisions on Administrative Examination and Approval in China (Shanghai) Pilot Free Trade Zone*

Decision of the Standing Committee of the National People's Congress on Authorizing the State Council to Temporarily Adjust the Relevant Provisions on Administrative Examination and Approval in China (Shanghai) Pilot Free Trade Zone (the *Decision*) was adopted on August 30, 2013 in the fourth meeting Standing Committee of the twelfth session of the National People's Congress and has come into force since October 1, 2013.

(1) Background

The establishment of China (Shanghai) Pilot Free Trade Zone is a new patternand a new trend to conform with globalization of economy and politics, active dock with new requirements of the new rules of international trade and investment, and take the initiative in taking new advantages and benefits of reform and opening up, the initiative to undertake the national open pilot new mission of new strategy. It is a key to speed up the construction of framework of system of China (Shanghai) Pilot Free Trade Zone by transforming government functions, innovating efficient and convenient government management service system, clarifying the existing laws and regulations system, improving relevant laws and regulations and innovating the legal business environment.

The Decision is favorable measure for the development of the environment of modern market economy for the government to innovate market-oriented business environment and create market norms, standards, environment, fair competition, honesty and credit system, intellectual property, protection of workers' rights and so on.

(2) Purpose

In order to speed up the transformation of government functions, innovate opening model, further explore the experience of deepening reform and opening up, the fourth conference Standing Committee of the twelfth session of the of National People's Congress decided to authorize the State Council to temporarily adjust relevant provisions on administrative examination and approval of the foreign investment which are not included in the implementation of the admission of special management measures in the *Law of People's Republic of China on Foreign-capital Equity*, the *Law of the People's Republic of China on Chinese-Foreign Equity Joint Ventures* and *the Law of the People's Republic of China on Chinese-Foreign Cooperative Equity*, in Shanghai Waigaoqiao Free Trade Zone, Shanghai Waigaoqiao Bonded Logistics Park, Yangshan Bonded port and Shanghai Pudong Airport Comprehensive Bonded Zone and China (Shanghai) Pilot Free Trade Zone.

(3) Reason

Free Trade Zone (FTZ), also known as Foreign Trade Zone or Tax-Free

Trade Zone, is designated outside the customs territory, exempting duty-free on all or most of the import and export of goods, and allows free storage, exhibition, processing and manufacturing of goods and other business activities in the harbor region, in order to promote regional economy and foreign trade development. Generally it is located in a port or harbor area adjacent to port. Actually, it is duty-free zone adopting free-port policy. The primary purpose of the establishment of the FTZ is to facilitate trade and promote economic development. The purpose of this Decision is to reduce administrative intervention, increase market flexibility, promote trade, play a regulatory role of market in trade activities to better develop the FTZ. FTZ serves as a model-driven, serves for the whole country, and ultimately will form replicated and popularized operation mechanism to promote the common development of all regions. But the FTZ also has its own limitations, it will lead to distortions in trade flows and tax avoidance, a third country is likely to transport cargos to integration organizations or the member states erecting lower tariff and trade barriers, and then transport the goods to member states executing higher tariff and trade barriers. If the adjustment of administrative examination and approval fails to remedy the limitations of the FTZ, instead, it amplify its limitations, the consequences would be disastrous. So trial the adjustment in administrative examination and approval within three years, if it proves to be feasible, then revise and improve relevant laws; if it is proved that it shall not be adjusted, then return to implementation of relevant laws and regulations.

(4) Content

The adjustment relates to a total of 11 areas, including approval of establishment, separation, merger or other major alterations of foreign-funded enterprises; approval of establishment, extending operation term and dissolution of Chinese-foreign equity joint ventures; approval of establishment, major alterations in agreement, contract and articles of association of Chinese-foreign cooperative joint ventures; approval of entrusting others to manage the enterprise and extending the operation term of Chinese-foreign cooperative joint venture. Adjustment is to temporarily stop the implementation of the administrative examination and approval, shift to record management.

2.13 *China (Shanghai) Pilot Free Trade Zone Foreign Investment Admittance Special Administrative Measures (Negative List)*

On September 29, 2013, *China (Shanghai) Pilot Free Trade Zone Foreign Investment Admittance Special Administrative Measures (Negative List) 2013* was published by Shanghai Municipal Government in accordance with the laws and regulations of foreign investment, *China (Shanghai) Pilot Free Trade Zone General Plan*, *Catalogue for the Guidance of Foreign Investment Industries (2011 Amendment)*. The List covers 18 fields divided into 1,069 sectors and includes 190 special administrative measures. Golf course, internet bars, gambling industry and pornography industry are barred from the zone.

The Negative List will serve as a blacklist for foreign investors in FTZ, citing sectors that are off-limits. Investment will be allowed in any sector that is not listed. Negative List is an important international investment access system and at present, about 70 countries in the world have adopted this system. To the contrary, positive list cites sectors that are allowed to invest for enterprises.

The foreign investments listed in the negative list are administrated according to the original measures. However, with regard to the foreign investments into the areas beyond the negative list, they will only have to go through record-filing procedures with the relevant authorities, rather than seeking approval as in the past.

A registration system has been introduced for setting up an operation in areas not included in the list, replacing the current approval system. It will simplify procedures and reduced processing time from 29 days to four days.

The following two items listed in the negative list are relevant to shipping industry.

C373 Ship and Related Equipment Manufacturing, the special administrative measures are as follows: (a) Investments to the design of luxury cruise, the design of marine low and medium speed diesel engine and its parts and components and the design and manufacture of yacht should be in the form of joint venture or cooperative; (b) In the investments to marine low and medium speed diesel engine and crankshaft, Chinese parties should be controlling shareholders; (c) In the investments to design and manufacture of marine machinery, Chinese parties should be relatively the controlling shareholders; and (d) Restrict the investments to the design and manufacture of vessels (including the blocks) (Chinese parties as controlling shareholders).

G55 Water Transportation Industry, including G551 Water Transportation of Passengers, G552 Water Transportation of Cargo and G553 Auxiliary Services of Water Transportation. The special administrative measures for G551 and G552 are to restrict the investments to water transportation enterprises (Chinese parties as controlling shareholders) and in the investments to liner or tramp shipping services, the Chinese parties should be the controlling shareholders. The special administrative measures for G553 are: (a) Investments to loading and discharge of cargo of international ocean shipping, international maritime container freight station and yard should be in the form of joint venture or cooperative; (b) Restrict investment to ship agency (Chinese parties as controlling shareholders); and (c) Restrict investment to tally for foreign vessel (Chinese parties as controlling shareholders).

2.14 *Thirty Implementing Policies on Establishing Special Mechanisms and Implementing Special Policies in Lingang Area*

(1) Background of Formulation

Lingang area has an important role in the city's development. In the long run, it is a strategic space in Shanghai to realize innovation, transformation and development; from the current perspective, it is important engines for Shanghai to achieve a stable and healthy development. To accelerate the development of the port area, from the beginning, the municipal government organized to carry out a special investigation, have achieved a series of research results. On this basis, the municipal government officially released *Opinions on Establishing Special Mechanisms and Implementing Special Policies in Lingang Area* (hereinafter referred to as the *Double Special Policy*) in September 2013. The *Double Special Policy* will provide important support and protection to accelerate the gathering of high-end manufacturing industry, talents of innovation and entrepreneurship, and strengthen integration of the city and production.

(2) Main Content

Overall, the current Lingang area is still at phase of large-scale investment and large-scale development, with large development volume and heavy task. Peculiarities of construction of industries and cites determine the arduousness and urgency to accelerate development. The key of development and construction of the port is to break through the bottleneck problems, reflect strategic orientation of Lingang area to speed up the gathering of high-end manufacturing, talents of innovation and entrepreneurship, and strengthen the integration of city and production. To this end, the Policies mainly focus on the following four aspects.

① Accumulate industrial function. At first, support the development of high-end manufacturing industry. Based on the financial support in the city and district, Lingang Management Committee subsidizes 7 categories of strategic emerging industry projects. In terms of support in financial field, establish state-owned assets to RMB 1 billion seed fund to attract social funds to establish RMB 10 billion port industry fund. In terms of award on enterprises' contribution, it will focus on the contribution to the new district-level support for its development. Hoping the above policies can enhance the competitiveness of high-end manufacturing enterprises in Lingang area. Support the development of modern service industry. Program to build a business gathering area, encourage enterprises to set up their headquarters in Lingang area. Support enterprises of new models, new formats and new technology, software industry, and cultural and creative industries. Give incentives in rental and property management fees to service enterprises with a chain brand and necessary community commercial. Hoping the above policies can gather modern service enterprises to develop in Lingang area.

② Attract and gather talents. On the basis of national, municipal and district awards, the port management committee additionally rewards high-end talents as district-level. In terms of household and rewards of talent, talents who are in urgent and shortage and highly skied personnel introduced by key enterprisers can directly settle or apply for residence permit; high-end talent and corporate senior management personnel in headquarters could be awarded with district new contribution; monthly allowance will be given to personnel in key basic education and medical institutions. In terms of housing and pension, qualified enterprises can purchase public rental housing, individuals can buy the double fixed double limit house; take lead in building pilot of a multi-level security system and personal tax-deferred pension insurance in Lingang area. Hoping the above policies can accelerate collection of people and attract top talents.

③ Control overall costs effectively. In terms of land costs, shape Lingang area to be a depression of costs in Shanghai. In terms of transfer of land, elastically transfer industrial projects; large urban comprehensive projects with major functions and other major industrial projects can be transferred with a scheme. Realize overall green balance of the industrial zone park to reduce the cost of investment in the port area.

④ Build comprehensive environment. In terms of public transport, improve the subway shuttle bus, tramcar and other public transport system. Provide qualified support services; provide green channel for children of those high-end talents to school and seek medical assistance; encourage to organize large-scale activities to accelerate the improvement of port areas living facilities and achieve integration of city and industry.

2.15 *Interim Measures of Shanghai Maritime Court Appling to Small Claims Procedure*

(1) Background

Reply of Supreme People's Courton whether Small Claims Procedure Apply to Maritime Court was published on May 27, 2013 by the 1579th meeting of the Judicial Committee of People's Supreme Court and has come into force on June 26, 2013. In order to implement the provisions of the judicial interpretation and ensure the effective implementation of small claims procedure in the maritime trial, Shanghai Maritime Court formulates the *Interim Measures of Shanghai Maritime Court Appling to Small Claims Procedure* (the *Interim Measures*) in accordance with relevant detailed rules on developing small claims procedure of Shanghai Prime People's Court.

(2) Inevitability of Formulation

Small claims refer to a variety of small claims to be trialed by the basic people's courts or specialized small claims courts apply a more simplified procedure than ordinary summary procedure to hear cases of small amounts, and relations arising from these activities. Article 162 of the revised *Civil Procedure Law* provides that when the basic people's court or its dispatched tribunal trail civil cases specified in the first paragraph of Article 157 and the amount of the target in a case is less than 30% of the annual average wage of the employed in the province, autonomous regions, municipalities directly under the central government where the case is actually accepted, and the judgment of first instance shall be final. This means that the small claims procedure is formally established in our country. It has a great significance to resolve small claims disputes, reduce burden of the parties and improve the efficiency of the litigation. Significance of small claims procedure lies not only in solving certain types of disputes, but also in providing an idea for our judicial reform, that distribute cases and reduce pressure on the ordinary litigation procedures to achieve procedural fairness of common procedure through a diversified system of the proceeding, and improve litigation efficiency through small claims procedure or other procedures.

The high liquidity and high professionalism of maritime cases make the litigation costs are much higher than common cases. Sacrificed litigation, which means costs exceed benefits, occurs in small claims often. From the perspective of the maritime court, the trial pressure is imminent. The level of the maritime court equivalents to that of intermediate people's court, as a result, a maritime case is likely to be heard by the Supreme People's Court eventually after an appeal and retrial, which is obviously not conducive to the rational use of judicial resources. The new *Civil Procedure Law* has been formally implemented, one of the characteristics is the small claims procedure specifically provided in summary procedure. Reply of the Supreme People's Court to the maritime courts that small claims procedure could apply small claims procedure. In addition, Article 98 of *Special Maritime Procedure Law* stipulate that maritime courts may apply the provisions of summary procedure. Therefore, maritime courts may apply small claims procedure to simple maritime cases. The amount of target in small claims shall be less than 30% of the annual average wage of the employed in the province, autonomous regions and municipalities directly under the central government where the case is actually accepted. This reply provides a legal basis for maritime courts to apply small claims procedure. And in the field of maritime trial, as there is no basic maritime courts, maritime courts, at a level of intermediate people's court assume the task of first instance, and therefore move the contradictions resolution center to a higher lever and cause the prime people's courts and the Supreme Court to handle maritime appeals under extra pressure. To some extent, it restricts the functions ought to play. In the new *Civil Procedure Law*, the provision that first instance shall be final in small claims procedure is propitious to scientific development of the maritime trial.

(3) Main Content

According to the *Interim Measures*, the small claims procedure may apply to six category of cases, i. e. freight forwarding contract arrears disputes in which the rights and obligations are clear, freight disputes of contract of carriage of goods by sea in which the rights and obligations are clear, debt disputes related to ship materials and spare parts supply contract in which rights and obligations are clear, port operations in arrears dispute in which rights and obligations are clear, crew labor disputes in which the labour relationship is clear and the parties dispute the amount and time of payment of wages, work-related injury medical expenses, economic compensation and repatriation fee, salvage fee dispute in which the facts are evident.

The *Interim Measures* also stipulates the circumstances where the small claims procedure shall not apply and where the parties agree to apply the procedure, the trial period, the method of trial, transformation of the procedure and adjudication supervision to ensure the quality and efficiency of cases to be applied small claims procedure and better perform an economic, efficient and convenient system function to settle disputes.

2.16 *Measures of the People's Republic of China on Fishing Vessel Registration*

Measures of the People's Republic of China on Fishing Vessel Registration (the *Measures*) was adopted in the 10th executive meeting the Ministry of Agriculture and has come into force on January 1, 2013. *Measures of the People's Republic of China on Fishing Vessel Registration* released on January 22, 1996, amended on December 25, 1997, July 1, 2004, and November 26, 2010 by the Ministry of Agriculture was repealed simultaneously.

Due to the continuous development of fisheries and institutional mechanisms for economic and other reasons, management and registration of fishing vessel are facing many new situations and problems, such as frequent trading and leasing fishing vessels transfer ownership without transfer formalities, growing phenomenon of offsite affiliation, the difficulty in eliminating fishing vessels without all the three certificates caused by irrelevance of registration of fishing vessels and approval of the shipbuilding, backward law enforcement and management method to a certain extent, disrupt the normal order of fishery production and also affect the smooth implementation of the marine fishing vessel control system.

(1) Necessity of Formulation

In order to strengthen the management of fishing vessels, control fishing intensity, maintain fishery production order, safeguard the legitimate rights and interests of producers of fisheries, the Ministry of Agriculture conscientiously summarizes practical experiences, considers current management needs and the acceptance of the majority of the fishermen and the people, amended the current *Measures on Fishing Vessels Registration* according to the laws and regulations of the *Notice of the Ministry of Agriculture on Strengthening the Management and Controlling Intensity of Marine Fishing during Twelfth Five-Year Plan Period* (the *Notice*) approved by the State Council.

(2) Main Content

Firstly, a fishing vessel owner could choose his residence or business place to register his fishing vessel according to the original provisions but now, according to the *Notice*, he shall apply for undergoing the formalities for fishing vessel registration at the place of domicile or the place where the enterprise is registered. In addition, it is required that the provincial registration organ should determine an actual registration authority and port of registry in accordance with the management of fishing vessel in the administrative district, and make a public announcement.

Secondly, according to actual needs, fishing vessel name ratification was added in the *Measures* as one of the important aspects of management of fishing vessels. In the meanwhile, the *Measures* stipulates the situations where may be allowed to apply for ratification of the name, the ratification organization, application process, material required, processing time and expiration date and so on. It will effectively promote reasonable convergence of the approval of net devices quota, the inspection and registration of fishing vessels and the application for fishing licenses.

Thirdly, according to the *Ship Registration Regulations*, the registration of ownership and nationality for fishing vessels was changes from combination registration to division registration. If the ship owner requires registering at the same time, it can be done at the same time and exempted from submitting the same materials.

Fourthly, according to the *Property Law* and other regulations, the *Measures* clarify that the application for ownership registration of a fishing vessel shall be made by the owner. The application for the registration of co-owned fishing vessel shall be made by the co-owner that holds the largest proportion of shares, where shares are equally held, the agreed co-owner shall make the application. The fishing vessel registration authority shall describe the owner is the applicant, and indicate the co-owned situation.

Fifthly, according to the administrative licensing regulations, fishing vessels are allowed to sail under the national flag of People's Republic of China only after being registered and granted the nationality of People's Republic of China and the right of navigation. It also provides that deep-sea fishing vessels which want to join foreign nationality must undergo formality to suspend Chinese nationality with the relevant documents.

Sixthly, based on management practice, the *Measures* simplify and optimize registration certificate of fishing vessels, combine the existing domestic fishing vessel registration certificate and deep-sea fishing vessels nationality certificate to a unified fishing vessel nationality certificate and distinguish different operation area by the format.

Seventhly, based on operational need, the *Measures* add some new contents. It regulates the issuance of temporary certificate of nationality to fishing vessels chartered on bareboat basis, Chinese fishing vessels chartered on bareboat basis overseas shall obtain the consent of the Ministry of Agriculture, the deregistration and invalidity of ownership and nationality certificates and the validity of registration certificate. In the meanwhile, in order to further strengthen the management, the *Measures* require the country to establish a sound database and register files of fishing vessels to improve informatized management level of fishing vessels.

2.17 *Notice of the Fisheries Administration Bureau on Deep-sea Fishing Vessels Uniformly Implementing International Convention on Civil Liability for Bunker Oil Pollution Damage*

Notice of the Fisheries Administration Bureau on Deep-sea Fishing Vessels Uniformly Implementing International Convention on Civil Liability for Bunker Oil Pollution Damage (the *Notice*) was issued by Fisheries Administration Bureau of the Ministry of Agriculture on February 4, 2013.

(1) Necessity of Formulation

According to the provisions of *International Convention on Civil Liability for Bunker Oil Pollution Damage* (the *Convention*), all ships and sea transport having gross tonnage more than 1,000 tons shall be required to maintain oil pollution liability insurance or other financial security and obtain civil liability for bunker oil pollution damage insurance or other financial security certificate issued by the competent authorities. In order to ensure the unity of deep-sea fishing vessels, effectively implement the *Convention*, reduce and avoid being attained by the port state and promote the sustainable and healthy development of deep-sea fishing, the Ministry of Agriculture published the *Notice*.

(2) Main Content

Firstly, from the date when the Notice was issued, the owners of fishing vessels having gross tonnage greater than 1,000 tons with Chinese nationality shall have their vessels insured independent oil pollution liability insurance to qualified insurance agency or obtain other effective financial security; the policy or the financial security shall include the contents of the ship owners, insurers, duration of the security and so on. The amount of the insurance or financial security shall not be less than the minimum amount of limit of civil liability provided in the *Maritime Law of the People's Republic of China* of the ship to protect deep-sea fishing vessels from being attained or refused to enter the port for violating the *Convention* and the laws of the port state.

Secondly, the owners of Chinese nationality deep-sea fishing vessels over 1,000 gross tons shall apply for oil pollution liability insurance or financial security certificate (the Certificates) to the fishing and port supervision organization in the provinces (autonomous regions and municipalities) where the fishing vessel is registered after obtaining insurance policy or other financial security documents and application form of the Certificate, and submit a valid fishing vessel certificates. The owner of fishing vessel of enterprises directly under the central government in Beijing may apply directly to Fisheries Agency of the Ministry of Agriculture, period of validity of the Certificate shall not exceed the period of validity of oil pollution insurance or other financial security. The Certificates shall be done in a duplicate, the original copy shall be carried on board for future reference, the copy shall be retained in the issuing authority.

Thirdly, in view of professionalism of oil pollution liability insurance, in order to reduce insurance costs, improve ability to compensate, deep-sea fishing enterprises can centralize security on a voluntary basis. Specific measures shall be formulated by Fisheries Bureau of Ocean Fisheries Association and approved by the Ministry of Agriculture. Meanwhile, in order to effectively ensure the consistency of the relevant insurance documents, the Certificate and the *Convention*, safeguard the legitimate rights and interests of Chinese fishing vessels, the competent authority may entrust the professional insurance brokerage institutions for professional advice.

Fourthly, in order to facilitate and serve the deep-sea fishing enterprises, the Certificate held by Chinese deep-sea fishing vessels issued by the China Maritime Safety Administration or other competent authority of other state members is still valid in the expiration period, but the original insurance expires and the Certificate lose effectiveness, the owner shall insure and apply for a new certificate in accordance with the *Notice*. Chinese deep-sea fishing vessels which have been unwritten by foreign insurance institutions which are not designated by the authorities need to apply for certificate, then it shall be subject to ratification of the Fisheries Agency of the Ministry of Agriculture before accepting his applications.

Fifthly, besides deep-sea fishing vessels, fishery authorities and fishing port supervision administrations at all levels should strengthen management of other fishing vessels with gross tonnage more than 1,000 tons which navigate or operate in coastal waters of our country, encourage and guide their civil liability insurance for oil pollution damage, prevent pollution from ships in the aquatic environment. If it proves necessary to apply for a certificate, the Certificate maybe issued by supervision administration in the provinces, autonomous regions and municipalities where the fishing vessel is registered according to the *Notice*.

2. 18 *Interim Measures of the Shanghai Maritime Safety Administration on Safety Management of Yacht*

In order to carry out the regulation on safety management of yacht and promote the healthy development of Shanghai yacht industry, Shanghai Maritime Safety Administration formulated the *Interim Measures on Safety Management of Yacht* (the *Interim Measures*). The *Interim Measures* was announced to public on the official website on February 21, 2013 and formally implemented on March 1, 2013.

The *Interim Measures* was applied to the management of pollution prevention and safety of activities such as sailing, berthing and operation of yachts that belong to the jurisdiction waters of Shanghai Maritime Safety Administration. The provision is divided into 6 chapters and 35 clauses, regulating the safety management of yachts under jurisdiction, in terms of examination, registration and filing of yachts, training, examination and certification of operators, sailing, berthing, safety and pollution prevention security and so on. The provision has provided further guarantee of regime and security for the healthy development of yacht industry within the waters of Shanghai. Maritime administration will be specifically responsible for the supervision and management of waterway traffic safety and pollution prevention of water environment within the jurisdiction in accordance with the provision.

The *Interim Measures* also provides a scope description of the jurisdiction of Shanghai Maritime Safety Administration, a yacht registration form, a certificate for yacht registration, a yacht club registration form, a certificate for yacht club registration and other documents of the standard sample, being a more convenient and standard guide for the persons willing to handle the relevant business.

2. 19 *Customs Law of the People's Republic of China* (2013 *Revised*)

On June 29, 2013, the third meeting of 12th session of the standing committee of the National People's Congress adopted the *Decision on Amending the Cultural Relics Protection Law of the People's Republic of China and other twelve laws and amended* the *Customs Law of the People's Republic of China* (the *Customs Law*) for the second time.

(1) Necessity of Amendment

It is on the purpose to safeguard the national sovereignty and interests, strengthen customs supervision and management, promote foreign economic relations and trade and technological and cultural exchanges, and ensure socialist modernization.

(2) Main Content

This law is divided into nine chapters, including general principles, inward and outward means of transport and goods, duties, customs bond, supervision over law enforcement, legal liability and supplementary provisions.

Inward and outward goods: inward and outward goods shall be subject to examination of the Customs. When the Customs are checking the goods, the consignee of the inward goods and the consignor of the outward goods shall be present and responsible for moving goods, opening and re-sealing the package of goods. When deemed necessary, the Customs may do the inspection and re-inspection or take some samples directly. The management of storage, processing, assembling, exhibition, transport, consignment and selling business of bonded goods and the operation of duty-free shops shall comply with the requirements of customs supervision and be approved by the Customs and conduct the registration formalities. Enterprises engaged in the processing trade shall present the relevant approval documents and processing trade contracts to the Customs for the record. Other supervision measures on inward and outward containers, inward and outward goods of small-scale border trade are not specified in this law, which shall be formulated by the General Administration of Customs or jointly with the relevant departments of the State Council.

Duties: The consignee of imported goods, consignor of exported goods and the owner of imported and exported goods are the taxpayers. The dutiable price of imported goods shall consist of value of goods, the cost of transport and the charges associated with the transport of the goods and the cost of insurance, which are paid before the goods are unloaded at the entering point of territory of the People's Republic of China. The dutiable price of exported goods shall consist of value of goods, the cost of transport and the charges associated with the transport of the goods and the cost of insurance, which are paid before the goods are loaded at the entering point of territory of the People's Republic of China, but the export customs duty involved shall be deducted. The person obligated to pay customs duties shall pay within 15 days since the day the customs issues a memorandum. If the taxpayer still do not pay for over three months, by the approval of customs director directly under or the customs director of its authorized membership, the customs can take the following compulsory measures: (a) inform its deposit banks or other financial institutions to withhold tax from its deposits in a written note; (b) sell the goods to offset the tax in accordance with the law; (c) withhold or sell off its goods or other property of equivalent value to the tax payable. If disputes between the taxpayers and the Customs occur, the taxpayers shall pay for the tax and apply for the administrative reconsideration in accordance with the law; if the taxpayer is not satisfied with the reconsideration decision, he may file a lawsuit to the people's court.

Legal liability: Under the following circumstances, it may be considered as smuggling: (a) transport, carry, mail the inward or outward goods or articles which are prohibited or restricted or goods or articles which shall pay taxes in accordance with law; (b) without the approval of the customs, without paying the tax payable, or without presenting the relevant certificates, sell the bounded goods, goods listed for special duty reduction or exemption and other goods, articles or inward foreign means of transportation to sell within the territory of China; and (c) commit other activities by evading the customs supervision. Anyone who commits any acts listed in the first paragraph which constitutes a crime, shall be investigated for criminal responsibility in accordance with law. Anyone who commits any acts listed in the first paragraph which is not serious enough to constitute a crime, the Customs shall confiscate the smuggled goods, articles and illegal gains and it may also impose a fine on the person, if the violation constitutes a crime, the entity shall be investigated for criminal responsibility in accordance with law. Where the party concerned refused to carry out the Customs' penalty decision and fails to apply for a reconsideration of the case or file a suit in a people's court within the specified time limit, the Customs that makes the penalty decision may substitute the party's bond for the penalty or, in accordance with law, substitute the detained goods, articles or means of transport of the party at the current price for the penalty, or apply to the people's court for compulsory execution of the decision.

2.20 *Several Opinions on Promoting the Transformation, Upgrading and Healthy Development of the Shipping Industry*

Approved by the department meeting of the Ministry of Transport on August 26, 2013, the General Office of the Ministry of Transport issued *Several Opinions on Promoting the Transformation, Upgrading and Healthy Development of the Shipping Industry* (the *Opinions*). 20 articles of the *Opinions* were made out from the following five aspects: the capacity regulation, transformation and upgrade, market supervision, relief of the burden of enterprises and improvement of service level to deal with the current severe situation faced by the shipping industry positively and promote the steady and healthy development of the shipping market in China.

(1) The Significance

The *Opinions* is of great significance in four aspects: Firstly, to respond effectively to the current needs of the grim situation faced by the shipping market; secondly, to promote the needs of the transformation and upgrading of the shipping industry; thirdly, to implement requirements of *Plan on Accelerating Structural Adjustment and Promoting Transformation and Upgrade of the Shipbuilding Industry (2013 - 2015)*; fourthly, it is concrete manifestation of carrying out practical activities of the mass line of our party.

(2) Main Content

In optimizing the transport structure, the *Opinions* refers to eliminate the old ships, reduce the remaining capacity, adjust and continue the date of the policy of old shipping vessels and single-hull oil tankers transport vessels policy scrapped and updated in advance to December 31, 2015, promote the standardization of inland ship, and strictly enforce the ship mandatory retirement system based on the age of the ship as a standard.

The *Opinions* encourages to construct energy-saving, safe and environmental ships which meet the new international norms, conventions and standard, and guides the orderly development of the coastal dry bulk vessels, continue to strictly control the increase of the new operators of passenger transport and dangerous goods transport in domestic coastal waters and the artery of the Yangtze River. It regulates the domestic capacity increment and supports industry organization to strengthen capacity and develop self-discipline. The

Opinions refers that ports, maritime departments and other relevant administrative departments will support the measures such as block existing capacity carried out by the shipping enterprises which organized by the shipowners' association.

On the aspect of improving the market access threshold, the *Opinions* puts forward to raise the minimum capacity scale standard of transportation operators in domestic coastal provinces from 2,000 gross tons to 5,000 gross tonnage, and accordingly improve the minimum standard capacity of inland water transport operators.

On the aspect of developing new economic growth points, the *Opinions* puts forward to cultivate orderly development of the liner transportation, allow Chinese-invested cruise flying flag of convenience coastal multipoint callings, implement the policies related to shipping in the *Framework Plan for the China (Shanghai) Pilot Free Trade Zone* and strive to develop the shipping finance, insurance, maritime arbitration and other modern shipping services.

On the aspect of promoting the development of cross-strait shipping, the *Opinions* puts forward to allow the trunk liner, which is approved to carry trans-shipment cargo on the route between north China and Taiwan, and support to open cruise in four regions across the Straights.

The *Opinions* clearly puts forward to cancel administrative review of merge and acquisition of international shipping operators, cancel the approval of the international ship agency business and the inland ship crew services, cancel administrative licensing on the confirmation of commercial insurance companies and mutual insurance organization which bear civil liability insurance for oil pollution damage, and the places where ships are repaired and scrapped.

The *Opinions* puts forward to gradually improve the management of credit system of the domestic waterway transport enterprises and ships and warning and dynamic supervision mechanism of business qualification, establish a record system of the domestic container liner shipping and adopt precise report mode in record of international container liner freight since January 1, 2014.

The *Opinions* puts forward to standardize administrative fees, implement the work of cancelling and exempting the administrative fees of six categories such as ships certificate fees, eliminate unreasonable service charges, cancel ship pollutant cleaning fee happening at the time when the international navigation ships leave the domestic port and other 5 categories of 7 items fees. The *Opinions* refers to further standardize port charges and ensure the ship pilotage charges to be cut by 20% in the trunk line of the Yangtze River. The ports shall not enter into agreements with foreign ship trading companies and charge loading dispatched fees. Standardize ship trading services fees and decouple ship transaction service fees with market price of ship, which are replaced by number of times with limited quota.

2.21 *Implementation Notice to Update of Scraping the Old Transport Vessels and Single-hull Oil Tankers in Advance*

On December 5, 2013, the Ministry of Transport, Ministry of Finance, National Development and Reform Commission, Ministry of Industry and Information Technology jointly issued the *Implementation Notice to Update of Scraping the Old Transport Vessels and Single-hull Oil Tankers in Advance* (the *Notice*).

The *Notice* clearly puts forward that the central government will allocate special funds, using 1,500 yuan/gross tons as the standard, to subsidy the old transport vessels and single-hull oil tankers which are early scrapped or updated in 2013 – 2015. It aims to accelerate the industry structural adjustment and optimize the fleet structure and promote energy conservation by economic policy.

According to the *Notice*, the amount of subsidy will be based on the type of ship, the early retirement age and other factors, combined with a reference amount of subsidy (1,500 yuan/gross tons). The subsidies will be given in two times by 50% each time after completing scrapping and shipbuilding. To apply the *Notice*, ships should comply with five conditions, namely: having taken ownership of the ship and holding a valid registration certificate and inspection certificate before December 31, 2012; holding effective domestic coastal and international ocean shipping business qualifications; deadweight of single-hull oil tankers not less than 600 tons, deadweight of other transport vessels of not less than 1,000 tons; scrapping the ship 1 year to 10 years (including 1 year, 10 years) earlier than the mandatory retirement age of the ship or deadline for scrap of single-hull tankers in the domestic ship scrapping enterprises approved by the

Ministry of Transport.

After scrapping and updating the ship, the gross tonnage of newbuilding ship shall not be less than that of the ship before it is scrapped and shall meet the need of new international norms, new conventions and new standards and obtain the nationality of the maritime agency certificates issued by China Classification Society and other classification certificate. The company is free to choose the new type of ship.

3 Brief Summary

The focus shall be put on the promotion of the soft environment construction of shipping to safeguard and promote the construction of Shanghai international shipping center. As the current shipping legislation relatively lags behind and the legal system is not perfect, which goes against the agglomeration of shipping industry of Shanghai international shipping center, we should refer to the experiences of international shipping laws combined with the needs of the development of Shanghai international shipping center, to speed up construction of the shipping legal system in our country, improve the legal environment for the construction of Shanghai international shipping center and complete the general shipping policy innovation along by a series of shipping policy in Shanghai Free Trade Zone.

Chapter 2 Judicial Execution of Shipping Policy and Law

The judicial authority is the last fort to defend dignity of policies and laws, and to hold the bottom line of justice. It is generally recognized that only civil and commercial disputes exist in the shipping industry (which belongs to commercial circles), and the maritime court is the only judicial authority which is involved. However, that is not true. Shipping cases have the narrow and broad definition, and the judicial authority accordingly has the related connotation and extension. In the narrow sense, shipping cases refer to those maritime disputes and cases and maritime litigation special procedure cases under jurisdiction of the maritime court according to the *Provisions on Causes of Action in Civil Cases* (*revised in 2011*) issued by the Supreme People's Court. The corresponding maritime judicial authority in narrow sense includes maritime courts and arbitration institutions which are able to accept cases according to law. These arbitration institutions can be divided into two types, one type is professional arbitration institutions which only accept maritime cases (such as Shanghai Arbitration Court of International Shipping which belongs to Shanghai Arbitration Commission), and another type is general arbitration institutions which accept all kinds of cases besides maritime ones (such as Shanghai International Arbitration Center). The above two types of arbitration institutions will be called together as shipping arbitration institutions. In the broad sense, shipping cases refer to cases which related to shipping industry, and the related broad judicial authority covers the public security bureau of water, border and general ones, Customs anti-smuggling bureau, people's procuratorates, maritime courts and common courts, maritime safety administrations, justice bureaus, shipping arbitration institutions, industry associations, mediation organizations in the commercial chambers and so on.

The establishment of maritime judiciary system affects the stabilization and envelopment of the whole shipping industry. In practice, the shipping industry cares more about shipping judiciary in the narrow sense and its system establishment, because maritime courts and shipping arbitration institutions are the supreme authority to delimit the border of rights and obligations related to the money and objects. Unlike most powerful shipping countries, the majority of shipping cases in China are accepted and decided by maritime courts in the end, and shipping arbitration institutions only play a supplementary role. For example, in 2013, the Shanghai Maritime Court (which is only one of the ten maritime courts in China) accepted and judged over 2,500 cases. At the same time, three of Shanghai's shipping arbitration institutions (the biggest three in China) - Shanghai Arbitration Court of International Shipping, Shanghai International Arbitration Center (former named China International Economic and Trade Arbitration Center Shanghai Sub-commission) and China Maritime Arbitration Commission Shanghai Sub-commission only accepted 370 shipping cases. In the same year, in Britain, the English High Court (the only court of first instance can accept shipping cases in Britain) accepted no more than 200 shipping cases, while London Maritime Arbitrators Association (one of the most influential arbitration institutions in Britain) accepted more than 2,000 cases.

Apparently, the frame of Chinese judiciary system has not yet connected to the international mode; it maintains in a biased condition, and does no good to the long-term and stable development of maritime judiciary, the establishment of a balanced shipping policy and law system, and the harmony of the shipping community. The super-strength of the maritime courts and the super-weakness of the shipping arbitration institutions lead to a series of issues in shipping laws, including waste of public judicial resources. Those cases which could be solved by arbitration privately now are all accepted by the crowding courts, which have caused professional methods cannot be used to solve problems because arbitrators are all come from shipping industry, and they know cases better than judges and the business secret and privacy cannot get proper protection due to the trials and judgments of the courts are all public. What's more, arbitration cares more about disputing party's sake, therefore the parties usually more conscientiously fulfill the award better than a judgment of the court.

There are many reasons causing the biased condition of the Chinese narrow shipping judiciary system, one of the most critical reason is the administrativization of Chinese arbitration institutions including shipping arbitration institutions. According to *Arbitration Law of the People's Republic of China*, arbitration commissions shall be set up, approved, licensed and supervised by local governments, in most cases, the justice bureau plays the role. Although the *Arbitration Law* provides that arbitration institutions are not set up according to administrative division, in fact, each regional administrative area, the provincial capital city, municipality directly under the central government set up only one arbitration commission, such as Shanghai Arbitration Commission. In addition to the local arbitration commission, the China Council for the Promotion of International Trade set up two national arbitration institutions, which are China International Economic and Trade Arbitration Commission (CIETAC) and China Maritime Arbitration Commission (CMAC). These two commissions set up branches throughout the country, and both set up branch in Shanghai (the name of the CIETAC Shanghai branch has changed) and leave no space left for foreign arbitration institutions to survive or develop.

Due to the inherent administrative properties, arbitration commission management (i. e. leadership) are appointed by the government, the inner settings, daily operation and external judicial activities of arbitration commissions are all the same with courts. Arbitration commissions just like the shadow of courts. It is unable to offer better judicial service than courts in charge, procedure, decision and execution. To illustrate, the award issued by arbitral tribunal must be passed by the arbitration commission, and sealed by the commission before it has legal effect. If the involving case is accepted by the branch of CIETAC or CMAC, it must pass a dual institutional review operated by both branch and the commission. It not only wastes more time and power, but also adds more unnecessary risk of intentionally or unintentionally mistake. It is no wonder in China, the shipping industry prefer the courts to the arbitration institution, just like they prefer London maritime arbitration in the international market.

To sum up, there must be a major breakthrough in terms of shipping arbitration to further the construction of China shipping judicial system. In the past 2013, Shanghai took advantage of construction of the free trade zone and did some intentional attempt in arbitration system reform. This attempt is made under the limitation of current arbitration legal system, which is extraordinary valuable. In April 2013, approved by Shanghai municipal government, CIETAC

Shanghai branch, now renamed Shanghai International Economic and Trade Arbitration Commission, and also named Shanghai International Arbitration Center (SHIAC) set up. On May 1, Shanghai International Arbitration Center enabled the new Arbitration Rules and List of Arbitrators. In July, Shanghai Judicial Bureau issued an announcement on the legal daily to correct the name of the SHIAC.

According to paragraph 3 of article 10 of the *Arbitration Law*, the establishment of arbitration institutions shall be registered by the judicial administrative department of province, autonomous region or municipality. *Interim Measures for Registration of Arbitration Commissions* issued by the State Council prescribes in paragraph 2 of article 3, where establishment registration has not been undertaken, the arbitration award shall have no legal effect. For the convenience of citizens, legal persons and other organizations to select registered arbitration institutions to solve civil and commercial disputes, and protect their legal rights and maintain social equality and justice, we hereby publish the arbitration institutions have been registered according the law: (a) Shanghai Arbitration Commission; (b) Shanghai International Economic and Trade Arbitration Commission; (c) China Maritime Arbitration Commission Shanghai Sub-commission.

On the surface, the change of name from China International Economic and Trade Arbitration Commission Shanghai Sub-commission to Shanghai International Arbitration Center is only the alteration of name, but actually it's the first step of de-administration in local arbitration institutions. Shanghai International Arbitration Center, a branch institution used to be controlled by central authority, has become an independent and professional arbitration institution which keeps up with international market and serves both domestic and foreign parties attentively. The establishment of international shipping center requires an integrity environment of legislation, enforcement and judiciary. The development of any shipping product can't succeed without a complete legislation, proper enforcement and fair justice. Shipping arbitrations born due to shipping products. It is a dispute-solving mechanism in the shipping judicial system which is autonomous, efficient and economy. Shipping arbitrations can not only give consideration to parties' business purpose and usual practices of business operation, and also can offer parties an fair and justice judgment within the authority given by laws. It plays a vital role in Chinese shipping judicial system, and it's also the reducing valve in the construction of Shanghai international shipping center. The brave innovation of the construction of Shanghai shipping judicial system explores a brand new road for the future establishment of safety net which is built to resolve dispute over the shipping and stable the market of China.

1 A Brief Introduction of Maritime Judicial Situation in Shanghai in 2013

1.1 Shanghai Maritime Court

As the special judicial authority to resolve the disputes over shipping, Shanghai Maritime Court, in 2013, adheres to the service concept of legalization, marketization and internationalization to confront chances and challenges, and uses legal thoughts and methods to solve disputes between the parties on the track of law. Shanghai Maritime Court has played its proper role in the provision of steady judicial expectation for the parties to carry out economic activities and establishment of sound legal environment to play the maritime judicial functions by strengthening judicial publicity, unifying the application of law and regulating discretionary act. By adjudication of justice, exert the fundamental role of market in distribution of resources in shipping area. Shanghai Maritime Court adheres to protect litigious right and legitimate interest of Chinese and foreign parties equally, follows the international customs, practices and trading standards, and reveals a perfect international image of Shanghai international shipping center.

Quantity of cases heard and executed by Shanghai Maritime Court. In 2013, the number is 2,573 (for first instance), increased by 0.08%; 2,579 cases were trialed and executed, which was declined by 0.12%; 356 cases were remain unsolved, which was declined by 1.66%; the amount of money involved was RMB 3.746 billion, which was increased by 40.60%.

The jurisdiction area of Shanghai Maritime Court covers coastal waters in Jiangsu and Shanghai (including the surrounding waters of Yangshan deep-water port) and water areas connected with sea starting from the estuary of Liuyang, Yangtze River. In order to adapt to the needs of wide-area jurisdiction, Shanghai Maritime Court set up three detached tribunal in Lianyungang, Yangkou Port and Yangshan deep-water Port. In 2013, tribunal of Lianyungang heard 269 cases and concluded 268 cases; tribunal of Yangkou Port heard 166 cases and concluded 169 cases; tribunal of Yangshan Port heard 246 cases and concluded 233 cases.

Three types of cases as follows were heard mainly: maritime disputes for the first instance; maritime special procedure cases and cases on maritime enforcement.

1,820 cases for maritime disputes were trialed for the first instance, among them, there are 809 freight forwarder cases, 571 cargo transportation cases, 157 crew labor cases, 80 ship's appurtenance and material cases, 44 ship trading cases, 66 marine insurance cases, 29 ship collision cases, 7 port operation cases, 19 personal injury cases and 38 other cases.

366 maritime special procedure cases were trialed, among them, the quantity of cases to establish fund setting and register creditor's right is 104, property preservation case is 133, confirmation of the people's mediation agreement case is 63, application for injunction case is 4, evidence preservation case is 56, declaration of death case is 2, public disclosure dunning case is 2 and judicial review of arbitration case is 2.

386 maritime enforcement cases were trialed. Compared with the successive growth of maritime cases for the first instance, enforcement case remained stable, showed no sign of obvious rising, and the rate of automatic performance of adjudication reached up to 85.88%.

1.2 China Maritime Arbitration Commission Shanghai Sub-Commission

In 2013, China Maritime Arbitration Commission Shanghai Sub-Commission accepted 104 cases, increased by 96% than that of 2012, achieved the first doubling; and the amount of the claim is RMB 1.275 billion. These two indexes both hit a historically high record. Among them, there were 35 foreign-related cases, involved 17 countries and regions, such as Britain, America, Canada, Japan, and Singapore. These cases mainly involved the building and repair of ship, sale and purchase of ship, ocean engineering, ship finance leasing, chartering, marine transport, ship collision, fishery, marine insurance and freight forwarder. All these factors shows construction of the soft-power of Shanghai international shipping center has been enhanced, and the aggregation effect has strengthened remarkably.

1.3 Shanghai Arbitration Court of International Shipping

In 2013, 285 cases were heard by Shanghai Arbitration Court of International Shipping, the amount of money involved is RMB 2.42 billion.

2 Selection of Judicial Cases

2.1 Cases from Shanghai Maritime Court

(1) Calculation of loss of detention of fishery vessel

Fact of the case

Plaintiff: Mr. He

Defendant: ×× Shipping Co., Ltd, Linhai City

The vessel A owned by the plaintiff set sail to Lusi Port in Nantong for wharfing maintenance. On the same day, the vessel B owned by the defendant sailed to Rizhao Port in Shandong to load. The next day, it was heavily foggy, and visibility was poor. Neither of the vessels sent out fog signal when they arrived at the East China Sea. As soon as B saw A, B tried to contact A through HF radiotelephone. Because of the communication problems of A, no responding was made. At the same time, the speed of B was about 9 knot, it maintained the speed, and no crew was arranged to do the systematic observation of coming vessels. Finally, two vessels had a collision in East China Sea because it was too late to avoid the collision. A sank in this accident, and 5 crew members were injured.

Shanghai Maritime Safety Administration issued the responsibility verification report in a water traffic accident, which confirmed B took the main responsibility for the collision accident.

The plaintiff claimed losses of equipment, oil, materials, fishing net, operation, sweeping survey fee, valuation fee, marine deposit, private articles, crew's wage, crew severance pay, transport costs and personal injury compensation. The defendant objected the amount of losses and claimed that according to relating rules issued by the Supreme People's Court, during July to September, it was fishing off season, so no loss of detention shall be claimed.

Judgment

The court held that B failed to obey regulations that send out fog signal in restricted visibility sea, and did not judge clearly the dangerous of collision, and did not keep a safe speed either. So B shall take 70% responsibilities. A did not keep the regular observation, and did not send out the fog signal, so he shall bear 30% responsibilities. The defendant shall compensate for plaintiff's losses of vessel, equipment, tools, materials, oil, supplement, and deposit on board, crew wages, severance payment, personal injury compensation and transportation costs, loss of detention, refined oil subsidies and valuation fee. The defendant disagreed with the judgment of the first instance, and appealed. After the trial, Shanghai Prime People's Court held that the original judgment was clear in the determination of the facts, and correct in the application of relevant law. The appeal was dismissed and the original judgment affirmed.

Comments

The case belongs to collision damage liability disputes, and the difficulty of this case was to identify plaintiff's loss of detention.

① The provisions on loss of detention

According to Article 10 of *Provisions of the Supreme People's Court concerning Property Damages Compensation in the Trial of Ship Collision and Contact Cases*, the calculation of loss of detention: where the vessel is totally lost, the loss shall be limited to a reasonable period of time required to find alternative ship, but shall not exceed two months; the repair period of the damaged ship, shall be a reasonable period of actual time to repair, including contact, entering into dock, survey and so on; where it is a fishing vessel, according to the period above, the period shall limit to the above term deducting fishing off season, or limit to a fishing season. Loss of detention is generally calculated by average net profit for two voyages before and after the collision, if there is no voyages can be referenced, it shall be calculated by other corresponding voyages. Loss of fishing season shall be calculated by average net income in corresponding period in last three years, or average net income at the same period of same type fishing vessels in the year. When calculate fishing losses, consideration shall be given to factors like the impact of fishing vessel in the fishing operations or light purse seine fishing operations.

② Reasonable identification of loss of detention

In this case, the plaintiff's vessel was lost during fishing off season. After the lost, the plaintiff had two ways to get a substitute ship to start production. Firstly, the plaintiff can purchase a fully documented vessel which has the same power as A in two months. Before the end of fishing off season, the plaintiff could start operation with newly purchased vessel. By this way, no loss of detention would occur, but the plaintiff needs to pay for the vessel, in addition of the expense of power indicator. Therefore, purchase of a substitution vessel will not only expand the loss, but also lead to the invalidity of original power indicator of the plaintiff. Secondly, the way the plaintiff has chosen, that is to apply to build a new vessel by the original power indicator. Without consideration of any procedure or practice barriers, it costs more than 4 months to build a new ship, and at least two months more are used to do the register work, so it totally costs more than 6 months to build a substitute vessel (actually it costs more than one year of the plaintiff's time). In this case, if loss of detention is still calculated according to the above *Provisions*, the result is obvious unfair and not consistent with the facts. Thus, the court approved the plaintiff's application with the limitation of two months.

On the surface, the identification of lossof detention in this case dose not comply with the above *Provisions* strictly, but in consideration of the current judicial interpretations has a very long history, and social economy, national policy and real life have changed greatly compared with the old time, it is unable to obtain a fair and reasonable resolution if stick to the original provisions. The judge in this case, instead of hearing the case mechanically, started a helpful exploration with the spirit of the provisions. Court of the second instance held that the original judgment compared both expenses to purchase a new vessel and build a new vessel on the ground that the plaintiff owned the right to claim for losses, and finally chose the way that cost less which is reasonable. This case reflects that relevant judicial interpretations in our country cannot match the adjusted fishing policy. To protect the fisherman's legal interest, the calculation of the loss of detention shall be limited to the period when a fishery vessel with same or similar size and power could be build.

(2) Comprehension and application of AS IS clause in the sale and purchase contract for secondhand vessel

Fact of the case

Plaintiff: ×× Shipping Co., Ltd

Defendant: ×× Shipping Co., Ltd

The plaintiff and defendant signed a ship sale and purchase contract. The plaintiff purchased the vessel WXJX from the defendant, and agreed the cancelling date was March 15, 2010, and the plaintiff had the right to decide whether he would exercise the right of cancellation. The vessel shall be delivered according to AS IS clause. The plaintiff noticed that the fifth warehouse and pump room had water leakage because of the damage caused by stranding. The plaintiff paid a deposit of 100 million U. S. dollars to the defendant, during performance of the contract, the defendant requested to delay the delivery and cancelling date for several times because of ship's departure procedure, and got approval from the plaintiff. On June 13, the defendant offered the diver's report, which notified the plaintiff of the damage of the vessel after stranding. On June 14, the defendant again, requested to delay the delivery date to June 30, and treat this day as the new cancelling day, which was denied by the plaintiff. The plaintiff requested to payback the deposit, and be compensated for relating losses. On June 22, the plaintiff sent an e-mail to the defendant to confirm that the plaintiff accepted WXJX, and set July 5 as the cancelling date; others would still performed according to the original contract. The defendant agreed.

On July 14, WXJX reached delivery port with the help of a tow, and the defendant issued notice of readiness of delivery. The plaintiff then issued a notification of cancelation of the sale and purchase contract, because of the problem in the right rudder, fore peek sewage and others. The plaintiff claimed to cancel the contract, and requested defendant to doubling payback the deposit. The defendant counterclaimed to be compensated for the loss of breach, including the extra expenses spent to reduce losses for selling the vessel, extra oil during the period of line, crew wages and other losses during the period when the ship was detained.

Judgment

The court held that the establishment, modification and termination of a contract shall be based on the expression of the intention of the parties. The original contract has been cancelled because the plaintiff refused the delay of delivery date. On June 22, the e-mail delivered to the defendant clearly declared the plaintiff's intention to purchase the involving vessel, and it was a new offer; the defendant clearly assented to the offer before the deadline of the new offer, it was a new acceptance; thus the new agreement was set up and came into effect, which should be the contractual basis to solve disputes in the case.

The plaintiff should have known that the vessel ran into a grounding accident once and the contract in question was actually scrap ship sale and purchase contract, there was no fundamental default occurred during the performance, so the defendant did not need to repay the deposit in double, so the request of the plaintiff to terminate the contract cannot be allowed. The defendant has earned profits through the sale of the vessel; the plaintiff applies for arresting the vessel due to the dispute arising in the performance of the sale and purchase contract and the plaintiff brought a lawsuit immediately after the application. The plaintiff has exercised its rights according to the law and there was no subjective mistake, thus, he shall not be liable for the defendant's loss of bunker. Therefore, the claim of the plaintiff and the counterclaim of the defendant were dismissed by the court. After the first instance, both parties appealed. The court of appeal held that the contract in question was scrap ship sale and purchase, and there was no fundamental default existed during the performance, so double deposit should not be re-paid and the request of the plaintiff to cancel the contract should not be supported by the law. The claims of both the plaintiff and the defendant were untenable. The original judgment was clear in the determination of the facts, and correct in the application of relevant law. The appeal is dismissed and the original judgment affirmed.

Comments

The legal issue in this dispute is whether the vessel delivered by the seller conforms to the contract and the comprehension and application of AS IS clause in the contract.

① The legal connotation of AS IS clause

AS IS clause means that the seller shall deliver the goods to the buyer at its current situation at the time of delivery when selling the goods. AS IS clause is commonly used in secondhand goods trade contract (including real estate, vessel etc.) and commercial property leasing contract. Especially in ship demolition sale and purchase contract, AS IS clause is always used as a condition of delivery. Under the common law, to understand AS IS clause, three points need to get grasped: firstly, the situation of the goods shall refer to the situation at the time when it is delivered, but not when the contract is concluded, if there is no special agreement; secondly, this clause is a typical disclaimer clause, and the core is to discharge responsibility of the seller, it means seller bears no responsibility to guarantee the quality of goods, and buyer shall take all the responsibility of goods' quality; thirdly, an AS IS clause doesn't mean to exempt all responsibility of the seller, such as in a ship demolition contract, the seller shall deliver the vessel to the place of delivery safely, and ensure the vessel bears no debt or other encumbrance.

② The application of AS IS clause

The parties involved in this case agreed Chinese law as the governing law, so the common law cannot be used to as the legal basis, and this clause should be interpreted under Chinese law.

Firstly, the parties' awareness of the specific connotation of this clause should be determined. (a) In this case, English is the only language involved in the contract in question and both parties are familiar with English. (b) Both parties are shipping company, which have certain professional knowledge of shipping trade. As a commonly used clause in secondhand ship sale and purchase contract, the parties should have certain understanding about the usage of the AS IS clause. (c) The plaintiff was set up in Hong Kong and the defendant was set up in British Virgin Islands, both locations have the tradition of common law, so they should be capable to comprehend the specific connotation of AS IS clause in common law. In a word, they ought to understand the specific connotation of AS IS clause in common law.

Secondly, the parties' intention expressly declared in the contract shall prevail. Although the seller shall not be liable for the quality of the goods according to AS IS clause, he must obey some specific agreements if there are agreed by the parties in the contract. The vessel delivered by the seller shall comply with those specific agreements. Otherwise, the seller's liability under the contract cannot be discharged. In this case, the defendant has proved that the vessel he delivered complied with the agreement on the situation of the vessel in the contract.

Thirdly, the nature and purpose of contract should be fulfilled. In this case, the involved contract was a ship demolition contract. Compare to normal secondhand ship trade contract, even if the ship does not meet condition of seaworthy, the purpose of contract will not be hindered to realization. The delivery of a powered and afloat vessel by the defendant indicates he has fulfilled the main obligation of contract.

(3) Liability of the vessels to avoid collision by agreement in a crossing situation

Fact of the case

Plaintiff: Jiangsu ×× Shipping Co., Ltd

Defendant: Ningbo ×× Shipping Co., Ltd

The collision happened in Shanghai Port Yuanyuansha alert area. A fully loaded vessel C shipped into Yangtze River through Nancao channel of the estuary of Yangtze River. Vessel D (a foreign vessel) also fully loaded planned to exit through the north deep-water channel of Yangtze estuary. When shipped into Waigaoqiao export channel, vessel D was overtaken by an exporting large container ship, vessel E (a foreign vessel). Vessel E called out to Vessel C which just entered alert area, and another importing Vessel F, requesting these two vessels' green light meeting, for her convenience. Vessel F refused, and operated dextroversion with a big degree, passed through quickly, entered importing channel. Because of Vessel F's refusal, Vessel E had to slow down to extend the overtaking time with Vessel D. At the same time, Vessel C couldn't refuse Vessel E's insistent request, agreed to light up green light. Since Vessel D was overtaken and right after Vessel C, so she made green light request too, and Vessel C also agreed. But from the radar video screenshots record, Vessel C hasn't corrected her course, so as the speed, after she agreed. Although Vessel D also shipped in the channel, no obvious left correction or speed cut was operated. According to the statement of both parties, they all required the opponent vessel of avoiding action, and they both agreed. When the distance between two vessels only remained 0. 2 nautical mile, both the vessels realized immediate danger situation, and both turned left in a large angle almost at the same time. However, it was too late and collision happened. Vessel D's right bow collided with right rear part of Vessel C.

Judgment

The court held that the case happened in Yuanyuansha alert area, so the *Convention on International Regulations for Preventing Collisions at Sea, 1972* (the *Regulations for Preventing Collisions*) shall be applied. According to navigation condition of the two vessels involved in this case, it was a crossing situation at first, Vessel D should be the giving way vessel, however, both the vessels violated *Regulations for Preventing Collisions*, arrived at an agreement on green light meeting, and then neither vessel followed the agreement, blindly believed that the other party would give way, eventually it led to the collision.

Comments

With the development of maritime communications technology, the negotiatory collision avoidance of the approaching vessels become more and more common, this means that when collision danger occurs at sea, contact directly through VHF, AIS and other navigational instruments, or at a sea area covered by VTS, get to know the content of the opponent to reach a consensus on navigation collision avoidance through information provided by VTS center. Major opinion about legal nature of negotiatory collision avoidance is that it should be included in the scope of the agreement, that is to say it is an agreement concluded by master or agents when the vessels are in danger of collision, close-quarters situation or immediate danger to fulfill their responsibility of avoidance (in shipping practice, master has the authority to decide any affairs concerning the safety of the vessel, so he has the right to achieve such agreement as agent of the shipowner), however this kind of agreement can't violate mandatory provisions in laws and administrative regulations (including the *Regulations for Preventing Collisions*), so when involved public interest or mandatory regulations of law, such provisions shall prevail. Although the agreement meets both vessels' mind, and is expected reasonably by each party, this agreement violated public order of sea voyage, it could put other vessels even public safety into danger, so a negative evaluation was given by judiciary to this kind of agreement. Therefore, if the agreement does not violate the navigation rules, the responsibility can be confirmed according to the agreement; otherwise, once collision happened, any party alleges to aggravate the other party's responsibility or to mitigate his own responsibility shall not be supported by the court. Navigation rules shall be taken as the basic criterion in the handling of the collision, together with agreement and the analysis of the reason caused the situation and the measures taken afterwards.

(4) Dispute of freight forwarder contract

Fact of the case

Plaintiff: Shanghai ×× International Trade Co., Ltd

Defendant: Shanghai ×× International Express Co., Ltd

On August 23, 2008, the plaintiff signed a general agreement of import agent with A company, a third party in this case. After that, the plaintiff signed two trade contracts with company B. The day after the goods arrived at Shanghai Port, the plaintiff fully accepted the amounts under the L/C from China Everbright Bank and received the original B/L. A company sold the involved goods to C company and C company then sold the goods to D company.

On September 3 of the same year, the general manager of company D Mr. Xiang, called Mr. Zhong who is the staff of the defendant, to appoint him as the agent to deal with the goods import declaration, etc. Since A company has changed its name, the declaration work was frustrated, so A company changed another agent. On September 5, Mr. Xiang requested general manager Mr. Chen of C company to give the import declaration documents to Mr. Zhong. Mr. Lin, staff of the plaintiff then delivered the B/L and other import declaration documents to the general manager of company A, Mr. Geng and these documents were then sent to Mr. Zhong by express. On September 9, Mr. Zhong, in the name of the defendant, signed a logistics agreement. The matters such as declaration, transportation, responsibility and obligation under storage service, delivery of goods and risk taking were agreed in the logistics agreement. Mr. Zhong sent out the goods according to company D's instruction. After the declaration, Mr. Lin asked the location of the goods to Mr. Geng, and Mr. Geng claimed that goods would arrive at the appointed warehouse. After that, Mr.

Geng refused to hand over warehouse receipt for the reason that Mr. Chen was abroad. The plaintiff sent B/L and other import declaration documents to company A, but never received the goods, so they filed a lawsuit.

On November 4, the plaintiff reported to economic investigation team of Shanghai Public Security Bureau, claimed Mr. Geng accompanied with Mr. Chen and the defendant, sold off the plaintiff's goods by forging owner. The bureau accepted and investigated Mr. Geng and Mr. Chen's suspicion of contract fraud crime.

Judgment

The court held that Mr. Zhong was in the name of the defendant when dealing with declaration, storage, delivery of the goods, so the counterparty shall have reason to believe Mr. Zhong was the agent of the defendant, his actions were defendant's duty behaviors on behalf of the defendant, so defendant shall take the responsibility.

The logistics agreement between the plaintiff and the defendant was lawful and valid, and was partially fulfilled, defendant's failure of performance constituted a breach of contract, so shall take the responsibility to the plaintiff and the plaintiff was negligent when handing over the B/L. Mr. Geng and Mr. Chen of the defendant had been sentenced to criminal punishment committed for fraud by the court of first instance and the fraud income shall be recovered to the victim. This case was still in trial, the related criminal judgment has not come into effective, the booty program has not went through and the amount of liability of the defendant remained unidentified, and the plaintiff's financial loss has not yet confirmed, so the claims of the plaintiff was difficult to support. The plaintiff may file another lawsuit to claim his civil rights after the performance of criminal procedure.

Comments

In the practice of international trade, it is very common that forwarder receives goods as agent of consignee, and completes the customs declaration work. The phenomenon that goods are sold to other buyers before consignee finish declaration, and customs declaration eventually is finished by the new buyer are very common. In this case, A company imported the goods as an agent and then the goods were sold to A company, then C company and in the end D company. In terms of the trade contract, as the forwarder agent, the defendant was unable and had no right to control the assignment of the goods among A company, C company and D company. The reason caused the loss of goods is that the plaintiff imprudently handed over the B/L and other importing documents to A company before accepted payments for the goods and led to the consequence that goods were under control of A company.

According to the *Contract Law*, a lawfully formed contract is legally binding on the parties. The parties should fulfill their obligations stipulated in the contract. In this case, it can be proved that after the customs declaration, the defendant didn't give back documents to the plaintiff, and then the defendant stored the goods in the name of D company after took delivery of the goods. The defendant then took the liberty to release the goods without obtaining the proof for the transfer of the title of the goods and obtaining the agreement and authority from A company, which is a breach of the logistics agreement and breach of contract. The behavior of the defendant has caused the economic loss of the plaintiff directly, so shall be responsible to the plaintiff.

(5) Actual shipper's right of claim for issuance of documents

Fact of the case

Plaintiff: Wuxi ×× Clothing Co., Ltd

Defendant: Shanghai ×× Logistics Co., Ltd

The plaintiff accepted an order from BF company which was the supplier of the T, through middleman KISA company. The defendant handled shipment matters for 23 lots goods as an agent. The plaintiff actual delivered the goods to the defendant, and the defendant issued a specific forwarder invoice to the plaintiff, according to the instruction of KISA. The plaintiff then paid freight charge to the defendant according to the amount stated in invoice. However, according to the T's instruction, KISA entrusted the defendant to booking the goods for shipment and related freight shall be paid by buyer. The plaintiff did not receive the payment for the goods. The plaintiff and defendant confirmed that the value of the goods in question was in sum of USD 623,302.75 and agreed to identify the plaintiff's loss on basis of this amount. The plaintiff claimed to retrieve the B/L and pursue the responsibility of the goods went out of control.

Judgment

The court of the first instance held that combined with evidence and facts, the defendant issued and surrendered corresponding FCR, according to the instruction of KISA company, after received the plaintiff's goods every time and the plaintiff did not raise any objection. In addition, the plaintiff delivered FCR and other documents to bank for negotiation under the L/C. Trading practice showed that the plaintiff had waived his right to claim for issuance of the B/L by actual actions. As the forwarder of the plaintiff, the defendant completed the freight forwarding business appointed by the plaintiff and delivered FCR. There was no undue behavior acted by the defendant during the whole performance. So the claim shall be denied.

The court of appeal held that, the application of law applied by the court of the first instance was wrong. According to the first paragraph of Article 8 of the *Provisions of the Supreme People's Court on Several Issues Concerning the Trial of Maritime Freight Forward Disputes*, freight forwarding enterprise accepts the commission of the contract shipper to book space, at the same time accepts the entrustment of an actual shipper to deliver the goods to the carrier, the actual shipper claimed freight forwarding enterprise to issue the B/L, sea waybill or other documents, the people's court shall support such claim. In view of the imperative laws above, issuing documents is an absolute obligation of the defendant, and it should not be on the premise of the plaintiff's express request. So, judgment of the first instance that the plaintiff delayed in requesting for documents was his own gross negligence was wrong.

The plaintiff's allegation for loss was caused by many discrepancies of L/C, for example, one of the negotiation condition listed on L/C was one set of clean, shipped original B/L and it had nothing to do with the defendant's delivery of FCR and performance of forwarding matters. So the judgment of first instance that the delivery of FCR from defendant to the plaintiff has done nothing wrong and it had no direct causality to loss of the plaintiff. According to this, the judgment of first instance is right.

Comments

Forwarder's Certificate of Receipt (short for FCR) is a receipt issued to shipper when forwarder received the consigned goods; meanwhile it's also a guarantee that promise to deliver the goods to the destination listed on FCR. Rather than a document of title like B/L, FCR is just a receipt which has no effect of real right. FCR brings massive risk to seller, so when receiving FCR, the seller shall be cautious when use the approach unless he has faith in buyer's credit.

According to paragraph 1 of article 72 of the *Maritime Law of the People's Republic of China*, when the goods have been taken over by the carrier or have been loaded on board, the carrier shall, on demand of the shipper, issue to the shipper a bill of lading. The court of appeal held that the carrier's duty to issue documents was absolute and shall be subject to the shipper's request in accordance with *Provisions of the Supreme People's Court on Several Issues Concerning the Trial of Cases of Disputes over Marine Freight Forwarding* and other imperative laws.

Throughout the dispute involved, the direct reason that the plaintiff couldn't receive payments was the existence of many discrepancies of L/C, it was absolutely due to trade risk. Even though the risk mentioned above exist, if the plaintiff could actively exercise his right endowed by law, he should be able to control the shipment of goods instead of falling into a dilemma that money and goods are all lost. Since the plaintiff delayed in requesting the carrier to issue the B/L, he then lost the effective way to control the goods, and this is the primary reason why the plaintiff suffered loss. In addition, the plaintiff accepted FCR issued by the defendant, instead of raising objection; he submitted it to negotiation. After the failure of negotiation and goods being delivered to the consignee, the plaintiff claimed that the defendant shall take the responsibility to surrender the B/L, which showed his gross negligence to protect his own interest. So the plaintiff shall take the adverse legal consequences by himself.

(6) NVOCC releases goods without original bill of lading

Fact of the case

Plaintiff: Yangzhou ×× Technology Co., Ltd

Defendant: Shanghai ×× Logistics Co., Ltd

G Co., Ltd from Italy, a third party in this case, signed a trade contract with the plaintiff, which provided that G Co., Ltd prepaid USD 270,000 and remaining sum should be paid against duplicate of B/L. The plaintiff appointed

TXJ Co., Ltd as his agent to deal with export matters. TXJ Co., Ltd commissioned the defendant to issue a NVOCC B/L, and controlled cargo release through its Italian agent. The actual carrier issued a sea waybill, stating the plaintiff as the shipper, and FERT Co., Ltd, another third party in this case as the consignee at destination port. The defendant received the full sets of sea waybill, and then issued a NVOCC B/L, antedated date, which showed the plaintiff was shipper, G Co., Ltd was consignee and the FERT Co., Ltd was the notify party at destination port.

The plaintiff claimed that the defendant released the cargo to the consignee, G Co., Ltd before its receipt of the contract price, which caused the plaintiff lost its control over the cargo and made it impossible to obtain the contract price, so the defendant should take the responsibility.

Judgment

The court held that the defendant issued a NVOCC B/L which stated the plaintiff as the shipper, and delivered full sets of the original B/L to the plaintiff. Although the B/L was antedated upon the plaintiff's demand, the antedated date didn't impact the effectiveness of the B/L, and the defendant communicated with FERT Co., Ltd in terms of delivery of goods without original B/L according to this B/L. The contract of carriage of goods by sea between the plaintiff and the defendant was lawfully concluded, and the defendant was the carrier under this contract, so he shall take the responsibility of delivery of goods without B/L.

Although it's FERT Co., Ltd who actually delivered goods without B/L, but he was appointed as agent of the defendant at destination port, the legal consequence shall be taken by the defendant. After the delivery, the plaintiff requested G to pay the remaining sums, but the G Co., Ltd failed to do so and did not have any real intention to pay, so the allegation of the plaintiff that carrier shall take the responsibility to compensate shall be lawfully affirmed.

Comments

According to *Regulations of the People's Republic of China on International Ocean Shipping* and *Implementation Rules for the Regulations of the People's Republic of China on International Ocean Shipping*, NVOCC could sign the international contract of carriage of goods, as carrier with the shipper to receive and deliver goods, issue B/L or other documents of his own, collect freight and other payments for its services. As he has the right of carrier, he should take the responsibility of carrier. NVOCC issued his own B/L, and then he shall take the responsibility of delivery of goods without B/L.

According to Article 63 of *General Principle of the Civil Law of the People's Republic of China*, the principal shall bear civil liability for the agent's acts of agency and Article 65 of *Contract Law*, where the parties prescribed that a third person render performance to the obligee, if the third person fails to perform or rendered non-conforming performance, the obligor shall be liable to the obligee for breach of contract. So as NVOCC, he shall instruct his agent strictly to avoid suffering losses for his agent's mistake.

In recent years, phenomenon of NVOCC releasing goods without B/L occurs frequently; the cargo owners shall be cautious to request NVOCC to follow the transfer procedure of B/L strictly, and deliver the goods against the original B/L transferred by the bank under L/C. When adopt a negotiation payment or a telex release, the cargo owner should request the buyer to provide corresponding guarantee to avoid the loss of money and goods.

(7) The identification of the shipper

Fact of the case

Plaintiff: Zhejiang ×× Furniture Co., Ltd

Defendant A: Shanghai ×× Logistics Co., Ltd

Defendant B: Wujiang ×× Logistics center

The plaintiff accepted a processing and sales order of a third party in the case, the trade term is FOB. After finished the order, the plaintiff loaded the goods into containers, and commissioned the defendant A as agent to deal with the export matters from Shanghai to Barcelona. Defendant A accepted the appointment and then appointed defendant B as agent to arrange the export matters mentioned above, and the plaintiff paid corresponding fee to defendant A. But defendant A didn't provide B/L signed by carrier to the plaintiff. After inquiring, the goods had already reached the destination and have been delivered, so the plaintiff lost the control of the goods. The plaintiff alleged the two defendants had faults in the arrangement of the export, which led to the plaintiff's loss. So the plaintiff requested the two defendants to compensate his loss of goods, booking fee and interest.

Defendant A argued that he delivered the goods to defendant B for shipment according to the plaintiff's entrustment, and the plaintiff had agreed this delegated relationship between him and defendant B. After he finished all export affairs and delivered the goods to defendant B, defendant B didn't issue B/L to him, so he couldn't transfer any B/L to the plaintiff. So he had no faults in this case, and should not to take any responsibility.

Defendant B argued that he was contract carrier in the contract relation of carriage of goods by sea in this case, but the shipper was a third party in the case rather than the plaintiff, he should provide B/L to the third party, and the plaintiff had never proved that loss actually occurred. So, defendant B requested to dismiss the claim of the plaintiff.

Judgment

In respect of the identification of the shipper in this case, the court held that since the plaintiff sued the carrier to take the responsibility for issuing B/L mistakenly according to the contract of carriage of goods by sea, so it should combine with trading, booking space and other procedures to analyze the possibility and reasonability of the defendant B to identify who is the shipper. According to the evidence in this case, the third party booked space from defendant B via e-mail, he was clearly stated as shipper in the booking note. And it was the third party that confirmed B/L information with defendant B several times and finally was stated as the shipper, so the third party shall be identified as the shipper. In contrast, the plaintiff had never indicated his identity as the shipper, requested to state him as the shipper or requested to issue the B/L in any procedure during the whole transportation directly or through defendant A. Objectively, this hindered defendant B from identifying the plaintiff as the shipper or actual shipper. Furthermore, the package, in-land transportation and customs clearance of the goods in question was conducted by the plaintiff and his freight forwarder. So it was difficult for defendant B to identify the plaintiff as the actual shipper, and it was reasonable for defendant B to identify the third party as the shipper.

The court confirmed the plaintiff's loss of payment for goods. As defendant B had booked space from the actual carrier, fulfilled his obligation under the contract and the goods had been delivered to the destination successfully, the booking fee claimed by the plaintiff shall not be identified as the plaintiff's loss. The plaintiff's request for the loss of booking fee was denied. To sum up, the plaintiff's request for compensation from defendant B lacked factual and legal basis, so they were denied by the court. As defendant A was not a party to the contract of carriage of goods by sea, he shall not take any responsibility.

Comments

According to the paragraph 1 of Article 72 of the *Maritime Law of the People's Republic of China*, the carrier shall, on demand of the shipper, issue to the shipper a bill of lading. So, the carrier shall issue the B/L to the shipper who put forward this request. In this case, the plaintiff did not confer with the carrier on substantial matters of transportation such as which party to book space and which party to accept the B/L, thus he lost the initiative to get the B/L. When the plaintiff performed delivery obligation under the contract through his freight forwarder, he didn't indicate his identity as the shipper to the defendant B directly or through his agent, and didn't requested to be stated on the B/L, let alone request to issue the B/L. As a result, the involving B/L stated the outsider as the shipper instead of the plaintiff.

Even if the straight B/L in question was delivered to the plaintiff by defendant B, he still couldn't take delivery of the goods at the destination port and he couldn't request to return the goods as the shipper either. In fact, he had already lost the control of the goods and it is impossible to guarantee any payment by holding the straight B/L. So, the loss claimed by the plaintiff was caused by his own negligence to avoid risks during trading and failed to show his identity as the shipper. This case reveals that the shipper shall advocate his own rights actively, show his identity clearly and request to issue B/L to avoid loss of money and goods.

(8) The compensation responsibility of actual carrier

Fact of the case

Plaintiff: Zhejiang ×× Freight Forwarding Co., Ltd

Defendant A: ×× Co., Ltd

Defendant B: ×× Shipping Co., Ltd

Defendant C: Shenzhen ×× Shipping Co., Ltd

The plaintiff signed a transportation contract with Png Ramu metallurgy project department of China MCC20 Group Co., Ltd. To transport these materials, the plaintiff signed a voyage charterparty with defendant A, appointed defendant A to assign the vessel YZHX owned by defendant B and chartered by HF company to transport the materials. After that, defendant B signed up a ship management agreement with defendant C.

When YZHX shipped to the Pacific Ocean, southeast of Taiwan, a hull right-leaning accident occurred and the vessel sank, causing total loss of the vessel and materials. Therefore, the insurers of these materials instituted a subrogation lawsuit against the plaintiff in Shanghai Maritime Court and requested the court to adjudicate that the plaintiff took the responsibility to compensate to 8 insurance companies. The plaintiff signed a settlement agreement to pay compensation to the insurers to perform the judgment mentioned above and now the plaintiff claimed that three defendants shall compensate his loss and interest.

Judgment

The court held that according to the *Maritime Law of the People's Republic of China*, the parties involved in voyage charterparty shall be owner and charterer, so defendant A as the owner shall take responsibility according to the voyage charterparty. The related judgment has already identified the cause of the involved accident and there was a great possibility that it was caused by the improper stowage and lashing because the involved vessel lacked specific lashing facilities of container. Defendant A did not put forward any objection to the identification of cause, or provide any valid evidence to prove exemption situations. As the plaintiff had paid compensation to the insurers, the owner under the charterparty shall take the responsibility to compensate the plaintiff.

Defendant B was the registered owner of YZHX who actually transported the cargo. Although defendant B and defendant C entered into a ship management agreement, they were not parties to the involved voyage charterparty, so defendant B and defendant C shall not take the responsibility.

To sum up, the court held that defendant A shall compensate the plaintiff for its loss and loss of interest, defendant B and defendant C shall not take the responsibility.

Comments

According to Article 94 of the *Maritime Law*, the shipowner shall perform its obligations expressly agreed in the voyage charterparty. The provisions in Article 47 and Article 49 of the *Maritime Law* shall apply to the shipowner under voyage charter party. The other provisions in Chapter 4 regarding the rights and obligations of the parties to the contract shall apply to the shipowner and the charterer under voyage charter only in the absence of relevant provisions or in the absence of provisions differing therefrom in the voyage charter. But not all the provisions in Chapter 4 shall apply to the parties of voyage charterparty, only the provisions concerning the rights and obligations between the carrier and shipper shall apply and actual carrier is not included.

The actual carrier is the person to whom the performance of the carriage of the goods, or of part of the carriage, has been entrusted by the carrier, and includes any other person to whom such performance has been entrusted. In the legal relation of carriage of goods by sea proved by B/L, the carrier's responsibility is expanded to actual carrier who is not a party to the contract, but the actual carrier is entrusted by the carrier and its responsibility is limited to legal relation of B/L. Actual carrier is not a party to the voyage charterparty and it is the owner who shall take responsibility in accordance with the doctrine of privity of contract.

In this case, the plaintiff brought the lawsuit according to the voyage charterparty, but neither defendant B nor defendant C was a party to the voyage charterparty, so both of them shall not take responsibility under this contract. However, defendant B shall take tort liability to compensate the loss of goods, but this case was not brought in the cause of action of tort, so it lacked law supports. So, the plaintiff shall clarify the cause of action to ensure their claim to obtain the maximum security.

(9) Right of recourse of contract carrier against actual carrier

Fact of the case

Plaintiff: ×× Ocean Shipping Agency Co., Ltd

Defendant: Nantong ×× Container Shipping Co., Ltd

The plaintiff as the branch line carrier of containers of the OOCL (China) between Jiangsu and Shanghai, chartered the defendant's vessel to perform actual transportation for a long time. The involved containers were loaded from several different voyages, and transferred from the Shanghai Port to Zhangjiagang. After finished port operation and in the preparation of loading, the 24 containers fall into the river because of the left cabin door damaged to deformation. The accident investigation report provided by Shanghai Maritime University considered that the stowage of the involved goods violated the loading rule of "heavy containers at the bottom, and light ones on above" and led to the stability of the vessel declined after loading. Because of the accident, both the plaintiff and the defendant suffered economic losses.

The plaintiff claimed that as the actual carrier of inland waterway transport of goods, the defendant shall take the responsibility to the losses caused by this accident and external compensation responsibility of the plaintiff. The defendant argued that the involvd relation between them was voyage charter party instead of the contract of carriage of goods in waters connected with sea, so the defendant should take no obligation of stowage and the accident caused by improper stowage shall be on account of the plaintiff. So both parties claimed the opponent to compensate.

Judgment

The court held that stowage was an important part of seaworthiness, improper stowage would affect vessel's stability or operability and led to unseaworthiness. Even if the loading and unloading work was assigned by the plaintiff, the defendant's obligation as an actual carrier to stow prudently and make seaworthiness of the vessel shall not be excluded. However, in this case, the defendant paid no attention to stowage which might threaten the safety of the voyage. He not only neglected to inquire the specific type and weight of the containers, but also delayed in getting berth list. The actual carrier started loading work with no knowledge of weight of each container, and ignored the effect of cable tension and wharf fender's squeezing force after the master adjusted the position of the containers, and took further ballast adjustment measures when he didn't cast off the rope to make the vessel complete in a state of afloat, led to the situation of lean to the left serious and eventually caused the accident. So the accident was caused by improper management of stowage and unseaworthiness and the ballast adjustment measure took by the master was the direct reason. As a result, the defendant shall take the full responsibility.

Comments

In shipping practice, the carrier can sign the voyage charter party, transportation contract or commission contract with the actual carrier to entrust the transportation and both parties may set up an unnamed contract relation, but all of these do not affect the identification of contract carrier and actual carrier.

According to Article 32 of the *Regulations on the Administration of Domestic Water Transport* and Article 48 of the *Maritime Law*, carrier shall properly and carefully load, handle, stow, carry, keep, care for and discharge the goods carried, these regulations are originated from the *Hague Rules*. It was once thought that the carrier shall assume absolute guarantee responsibility for such similar terms which lists operations like loading and unloading, stowage and so on in shipping industry. Even the parties excluded the FIOST clause (Free In, Out, Stowage, Trim Clause, which means the carrier take no responsibility on loading, discharge, stowage and trim) in the charterparty, it was just regarded as a clause of division of costs. If it was clearly listed in the charter party that carrier would not take any responsibility of loading, discharge, stowage and trim, these clauses were invalid because it violate mandatory regulations. However, this cognition of shipping industry has changed by the final judgment of *Iron & Steel Co. Ltd. and Others v Islamic Solidarity Shipping Co. Jordan Inc. and Another*, [2004] UKHL49. This case law supported that the responsibility of the owner on loading and discharge can be excluded by appointment, affirmed the freedom between carrier and merchant to negotiate loading and discharge issues, identify the responsibility based on the principle of justice "who control, who take charge", confirmed FIOST clause can exclude the responsibility of the carrier caused by improper action in loading and unloading to urge merchants to arrange and control loading and discharge work according to appointment with full diligence to avoid losses.

The view expressed by this case is that responsibility of the loss of goods excluded by the carrier via the arrangement of contract shall be limited to some loss concerning obligation of keeping the goods, such as the loss caused by rough unloading of stevedores, but the responsibility of seaworthiness cannot be excluded. Since stowage is not just a part of keeping, but also an important part of seaworthiness, the improper stowage could affect stability and operability of the vessel, and eventually cause unseaworthiness.

(10) The affirmation of restrictive maritime claims

Fact of the case

Plaintiff: ×× Petroleum Chemical Co., Ltd

Defendant: Guangdong ×× Shipping Co., Ltd

The vessel R was a domestic coastal transport vessel owned by the plaintiff, sailed from Qinhuangdao to load coal and planned to berth at Luojing Coal Wharf of Shanghai Port. After leaving Qinhuangdao, the master applied for pilot of the defendant through phone, and the defendant arranged a pilot without certification, Mr. Shen, and the pilot boarded on the ship without holding the latest chart data and other navigation equipment. The master of R didn't check the qualification of the pilot. R then crashed into the north part of wharf of the plaitiff, and caused 74 meters of the wharf damaged and collapsed, a building on the wharf was also damaged, one operator injured and one dead, three oil transfer arms on the wharf were damaged and falled into water. Shanghai MSA issued an accident investigation report, which considered the involving accident was single liability of R. Due to the accidents, the plaintiff bore the watchman's expenses of the accident scene and the waterway, buoy fees and expenses of cleaning the wreck.

The plaintiff claimed that the defendant had gross negligence in the navigation and management, so he should take full responsibility, and lost right of the limitation of liability for maritime claims.

Judgment

The court held that the vessel R owned by the defendant shipped in an unsafety speed, and operated improperly when berthing, and the crash with Luojing Oil Wharf was single liability, the defendant shall take full responsibility to compensate. No evidence in the case could approve that the loss resulted from his act or omission done with the intent to cause such loss or recklessly and with knowledge that such loss would probably result, so the defendant shall not lose the limitation of liability for maritime claim. So the defendant is entitled to limit his liability for maritime claims according to the *Maritime Law*, including the rehabilitation expense of the wharf, the rehabilitation expense of the oil transfer arms, the loss of properties in collapsed building and expenses of the new temporary duty house. This case belonged to dispute caused by collision between vessel and wharf, and the claim for clearing salvage charges was not covered by Article 11 of the *Maritime Law*, so defendant's argument about claim for limitation of the clearing charge, the cost of care was dismissed.

Comments

Article 208 of the *Maritime Law* stipulates four kinds of claims, according to the provision, the expenses caused by salvage and elimination of sank vessel and materials cannot enjoyed the limitation, and the person liable must pay full of the compensation. According to Article 17 of the *Several Provisions of the Supreme People's Court in Trail of Cases on Limitation of Liability for Maritime Claims*, the person liable may limit his liability with respect to the maritime claims provided in Article 207 of the *Maritime Law* do not include claims in respect of the raising, removal, destruction or the rendering harmless of a ship which is sunk, wrecked, stranded or abandoned, including anything that is or has been on board such ship; and claims in respect of the removal, destruction or the rendering harmless of the cargo of the ship. Claims provided in the preceding paragraph are made to the person liable due to the collision, when such person recovers the loss from the other ship, claim to be entitled to limit his liability according to the provisions of limitation of liability in Article 207 of the *Maritime Law* shall be supported by the people's court.

The person liable in the provisions shall be understood to subject who have certain compensation liability in a maritime accident, namely the person responsible for the accident. In this case, the plaintiff does not assume liability for the accident in the collision accident, the ship not being entitled to limit the liability in respect of claims of the plaintiff to recourse wrecker cleaning expenses and other fees embodies the protection of the rights and interests of the non-fault party and the protection of owners of the wharf, channel and other shipping facilities, it is conducive to protect convenience and safety of navigation. Therefore, in the case of expenses in respect of the raising, removal, destruction or the rendering harmless of the damaged wharf, including removal fee, the watchman's fees on accident scene and channel, buoy cost are non-restrictive maritime claims.

(11) Objections on establishment of a fund for limitation of liability for maritime claims

Fact of the case

Plaintiff: ×× Cargo Vessel Co., Ltd

Defendant: ×× Shanghai Power Co., Ltd

×× Shanghai Second Power Co., Ltd

×× Property Insurance Co., Ltd, Shanghai Branch

The vessel N owned by the plaintiff, shipped to Shanghai Waigaoqiao Port from Qinhuangdao loading coal. During the process of berthing, she encountered 2# discharge machine, causing damages to the wharf and machine. The applicant applied to the court to set up limitation fund other than that for loss of life or personal injury, which amounted to RMB 25,442,784.84 and the interest dated from accident to the day of establishment of the fund.

The defendants argued that the accident was caused by mistaken malfunction of the Master of N, so the plaintiff shall take full responsibility and could not be entitled to limit responsibility of maritime claim. N was a vessel engaged in international ocean shipping, so it didn't belong to the vessel engaged in transport among Chinese ports, as a result it shall apply to Article 211 of the *Maritime Law*, instead of *Provisions Concerning the Limitation of Liability for Maritime Claims for Ships With a Gross Tonnage Not Exceeding 300 Tons* and *Those Engaging in Coastal Transport Services As Well As Those for Other Coastal Operations*. Although most of claims involved in this case belong to restrictive claims, the wreck clearing fee are unrestrictive claims, so the plaintiff does not have the right to limit the responsibility.

Judgment

The court held that the objection argued by the defendants shall be confirmed during the substantive hearing, so it was not dealt with in this trial. The wreck clearing fees belonged to restrictive claims proposed by the defendants was a different issue from the issue of the establishment of fund, so the court would not review and deal with it.

When the accident occurred, N was engaged in a voyage from Qinhuangdao to Shanghai Port, within the approved range in the vessel's operation certification of "common goods transportation along Chinese coastal area and the middle and lower reaches of Changjiang", so the vessel was engaged in transport services between the ports of the People's Republic of China according to paragraph 2 of Article 210 of the *Maritime Law*. The defendants' claim that the second term of the first paragraph of Article 210 of the *Maritime Law* shall apply to calculate the amount of the fund lacked basis and should not be supported. So the court dismissed the claim of the defendants and allowed the application to establish limitation fund.

Comments

According to Article 106 of the *Special Maritime Procedure Law*, after receiving a written objection submitted by the interested party, the maritime court shall examine it and make an order within fifteen days. Only paper review was used to investigate the establishment of limitation fund and the content to be reviewed is not provided in the law. The defense and establishment of limitation fund are separated. Whether the person liable is entitled to limit liability shall be reviewed in the common procedure, instead of the procedure of establishment of limitation fund. According to Article 83 of *Interpretation of the Supreme People's Court on the Application of the Special Maritime Procedure Law of the People's Republic of China*, when apply to establish limitation fund, the subject qualification of the applicant, the nature of involved claims and the amount shall be reviewed. So whether the applicant has the right and whether the compensation can be confirmed as a restrictive responsibility shall not be reviewed in the procedure of establishment.

In respect of the limitation of the responsibility of maritime claims, according to the Article 210 of the *Maritime Law*, the limitation of liability for ships with a gross tonnage not exceeding 300 tons and those engaging in transport services between the ports of the People's Republic of China as well as those for other coastal works shall be worked out by the competent authorities of transport and communications under the State Council and implemented after its being submitted to and approved by the State Council. The limitations are different in these provisions, so the application of law decides the amount of the limitation fund. To judge a vessel whether belong to a vessel engaged in transportation between Chinese ports, shall be confirmed by the approved range stated on the operation certification, instead of areas that the vessel is able to navigate.

(12) The understanding and application of the warehouse to warehouse clause

Fact of the case

Plaintiff A: ×× Packing Co., Ltd

Plaintiff B: Shanghai ×× Printing Machinery Co., Ltd

Defendant: ×× Insurance Co., Ltd

In April 2009, plaintiff A signed a trade contract with plaintiff B providing plaintiff A to purchase an automatic cutting machine from plaintiff B, CIF NHAVA SHEVA. Plaintiff B insured to the defendant and plaintiff B was stated as the insured in the policy, the involved goods shipped from the Shanghai Port to the NHAVA SHEVA Port of India, and insured against all risks. The policyholder, number of B/L and destination in the insurance slip were empty. The defendant issued an insurance policy to plaintiff B, and the main contents were the same as the insurance slip. According to the terms on the back of the policy, the period of responsibility was warehouse to warehouse.

After the shipment of the goods, plaintiff B endorsed the policy to plaintiff A. Then plaintiff A took delivery of the goods in NHAVA SHEVA Port Seabird Container Station and transported the goods to the station of Poona, India by land way. The next day, the truck had an accident when heading to Poona on the highway about 3 km from India Pan Weier city, and caused damages to the goods.

The plaintiffs claimed that the involved goods were total damaged because of the accident. The plaintiff informed the defendant immediately after the accident and provided several documents required by the insurance indemnity, but the defendant had not compensated yet. So the plaintiffs requested the defendant to compensate the premium amounted to USD 239,000 and loss of interests.

The defendant argued that plaintiff B did not fill the destination in the policy, so the destination confirmed by the two plaintiffs was the last port. The place of the accident was not covered by the policy, so it didn't belong to the scope of responsibility of the insurer.

Judgment

The court held that according to the warehouse to warehouse clause on back of the policy, the responsibility of the defendant shall start from Shanghai Port to warehouse of the consignee in NHAVA SHEVA Port. The goods involved in the case occurred the insurance accident has exceeded the period of the responsibility, since the goods had arrived at the destination port for transshipment. The claims of the two plaintiffs were dismissed by the court.

Comments

The loss of involved goods happened after arriving at the destination port in this case, so the focus of this case was the termination of period of responsibility in the warehouse to warehouse clause.

In this case, it was stated on the policy that the voyage began from Shanghai Port to NHAVA SHEVA Port, but the final destination was blank, so any warehouse of the consignee in NHAVA SHEVA Port was the destination. In the warehouse to warehouse clause, if the insurance goods fail to reach the stated warehouse or other place of storage, the period of responsibility terminates on the expiry of 60 days after completion of discharge of the goods hereby insured from the oversea vessel at the final port of discharge; where the insured goods shall be transported to the ports not stated on the policy within 60 days above mentioned, shall not extend beyond the commencement of transit to such other destination. The involving goods after being delivered at the destination port were shipped to Poona, India; however Poona and NHAVA SHEVA was not the same city or district, so according to the clause above, the period of responsibility of the defendant terminated when delivered at the destination port. So, under the warehouse to warehouse clause, the insured has the responsibility to reveal the destination. If not revealed, any warehouse in the scope of the listed destination port could be identified as the destination warehouse under the warehouse to warehouse clause.

2.2 Arbitration Cases

(13) The termination of the ship management agreement

Fact of the case

On March 8, 2010, the applicant signed a ship management agreement with the respondent. On March 8, 2011, the two parties renewed this agreement. According to the agreement, the respondent was appointed to manage the vessel RICHMOND which is chartered by the applicant. The applicant claimed that the respondent changed another management company during management period from June to July of 2012, and arranged repairment by himself, without informing the applicant. The applicant had no alternative but to inform the respondent to stop the management of the RICHMOND, and notified this situation to the Hong Kong Marine Department. The applicant put forward the application for arbitration on basis of the agreement, and claimed that the respondent should pay the crew wage, spare parts material, charges of inspection, repairing and management fee which all owned to the applicant.

The respondent argued that, the involving agreement was terminated on March 7, 2012, there was no actual management behavior after the termination of the agreement, and there was no basis in law that the applicant claimed for the charges of the management.

Arbitral tribunal's opinion

In respect of the management of RICHMOND from the date of expiration of the agreement to July 12, 2012, the tribunal held that from March 7, 2012 to July 12, although the applicant and the respondent didn't renew the agreement, the documents of the RICHMOND's management system remained valid, and it was still under the actual management of the applicant. The tribunal noticed that during the time mentioned above, the applicant still sent the bill monthly, and the respondent never made any dissent. The parties still settled accounts monthly according to the agreement. The respondent made remittance during the period as usual, which revealed that the ship management contract relation between two parties still remained.

On the basis and amount of the liquidated damages, the tribunal noticed that the article 11 of the agreement provided the responsibility of breach of contract and the amount of liquidated damages. The tribunal held that the agreement expressed is genuine intention of both parties, and it shall be followed strictly. But liquidated damages in the agreement have exceeded 30% of the payment in default, which is too much higher than the actual loss. So according to the principles of fairness and good faith, it shall be adjusted.

Comments

According to Article 36 of the *Contract Law*, Where a contract is to be concluded in written form as required by relevant laws and administrative regulations or as agreed by the parties, and the parties failed to conclude the contract in written form, but one party has performed the principal obligation and the other party has accepted it, the contract is established. This means the debtor performs main obligation to the creditor, and the creditor makes no dissent but an acceptance. On this occasion, one party performs main obligations, the other party has accepted, it shows the fact of trading. That's to say both parties admit the contract, and it is pointless to emphasize the form of contract, and it is very likely that the party who has performed obligation will suffer losses, and it is unfair for him. As a result, although the two parties haven't adopted a written form according to the law, the effectiveness and the performance of the law would not be affected.

According to Articles 107 and 114 of the *Contract Law* and the Article 29 of *Interpretation II of the Supreme People's Court of Several Issues concerning the Application of the Contract Law of the People's Republic of China*, where a party claims that the agreed liquidated damages are excessively high and applies for an appropriate reduction, the people's court shall conduct the assessment and make the decision on the basis of the actual loss, taking into account overall factors such as the circumstances of the performance of the contract, the degree of fault of the parties and the expected benefits, and in accordance with the principles of fairness and good faith.

(14) A refusal to pay the rent under the charterparty

Fact of the case

On February 28, 2012, the applicant and respondent A and respondent B signed a charterparty, provided that respondent A rented the vessel "Jimei 601" owned by the applicant to finish the channel dredging program at Huizhou Port. According to paragraph 2 of article 10 of the charterparty, respondent B shall undertake joint and several responsibilities under the charterparty.

During March 5 to April 18, 2012, "Jimei 601" was constructing at the appointed location. Confirmed by the charterparty, respondent A shall pay the rent of RMB 2,125,706.60. On April 23, with the consent of the local representative of respondent A on the work spot, "Jimei 601" left the location. Respondent A only paid RMB 500,000. According to the charterparty, respondent A should pay the rest money before May 23, 2012. Although the applicant requested the payment for several times, respondent A never paid. As a result, the applicant applied for arbitration, and alleged that respondent A and respondent B should bear the rent, arbitration fees, attorney fees and other related fees.

Arbitral tribunal's opinion

On the issue whether the breach of contract existed, the tribunal considered that according to paragraph 2 of article 5 of the charterparty, respondent A hadn't fully paid rent, and the breach had established. The withdrawal of "Jimei 601" was requested by respondent A, and it was not left on her own decision, so the situation provided in the charterparty where the applicant should inform the respondent a week in advance didn't exist, and also the respondent never raised any objection. As the letter of confirmation of rent time shows, "Jimei 601" had finished 550 working hours in March, it is fully satisfied with the requirements of operation. No evidence has shown that excessively high fuel consumption of "Jimei 601", the applicant embezzled oil, or neglect to manage. To sum up, the applicant didn't breach the contract. The plea of the respondent cannot set upon the ground of that.

Regarding the joint responsibility of respondent B, according to paragraph 2 of article 10 of the charterparty, the responsibility of respondent B had been clearly listed, so the applicant had the right to claim against respondent B to pay the residual payment.

The tribunal held that the respondent shall compensate RMB 50,000 attorney fees to the applicant, and 55% of the arbitration fees, shall be borne by the applicant, the rest 45% shall be undertaken by the respondent.

Comments

In this case, the respondent refused to pay the rent by the reason that the applicant breached the contract. According to Article 66 of the *Contract Law*, if the other party rendered non-conforming performance, one party is entitled to reject its corresponding requirement for performance. In this case, the defense that raised by the respondent was the defective performance of the applicant, but the tribunal held the respondent's defense was unfunded and it pertains to refuse to pay rent without justified reasons.

Defense to refuse performing the contract shall be based on the other party's unsuitable performance of the contract, so it can only be used when one party breaches the contract, but the other party shall never abuse the right to reject to fulfill his obligations, otherwise, it obviously could not get protection of the law. This case warned that when a charterer rents a vessel, he shall pay the rents and perform other obligations under the contract properly according to the contract after the owner fulfill his obligations, so that he can avoid the damage compensation and the loss of interest.

And about the joint guarantee, according to Article 18 of the *Guarantee Law*, a suretyship of joint and several liability refers to a suretyship contract wherein the parties agree that the surety and the debtor shall be jointly and severally liable. Where the debtor of a suretyship of joint and several liability defaults when the time limit for his performance of the obligation provided in the principal contract expires, the creditor may demand that the debtor perform his obligation, or demand that the surety undertake the suretyship liability within the scope of the suretyship agreement.

(15) Calculation of the demurrage

Fact of the case

The applicant and the respondent signed an contract of carriage of goods by sea, then two parties signed a modification agreement which provided the applicant transport two portal cranes of the respondent to Shanghai Lingang, and the insurance would be paid by the respondent, but the applicant shall arrange the insurance for the respondent; the laytime was 144 hours, and could be used both in loading port and the discharge port, unless force majeure occurred, the demurrage shall be paid by the respondent as RMB 35,000 per day. The applicant arranged the insurance as appointed, and also arranged the transportation from Zhuhai to Shanghai Lingang. The freight was RMB 1,070,000, and the demurrage was RMB 532,770. But the respondent only paid freight, insurance expenses and demurrage of RMB 400,000. So the applicant claimed for an arbitration alleging that the respondent shall be responsible for the demurrage and arbitration fees.

The respondent defensed that the applicant failed to report in advance and inform the arrival of the vessel. The notification obligation was stipulated in the contract. So the laytime should begin from the time that ship completely berthed and the actual laytime was only 14 days, 11 hours, and 50 minutes. And also the respondent claimed the reason caused demurrage during the unloading period was that the applicant refused to discharge the goods on the ground of the unpaid demurrage. It was an unreasonable request, and the responsibility shall be taken by the applicant. As for the insurance charge, the respondent raised no objection.

Arbitral tribunal's opinion

In respect of the calculation of the laytime, according to the contract of carriage of goods by sea, the laytime shall begin from the time when the vessel berthed port, which was May 13, 1230; both parties confirmed that the raining time lasted 1 day and 11 hours 40 minutes affected the loading work, the vessel located in the port for 15 days and 12 hours, deducted raining time, the accountable laytime in loading port was 14 days and 20 minutes. The applicant failed to give two days' notice and inform 1 day in advance according to the contract, so the laytime should begin from the berth time. The accountable discharge time was 6 days and 13. 5 hours, beginning from June 8, 0600 to June 14, 1930. The time stopped discharge without authorization was 47. 50 hours, which was in conformity with the contract, shall not be accounted into the laytime. So the actual accountable laytime was 4 days and 14 hours.

In respect of whether there was any loss of discharge caused by the carrier and captain or the crew, and if the situation mentioned above existed, and the problem lied in how long was the loss of the time. Firstly, according to the contract, the freight was paid before the applicant issued the invoice and the discharge of the last goods. According to the laytime statement of facts, during 0430 - 0800 of June 12, there was still one portal crane had not been discharged, apparently, it did not have the condition to pay the freight at that time, so no problem of delaying payment existed. No time of payment had been provided in the contract of carriage of goods by sea and the modification agreement and the demurrage was always calculated after the transportation in accordance with the practice, so the respondent had done nothing wrong about the payment of the demurrage. The applicant's performance of unstable counter-argument right belongs to the misuse of the right.

To sum up, the accountable laytime was 18 days 14 hours and 20 minutes, deducted 144 loading and discharge time, the demurrage time was 12 days 14 hours and 20 minutes, the demurrage was RMB 440,902. 00. Since the respondent has already paid demurrage of RMB 400,00. 00, so the unpaid demurrage shall be RMB 40,902.00.

Comments

The laytime refers to a period agreed by the contractual parties during which the charterer promises to fulfill the cargo loading at the loading port and/or discharge at the discharging port. The calculation modes of the laytime usually include separate calculation, sharing calculation, adjustable calculation, combined calculation and average calculation. In this case, loading time and discharge time could be combined use, it means there is no need to calculate the loading time and the discharge time separately, if the actual time exceeded provided time, the demurrage occurs. But if the laytime has been used up in the loading port, according to the principle "once demurrage, always demurrage", when the vessel once arrives at the discharge port, the demurrage time shall be immediately calculated.

The start and suspend of the laytime. Whether the laytime can be started effectively and when the laytime can be started to calculate fundamentally decide whether the vessel will enter demurrage, it is the precondition of the demurrage. Generally speaking, when it meets the following three conditions, then the laytime could be started: (a) the vessel shall arrive at the destination port; (b) the vessel shall get ready to load or discharge; (c) the notice of readiness shall be delivered. In this case, the charterer failed to surrender the notice of readiness, so the laytime shall be calculated from the time the vessel actual berthed the port. The suspension of the laytime in the charter practice usually include bad weather, holiday, shifting time, strike, the fault of the owner and malfunction of equipment. If the laytime is provided as the WWD, then the bad weather shall be deducted. In this case, both parties confirm the deduction of the laytime, and the shut down time without authority shall be deducted too.

To sum up, the voyage charter party was the result of the fighting over interest of time between the owner and the charterer, and the dispute about the laytime could be avoided by specific provisions, when neither law or contract had any regulation, the both parties shall protect their interest on the basis of giving consideration of the counterparty's interest, so that the unnecessary dispute could be reduced.

(16) Delivery without the B/L under the telex release

Fact of the case

The K Co., Ltd, a third party which was not involved in the case ordered a batch of textile articles from the applicant, and then the applicant signed a booking note with the respondent appoint the respondent to transport the cargos. The respondent issued 2 set of B/L which stated the applicant as the shipper and the K Co. , Ltd as the consignee. When the cargos arrived at the destination, the Japanese client requested to change the involved B/L into a telex releasing B/L, since the B/L had been already sent to the bank in China to do the collection, and was sent to the Japanese bank, the respondent refused to telex release before receiving the B/L, so the cargos were stored in the port. For this, the applicant requested the bank to take back the B/L. After receiving the two sets of B/L, the applicant gave back the B/L to the respondent, and requested the respondent telex release, and changed the consignee to W Co. , Ltd with the approval of the respondent. After the change, the cargos were delivered to the new consignee (W Co. , Ltd) by telex release, and informed him to take delivery. After the applicant got the information, the cargo had already been took delivery by the original consignee, the K Co. , Ltd.

The applicant thought that the respondent released the cargo to the original consignee, and made the new consignee unable to take delivery of the cargo which constituted delivery without B/L, so he claimed for the arbitration and requested the respondent to compensate the loss of the cargo and the arbitration fees.

Arbitral tribunal's opinion

In respect of whether the respondent constituted breach of the contract and division of the responsibility, the tribunal thought that the applicant had already returned the B/L to the respondent in order to change the B/L into telex release and changed the named consignee. The discharge port agent shall indicate the agent of the actual carrier in the discharge port to telex release the cargo to the named consignee according to the fax of the telex release. However, the agent of actual carrier released the cargos to the K Co. , Ltd, instead of the W Co. , Ltd, constitutes a breach of the international contract of carriage of goods by sea. The respondent shall take the responsibility to compensate the applicant for loss of the cargo caused for failure to deliver.

In terms of the right to claim, whether the applicant as the shipper of the international contract of carriage of goods has the right of claim, based on whether he suffers loss because of defaults of the respondent. The tribunal thought that it could be assumed that the applicant had already received the involving payment of goods, because payment of goods have been charged off, and the applicant had undergone export tax rebates to authority with the paper for verification of export earnings. To sum up, the applicant had suffered no actual loss. So, the respondent's responsibility shall also be exempted. As a result, the claim of the applicant was denied and the arbitration fees shall be borne by the applicant.

Comments

The telex release has many features such as fast and simple, and it can provide convenience to the consignee and save money. So it was commonly used in the practice. During the period of responsibility of the carrier, the carrier shall keep the goods prudently before the delivery, and release the goods to the consignee listed on the B/L. Generally speaking, when using telex release, as the carrier has already took back the full set of B/L or never issued B/L according to the demand of the consignee, and deliver the goods as appointed, the carrier usually wouldn't take the risk of delivery without B/L. However, telex release belongs to situation where discharge the goods and surrender the documents at different places, if carrier acts carelessly, the risk would follow.

In this case, the applicant had already returned B/L to the respondent in order to change the B/L into a telex releasing one and change the consignee. So, at the discharge port, the assigned consignee in the telex release B/L shall manage the picking up procedure by the fax documents and identifications to the respondent's agent at the discharge port. The respondent, as the carrier failed to release the involving goods to the assigned consignee, constituted the breach. About the loss of the applicant, the respondent shall take the responsibility to compensate. To sum up, we can draw a lesson from this case. In practice, the telex release shall be managed prudently to reduce the risks, and the carrier shall follow the procedure strictly, and not accept the request of parties other than consignee, or there was a great chance to be used by the buyer to cheat deliberately.

(17) Change of ship price in a shipbuilding contract

Fact of the case

The applicant signed a 79,600 DWT bulk carrier shipbuilding contract (hull number YC017) with the respondent in November 2009. On May 5, 2010, the applicant signed a memorandum of agreement with the respondent about the actual situation in the performance of the contract. The applicant claimed that the related management work had been arranged. After the signing of the MOA, the applicant communicated with the respondent for several times, but the respondent not only lacked the sincerity to raise the price of the vessel, but also delayed in negotiating time of payment of the price, build time and delivery date. So the applicant instituted the arbitration and claimed for the respondent to continue to perform the shipbuilding contract and pay the arbitration fees.

As to the claim of the applicant, the respondent defensed that the respondent offered quotation scheme before, but the applicant refused and the respondent didn't delay in negotiating to add the ship price. The MOA agreed by the applicant and the respondent clearly provided that when two parties could not arrive at agreement on the price and the delivery date of the ship, the shipbuilding contract should be suspended. So the applicant's claim had no contractual and legal basis, and also violated the principle of fairness and honesty.

Arbitral tribunal's opinion

On the issue of nature of the MOA, majority of the tribunal held that it constituted a modification of the original shipbuilding contract. According to Article 7 of the MOA, if there is any conflict between the contract and this agreement, the MOA shall prevail. So the nature of MOA shall be considered as a modification of partial terms of the original shipbuilding contract. This modification was legal and valid and was binding on both parties.

On the issue of whether the respondent shall continue to perform its obligations under the shipbuilding contract, majority of the tribunal considered that according to Article 4 of the MOA, if there was no agreement upon the negotiation, the seller should not take the obligation of payment and delivery in the original shipbuilding contract. Based on the fact that the market price of the shipbuilding raw material soared sharply, the original shipbuilding contract could not be performed any longer, so the obligations couldn't constrain both parties. The claim of the applicant shall be denied.

To sum up, majority of the tribunal held that unless the applicant and the respondent agreed on the new price and the delivery date, the respondent has no obligation to perform the original shipbuilding contract. So the applicant's claim was denied.

Comments

After the signing of the shipbuilding contract, price of raw materials is much higher than reasonable expectations, then the problem of alteration of the ship price often occurs, both parties may request to change the price. By this time, a MOA agreed by both parties shall be regarded as a modification of the original shipbuilding contract through consultation between the parties, so this change was legal and valid.

The shipbuilding contract involved was a bilateral contract, according to principle of consistent of the right and obligation, other fundamental principle in the contract law and the rule of fair, if the applicant thought he was no longer bound by the price and delivery date under the shipbuilding contract, he then had no right to request the respondent to obey these terms.

The essence of the dispute is not in the settlement of an ambiguous contract, but the compliance of the principle of fairness and good faith, the agreement in the contract was clear. Actually, because of the fluctuate of the shipbuilding market, when market price is obviously higher than the original shipbuilding contract, the applicant claimed the original shipbuilding contract shall no longer be followed, and claimed for a raise to his satisfaction, but when the market went down, the applicant then requested to follow the original shipbuilding contract. The behavior of the applicant obviously violated the principle of justice and fairness and had no legal basis. So, the agreement shall not be considered as a right given to the applicant to choose whether follow the shipbuilding contract on his own mind based on the changes of the market.

(18) The carrier invoking the nature of goods as exemption

Fact of the case

The applicant signed a bulk liquid chemistry waterway transportation contract with the respondent, which provided that the respondent provided the liquid chemistry vessel "Huahai 318" to transport pure benzene goods for the applicant. During the performance of the contract, the respondent carried 3,262.11 tons pure benzene goods by "Huahai 318". At the time of shipment, its unit price was RMB 8,650 and the total sum was RMB 8,217,251.50. After loading the goods, the applicant entrusted SGS (Qingdao) and SGS (Shanghai) to inspect the sample at the loading port, the result showed that the sample was qualified.

However, when the tanker arrived at Shanghai Caojing, the SGS (Shanghai) inspected goods in four holds and found they were unqualified (sulfur and thiophene exceeding standards). These unqualified goods were sold at the price of RMB 2,088,513.41. After the calculation, the actual loss of the goods caused by deterioration was RMB 3,489,357.98.

According to the settlement committed by the respondent, the loss would be compensated by the insurance company of the respondent, and the deductible amount shall be borne by the respondent. So the applicant claimed for the respondent to compensate the loss of the goods and undertake the arbitration fees. The respondent defensed that the deterioration of the goods were not caused by the carrier, but the nature of the goods, so the carrier shall not be responsible for such loss.

Arbitral tribunal's opinion

The tribunal held that in this case, the SGS (Shanghai) and the SGS (Qingdao) were qualified commodity inspection institutions which were chosen by both parties, the inspection report should be accepted by the tribunal, unless there were sufficient opposite evidence to be proved to overthrow the conclusion. The respondent took part in the whole program of sampling and detection, and never raised any evidence to prove that the goods were not exceeded standards. So, the different report of the goods at two ports showed that the goods were deteriorated during the transportation. The evidence provided by the respondent couldn't prove that the deterioration was caused by the carrier rather than the nature of the goods. So no matter based on the law or the contract, the respondent shall assume the responsibility.

The respondent, as the carrier, has the right to enjoy the limitation of liability for maritime claims, and the limit of indemnity was RMB 2,534,344.50. Since the loss was RMB 3,489,357.98, which was much higher than the limitation, so the tribunal confirmed that the respondent should compensate RMB 2,534,344.50. The arbitration fees shall be undertaken by the respondent.

Comments

According to Articles 311 and 312 of the *Contract Law*, and Article 48 of the *Regulations on Domestic Carriage of Goods by Water*, carrier shall take the responsibility of any loss during the transportation. Because of the special risk of the marine transportation, the carrier has exemption rights of loss of or damages to goods for specific reasons. According to Article 51 of the *Maritime Law* and Article 48 of the *Regulations on Domestic Carriage of Goods by Water*, the nature and the inherent defect was one of the carrier's exemption items. If the carrier wants to quote these exemptions, he must prove the causal relation, otherwise he shall take the responsibility.

In this case, the evidence provided by the carrier only could prove the vessel's seaworthiness and the transportation was legal, however the actual situation of the vessel during the transportation or whether the vessel was capable of loading the goods were unknown. And specific situations where the losses of the goods were caused by the nature of the goods cannot be proved. So, inevitably, the applicant shall take the responsibility.

3 Brief Summary

Maritime adjudication is a field with strong specialty, although the quantity of the cases is small in scale, they are highly international and new situations and new problems occur frequently. At the same time, benefiting from the geographical advantages of Shanghai international shipping center, disputes handled by Shanghai judicial institutions have the characteristics of wide range, concentrated quantity and quickly reflecting the change of international market. By combining with the cases and analyzing them, the tendency, regularity and new problems and new impetus emerging in the construction of the shipping center can be detected sooner, and it can be used to provide useful reference for shipping enterprises to deal with disputes.

Chapter 3 Administrative Execution of Shipping Policy and Law

At the beginning of 2013, LI Keqiang, as prime minister of China's new central government was sworn in. The central government started of a new round of reform, and promulgated the *Plan on Institutional Reform and Functional Transformation of the State Council* (the *Plan*) on March 10, 2013. The *Plan* was adopted by the first meeting of the 12th National People's Congress on March 14, 2013. It was decided in the *Plan* to set up the State Oceanic Administration, withdraw the Ministry of Railways and merge it into the Ministry of Transportation, which will have profound and far-reaching influence on Chinese shipping legal profession. Shanghai is not only the biggest integrated hub port of shipping, railways, highways, aviation in China, but also the bridgehead of strategic rear and the New Silk Road while facing the Pacific Ocean. According to the overall deployment of the central government, Shanghai Municipal Oceanic Bureau (Shanghai Water Authority), the national oceanic administration in Shanghai branch (East China Sea Branch of State Oceanic Administration and Polar Research Institute of China) might make corresponding adjustments on internal settings, administrative duties, and performance, etc.. And some of the administrative functions of Shanghai Railway Bureau may also be incorporated into the Shanghai Municipal Transport and Port Authority.

In the field of ocean, according to the *Plan*, in order to promote a unified law enforcement at sea and increase the efficiency of the law enforcement, the *Plan* decided to restructure the personnel and responsibility of the original State Oceanic Administration, China Marine Surveillance, coastal guards of the Ministry of Public Security, Fishery Bureau of the Ministry of Agriculture in China, anti-smuggling police at sea of General Administration of Customs to constitute the State Oceanic Administration, which is controlled by Ministry of Land and Resources. After the restructuring, the State Oceanic Administration is consisted of core departments like strategic planning department, policy and rights of island department, coastguard department (the Coast Guard Command,

China Coast Guard Command Center), ecological environmental protection department, sea area general administration department, international corporation department, etc.

The restructuring State Oceanic Administration and the departments under its jurisdiction will represent China (government) to perform the following responsibilities: draft laws and regulations of enclosed sea, territorial waters, contiguous zone, exclusive economic zone, continental shelf, and other sea areas; formulate and supervise the implementation of marine development strategy; protect marine ecological environment; develop marine economy, protect sea island, and exploit and utilize no-resident sea island; organize to formulate systems and measures to protect marine rights, establish norms and processes of law enforcement; implement marine rights law enforcement activities in the sea areas under the jurisdiction of our country; protect borders at sea; maintain national maritime safety and security order; ensure security guard of important targets on the sea; deal with emergencies at sea; inspect enforcement of fishery law and investigate and deal with disputes of fishery production; take charge of examination of law enforcement of using sea areas, explore maritime mineral resources, and laying submarine cables and pipelines, etc.; take part in maritime emergency rescue, investigate and handle marine environmental pollution accident by defined authority, etc.; format and supervise enforcement of marine function zoning; formulate and supervise enforcement of sea area using management system, management system of sea island, system for protection of island and exploitation and utilization of no-resident sea island; organize to carry out marine ecological environmental protection, international marine communication and cooperation; perform maritime conventions, treaties, agreements; and undertake relevant affairs of polar region, high seas, and international seabed.

In order to strengthen the overall planning and comprehensive coordination of marine affairs, the central government set up a high-level deliberation and coordination agency named National Ocean Council to take charge of studying and establishing national marine development strategy, and coordinating the major maritime affairs. The specific work of the National Ocean Council shall be borne by the State Oceanic Administration. The National Ocean Council is not the ministries under the central government, but a contact and consultation mechanism of ministries, commissions, bureaus and departments related to ocean. Through this mechanism, the National Ocean Council could coordinate, integrate and operate marine resources controlled by departments of the central government to fulfill its main responsibilities, including planning marine development, enforcing law at sea, supervising use of sea area, protecting marine environment. Safeguarding legal rights, which means protection of Diaoyu Island and Huangyan Island, is the highlight of those responsibilities. In this regard, the State Oceanic Administration will carry out the law enforcement to safeguard legal rights at sea in the name of the China Sea Police Station, accept the professional guide form the Ministry of Public Security, and coordinate with the Ministry of Transport, the Maritime Security Administration and other departments to enforce the law together. The *Plan* demonstrates the determination of China to safeguard the integrity of territorial, construct marine power, the revitalize of marine economy.

The State Oceanic Administration in Shanghai has two branches: East China Sea Branch of State Oceanic Administration and Polar Research Institute of China. East China Sea Branch of State Oceanic Administration is a national maritime administrative department in charge of supervising use of sea area, protecting marine environment, safeguarding marine rights and interests by law, regulating the maritime surveillance forces of East China Sea, and representing the state to exercise oceanic administrative functions, having jurisdiction from the north Jiangsu Lianyungang to waters of south Yellow Sea and East China Sea of Fujian Dongshan. East China Sea Branch of State Oceanic Administration is consisted of Monitoring Center of the East China Sea, Shanghai Ocean Prediction Center, No. 4, No. 5 and No. 6 detachment of Chinese Maritime Surveillance and so on. It has professional marine law enforcement team and marine technical team, and it is equipped with specific ships for law enforcement and investigation, aircrafts of maritime surveillance, equipment for sea exploration, investigation, testing analysis and prediction. The main responsibilities of the East China Sea Branch of State Oceanic Administration include supervising and regulating use of sea areas by laws and regulations; issuing sea area use license, carrying out paid-use sea area system; examining and approving investigation and laying of submarine cable; supervising foreign-related marine facilities construction and ocean engineering; taking charge of offshore oil exploration and exploitation and environmental protection of damage caused by dumping pollution to sea, issuing ocean dumping license; managing examination and approval of environmental impact report of offshore oil exploration and development, and marine environmental engineering; regulating land-resource pollutants discharged into the sea and marine ecological environmental protection work; organizing and implementing monitoring and inspection of the sea areas under its jurisdiction; investigating illegal acts like violating our country's marine rights and interests, illegal use of sea area, damaging marine environment and resources, destroying marine facilities, disturbing the orders of the sea and so on. Polar Research Institute of China, as a public welfare institution directly under the State Oceanic Administration is the only scientific research and safeguarding business center in China.

As to Shanghai government, Shanghai Municipal Ocean Bureau is a maritime competent department of local government linked to the State Oceanic Administration, which work with Shanghai Water Authority. Shanghai Municipal Ocean Bureau has divisions of policy and law department, comprehensive planning department, intertidal zone and seawall department, sea area and island administration department, marine environment protection department, etc. The main responsibilities of the bureau include drafting and executing policies and laws related to marine administration; making up and implementing professional marine projects, medium and long-term development plans and annual plans; formulating Shanghai marine function zoning; participating in making plans of marine economy, resource, and environment; taking charge of supervision and regulation of sea areas and islands in Shanghai; examining the application of use of sea area; implementing regulation of ownership of sea area and paid-use system; examining and approving submarine cable and pipeline and corresponding work of supervision and regulation; regulating boundary demarcation of Shanghai sea area and basic data of ocean; coordinating comprehensive marine affairs; undertaking responsibility of marine environment protection; preventing and controlling marine engineering projects; implementing administration enforcement of law on water and at sea, investigating illegal acts; coordinating maritime disputes between departments and districts and counties.

In the field of transportation, in order to separate government functions from enterprise of railway transportation, promote mutual convergence of various modes of transportation, and perfect the comprehensive transportation system, it is decided in the *Plan* to revoke its former Ministry of Railways, and take over the original administrative duties to the newly established State Railway Administration, which is managed by the Ministry of Transport. These administration duties include setting technical standard of railway; supervising and regulating railway safety production, qualities of transportation service and railway engineering, etc. At the same time, build Chinese Railway Company to assume all the duties of enterprise of the original Ministry of Railway, and take charge in dispatch of railway traffic, passenger and cargo transportation business, and rail infrastructure construction. After the reform, the Ministry of Transport will formulate the overall plans on development of railway, highway, waterway and civil aviation, and accelerate the establishment of a comprehensive transportation system. It is not hard to see, this time, reform of the State Council focuses on the functional transformation and clearing the relationship between authority and responsibility. The state will promote the reform of big departments system steadily, continue to vigorously support the development of the transportation industry, accelerate the reform of the industry investment and finance system and reform of freight, establish and improve the standard of public welfare lines and transportation subsidy mechanism, and continue to deepen the transportation enterprise restructuring.

As to Shanghai local government, Shanghai Municipal Transport and Port Authority is the transport competent authority of local government to interface the Ministry of Transport, while Shanghai Railway Administration is local organ docking to the National Railway Bureau and China Railway Company. Under the guidance of the *Plan*, it is worthy looking forward how Shanghai Municipal Transportat and Port Authority and Shanghai Railway Bureau will integrate to construct a grand occasion of "large transportation, large logistics, large port, and large hub" in Shanghai.

1 Administrative Cases of Ministry of Transport

1.1 Approving insurance institutions to underwrite NVOCC security deposit liability insurance

On February 20, 2013, the Ministry of Transport reviewed the applications of China Pacific Property Insurance Co., Ltd (CPIC) and China Ping An Insurance Co., Ltd (PAIC) to determine whether these two companies conformed to conditions provided in Article 2 of *Notice on the Trial Implementation of Non-vessel Operating Common Carrier Security Deposit Liability Insurance* (which has been abolished because of the implementation of *Notice of the Ministry of Transport on Operating Approach of Non-vessel Operating Common Carrier Security Deposit Liability Insurance System*) and permitted CPIC and PAIC to underwrite NVOCC security deposit liability insurance in accordance with Articles 2 and 12 of *Administrative License Law of the People's Republic of China*. Since then, there are three companies underwriting this insurance in China, namely, PICC, CPIC and PAIC.

The Ministry of Transport, as a state administrative organization, reviewed the applications of the enterprises according to law, and made a permission to allow them to engage in specific business, which is in accordance with provisions of *Administrative License Law*. As to current status of NVOCC security deposit liability insurance, since NVOCC security deposit liability insurance has been piloted from November 1, 2010, companies which covered this insurance have kept a certain growth. By the end of January 2013, the amount of the insured companies reached 1,537, accounting for 35% of NVOCC companies. RMB 606 million was returned to 976 companies which had paid deposit, 561 enterprises obtained qualifications of the NVOCC business, but insurance company is kind of simplex. Therefore, the addition of another two insurance companies could change this unbalanced status through introduction of competition mechanism, elevate the level of insurance services, and optimize development environment of the non-vessel operating industry. Parties could select insurance company which is more convenient for them in consideration of cooperation of business and operating area.

1.2 Cancel Six Maritime Administrative Charges

On August 1, 2013, according to *Notice of Announcement on Cancelling and Exempting a Batch of Administrative Charges* (Cai Zong [2013] No. 67) by the Ministry of Finance and National Development and Reform Commission, the Ministry of Transport announced to cancel and stop collecting 6 administrative charges throughout the country, including visa fees for shipping certificate, re-check fee of safety of ship, assay fee of oily water, maritime conciliation charge, fee of retrieve floating oil, coast radio station radio telegram telephone fee (including ship telecom business charge) since August 1.

Cancelling administrative charge is an act to response to the *Plan on Institution Reform and Functional Transformation of the State Council* implemented by General Office of the State Council. Cancelling and stopping collecting a batch of administrative charges is an important mission determined by the State Council, it is also an urge demand of functional transformation of government and pushing forward reform. Cancelling 6 administrative charges in the maritime field could make the development of shipping more convenient, relieve the burden of relevant parties and develop maritime operations.

The life of the system lies in the implementation, each maritime department should make effort to put the system into practice. For example, Shanghai Maritime Safety Administration (Shanghai MSA) implemented the Notice from the following aspects. One is to publicized positively. Shanghai MSA propagated the regulations of cancellation of charges to the administrative relative person by posting announcement in government affairs hall, using electronic screen, verbal told and other approaches. And one is to enforce study. Shanghai MSA organized related personnel to study relevant policy and doing their job well according to the requirements. The last one is to implement the *Notice* actively. Shanghai MSA cleared and collected these charges before they were cancelled in time, and strived to collect the charges that should be collected and not to leave out any charges that should be collected.

1.3 A batch of administrative examination and approval items are cancelled and delegated to a lower level

On December 15, 2013, the Ministry of Transport issued an announcement to cancel and delegate to a lower level 12 administrative examination and approval items, including 11 administrative examination and approval items cancelled and 1 item delegated to a lower level, and the specific items are as follows: mergers and acquisitions between international shipping operators; identification of commercial insurance institutions and mutual insurance agencies to undertake insurance of civil liability for oil pollution damage; international shipping agency business; determination of site to build and dismantle ships; business of inland river crew services; temporary exemption of qualification of crew certificate; specific inspection of ability to prevent and control vessel pollution of ports, docks, loading and unloading station, and departments engaged in ship building, salvage, and dismantling ships; affirmation of assessment agencies of pollution and danger of goods on board; affirmation of assessment agencies of safe transport conditions of chemicals; affirmation of technical appraisal institutions of pollution of ship; pilot registry, the items above are cancelled to be examined and approved. And one examination and approval item, that is, establishment of project of foreign investment in road transport field is delegated to a low level.

Those items are administrative convenient measures in accordance with *Decision of the State Council on a Batch of Administrative Examination and Approval Items Cancelled and Delegated to a Lower Level and Other Affairs* (Guo Fa 〔2013〕 No. 19) and *Decision of the State Council on a Batch of Administrative Examination and Approval Items Canceled and Delegated to a Lower Level* (Guo Fa 〔2013〕 No. 44). Those measures are response to streamline administration and delegate power to lower levels and they played an important role in reforming function of government and making shipping more convenient. In addition, combined with Articles 2 and 12 of *Administrative License Law* and related provisions of *Regulations of the People's Republic of China on the Conditions for Maritime Administrative Licensing*, it is easy to find out that most of the items cancelled and delegated to a lower level this time belong to the category of administrative permission and administrative counterpart involved including international shipping operator, insurance institutions, international ship agent, sailor, pilot, appraisal agency of pollution and danger of ships and goods, and technical appraisal agency of shipping pollution accident, covering almost all of the shipping related practitioners. It is a positive measure for shipping industry and the companies, and those who could make profit through this measure should consult to implement the measure and sufficiently use the measure to gain more business profit.

2 Administrative Cases of Shanghai Maritime Safety Administration

2.1 Shanghai Maritime Safety Administration carried out a special rectification activity of ship overload

On March 15, 2013, there was a special rectification activity of ship overloading transportation, held by Shanghai Maritime Safety Administration. This activity aims to perform supervision responsibility on water traffic safety practically, crackdown overload transportation behavior of ships, ensure the navigation safety in Shanghai jurisdiction water areas. According to the concrete requirements of the *Plan of Shanghai Maritime Safety Administration on Special Rectification Activity of Ship Overload* (the *Plan*), Shanghai Maritime Safety Administration formulated and implemented the plan for implementation, deployed staffs to inspect all ships in the areas under its jurisdiction. Overloading ships should be imposed corresponding criticism and education or administrative penalties according to Article 37 of the *Provisions of the People's Republic of China on Inland-Water-Related Maritime Administrative Punishment*, Article 37 of *Provisions of the People's Republic of China on Marine and Maritime Administrative Punishment* and Article 82 of *Regulations of the People's Republic of China on Administration of Traffic Safety in Inland Waters*.

In the afternoon of March 19, Shanghai Chongming maritime command sub-center and Daqiao office, coordinated with the fourth police station of Maritime Public Security Bureau carried out an inspection on overloading ships operating on water and a spot check on transport ships on the scene of protecting dykes emergency project at north bank of Qingcaosha reservoir. In the inspection, it was found that management of the construction unit on ships carrying stones didn't comply with the requirements of the *Plan*. Some unloading ships did not man sufficiently and the certificate was not on the ship. The maritime law enforcement officers and public security policemen educated the offenders and investigated and handled the illegal acts.

On March 20, law enforcement officers of Shanghai Yangshan port taking "Haixun 01091", to carry out the inspection of construction ships and transport ships loading gravel and muck in south waters of Dayangshan, it was found that ship "Zhenghe 188" and ship "Yangteng 6" were suspected to overload, after checking on site and affirming the overload behavior, law enforcement officers issued a maritime administrative investigation notice, the ships were demanded to unload the goods. At the meantime, maritime enforcement officers got the chance to conduct safety propaganda to other ships in this water area.

At the beginning of March 15, Shanghai Wujing maritime office took a series of measures. The office recorded ship working situation in the standard book faithfully; took pictures of out-port ships after they loaded to avoid overload situation at the beginning; carried night supervision and inspection on wharf and floating crane zone, and knowing about enforcement situation of work unit, required overloaded ships to unload and punished them; strictly implemented each ship with a check and sign to form a closed loop of supervision. Until June 4, 2013, the enforcement office had tracked down 314 overload illegal acts, fined RMB 631,000. Among them, there were 157 punishments imposed on ship companies, 157 punishments imposed on liable seamen and punishments on 157 sailors.

In terms of law, overload acts violate Article 8 and Article 21 of *Regulations of the People's Republic of China on Administration of Traffic Safety in Inland Waters* and related provisions of *Maritime Traffic Safety Law of the People's Republic of China*. Illegal actors shall be given a fine, withhold certificate temporarily and unload the goods on board compulsively according to Article 37 of *Provisions of the People's Republic of China on Marine and Maritime Administrative Punishment* and Article 37 of *Provisions of the People's Republic of China on Inland-Water-Related Maritime Administrative Punishment*. In terms of practical situations, overload is one of the most common and serious illegal acts in the jurisdiction area, it is difficult to prohibit because of short period economic benefits resulting in serious safety loophole. Every year, accidents arising from overload account for a large proportion. It is a basic duty of maritime administrative supervision department to inspect overload situation regularly in its jurisdiction area. The inspection would improve safety level of transportation at sea, avoid and reduce maritime traffic accidents, and ensure that maritime shipping could go with a swing.

2.2 Wujing Maritime Bureau hunted down and seized a forging maritime law enforcement document case

On May 14, 2013, there was a ship named "Wanxuyang ××" berthing near the Tanglu Line, the law enforcement officers found out that seal of maritime law enforcement authorities, officer's name, law enforcement code on the Maritime Administrative Punishment Evidence Preservation List and maritime law enforcement documents held by him were suspected of being involved forge.

On May 15, Shanghai maritime office andsecond police station of Shanghai Maritime Public Security Bureau conducted an investigation on sailors on that ship, issued a letter of assisting in investigation on Maritime Administrative Punishment Evidence Preservation List to the marine department of E'zhou, Huangshi, Hubei province, the department replied that the list was fake, the enforcement officer's name, code and the address of maritime enforcement agency were wrong; two of the sailors named Hu and Yan said that because the ship lacked ship certificate and crew certificate of competency, in order to avoid investigation, they bought a fake list, and made up the name, code and address.

In view of the crew forging maritime law enforcement documents, officer transferred him to the second police station of Shanghai Maritime Bureau of Public Security. According to Article 52 of *Law of the PRC on Penalties for Administration of Public Security*: a person who buying, selling or using forged or altered official documents, certificates or testimonial papers of a state organ, people's organization, enterprise, institution or any other organization shall be detained for not less than 10 days but not more than 15 days and may, in addition, be fined not more than RMB 1,000; if the circumstances are relatively minor, he shall be detained for not less than 5 days but not more than 10 days and may, in addition, be fined not more than RMB 500. Combined with the specific circumstances of this case, the police station decided to detain Mr. Hu.

In this case, the "Wanxuyang ××" ship lack of ship certificate and crew certificate of competency violated Article 6 and Article 9 of *Regulations of the People's Republic of China on Administration of Traffic Safety in Inland Waters*. According to Article 64, Article 65 and Article 66 of this law, the feason should be fined more than 10,000 below 100,000. But on the basis of non-repeated penalty principle, once the illegal act has been imposed punishment, it cannot be punished with the same facts and reasons by other departments. The offenders in this case took advantage of the principle, made a fake maritime administrative punishment evidence registration list to avoid administrative penalty. The behavior is very severe and irresponsible to other people's life and property, harmed the normal regulation order of domestic ships, and brought some potential problems to China shipping industry. Once maritime officers found out an illegal act, they must punish it strictly. The attitude that never foster evil propensities by being overlenient is propitious to protect interests of ship companies and sailors, and maintain normal order of water transport market.

2.3 Chongming Department of Maritime Bureau hunted down and seized a foreign ship pouring pollution in Yangtze River illegally

Early in May 2013, according to situation of the ships to be repaired provided by the shipyard, Chongming Department of Shanghai MSA evaluated pollution risk level and confirmed that the Panamanian tanker "SIL×××" repaired in the shipyard had reached red risk level and needed to be inspected on board. And on March 28, maritime enforcement officers went to the shipyard to conduct an anti-pollution inspection. Law enforcement officers found that the cargo oil pipelines of the oil tanker spilled oil to the next hold, and officers immediately checked the ballast tank where the oil pipeline go through to ensure oil contamination would not be expelled from ballast tank, they required them to repair pipeline which was leaking oil and received leaked oil by legal measures.

In the inspection of wastes emission, the ship poured household garbage without crushing to sea area of Zhoushan, where only 2.8 nautical mile from the baselines of the territorial sea of China. The illegal act violated related provisions of the supplementary provisions V of the MARPOL. The law enforcement officers had a check on discharge site recorded in the Garbage Record Book, log book and GPS book. Facing solid evidence, the ship admitted that the illegal emissions took place because of the unclear understanding of the baselines of the territorial sea of China of the master. Law enforcement officers issued the maritime administrative investigation notice to the ship. They interpreted the corresponding regulations to them in detail and hoped that master of the ship could adhere strictly to the supplementary provisions V of the MARPOL and would not do that again.

In this case, the ship "SIL×××" discharging living garbage to territorial waters of China violated Article 15 of the *Regulations on Administration of Prevention and Control of Pollution to the Marine Environment by Vessels* (the *Regulations*), which provides that ship discharging shipping garbage, sanitary sewage, oily sewage, poisonous and harmful sewage, exhaust gas, and ballast water should be in conformity with laws, administrative laws and regulations, international conventions that the People's Republic of China concluded or participate, and corresponding standard requirements. According to Article 59 of the *Regulations*, structure of the ship which does not meet the standard of technical manual on preventing and controlling marine pollution to the marine environment or corresponding regulations of international conventions shall be fined above RMB 100,000 below RMB 3,000,000 by maritime administration. Furthermore, this case involved in application of the supplementary provisions V of MARPOL 73/78, which officially came into force on January 1, 2013 and is a huge expansion in the definition articles compared with the old one. The first definition article is enlarged from 3 articles to 14 articles, among which ten articles are definitions of maritime garbage. Marine garbage are defined clearly and given specific scope so that it won't be confused any more. Those clauses lay the foundation for collection, storage and classification of garbage at sea by the rules. In addition, disposal of marine garbage is stricter. Provisions of Article 3 to Article 7 are requirements of disposal of marine garbage. Rule 3 is a totally new rule which stipulates general provisions on prohibiting discharge of waste into the ocean. As a result, nowadays, ship emission of wastes has become a prominent part to be regulated for the protection of marine environment. With the constant improvement, wastes emission has entered into a new era of rules, at the meantime it provides certain legal basis for supervision department to punish this kind of behavior, and it also boosts the protection of marine environment.

2.4 Jinshan Maritime Department carried out joint law enforcement at sea with Jinshan Border Defense Post for the first time

On May 30, 2013, Jinshan Border Defense Post and Jinshan Maritime Department carried out a joint law enforcement drill for the first time. Since the north shore of Hangzhou bay is main chemical industry park in Shanghai, there are famous chemical enterprises gathering in its jurisdiction, dangerous goods are transported frequently, many foreign crews entry and exit, the work of marine security supervision and environment protection became onerous, so the enforcement place was chosen at north shore of Hangzhou Bay. The drill is aimed at implementing the *Exit and Entry Administration Law of the People's Republic of China* and *Regulations on Administration of Prevention and Control of Pollution to the Marine Environment by Vessels*; strengthen management of traffic safety of international navigation ships on water and environmental protection in the area under its jurisdiction; and form collaboration of marine safety supervision, emergency salvage, and punishment of marine illegal criminal activities.

Guided by intelligent monitoring system of command sub-center of Jinshan maritime department, the enforcement officers went on patrol and inspected Jinshan shipping channel, anchorage and surrounding waters. They concentrated on examining international navigation ships berthed at anchorage ground on board to inspect on seaman's book and certificate of competency, did the spot test on seaman resumption situation and pollution anti-pollution equipment. Law enforcement officers immediately ordered the ship to rectify hidden danger. Maritime law enforcement personnel also handed out *Prevention and Control of Pollution Regulations* and *Guidance on Southeast Wind Resistance in North Shore of Hangzhou Bay* to the sailors at the same time, reminded ships to strengthen the crew on duty during the anchorage and enhance self-management in port according to special meteorological conditions of the north shore of Hangzhou bay.

At twelve noon, the two administrations found out a foreign ship berthing at Jinshan anchorage ground without declaration, and went on board to inspect. Law enforcement officers searched details about the cause of berthing without applying for anchorage, carries on the crew identity verification according to *Exit and Entry Administration Law*, and imposed administrative punishment on the ship.

The foreign ship violated Article 50 of *Exit and Entry Administration Law*, which provides that transport vehicles that exit or enter China shall be subject to border inspection when leaving or arriving at ports. And the act also violated Article 12 of the *Maritime Traffic Safety Law*. The punishment decision was actually made in accordance with Article 82 of *Exit and Entry Administration Law*, which provides that disrupt the administrative order of the restricted zones of ports, relevant persons shall be given a warning and may also be fined not more than RMB 2,000. Of course, in terms of the whole joint law enforcement, the key point was pollution prevention. *The Regulations on Administration of Prevention and Control of Pollution to the Marine Environment by Vessels* is also an important legal basis for the inspection and law enforcement of pollution prevention equipment, corresponding certificate and pollution emission of ships. The joint enforcement activity could strengthen the supervision of the open sea area, effectively promote coordination between related departments to strike against illegal and criminal activities at sea, and maintain water traffic safety, which helps to create a safe, harmonious, green, open environment of seaport.

2.5 Pudong MSA disposed an emergent dangerous goods leakage accident

On July 17, 2013, at 8 pm, according to report from an American container ship named "Mason Willie", which was loading goods at the second phase port, a dangerous goods tank was suspected to leak, which contained three kinds of flammable liquid, 2-Ethoxyethanol. The situation was urgent, Pudong MSA immediately dispatched enforcement officer to the site to conduct emergency disposal after report.

At a quarter past eight, the law enforcement officers reached the scene of the leaking tank, and found out that there were a lot of leakages on the deck. It was suspected that the leakage was oil material, but there was no obvious leak happening in the tank and no pungent smell on the site. The law enforcement officers immediately took photos and collected evidence, and commanded the master to take emergency measures according to the requirements by *EMS Guide of IMDG CODE*, and adopt prevention measures at the same time.

Based on the information provided by the terminal, when they doing re-stowage work of the dangerous goods containers, the oil pump of terminal broke down and led to oil leak, the liquid on the dangerous containers and deck might be the leaking oil. At 10 p. m. , after the affirmation made by the ship company, the ship and wharf, 16 containers including the dangerous container reported in the leaking area were lifted out and inspected after proper prevent measures. It was found that 16 containers did not damaged or leaked, but the area's tank and deck still had some oil contamination, and affirmed the leaking oil was from bridge crane oil pump, the enforcement officers commanded the ship to clear the oil contamination immediately. At 1 a. m. , ship "Mason Willie" was cleaned up and 16 containers was hoisted back the ship, after ensuring the safety of goods and the port's confirmation of the leakage source in writing, Pudong MSA agreed endurance of the ship and ended the emergency disposal.

In terms of legal basis of emergency disposal of dangerous goods container leaks, Article 3 of *Maritime Traffic Safety Law* provides that the harbour superintendence agencies of the People's Republic of China shall be the competent authorities responsible for the unified supervision and administration of traffic safety in the coastal waters; Article 34 provides that when vessels, installations or aircraft are in distress, they shall, in addition to issuing distress signals calling for help, use the quickest method possible to report to the competent authorities the time and place of the accident, the extent of damage, the assistance required and the cause of the accident; Article 38 provides that upon receiving a request for rescue, the competent authorities shall immediately organize a rescue operation. All units concerned and vessels or installations in the vicinity of the scene must act under the orders of the competent authorities. Therefore, the emergency measures mentioned above were completely in conformity with corresponding regulations. According to various levels, there are dangerous goods of different degrees, once any of them leaks, it will not only influence shipping business, but also do large damage to water environment nearby. According to first paragraph of Article 45 of the *Provisions on the Safety Management of Hazardous Goods at Ports*, administrative department in the port shall establish emergency system for dangerous goods accidents, make up emergency response plan for dangerous goods accidents, organize and construct professional emergency response team and resource reserve, and carry out regular emergency training and accident emergency rescue exercise to enhance emergency ability. Forewarned is forearmed. Be prepared to handle accidents successfully.

2.6 Shanghai Maritime Safety Administration carried out a comprehensive special inspection of fire safety of ships

From August 1 to October 15, 2013 Shanghai Maritime Safety Administration took two and a half months to inspect fire safety of ships. The inspection is administrative supervision behavior combined with the actual facts according to the *Notice of Maritime Safety Administration of the People's Republic of China on Carrying out Special Inspection Activities of Fire Safety of Domestic Sailing Ships* (Hai Chuan Bo 〔2013〕 No. 457). Combined with regularly supervision of flag state, the inspection aimed to improve safety management of the fire safety responsibility system of non-shipping companies and ships, establish fire safety idea, "prevention in the first place and integrating with control", eliminate the safety hidden trouble to the greatest extent, prevent the fire accident, and ensure the water traffic safety situation sustained.

During the activity, Shanghai Maritime Safety Administration carried out activities such as "100-day Battle" "Big Safety Inspection" "Fire Safety Month" and so on according to *Guidance of Special Inspection on Fire Safety of Domestic Sailing Ships*, *Technical Regulations on Statutory Inspection of Domestic Sailing Ships and Ship Safety Inspection Rules*, they walked through the wharf, shipping companies and ships to conduct propaganda on the activities and coordinated with corresponding parties. Shanghai Maritime Safety Administration took 391 safety inspections on domestic sailing ships, 333 fire safety inspections, found out 925 defects of fire safety, and retained 9 ships because of fire safety defects. They found out that there were more fire safety defects lying in ships fire tube system, fire hydrant, fire hose, nozzle, ventilation, fire damper, valve, quick closing device, mobile fire equipment, fire prevention and fire extinguishing system structure (gas or foam extinguishing system), etc. 9 ships retained because of fire safety defects which included problem of emergency fire pump, large CO_2 extinguishing system, fire separation, oil tank quick closing valve, fire detection and ventilation of engine room.

During the voyage, a useful shipping fire safety system is directly related to the overall safety of the ship, good available ship fire extinguishing equipment and system can reduce the possibility of fire taking place on ship, and strive for valuable time for salvage, even extinguish the fire on board directly and ensure the safety of the ship and goods in time. Maritime Safety Administration, as a maritime safety supervision administration, found out and corrected the defects of fire extinguishing equipment on ships effectively under its jurisdiction, and improved the overall fire safety situation of the ships to maintain security and stability of the territory through this activity.

2.7 Huangpu Maritime Safety Administration and Yangpu Maritime Safety Administration hunted down and seized a hit-and-run ship

On August 3, 2013, at 4: 50 in the morning, Huangpu Maritime Safety Administration received a report that there was an unknown ship crashed flood control wall of the Bund. The command center of Huangpu Maritime Safety Administration assigned a patrol boat to the site immediately. It was found that the flood control wall was touched, but there was no ship on the scene. The command center immediately used AIS and CCTV system and found a ship named "Wanwanshun 333" was very suspectable. But the ship closed AIS, so it was unable to accurate position its location. What could be preliminary estimated was that the ship had entered into the area under the jurisdiction of Yangpu Maritime Safety Administration. The command center of Huangpu Maritime Safety Administration immediately informed Yangpu Maritime Safety Administration and asked for assistance to inspect this ship. After receiving the report, Yangpu Maritime Safety Administration immediately dispatched several patrol boats to carry out an intensive search. Around five fifty, a patrol boat founded ship which was suspected to hit-and-run, the law enforcement officers explained the intentions and the severity of their illegal act through loudspeakers. After a serious warning, the ship cooperated with law enforcement officers to be inspected, and then admitted the violation truth.

The escaping behavior violated *Regulations of the People's Republic of China on Administration of Traffic Safety in Inland Waters* (the *Regulations*), which provides that the vessels, rafts and installations involved in a collision shall, under circumstances where there is no danger to their own safety, do their best to offer assistance and may not leave the scene of the accident without authorization. Article 83 of the *Regulations* provides that with respect to the persons who have violated the provisions of these regulations, the vessels, rafts and floating installations involved in a collision and leave the scene, the competent authorities may withdraw certificate of competency of the sailor, and he could not be employed in five years; as for those who violate the criminal law, the judicial organs shall pursue their criminal liabilities in accordance with the law. It is not hard to see that the punishment of hit-and-run of marine accident is strict. In fact, the harmfulness of the escaping in a marine accident is same to an accident on land and the subjective intent to avoid responsibility and objective damage to other's property and life is also the same. In addition, compared with marine traffic accident, the hit-and-run behavior is worse, it should be punished severely. Look from the traffic accident in water every year, ship escaping from the accident scene after the accident is common, fluky psychology is an important reason. The maritime departments shall use AIS and other advanced information devices flexibly to evaluate and summary major typical cases, improve the ability of investigation of hit-and-run case, and severely deal with the seized hit-and-run vessels at the same time. Only form high pressure on this, can form an effective deterrent to the perpetrator, reduce the fluky psychology, crackdown hit-and-run behavior effectively, and maintain safety of sea area in the jurisdiction.

2.8 Wusong Maritime Safety Administration hunted down and seized a fake certificate of Burma seaman

On the morning of September 5, 2013, Wusong Maritime Safety Administration sent three law enforcement officers to take PSC inspection on the Marshall Islands ship berthed at Zhanghuabang Port 5 on basis of Port State Control Procedure of IMO. The officers also inspected the certificates of seafarers according to the *Notice of Strengthening the Inspection on Certificates of Seamen with Burmese Nationality*. According to the crew list offered by master, the officers found that there was a Burma electrical engineer named MOE PAING having no PS sign in his passport. The officers logged on to Burma maritime official system (http://

www. dma-mm. org) which is published by IMO. After checking carefully, no database information of that seaman was found. Then the master and the seaman verified the certificate was fake. The behavior violated Article 7 of the *Marine Traffic Safety Law* about requirement of competent person on board. According to Article 44 of the *Marine Traffic Safety Law* and Article 31 of the *Maritime Administrative Punishments Law*, the seaman should be fined, or revoke the certificate of seafarer and withhold seaman duty certificate for 3 months to 12 months. Finally, combined with detailed situation and in consideration of minimum safety requirements didn't contain electrical engineer and it only had a little influence, the enforcement officers educated the master and commanded the master not to employ the sailor any more and abide by corresponding regulations.

It is the first fake certificate case since strengthening inspection on certificate of Burma seamen. According to the statistics of the International Seafarers Service Centers of Cardiff University, there are 12,635 fake certificate cases investigated by the center, and 12,000 are related to Burma, where is the main output country of international seamen who fake certificates. Therefore, Shanghai Maritime Safety Administration distributed the *Notice of Strengthening the Inspection on Certificates of Seamen with Burmese Nationality* to strengthen inspection on certificate of the seamen, the relevant departments carried out verification work on certificate of seamen with Burma nationality on foreign vessels.

In the on-site inspection, the authenticity of certificates held by the Burmese seamen could be confirmed through the following way. Firstly, verify the senior officer's passport to find whether it has a PS tag. Secondly, affirm corresponding knowledge and operating skill of basic international convention of seamen. Thirdly, inspect availability of certificate held by seaman through Burma official website. Wusong Maritime Safety Administration will continue to strengthen inspection on the certificates of Burmese seamen, fight with international false seaman certificate, safeguard the legitimate rights and interests of the international seaman, and protect maritime security.

Seaman is the core of the ship and the basis of shipping. Only the competent seamen are able to make ship seaworthy. And the embodiment of the crew lies in whether they have corresponding qualified competency certificate and certificate of service. Seamen shall obtain seaman qualification certificate according to the *STCW Convention*. China, as a country which output large number of seamen and develop shipping business positively, should strengthen the qualification of the crew, punish strictly to founded cases according to the *Marine Traffic Safety Law* and *Marine Administrative Punishment Law*, so that we could prevent maritime safety accidents because of improper operations from the beginning.

2.9 Shanghai Maritime Safety Administration and Inspection and Quarantine Bureau carried out joint law enforcement to rectify irregularities of dangerous chemicals and packaging management

Since October 23, 2013, Shanghai Maritime Safety Administration and Shanghai Import and Export Inspection and Quarantine Bureau jointly carried out a law enforcement activity to rectify irregularities of dangerous chemicals and the packaging management for a month. This special rectification aims to further strengthen the corporation between government departments, improve the administrative efficiency, strengthen the supervision of inbound and outbound vessels and goods, and crackdown false and concealing report of dangerous goods, omission of report and inspection and other illegal behaviors.

The law enforcement activity took Yangshan bonded port as test area and unpacking the containers as the main way of law enforcement. In the specific organization and division of labor, the Supervision Department of Inspection and Quarantine Bureau and Management of Dangerous Goods and Antipollution Department of Shanghai Maritime Safety Administration set up joint supervision coordination group, taking charge of joint supervision organization and coordination work, the Inspection and Quarantine Bureau of Pujiang and Yangshan, Yangshan Maritime Safety Administration to implement. According to the overall deployment, the activity included the following three contents. Firstly, hit and punish illegal acts like false and concealing report of dangerous chemicals goods, and omission of report and inspection strictly; strengthen the inspection of import and export of dangerous chemicals by unpacking the containers. Secondly, strengthen on-site inspection of packaging quality of dangerous chemical goods, check whether there is any damage on the packaging; whether the packing meets the requirements of surveyor's certificate; whether the packing rank confirms to the actual transport safety of goods; whether the packing post the logo as ordered; and identify the authenticity of the packing testing certificate. Thirdly, carry out inspection work of quality of dangerous chemical goods containers, strengthen the on-site inspection of the quality of the shipping containers of dangerous chemicals, focus on records of packing, gasket, reinforcement and packing of goods, investigate nonstandard operation behaviors such as the type of containers exceeding the range that has been recorded and issuing container packing certificate free strictly.

After all the work on the spot, the Inspection and Quarantine Bureau issued reports of the dangerous nature of chemical found in the inspection. The maritime department contacted the shippers and ship owner to impose punishment, improved the crackdown and punishment of omitting and false declaration of dangerous chemicals.

The illegal behaviors violate Article 27 of the *Provisions on the Safety Management of Hazardous Goods at Ports*, Articles 17 and 18 of *Regulations on the Control over Safety of Dangerous Chemicals*, Articles 32 and 33 of *Marine Traffic Safety Law*, which shall be imposed corresponding administrative punishment in accordance with Articles 58, 59, 60 and 61 of *Provisions on Maritime Administrative Penalties* and in consideration of the specific situation. In addition, the one-stop inspection of dangerous goods containers eliminates the illegal behaviors in free trade zone. The supervision mode of joint law enforcement breaks the barrier of information. Only collaboration can create a safety and ordered environment for the free trade zone.

2.10 Shanghai Maritime Safety Administration trial port entry and exit visas service for international ships

On November 7, 2013, Shanghai Maritime Safety Administration declared that port entry and exit visas service for international ships would be launched on December 1, 2013. Every international ship berthed at Shanghai port except Jinshan and Yangshan port, could apply for entry and exit visas at administrative affairs center of the Shanghai Maritime Safety Administration, the requirements of visa are the same as inland visa and processing time is 24 hours all year round. When the ships mentioned above apply for a visa, harbor dues will be collected as international standard by administrative affairs center of the Shanghai Maritime Safety Administration. It is trialed from September 11 to September 30. The ships could transact the visa since the trialed period began. The administrative affairs center has accomplished the preparation such as draw seals, install IC card reader, and strengthen staff training to ensure entry and exit visas service for international ships will be successful.

Provisions in the Rules of the People's Republic of China Governing Vessels of Foreign Nationality, *Procedures for Inspection of International Navigation Ships Entering and Exiting Ports of the People's Republic of China*, *Notice of Interim Provisions of Procedures for Inspection of International Navigation Ships Entering and Exiting Ports of the People's Republic of China*, *Rules of the People's Republic of China on Ship Minimum Manning*, *Law of the People's Republic of China on Maritime Traffic Safety*, *Rules for Supervision of Shipping Dangerous Cargo*, *Regulations of the People's Republic of China on Conditions for Maritime Administrative Licensing* and other laws on permission of international navigation ships to enter and exit the port involves the Maritime Safety Administration, the Port Administration and a series of maritime administrative departments, so it brings trouble to the applicants to apply for visa. The Maritime Safety Administration trialing the service making the procedure more convenient, avoid duplicate payments, facilitate the shipping trade, and assist the revival of the shipping industry.

3 Administrative Cases of East China Sea Branch of State Oceanic Administration

3.1 The Fifth Detachment of China Marine Surveillance Bureau and Shanghai Corps carried out joint law enforcement on illegal dumping wastes to the ocean at night for the first time

Late June 5, 2013, the Fifth Detachment of the China Marine Surveillance and Shanghai Corps organized joint law enforcement in Shanghai for the first time to investigate and strike illegal pouring wastes to the ocean at night. Six enforcement officers cruised for 4 hours, focused on wharf in Shanghai Waigaoqiao power plant and tracked a dump ship but no illegal pouring behavior found.

According to Article 55 of the *Marine Environment Protection Law of the People's Republic of China*, no unit is permitted, without approval of the competent state administrative department in charge of marine affairs, to dump any wastes into the sea areas under the jurisdiction of the People's Republic of China. Units that need to dump wastes in the sea must submit a written application to the competent state administrative department in charge of marine affairs for its examination and approval and shall not proceed the dumping before a permit is granted by the said department. Dumping wastes to the ocean is forbidden by law. Besides, the *Regulations of the People's Republic of China on Control over Dumping Wastes to the Ocean refine application* and time limit of the license on the basic of *Marine Environment Protection Law*. Moreover, the Measures of China Surveillance Bureau on *Law Enforcement of Marine Environmental Protection* also provide specific way of enforcement, for example, part Ⅲ provides contents of inspection, including whether ship dumping wastes get the dumping license; after loading the waste, whether the competent department to verify and record; whether it is reported to the ship dumping wastes in designated area and whether the way and conditions is in accordance with the relevant regulations. These rules make the law enforcement of dumping wastes to the ocean more perfect. When the supervision department found any illegal dumping acts violating the regulations mentioned above, it should be imposed corresponding punishment according to Article 73, Article 74 and Article 86 of *Marine Environment Protection Law*, and Article 17 and Article 20 of the *Regulations on Dumping Wastes to the Ocean*.

The ocean is an important resource for the survival of human, people's awareness of marine environment protection improve greatly along with the progress of the society, but pursuit of interests always makes people rush into danger for the immediately interests and puts long-term interests of marine environment behind. The relevant administrative authorities shall strengthen supervision and inspection of law enforcement on illegal dumping behavior, once any illegal behavior is found, we must strictly punish them. Only put illegal dumping wastes under pressure all the way, could we curb the momentum of illegal dumping.

3.2 Shanghai Center Station and Surveillance Department carried out law enforcement of reclamation project

From June 7 to 8, 2013, Zhoushan Detachment of China Surveillance Department took law enforcement inspection on implementation of environment protection in period I project of Xiaoyangshan. Shanghai Marine Environment Monitor Center, as the monitoring department, actively cooperated with Surveillance Department and submitted environmental monitoring reports since the construction of the project and introduced corresponding situation of the reclamation project. The inspection indicated the environmental protection measures complied with the project requirements basically, the overall construction site was in good order, but it was found that some floating rubbish hadn't been cleared in time caused by moderate gale.

Shanghai Center Station did a good job as regulated, reported the monitoring results to maritime department and surveillance department in time, and kept contact with the construction department and reported surveillance details to the construction department.

At first, as for sea reclamation project itself, according to second paragraph of Article 4 of the *Law on the Administration of the Use of Sea Areas*, the state exercises strict control over the activities relating to the use of the sea areas that may alter their natural attributes, such as filling sea areas and reclaiming land from them. Any project to fill or enclose sea should follow Article 18, according to different areas and functions, shall be subject to examination and approval by different levels of government. In addition, as the Measures of Filling Sea Areas and Reclaiming Land Project require, the state limits the area of filling and enclosure of sea area, generally the utilization area of a filling and enclosure of sea area of all departments shall not exceed the plan target. Shanghai Marine Functional Zoning (2011 - 2020) provides that, by 2020, control the scale of filling and reclaiming sea areas no more than 2,300 ha. of a sea area, marine cultivation function area not less than 600 ha. of a sea area and reserved area not less than 123,000 ha., and restore not less than 60 km coastline. Illegal filling and enclosure of sea area behavior shall be punished according to *Law on the Administration of the Use of Sea Areas* and other relevant laws.

Secondly, as for ecological protection, it might involve acts that damage marine environment and violate the *Marine Environment Protection Law* such as pour construction waste into sea. Supervisory organs should impose administrative punishment on those illegal acts according to Chapter 9 of the *Marine Environment Protection Law*. In the *Notice on Strengthening Regulation of Filling and Reclaiming Planning Program* published by the National Development and Reform Commission and the State Oceanic Administration, marine administrative departments at all levels and their patrol team need to strengthen the supervision and inspection of filling and reclaiming sea areas projects. People who cause serious damage to the ecological environment shall be ordered to make restitution and do not have the option of a fine. It can be seen that environment protection in filling and reclaiming sea areas emphasize to strengthen the marine ecological environment protection, promote reasonable use of marine space resources and sustainable development of economy and society in the coastal areas, rather than just fine.

3. 3 The Donghai Branch completed environmental protection supervision and inspection on oil platforms in the area under the jurisdiction of East China Sea

From December 3 to 5, 2013, an environment protection supervision and inspection group consisted of the Environmental Protection Department of Donghai Branch of the State Oceanic Administration, the Donghai Surveillance Center, and the forth team of Surveillance Corps, carried out an inspection on Pinghu oil and gas production platform, Tianwaitian production platform and No. 6 oil drilling platform. The group also inspected the environmental protection work of the Shanghai Oil and Natural Gas Co., Ltd Storage and Transportation Branch and the East China Sea Chunxiao Gas Processing Plant.

By means of inquiring and consulting records, relevant documents, contracts and photograph, the inspection group considered the three platforms and two units observed relevant laws and implementation of the protection measures was generally good and there was no illegal behavior. Production and living sewage processing system, closed discharge system and other environmental protection facilities of the two producing platforms worked as normal. Oil-water separator, dirty water recovery processor and other environmental protection facilities of the drilling platform were working properly. Dispersants and the oil absorption felt of the three platforms were in compliance to regulations and have not been used this year. Anti-fouling record book was filled correctly, solid waste and production waste were transported back to land, and the laboratory on plat was in proper working order. In 2013, there were one to three oil spill emergency exercises. The environmental protection facilities of two units operated according to the requirements. The safety education was carried out on staffs and organized staffs to take part in emergency exercise.

According to Article 20 of the *Regulations of the People's Republic of China on the Administration of Environmental Protection in the Exploration and Development of Offshore Petroleum*, government functionaries of the competent departments or the personnel designated by them have the right to board the stationery and mobile platforms and other relevant facilities to conduct monitoring and investigation, including: (a) collecting various kinds of samples; (b) inspecting the fitting out, operating and using of various anti-pollution equipment, facilities and materials; (c) inspecting relevant documents and certification papers; (d) checking up on the anti-pollution record books and the relevant operation records, making copies and extracts when necessary, and demanding that the responsible persons of the platform sign their names in confirmation of the copies and extracts in question as correct duplicates; (e) gathering information about pollution accidents among the persons concerned; (f) other related matters. On the basis of Chapter 2 of the *Marine environment Protection Law*, the inspection is legal supervision administrative behavior. Inspection of relevant departments on oil platform is guided by the *Marine Environment Protection Law and Regulations of the People's Republic of China on the Administration of Environmental Protection in the Exploration and Development of Offshore Petroleum*.

At the same time, in recent years, offshore oil exploration and development develop rapidly. On one hand it has promoted the development of marine economy, on the other hand, the potential risk that marine ecological environment is damaged by pollution increases. Although the proportion of oil spill pollution in exploration and development of offshore petroleum in China is not large at present, but because of the complex situation at sea, once the oil spill pollution occurs, the cost to eliminate the harm and impact will be huge and the risk will also be high. Oil spill accident of the Penglai 19 - 3 of ConocoPhillips China Co. Ltd. should be a warning for us. Carrying out such supervision and inspection is the positive response to eliminate potential danger of spilled oil pollution and reduce the probability of marine environmental pollution accident, and plays an important role in the exploration and development of offshore oil and protection of the marine environment.

4 Administrative Cases of Donghai Rescue Bureau of the Ministry of Transport

4.1 Collision and water seepage and pollution accident emergency disposal of ship "CMA CGM FLORIDA"

On March 10, 2013, a collision occurred between British container ship named "CMA CGM FLORIDA" and a Panama ship named "Zhoushan" about 124 nautical miles northeast of Yangtze River estuary and about 30 nautical miles near Huangyan Island, which led to serious damage to both ships. At 14: 56, after receiving help information, the rescue command duty room of Donghai Salvage Bureau immediately instructed the ship "Donghai Salvage 101" which stood by at Jigujiao of Yangtze River estuary to the site. Each departments organized staffs of maritime, salvage, and clear, coordinated 7 kiloton ships and air patrols and professional rescue helicopters to carry out cleaning work, and set up panel consisted of classification society experts, experts of navigation safety, pollution prevention experts and so on to evaluate the ship damage and sea situation on the spot.

The next day, ship "Donghai Salvage 101" reached the accident area, at the meantime, the "CMA CGM FLORIDA" anchored, ship floating state was stable, the oil tank of the ship was damaged, and part of the fuel oil leaked. Ship "Donghai Salvage 101" immediately released rescue boats to prospect in close distance and then found that there was a big hole on the left rear of "CMA CGM FLORIDA" and part oil leaking from that hole.

At 04: 10 of March 21, after assessment of command team, considering the ship "CMA CGM FLORIDA" might break because of cold wave and strong wind, the panel altered the plan that eliminate the oil pollution completely at far sea before unloading goods and repairing in port, the ship headed for Yangshan Port first, with other salvage ship convoying, and used oil absorbent felt to dispose the leaking oil at the same time. The ship broke down again at north 80 nautical miles away from Yangtze River estuary, all the clean-up boats helped to implement the clean-up operation.

At 13: 19 of March 27, it was difficult to block off the hole at sea and because of influence of surge for long-time, the command team decided to tug the ship by ship "Donghai Salvage 101" and ship "Donghai Salvage 115" to anchorage ground of Yangshan Port.

On March 27, the leaking situation had been controlled, and the ship unloaded with the help of tugboat. All the goods were unloaded on April 4, the ship reached Zhoushan Port.

According to the report of MAIB, there was 610 tons oil leaking from the ship. And the reason of the accident was due to seaman's wrong usage of VHF, and fuzzy information caused by barrier when seamen using the second language.

By analyzing the case, according to Article 36 of the *Regulations on Administration of Prevention and Control of Pollution to the Marine Environment by Vessels* on pollution accident level, the case is a great accident. The disposal of the accident by the related administrative units fully comply with Article 38 of the *Maritime Traffic Safety Law*; Articles 37 and 39 of *Regulations on Administration of Prevention and Control of Pollution to the Marine Environment by Vessels*, *National Maritime Search and Rescue Emergency Plan*, and is timely and effective. From the analysis of the cause of the accident, it is extremely urgent to improve seaman's liability of English, which could influence shipping safety directly. Therefore, related departments should pay attention to language liability test when issue seaman's certificate of competency in order to avoid this type of accident occurs again.

4.2 Salvage of "DANUM 165" oil ship with main engine problem in typhoon

In the morning of October 5, influenced by typhoon named Fitow, the main engine of a Malaysian ship named "DANUM 165" broke down when she sailed from Nantong to Hong Kong and was badly in need of salvage. At 10: 33, Donghai Salvage Bureau received the report, then immediately communicated with RCC of Zhejiang province, ship owner and the agent. They organized officers to assess risks, make up measures to salvage life and tug rescue plan, and commanded the ship "Donghai Salvage 112" to rescue on the site, and informed the ship "Donghai Salvage 111" which stood by nearly to prepare for the reinforce.

At 14: 15, ship "Donghai Salvage 112" headed for the accident site and reached at 7 p. m., after evaluating the situation on the scene, ship "Donghai Salvage 112" tried to tow the ship to Liuheng Island in Zhoushan for repair. But during the tow, the cables broke due to the impact of the typhoon. It resulted that "DANUM 165" had to drop anchor urgently and waited for towing again. However, considering of long-time operating and tired seamen of ship "Donghai Salvage 112", the command center decided sent ship "Donghai Salvage 111" to reinforce. At 14: 00, January 6, ship "Donghai Salvage 111" reached the site. After assessing the risks, ship "Donghai Salvage 111" started salvage. The captain commanded the deck group to throw and haul the heaving line. Because the sea situation was extremely terrible, the wind force scale was 9 to 10, wave height was 7 - 8 meters, roll 45 degrees, salvage crew could not even stand. Because the wind was too strong and the distance was far, the attempts to throw heaving line in different positions for several times all failed. It was going down to night, the visibility was lower and lower and the situation got worse. After communication, the captain paused to haul heaving line work, instead, guarded the ship in close distance to carry out tow operation depend on circumstances.

The navigation circumstance is extremely bad when typhoon comes, general rules of administrative rules or regulations usually have relevant provisions. For example, *Shanghai Emergency Plan on Flood and Typhoon* provides that when the actual wind reaches 10 level, ships except special ships shall be suspended sailing. In this case, the wind situation had reached level to suspend. Any ship shall not carry maritime operation according to the regulations of Shanghai. The salvage of Donghai Salvage Bureau totally complied with the *Maritime Traffic Safety Law* and *National Maritime Search and Rescue Emergency Plan*. It successfully protected people's property and life, and reduced the losses perhaps happen in extreme weather.

4.3 Salvage of waterlogged bulk cargo ship named "Jialihai" caused by collision

At the end of 2013, rare haze weather happened in east China, which had a strong impact on marine traffic transport safety in the east sea. Half past 9 on December 6, the visibility was only 0.2 nautical mile due to the fog, a Chinese cargo ship named "Jialihai", which is 225 meters long, 32 meters wide, equipped 26 people, 1 pilot, and loaded 67,000 tons of coal, collided with a Korean container ship named "MV XIUMEI TIANJIN", which is 27 meters wide, 168 meters long, equipped 20 people, and 1 pilot, near No. 1 alert zone of the core area of deep-water routes from Ningbo to Zhoushan. The stem of ship "MV XIUMEI TIANJIN" inserted into living quarters of "Jialihai", resulting that ship "Jialihai" lost engine power, water flowed into the engine room and some holds, and the ship sank continually.

At 9:48, ship "Donghai Salvage 117" heard the maritime accident, contacted with relevant departments initiatively, and reported to the salvage command duty room at the first time. The duty room immediately started the emergency plan, commanded the ship "Donghai Salvage 117" to be prepared for the tow salvage and rescued seamen in distress. At 10:39, Ningbo base received and sent the information of Ningbo RCC, requested for Donghai Salvage Bureau to send rescue ship to tow "Jialihai" ship to berth at Mazhi anchorage. The "Jialihai" ship was towed by 4 ships, the quarter deck was in line with the sea level basically, most poeple left, but the two ships might sink at any time. At 12:25, the ship "Donghai Salvage 117" reached the site and started to operate with cables. At 12:46, the ship "Donghai Salvage 117" successfully put the ship "Jialihai" to shallow shoal and assisted the ship "Jialihai" to drop the two anchors. 48 persons in distress were out of danger, and secondary accidents like blocking channel were avoided.

Then, the ship "Donghai Salvage 117" stayed to guard on the scene as Ningbo RCC requested, towed and helped ship "Jialihai" to fix location for many times. At 8: 48 of December 13, the ship "Donghai Salvage 117" towed the ship "Jialihai" to the old Tangshan Port and threw the cable and berthed at port with the help of five tugboats.

The sailing condition was very bad when haze comes. It is a common reason of maritime collision. Article 19 of *Convention on the International Regulations for Preventing Collisions at Sea, 1972* regulates every vessel shall proceed at a safe speed adapted to the prevailing circumstances and conditions of restricted visibility. This rescue was positive response for maritime accident, shorted the rescue time, provided maximum protection for ships and people on board and their property. According to Article 38 of *Maritime Traffic Safety Law* and relevant provisions of the *Measures on Dispatch and Management of Professional Salvage Ships*, the salvage department disposed the salvage of two collided cargo ships efficiently for the first time in recent years. The level of salvage was improved in practice.

4.4 Towed and salvaged a firing timber ship named "SUPER SUN"

At 05: 30 of October 14, 2013, engine room of a Panamanian ship named "SUPER SUN" carrying 15,000 cubic wood was on fire at 2.3 nautical miles away from north of light ship of Yangtze River estuary in the south channel. The ship lost power and 23 seamen were badly in need of aid. 11 units including Shanghai Maritime Safety Administration, Donghai Salvage Bureau, Shanghai Salvage Bureau, Shanghai Fire Station set up command center to carry out salvage.

At 05: 45, after received accident information from Shanghai RCC, Donghai Salvage Bureau commanded the standby rescue boat "Donghai Salvage 101" went to the site. At the meantime, marine patrol ship "Haixun 01015" rushed to the site to maintain traffic order; three ships with fire extinguishing appliance started to rescue; the wastes cleaning boat also went to the site with clean-up equipment; warning area for one nautical mile was set; radio broadcast was strengthened to remind any ships which had the ability to help and ship which didn't have ability to pass away from 1 nautical mile.

At 06: 34, the ship "Donghai Salvage 101" reached and saved 23 seamen. Then, with the 4 rescue boats, tugboats, and working ships, the ship "Donghai

Salvage 101" stood by and waited for the final extinguishing measure. However, the weather was cold and the wind was strong, in addition, the accident took place in the busy main channel, all these made the extinguishment more difficult. Because of the wood on board, the fire couldn't be put out entirely. The command center finally decided to tow the ship out the area to the north Jigu reef, waited for warm weather to move forward. Donghai Salvage Bureau collaborated with other departments to accomplish the tow and set on beach at 23: 40 of October 16. The fire in cabin was extinguished in the second day and the ship was towed to Changjiang anchorage ground.

In this salvage, all the maritime departments complied with Article 38 of the *Maritime Traffic Safety Law* and the *National Maritime Search and Rescue Emergency Plan*. Each department judged correctly, moved fast, rescued properly, ensured the safety of people on board, and reduced hidden dangers of accidents to a minimum. This salvage involved collaboration of departments and bureaus. Under unified command, each emergency force subjected to conduct, communicated positively, shared the work and cooperated with each other, and ensured the disposition timely and efficiently. Considering maritime fire happened occasionally, every relevant maritime department needs not only to cooperate and extinguish the fire efficiently when it happens, but also carry out joint exercise for fire salvage. Nip in the bud and improve the cooperation and summarize every actual action and exercise, improve the liability to cope with fire at sea are required. Of course, it is necessary to inspect potential safety hazard of fire of ships. Only in this way, can we get to the root of the problem.

4.5 A Chinese ship collided with a foreign ship and thirteen seamen were saved

On December 15, 2013, a Chinese cargo ship named "Dingyaojingsheng", which is 99 meters long, 16 meters wide, collided with a Grecian container ship, which is 351 meters long, 43 meters wide, near the light boat in Yangtze River estuary. Water flowed into No. 2 cargo hold of the port side of the ship "Dingyaojingsheng", the hull was slant, it was so dangerous that the ship might sink, and there were thirteen seamen in distress.

At 06: 20, the command duty room of Donghai Salvage Bureau received rescue information from Shanghai Marine Search and Rescue Center, and then commanded the ship "Donghai Salvage 117" which was on call in Yangtze River estuary to proceed to salvage. The ship "Donghai Salvage 117" rushed to the accident site, and after more than half an hour, reached there at 06: 48. The ship "Donghai Salvage 117" decided to release the rescue boats to pick up persons in distress. At 08: 03, thirteen seamen were all saved and sent to a marine patrol ship.

In life salvage at sea, according to Article 98 of the *United Nations Convention on the Law of the Sea*, every state shall require the master of a ship flying its flag, in so far as he can do so without serious danger to the ship, the crew or the passengers: (a) to render assistance to any person found at sea in danger of being lost; (b) to proceed with all possible speed to the rescue of persons in distress, if informed of their need of assistance, in so far as such action may reasonably be expected of him. In addition, the *SOLAS Convention, 1974* also clears the obligations of each country. That is to ensure communication in territory and collaborations for the salvage within the respective area and make necessary arrangements to rescue people in distress at sea near seashore of the country. What's more, the *Maritime Traffic Safety Law*, the *National Maritime Search and Rescue Emergency Plan*, and the *Regulations on Search and Salvage of Life at Sea (Draft)* also provide obligations of the government to save life at sea and specific rescue measures. Life is more important than everything. It is the embodiment of the people to exist and the highest personality rights and interests of natural person. Saving life is a respect for human life. All the laws put the safety of life into priority position, it embodies that the right of life is the highest right under the protection of law. Administrative organs rescuing human life positively are humanitarian concerns of life and are the inevitable requirement of the law. Administrative organs shall not only make great efforts to life salvage when an accident occurs, but also exercise more in normal times. *The National Maritime Search and Rescue Emergency Plan* provides that China Maritime Search and Rescue Center should carry out maritime search and rescue exercises as followed: (a) carry out a comprehensive exercise every two years, organize irregular emergency disposal joint exercises with maritime search and rescue agencies of neighboring countries and region; (b) carry out a single exercise of maritime search and rescue once a year and incorporate sea medical consultation and medical rescue to the exercise; (c) carry out emergency communication exercises which the member units and maritime search and rescue agencies at all levels participate in every six months. Besides, Article 18 of the *Measures for the Management of Shanghai Maritime Search and Rescue* also regulates marine search and rescue exercise. This shows the importance of search and rescue exercise. Only continuous train and high rescue ability can we save more lives in emergencies.

4.6 Non-plan search and rescue of drowning people exercise in East China Sea, 2013

On September 20, 2013, Shanghai Maritime Search and Rescue Center organized the Non-plan search and rescue of drowning people exercise in East China Sea. Donghai Salvage Bureau, first Donghai rescue flight team, Prediction Center of Donghai Oceanic Administration participated in the exercise.

The exercise was simulated the case that a ship of Shanghai Jinjiang Shipping Co., Ltd named "Xiajin" coming back to Shanghai from Gaoxiong, Taiwan, rushed into emergency situation and people (substituted by dummy) on board fell into the water. At 09: 00 in the morning, ten dummy models weighting 40 kg were thrown down to the water randomly. At 09: 30, Shanghai Maritime Search and Rescue Center received the report that ten seamen accidentally fell into the water and was waiting for rescue urgently when the ship "Xiajin" sailed to sea area of 31 degrees north and 123 degrees east. After knowing the situation, Shanghai Marine Search and Rescue Center took action immediately. They telephoned to inform marine patrol ship "Haixun 01" and marine air patrol aircrafts of Shanghai Maritime Safety Administration and ship "Donghai Salvage 111" and the first Donghai rescue flight team of Donghai Salvage Bureau to carry out the salvage. They also informed Donghai Oceanic Prediction Center to calculate the location of people in distress. They informed Donghai Fishery Administration, CSCL and COSCO to coordinate with search and rescue.

At 11: 49, marine patrol ship "Haixun 01" saved three drowning "persons", then, the ship "Donghai Salvage 111" also saved three drowning "persons". Donghai first rescue flight team hovered on the accident area and saved two drowning "persons". The traffic radio and notice of assisting in search and rescue sent by Shanghai Maritime Search and Rescue Center also got positive response from passing merchant ships and fishing boats, a passing by ship named "Taihe" of COSCO joined in the salvage found and reported a drowning "person". At 14: 14, the marine patrol ship "Haixun 011" of Yangshan Maritime Administration saved the last two drowning "person". The ten fallen persons in the exercise were all saved and the exercise ended.

The purpose of this exercise is to test the scientificalness and effectiveness *Measures of Shanghai Municipality for Maritime Search and Rescue* (the *Measures*), which is a positive response of Shanghai Municipal government aiming at high efficient salvage in Shanghai jurisdiction, Articles 19, 28 and 29 of the *Measures* have been well applied in the practice. Besides, the exercise strictly complied with guidance on salvage of drowning and missing people in the *Guidance of Shanghai Maritime Safety Administration on Emergency Disposition*, and achieved the goal that there was no plan but procedure. The exercise becomes an innovative approach in the field of marine search and rescue.

5 Administrative Cases of Shanghai Salvage Company

5.1 Shanghai salvage ship "No. 14" salvaged a barge towed out of control by a Korean tug

On January 25, 2013, main towing lines of a Korean tug named "KOSCO 101", which towed three deck barges sheared off because of bad sea situation in northeast Taiwan Sea (26-49N/122-40E). Two barges got out of control. The "KOSCO 101" tried to tow with cable for many times but failed. At the late night, the charter sent rescue information to Shanghai Salvage Company. Shanghai Salvage Company immediately assigned "No. 14" ship to rescue. On January 27, the "No. 14" ship reached the site. At that time, the wind approached a force nine gale and the wave was four meters high, the sea situation was very bad. But two deck seamen forced to go on board with emergency towing rope and started to tow. Besides, speed of sailing was serious influenced because 800 meters towrope fell into the sea that broke from the "KOSCO 101". On January 30, the situation became better, broken ropes were cut off. On February

1, the ship "No. 14" towed the two barges near Nanri Island and handed them over to "KOSCO 101".

Salvage at sea has always been supported by international conventions and domestic laws and the legal texts present the legislation idea to encourage salvage. It is stated in the beginning of *International Convention on Salvage 1989*, efficient and timely salvage operations can make to the safety of vessels and other property in danger and to the protection of the environment. Convince the need to ensure that adequate incentives are available to persons who undertake salvage operations in respect of vessels and other property in danger. Of course Shanghai Salvage Company as a non-administrative company, its salvation according to relevant laws and regulations might some salvage remuneration based on the salvage contract and other relevant laws like the *Maritime Law*. In this salvage, what we see more is international humanitarian. Recuing foreign and native ships not only could establish good salvage brand, but also improve the international image of China.

5.2 Raised the sunken vessel-ship "Haihongda" in the main channel of Yangtze River estuary

At 00: 50 of August 7, 2013, an accident bulk cargo ship, which is 141 meters long, 20 meters wide and 8,694 tons, named "Haihongda", loaded with 13,500 tons of iron ore sailed from Beilun Port to Zhenjiang. When sailed to the waters near the south channel of the Yangtze River estuary, ship "Haihongda" collided with a Panamanian bulk cargo ship named "FRONTIER VOYAGER" and resulted in the hull damaged and sank. Because the ship sank in the main channel where many ships would pass, it brought serious threaten to other ships.

According to entrust of relevant parties and requirements of Shanghai Maritime Safety Administration, Shanghai Salvage Company started the emergency plan, after discussion, they drafted the plan on salvage and clear up of "Haihongda" in a mixed method and made preparations for salvage. On September 18, the salvage started. Three working ships and Shanghai salvage "No. 18" tug reached the site and started operations like detecting underwater and punching to fix. On November 15, after finishing salvage of goods and chains underwater, extraction of fuel and other works, the salvation entered into the last stage to salvage the hull. At 15: 09 of November 16, the working ship's main hook held the eight 13-inch huge steel cables steadily; the main deck finally emerged from water and was towed to the safety area. On November 21, the cabin part finally got salvaged. The pollutants were cleared up completely and the pollution source was eliminated. The dangerous situation at Yangtze River estuary and the safety threat of other ships was removed.

In terms of salvage of the sunken vessel, according to Article 40 of the *Maritime Traffic Safety Law*, with respect to sunken or drifting objects that may affect the safety of navigation and the management of navigation lanes, as well as those constituting a threat of explosion, the owners or managers thereof shall salvage and remove such objects within a deadline set by the competent authorities. Otherwise, the competent authorities shall have the right to take measures to compel the salvage and removal of the objects, and their owners or managers shall bear all the expenses incurred thereby. Article 71 of the *Marine Environment Protection Law* also provides, if a vessel is involved in a marine accident which has caused, or is likely to cause a serious pollution damage to the marine environment, the maritime administration of the state are entitled to take compel actions to avoid or minimize such a pollution damage. This shows that salvation belong to the administrative acts of state to a certain extent. *The Procedures for Salvaging of Sunken Ships and Sunken* regulates more specific. It mainly covers the shipwrecks that should be salvaged, procedure of salvage, results of salvage and so on. Whether the salvage is compulsory or not, we shall obey the laws, eliminate the barriers made by shipwrecks and maintain the successful process of shipping.

5.3 Joint exercise of oil spill emergency response in East South Sea

On October 31, 2013, Shanghai Salvage Company participated in the joint exercise of oil spilling emergency response organized by CNOOC Shenzhen, CNOOC Panyu branch, CACT, Newfield Oil Co., Ltd and Citroen Energy Co., Ltd.

The joint exercise aimed to overall inspect the cooperate ability of oil spilling emergency disposal and improve the emergency response ability of relevant departments to cope with potential risk of oil spill at sea. Besides Shanghai

Salvage Company, COSL, COHC and other companies also took part in the joint exercise. It also invited leaders of Nanhai Branch of the State Oceanic Administration, Guangdong Maritime Search and Rescue Center, Guangdong Maritime Safety Administration and so on to watch and guide the exercise.

The exercise simulated a collision between marine working ship and oil offshore platform A of ×× Offshore Oil Co., Ltd, which led to pipeline rupture, almost 8 tons crude oil diffused by wind. The exercise started at 09: 30. Each unit quickly launched the emergency plan, organized force of sea, land and air to carry out emergency rescue. Public service ship "3175" "3078" and "3087" of China Coast Guard and law enforcement officers reached the site, started tracking and investigating the oil spill accident. The ship "Huazhen" "Huafa" and "Dehai"of Shanghai Salvage Company reached the site, prepared to control and recovery of oil spills and used big oil skimmer. Law enforcement officers of the Nanhai Command of China Surveillance Bureau took the first helicopter to the area, toured at low level, implemented oil dispersant spraying work. Besides, ship "Jiaolong 3" "Shenda 3" and "Offshore Oil 256" ship, these three environment protection boats also joined into the operation. At 11: 05, all the oil spills had been cleared and the exercise ended successful.

With the deep development of offshore oil and other resources, the risk of marine environment pollution is increasing constantly. Every disastrous accident such as oil spill accident in the Gulf of Mexico and oil spill of Penglai 19-3 accident rings the alarm to exploration and development of offshore oil. Second paragraph of Article 50 of the *Marine Environment Protection Law* provides taking effective measures to prevent oil spill accidents as legal duty, and make provisions on proper behavior of companies, public institutions, and operators when oil spill accident happens. For example, Article 16 of the *Regulations on Exploration and Development of Offshore Oil and Environmental Protection* provides responsibility to control and response quickly, report and coordinate with investigation. In addition, the *National Environmental Emergency Plans* and the *Regulations on Administration of Prevention and Control of Pollution to the Marine Environment by Vessels* also make provisions on relevant administrative manage behavior. In the exercise, all measures taken by each unit are in accordance with the laws and implemented successfully.

Exercise is to make better preparation to cope with the possible accidents. Through exercise, we can test collaboration ability of related units and government departments, so such exercises should become usual work, which will contribute to the smooth progress of exploration and development of offshore oil and further maintain security of the marine environment.

5.4 Equipment Department carried out inspection on special equipment

At the beginning of December, 2013, in order to ensure special equipment work effectively in marine salvage and ocean engineering, Shanghai Salvage Company carried out an inspection on maintenance of special equipment stored in the Equipment Security Center according to the requirements of the *Measures for Management of Special Engineering*.

The inspection not only inspected the annual maintenance plan of the Equipment Security Center, implementation of monthly maintenance plan and operation record of the equipment, but also particular inquired and inspected the situation and record of pre-post training of personnel who operate mud penetrator and spilled oil recovery equipment which were newly introduced in 2013, so that they could communicate in terms of lacking of data of some equipment and storage volume of spare parts.

The normal operation of the equipment is the basic security for successful operation related to shipping. With the continuous upgrade of technology, the demand of equipment is also increasing. The use of special equipment, to a certain extent, guarantee effective salvage and ocean engineering such as the oil spill recovery equipment, it plays an important role in disposal of spilled oil, and contributes to the protection of the marine ecological environment. Checking the special equipment regularly will help the operation related to shipping to work smoothly. At the meantime, according to Article 180 of the *Maritime Law*, the reward shall be fixed with a view to taking into full account of the availability and use of ships or other equipment intended for salvage operations. Through the type of inspection, ensure the availability of relevant equipment to get satisfied salvage reward.

6 Administrative Cases of Shanghai Water Authority

6.1 Administrative penalty case of damage to embankment engineering facilities

On August 21, 2012, there was a dangerous situation at right bank of Wenzaobang, Jiading district, the embankment descended 45 meters, leaned outward for about 3 meters. According to reported clue, law enforcement officers immediately reached the site and carried out inspection. There were large area mounds about 100 meters along coast line, 60 meters in depth, 6.8 meters away from the embankment, and the top of the pile soil reached more than 5 meters. After inspection, law enforcement officers made the initial assessment that the accident was related to large area of pile soil, so they carried out further inspection on Mr. Zhang, who was the feason for mound.

After investigating, Mr. Zhang had been mounding at the embankment in order to afforest nursery garden since July 28, 2012. Mr. Zhang admitted the illegal behavior, but he disagreed the height of the mounds. Law enforcement officers found that the height of the mound was more than 5 meters, but Mr. Zhang only acknowledged he piled up the mounds to 1.5 to 2 meters, and insisted that the mounds is not the direct reason of broken embankment.

Because the statement of the party and the evidence of the scene were different, the law enforcement officers conducted a further inspection, they took relevant evidence from village committee where Mr. Zhang stayed, to prove the renter and user was Mr. Zhang. They investigated the surroundings to prove the relatively closure on the site, and eliminated the possibility that the mounds were poured by vehicles from outside. They also collected testimony of witness, and learned that the night before the case, the mounds had been poured for all night, and the mounds were far more than two meters high. In order to prove the mounds were directly related to this accident, the reconnaissance department issued *Analysis on Reason of the Damaged Embankment*, the analysis cleared occurrence of the damage was because there were too many mounds, overnight rain increased the weight of the soil, and finally led to the embankment overwhelmed. At the meantime, Mr. Zhang had no evidence for his claim from the beginning to the end.

According to the facts and evidences, law enforcement officers considered that the party's act was clear in fact, and the evidence was certain, he violated Article 37 of *Law for Flood Control of the People's Republic of China*, and according to the Article 61, he should be mandated to modify during the limited period, take remedies and fined RMB 20,000. The parties repaired the embankment in time and cleared the repair fees, and paid the fine on February 20, 2013.

The safety of the embankment is worth for attention, embankment have an important role in flood prevention, its safety operation is an important guarantee for the urban people's safety of life and property. Therefore, the administrative organ shall strengthen efforts to law enforcement, and do a good job in propaganda and education work.

6.2 Thunder sea-air-land drill punished illegal pour of wastes

On June 7, 2013, China Marine Surveillance Shanghai Corps with the air force of the Shanghai Public Security Bureau, Shanghai Chongming Maritime Bureau of the Maritime Safety Administration, the Navigation Bureau of the Yangtze Estuary Waterway Administration, the water patrol detachment of Shanghai branch of the Yangtze River Shipping Public Security Bureau, and Shanghai Marine Environmental Monitoring and Prediction Center carried out the first sea-air-land drill named Thunder nearby Qingcaosha protection area. In the drill it was found that there was a ship pouring wastes at Qingcaosha protection area. After receiving the warning, all sea, air and land units immediately took the enforcement work, identified the suspicion ship and disposed the case quickly and successful.

In recent years, most of the construction wastes generated in the process of city construction are disposed by outward transport with high costs. Some lawless person risked to dump those wastes in the Yangtze Estuary Area in order to seek improper but considerable profits. It seriously affects the safety of grass, sand and water resource and harms the protection of deep-water channel and safety of navigation in Yangtze River basin. Especially at the beginning of 2011, there were too many illegal pouring acts nearby Qingcaosha to make a great hidden danger to the protection of water head site. In addition, because the pouring ships are highly liquid, the illegal pouring acts is easily concealed and can make large profit, and the deposal involved different departments, it is hard to form effective control only rely on one law enforcement unit. All these above are important reasons of the joint drill.

Relevant national laws ban acts of pouring waste into the sea: Article 6 of the *Regulations of the People's Republic of China on Control over Dumping Wastes to the Ocean* regulates that no units, vessels, aircraft, platforms and other means of transportation are permitted to dump wastes into the ocean without the approval of the competent department. Those who, in violation of these *Regulations*, a warning or a fine up to RMB 100,000 shall be imposed according to different situations and the graveness of harm done by the waste dumping. Of course, according to the principle of not to punish twice for the same cause, in addition, there is a big gap between the profit and illegal cost brought by the administrative punishment, so cost is unable to suppress the profits. So it is necessary to increase the penalty in the legislation to curb illegal dumping acts.

Of course in terms of the joint law enforcement drill, the drill was carried out with helicopter, maritime law enforcement vessels, and shore mobile monitoring vehicle. Helicopter air patrol can search wide area, find target in time, and effectively improve the specific regulation. Joint law enforcement by law enforcement agencies of surveillance, maritime affairs and public security tested the operation ability of coordination mechanism of law enforcement and helped to further consolidate high pressure situation to crack down illegal dumping acts in the Yangtze river estuary sea area.

6.3 Joint law enforcement of illegal sand quarrying

On July 11, 2013, Chongming Maritime Bureau and Shanghai Water Bureau carried out a joint law enforcement action. They drove the sand vessels away from Chuangjian Port of Changxing Island.

Since late March 2013, Shanghai Water Bureau Enforcement Corps coordinated with relevant units to hit illegal sand quarrying in the waters of Yangtze River near Chongming Island and Changxing Island, and this joint enforcement is one part of that. Outside area of Chuangjian Port has always been the key areas. Early days special renovates were taken in the area and the illegal sand quarrying acts got effective control. However, recently the illegal operating boats gathered and dropped anchor at quarrying sea area, then operated at night. Although there were some enforcement acts conducted in the night, in order to completely put an end to the possibility of excavation, here carried out the joint enforcement action.

On that morning, law enforcement officers found many sand quarrying vessels illegal berthed at outside area of Chuangjian Port, took many ways to drive them away, supervise and urge them to leave the area unconditionally. After four hours' action, 34 sand transport vessels and 9 sand quarrying vessels had been driven away.

In 1988, the State Council issued *Regulations for Administration of Inland Waters* (the *Regulations*), which entitled water competent authorities management function. In 2002, the state issued *Water Law* which regulates a licensing system for the sand quarrying in the Yangtze River and authorized the State Council to make measures for the implementation of the system. Then the State Council issued *Regulations on Administration of Sand Quarrying in Yangtze River*, it plays an important role to strike illegal sand quarrying acts. All the illegal acts violates Article 10 of the *Regulations*, according to first paragraph of Article 18, in violation of the provisions of this article to quarry sand without authorization and without a licensing for sand quarrying in river courses, the department in charge of water administration of local people's governments at or above the county level or the Yangtze River Water Conservancy Committee according to the authority shall order it or him to stop the offence, confiscate the illegal income and illegal sand mining machinery, a fine of RMB 100,000 to RMB 300,000 shall be imposed; where the circumstances are serious, seizure or confiscate illegal sand mining ship, and auction the illegal sand mining ship, the auction sale of the ship shall be turned over to the State Treasury in full. Refusing or obstructing the water administrative departments or the Yangtze River Water Conservancy Committee to perform their duties according to law, violate the administration of public security, should be given administrative penalties for public security; if such acts which constitutes a crime shall be investigated for criminal responsibility. Enforcement department should give corresponding administrative punishment on illegal sand excavation. It may even constitute crime of illegal business operations, crime of illegal mining etc. and will be imposed criminal punishment.

It can be seen that the power to suppress illegal sand quarrying acts was relatively intensified. But in fact, illegal sand quarrying might cause great damage. Driven by profits, some people working at embankment areas, protection shoal, bridge and other safety protection zone sand quarrying without restraint lead to so serious results that embankment collapse, bridge foundation is damaged and many other serious consequences, it not only damage the precious natural resources, but also endanger the public safety. The administrations should further hit the illegal sand quarrying and patrol the area under the jurisdiction frequently to eradicate the illegal phenomenon completely.

6.4 Special examination of law enforcement of subsequent supervision of administrative permission of embankment of Huangpu River conducted by relevant departments

On August 15, 2013, enforcement corps carried out special examination of law enforcement of subsequent supervision of administrative permission of embankment of Huangpu River jointly with protection and safety unit, embankment unit, and service center.

The key point of law enforcement is to examine the constructions involved with blocking the river and vent of flood control wall such as ES4 unit of river diversion project in small Huangpu River and construction of public environment in Binjiang. The enforcement officers grasped the situation of the implementation, collected information and checked at the site, and listened to the report of construction units. The law enforcement officers regulated the construction, required them to go through administrative permission procedure for the delayed construction caused by removal and relocation in ES4 unit of small Huangpu River. And the officers guided them on how to set sampling spots scientifically to monitor dynamic change of flood control wall.

Huangpu River embankment project should belong to use of shore line in navigable waters project, the administrative organ should review the conditions for the permission according to Articles 6 and 7 of the *Administrative License*

Law. Subsequent supervision is supposed to be ruled by *Administrative License Law*. The Article 61 regulates that the administrative organs shall establish and perfect the supervision system, shall perform the supervisory duties by means of checking the relevant materials reflecting the information about the licensees' activities under the administrative license. Subsequent supervision of administrative permission belongs to a legal responsibility, the administrative authority shall be observed. And the information consulting, supervision and inspection means involved in the inspection were completely in line with the paragraph 1 of Article 62 of *Administrative License Law*: random examination, check and testing on the products manufactured and run by a licensee, and shall examine the production and operation places on the spot. When conducting examination, the administrative organ may consult or require the licensee to submit relevant materials in accordance with the law. In addition, in accordance with the laws and administrative regulations, the administrative organ shall conduct periodical examinations on the important equipment and facilities that directly concern the public security, human health and safety of life and property. Usually matters involve other people's interests or even social public interests, subsequent supervision of administrative permission is responsible for the authority and the social interests of the masses.

6.5 Joint inspection of illegal use of sea

On December 25, 2013, the South China Sea Branch of China Marine Surveillance, Shanghai Branch of the China Marine Surveillance, joint inspection group of the Fifth Detachment of the China Marine Surveillance carried out a joint inspection on sand beach protection project of city sand beach at north shore of Hangzhou Bay. Shanghai marine affairs administration center and Jinshan marine bureau also joined the inspection.

In terms of the problems existing inuse of sea, marine environmental protection, and development and use of islands, the State Oceanic Administration decided to carry out the special programs since early December to crack down illegal behavior such as illegal reclamation, starting construction without environmental impact report of marine engineering and so on; further advance use of sea in accordance with the law; standardize the order of marine development activities effectively; and improve comprehensive marine control ability. The joint enforcement inspection was a part of rectification action according to the *Plan on Special Program of Illegal Marine Utilization of Sea & Special Program of Mass Line Special Education Practical Activity* of State Oceanic Bureau.

During the joint inspection, according to the inspection measure, inspection team listened to the relevant introduction of situation of construction, use of sea, and approving procedure of environment impact report of marine engineering; also inspected the situation of implementation of measures like marine environment supervision and protection and safety protection measures of petrochemical water pipe; and looked around the preparation work of the construction. The officers found that the project got permission of Shanghai Municipal People's Government on November 8, 2013, the environment impact report was approved on June 26, 2013 by Shanghai Oceanic Bureau, but it has not get sea area utilizing permission, petrochemical water pipe and other preparation construction have been set on.

In view of the above situation, it could be found that preparation construction was carried out without certification in the shoal protection project violated the relevant provisions of *Law of the People's Republic of China on the Administration of the Use of Sea Areas*. According to Article 3 of the law, the sea areas are owned by the state, and the State Council exercises the right of ownership in the sea areas on behalf of the state. But to obtain the right to use sea areas shall be in conformity with the provisions of Articles 19 and 20 of the law, the applicant shall, beginning from the date he receives the certificate, obtain the right to the use of the sea area. So in this case, the construction having been started before getting the certificate belong a situation where right to use sea areas was not yet obtained. It should be punished according to Article 42 of the *Law of Administration of Maritime Use Right*. Considering the public welfare of beach protection project of and having gotten other administrative permissions, the project is in line with planning, and did not cause adverse consequences, it should be given a lesser punishment.

7 Administrative Cases of Shanghai General Station of Immigration Inspection

7.1 Shanghai Waigaoqiao Frontier Defense Inspection Station issued the first temporary entry permit

At 11: 00 a.m. of July 1, 2013, when the German freighter "Seoul express" sailed to the Yangtze River Estuary anchorage, a Philippines crew named Antonio De Torres Espineli suffered stomachache, but there was no doctor on the ship, the crew should get treat in Shanghai. However, the crew has no Chinese visa and can't enter. So the captain asked Waigaoqiao command center for help to treat the crew as soon as possible.

On basis of investigation of the case, according to Article 23 of the *Exit and Entry Administration Law of the People's Republic of China*, where foreigners under any of the following circumstances need to enter China temporarily, they shall apply to exit/entry border inspection agencies for going through the formalities for temporary entry: (a) Foreign seamen and their accompanying family members disembark at cities where the ports are located; (b) Persons specified in Subparagraph (3) of Article 22 of this Law need to leave ports; or (c) Foreigners need to enter China temporarily due to force majeure or for any other urgent reasons. Waigaoqiao station considered the humanitarian needs, and affirmed it was in accordance with the third situation in the provisions and it confirmed to the condition to apply for temporary entry permit.

Through the coordination and collaboration of the first flight team of Donghai Rescue Bureau and Shanghai 120 Emergency Center, at 11: 32, salvage helicopter headed for the crew. The helicopter reached Pudong airport, the crew was taken to hospital by the ambulance that had been waited at the airport. At the same time, the border police in the ambulance verified his identity and made the temporary entry permit at hospital.

Exit and Entry Administration Law came into force on July 1, 2013 after it was adopted on Jun 30, 2012. The law aims to regulate the entry and exit, safeguard national sovereignty, security and social order, promote foreign exchanges and opening to the outside world. The law mainly embodies the conception that lay equal stress on management and convenience service. Article 8 of the law regulates, departments and institutions that are responsible for the exit/entry administration shall take practical measures, constantly improve service and administration, enforce laws impartially, provide convenient and efficient service and ensure the security and conveyance of the exit/entry procedures. The concrete systems of specific provisions are system innovation based on the conception innovation, entry and exit service of foreigners is one highlight. On account of international conventions and humanitarianism, perfect temporary entry system, foreigners who need to enter China temporarily due to force majeure or for any other urgent reasons can apply for temporary entry. This case was an implementation of the innovated system, the administrative permit made by the frontier inspection authorities after taking full consideration of Article 23 of the *Exit and Entry Administration Law* is reasonable and lawful. As the first temporary entry permit case since the implementation of the *Exit and Entry Administration Law*, it made a good start to realize convenient and efficient entry and exit process.

7.2 Airport of Frontier Defense Inspection Station allowed the first batch of 24-hour visa-free stay

On July 13, 2013, ship named the "Atlantic" of Italy Costa Cruise Company arrived in Wusong international cruise terminal. A British couple applied to the Shanghai Frontier Defense Inspection Station and became the first passengers who enjoyed a 24-hour visa-free stay. Both of them are over 50 years old and come to China frequently. Several months ago, when they arrived at Wusong port to take a cruise, they got to know that passengers could enjoy 24-hour visa-free stay since July 1 this year. Therefore, they applied for free visa to relevant authority since they get up the board in Korea. The polices accomplished the procedure for them only in a few minutes.

On July 1, 2013, the *Exit and Entry Administration Law of the People's Republic of China* has formally come into force. Article 22 of the law provides that hold connected passenger tickets and are in transit to a third country or region by an international aircraft, ship or train via China, will stay for not more than 24 hours in China without leaving the port of entry, or will stay in the specific zones approved by the State Council within the prescribed time limit. Traffic tools taken by visa-free foreigners in the new law are expanded to international navigation ship, aircraft, and train. Provide a legal basis for foreigner who is on a cruise without visa of China to apply for temporary entry. According to this provision, foreign visitor who takes a cruise ship will not have to worry about he hasn't got a Chinese visa, as long as he applies to the frontier defense inspection department in accordance with Article 22 of *Exit and Entry Administration Law*, the frontier can allow 24-hour free-visa stay. In addition, with the cruise tourism industry continue to spring up in recent years, 24-hour free-visa policy will also accelerate the development of cruise tourism.

8 Brief Summary

Generally speaking, in 2013, the overall situation of water safety in Shanghai jurisdiction is serious. According to statistics, there were 32 water traffic accidents, 24 ships sank, 11 persons were died or missing, direct economic loss was RMB 228,671,000. Compared with the same period in the last year, the four indexes have increased by 33.3%, 100%, 83.3% and 119.3% respectively.

The reason led to frequent accidents lies in increasing unusual weather like strong wind, smog and many others, and crowded ships at Yangtze estuary. In addition, reasons reflecting in "CMA CGM FLORIDA" collision accident the barrier of second language of crew and violation of collision regulations also led to the rising.

In terms of means of administrative enforcement of law, administrative departments made certain innovations, such as open container to inspect hazard goods, joint exercise without plan and other various joint enforcement of law also become the outstanding feature of administrative enforcement of law in 2013, the long-term mechanism of joint enforcement are forming gradually with coordination of relevant departments.

In respect of salvage, Shanghai Maritime Search and Rescue Center, East China Sea Rescue Bureau and Shanghai Salvage Bureau played an important role, according to statistics, Shanghai Maritime Search and Rescue Center organized

243 rescue actions, dispatched maritime patrol ships for 309 times, coordinated professional salvage ships for 63 times and planes for 91 times (including 16 maritime patrol planes) and social ships for 323 times, salvaged 2,787 persons successfully, and the rescue success rate reached 98. 38%. East Sea Salvage Bureau carried out 723 salvation missions, dispatched salvations for 927 times, salvaged 2, 153 persons, 32 ships, value of property salved was about RMB 4 billion, had achieved remarkable effect.

Illegal sand quarrying and ship overload are the key points of the administrative penalty cases. The illegal pouring wastes cases also revealed growth trend. Of course, the cases also include ships without license, hit-and-run accident, false reporting dangerous goods and other illegal acts.

In summary, the shipping administrative departments should introspect the serious marine safety situation in 2013, speed up study on navigation of large container ships under bad visibility weather to cope with the possible extreme weather appeared in 2013. Nowadays, the oil spilling accidents happen frequently, take the work of improving emergency handling ability of administrative organizations and related departments as key point of administrative tasks in the new year. In law enforcement and punishment means, each department should keep high pressure, promote the enforcement ability, reduce illegal deeds, and maintain the successfully development of shipping business of jurisdiction.

Chapter 4 Literature Review with regard to Shipping Policy and Law

The promotion of practice needs support of theory and theoretical studies need the test of practice. Academics is not isolated nor self-appreciation. Academic issues, namely theory research issues, are big events concerning overall development of shipping industry.

In this chapter, ten professional books and twelve published articles related to shipping policies and laws are chosen as the representatives from many academic achievements in 2013. These books not only cover many fields in shipping industry, such as transport of goods, construction of shipping center, shipbuilding, shipping laws, but also include some latest studies on hot topics in 2013, such as the book, *New Strategy Research of China (Shanghai) Pilot Free Trade Zone*, which targets on Shanghai Free Trade Zone. The articles cover traditional fields, such as study on properties of the bill of lading, marine environment protection, system of actual carrier, refund guarantee and some emerging fields, for example, the article on shipping notarization services. In this article, the author, from the perspective of construction of Shanghai international shipping center, explores the significance to develop shipping notarial service and puts forward feasible suggestions for the development of shipping notarization services combined with the shipping notarization service role in legal relation.

Studies on shipping industry will promote the development of shipping industry. On the contrary, continuous development of shipping industry also puts forward new tasks and new problems to shipping theories. At the same time, the theoretical studies also need the test of practice. The two influence and reinforce each other.

1 Book Review for Publication in 2013

(1) *Conflicts and Coordination between the Rotterdam Rules and Relevant Conventions on International Carriage of Goods*[①]

On December 11, 2008, the *United Nations Convention on Contracts for the International Carriage of Goods Wholly or Partly by Sea* was officially approved in the United Nations General Assembly in New York, and the signing ceremony was held on September 23, 2009 in Rotterdam, Holland, so the convention is also named as *Rotterdam Rules*. By the end of October 2009, 20 countries have signed the convention. According to the provisions of the convention, the *Rotterdam Rules* will come into force one year after 20 countries approve or join. At present, there is no country approving or joining in, so the convention has not yet come into force. The purpose of the convention enacted by the United Nations Commission on International Trade Law is to replace the existing three main international conventions on carriage of goods by sea - *Hague Rules, 1924*, *Hague-Visby Rules, 1968*, and *Hamburg Rules, 1978* and realize the unification of international legal system of carriage of goods by sea and international multimodal transport of goods in shipping sector.

The author takes *Rotterdam Rules* as a breakthrough point and makes thorough analysis on the background, applicable conditions and conflicts with the other three conventions. At the same time, a thorough comparative study on various conflicts between the *Rotterdam Rules* and main transport conventions on business in international railway, highway, and aviation has been made.

This book has three major innovations. One is innovation in the structure. The first half of the book is mainly about theoretical analysis. The second part focuses on the applicability of compact and clear innovation structure. And one is innovation in content. Compared with the similar results at home and abroad which are basically confined to a specific field of law, the book tries to research

---

① LYU Ming. Conflicts and Coordination between the Rotterdam Rules and Relevant Conventions on International Carriage of Goods [M]. Shanghai: Shanghai Century Publishing Group, 2013.

interdisciplinary of international law, private international law and maritime law. The last one is innovation in form. First of all, readers can know the whole content from the catalogue; afterwards, this book provides three forms and nine graphics, showing hard work on the visualization of the contents. This book is divided into six chapters, and the main contents are as follows:

The first chapter is study of comparative law of the *Rotterdam Rules* and relevant convention on carriage of goods. This chapter takes the legislative history of the *Rotterdam Rules* as a starting point, by means of the comparison of the articles and researches on the differences, and relationship between the *Rotterdam Rules* and the three major shipping conventions and conventions not related to shipping. On the basis of this, the author uses charts to show the distinctions entirely.

The second chapter is about study on conflicts between the *Rotterdam Rules* and relevant conventions on carriage of goods. The analysis of the causes, generalization of classification and the summary of performance of the *Rotterdam Rules* and conventions related the carriage of goods through basic research on the definition of conflicts lays a foundation for coordination study of conflicts between the *Rotterdam Rules* and relevant conventions on carriage of goods.

The third chapter is study on conflicts and coordination of the *Rotterdam Rules* and related conventions on carriage of goods (1): standing on the point of interpretations of the treaty rules. Whether interpretation rules of *Vienna Convention on Law of Treaties* or academic principles of treaty interpretation are very important methods to coordinate the treaty conflicts, which are the primary method to resolve conflicts in the treaties. This chapter starts from relation between interpretation rules of treaty and solution of conflicts of treaties, then summarizes the interpretation rules of treaty to explain its function in solving the conflicts, finally, puts forward the *Vienna Convention on Law of Treaties* and application of this convention to coordinate the conflicts, including period of liability of carrier, the base of liability of the carrier, package limitation of liability of carrier, time bar and so on.

The fourth chapter is study on conflicts and coordination of *Rotterdam Rules* and related conventions on the carriage of goods (2): standing on the point of the conflict clause. This chapter describes the meaning, classification and the role of conflict clauses on resolving treaty conflict, and draw out solution of conflict articles to conflicts of treaties in the *Rotterdam Rules*. In this chapter, article 89, article 82 and article 26 of *Rotterdam Rules* are listed as the example to illustrate the role and deficiency of these terms in conflict resolution. Although there is shortage existing in the design of system of conflict articles of the *Rotterdam Rules*, but it is a reflection of the real intention of the parties, and has the characteristics of simple and clear, so it is still the most direct and effective way to solve conflicts of treaties.

The fifth chapter is conflict and coordination study of the *Rotterdam Rules* and related conventions on the carriage of goods (3): standing on the point of the later law principal and special law principle. This chapter is divided into two parts: the first part is based on the definition of the later law principal. By using case adopt the principle of applies in judiciary, and then raised the solution of the later law principal to the conflict of the *Rotterdam Rules* and related goods transport convention. The second part, by definition the special law principle, the author introduces application of the special law principle, and then raised the solution of the special law principle to conflicts between *Rotterdam Rules* and related conventions on the carriage of goods. In conclusion, these two principles can make up the insufficiency of treaty interpretation in respect of resolving treaty conflicts effectively and solve part of conflicts of treaties.

The sixth chapter is study on conflicts and coordination of the *Rotterdam Rules* and related conventions on the carriage of goods (4): standing on the point of avoiding treaty conflicts. Whether interpretation rules, conflict articles in convention or the later law principal of statutory law and the special law principle of common law rules can only alleviate part of treaty conflicts. However, perhaps, the most effective way to avoid producing potential treaty conflicts is to pay attention to the skills when draw up the provisions. This chapter discusses coordination of conflicts between *Rotterdam Rules* and related conventions on the carriage of goods from the perspective on strengthening the function of coordination and cooperation, and exerting supplementary role of international maritime practices.

(2) ***International Carriage of Goods by Sea and Insurance***①

As a complete and independent discipline, international carriage of goods by sea and insurance has the characteristics of applicability, practicability and operability. This book combines the latest developments in the field of foreign trade transportation and insurance, absorbs sufficient achievements of teaching and scientific research over the years, reflects the international freight and insurance business rules, procedures and operation methods, and provides important reference for students and people engaged in foreign trade, commerce, logistics, navigation, port, freight forward and insurance industry.

This book is divided into two parts and twelve items in total. Part one is international transport of goods, including introduction of international transport of goods, international carriage of goods by sea, international railway cargo transport, international air transport of goods, international road, inland waterway, pipelines, postal transport, container transport, international multimodal transport, mainland bridge transport, shipping agents and third party logistics. Part two is international cargo insurance, including risks, basic principles of insurance, marine cargo insurance contracts and security range, marine insurance coverage and clauses, marine cargo insurance practice, insurance of land transport cargos, air transport cargos and parcel cargos. In the beginning part of each project contains learning goal and each chapter has three progressive levels of proficiency test, including understanding, familiar with and master. The last part is exam, making the book practical, novelty, innovative and operable. This book is suitable to be used as main textbooks of higher vocational college and applied undergraduate education of international economy and trade, customs declaration and international freight transport, logistics, business management, business English, international business, marine insurance and other professional directions.

Project 1 is overview of international transport. The author uses two cases to introduce task 1, task 2 and task 3. Task 1 is about the concept of transport, functional principle and the characteristic of transport. Task 2 introduces

① LI He. International Carriage of Goods by Sea and Insurance [M]. Shanghai: Shanghai University of Finance & Economics Press, 2013.

international trade transport, including the characteristics, basic task and requirements of the international trade transport. Task 3 introduced international trade organization and the means of transport.

Project 2 is the international carriage of goods by sea. This project also has three tasks, including basic knowledge of international carriage of goods by sea, the international maritime operation modes and the import and export agent practices, booking note, marine bill of lading and sea waybill. Maritime transport is a mode of transport transferring passengers and cargo by sea lanes. This chapter introduces the development of maritime transport; the ships, routes, ports; liner trade and charter transport. In addition, the difference and connection among the booking note, marine bill of lading and sea waybill are expounded clearly by way of charts, and the format of the three documents are drawn.

Project 3 is international railway goods transport. This project requires understanding summary of railway goods transport content, know the railway transport of goods of Hong Kong and Macao regions very well, and master international railway goods transport.

Project 4 is the international air cargo transport. It is required to understand the basic knowledge of international air transport, get to know the freight and air waybill of aviation goods, and master the process of international airfreight forwarding business.

Project 5 is mainly about highway transport, inland water transport, pipeline transport, and post transport. This project requires readers to understand the concept, characteristics and classification of highway transport, inland water transport, pipeline transport and postal transport, know the limitation of liability well, and master the business and documents of international highway transport.

Project 6 is container transport, international multimodal transport and land bridge transport. This project requires readers to understand land bridge transport, acquaint container transport well, and master international multimodal transport.

Project 7 is freight agent and third-party logistics. This project requires understanding the concept, classification and characteristic of the agents, know responsibility and obligation of agent and the principal and third-party logistics well, and master the type of transportation agency and the choice and use of agent.

Project 8 is risk, insurance and the basic insurance principles. This project requires readers to understand the concept and factors of risk, risk accident, loss, characteristics of risk and the meaning and function of insurance principle; know the classification of risk, summary content of risk; compensation principle and the calculation of contribution rule of double insurance well, master risk management, insurance contract, content of the insurance principle, characteristic and application of different types of insurance.

Project 9 is contracts and insurance coverage of carriage of goods by sea. This project requires to understand conception and characteristic of marine insurance contract, form and classification of marine insurance policy; know conception and characteristic of marine insurance policy and the legal provisions on the establishment, assignment, alteration, rescission and termination of insurance contracts well, master the composition of marine insurance contract, the subject and object of marine insurance contract and the insurance coverage of carriage of goods by sea.

Project 10 is coverage and terms of marine insurance contract. This project requires understanding Institute Cargo Clauses, and knowing domestic coverage of marine insurance, scope of liability of basic risks and marine insurance of special cargo well. Domestic coverage and terms of marine insurance, and commencement and termination of responsibility of basic risks of carriage of goods by sea should be mastered.

Project 11 is insurance practice of carriage of goods by sea. This project requires understanding the choice of coverage of insurance, knowing category, correction and assignment of marine insurance documents, and the way and procedure of the claim and insurance claim documents well and master fabrication of policy and calculation of the insurance premium and indemnity.

Project 12 is the insurance of land transport cargo, air transport cargo and parcel cargo. This project requires understanding the insurance of air transport cargo, knowing the insurance of parcel cargo well and mastering the insurance of land transport cargo.

The book contains learning target, introduction of cases, knowledge support, small thinking, related links, living examples and interesting knowledge. At last, the exam reflects theory combined with the practice. Thus this book is very suit to be used as main textbooks for higher vocational college and the applied undergraduate education of international economy and trade, customs declaration and international freight transportation, logistics, business management, business English, international business, marine insurance and other professional direction.

(3) *The Comparison of Shipping Centers and Shanghai Practice*[①]

Shanghai, as a port city, has advantages over geographic location, developed economy, support from economy and transport policy of the state and so on, which provide conditions and guarantee for the construction of Shanghai shipping center. It is pointed out in the *Opinions of the State Council on Promoting Shanghai to Accelerate the Development of Modern Service Industry and Advanced Manufacturing Industry and Construct International Financial Center and International Shipping Center* clearly that until 2020, Shanghai will be constructed into an international shipping center basically with highly aggregated resources, sound functions of shipping services, well shipping market environment, efficient modern logistics service, and ability to allocate global shipping resources. The road to achieve this goal is twisty. Thus, Shanghai should learn experience from domestic and international port cities, make good for deficiency and improve unceasingly.

The book is divided into international and domestic parts. The author puts forward policies and measures that can be used for the construction of Shanghai international shipping center based on analysis from the two perspectives. The first part is the comparative analysis on function, system and policy of typical shipping centers in the world from an international perspective. The second part is the analysis of the port development, shipping carriers and shipping services of harbor city from domestic perspective, the author extracts similarities and differences in the construction of shipping centers of main port cities. This book

① WANG Chuanxu, KE Rong, DONG Gang. The Comparison of Shipping Centers and Shanghai Practice [M]. Shanghai: Truth & Wisdom Press, 2013.

is divided into nine chapters as follows:

The first chapter is the current situation of the development of the world's major shipping centers. The author analyzes location conditions, port throughput, production capacity and development goals based on conditions of development of the world's major shipping centers such as Hong Kong, Singapore, Rotterdam, Hamburg and New York. And then the author analyzes the unique function of shipping of these ports. At last, the author talks about the shipping policies in five aspects, namely tax policy, shipping investment policy, financial policy, customs supervision policy and ship registration policy of five major port cities.

The second chapter is refinement of the last point to the first chapter, which is comparison of shipping policies of the world's major shipping centers. In terms of tax policy, the author shows us the difference of shipping tax policies on the enterprises which registered in Hong Kong, Singapore and Shanghai simply and clearly by means of charts. In addition, investment policy, regulatory policy, free port policy, legal system of shipping, government service system and port administrative fee system are studied comparatively and analyzed from different angles to provide reference for the policies to promote the construction of Shanghai shipping center.

The third chapter is experiences of world's leading shipping centers for Shanghai. Good shipping management system is a key factor to decide the level and quality of development of shipping industry. So, Shanghai needs to draw lessons from the experience and convenient methods of shipping system of developed shipping countries, to build a loose, equal and convenient shipping management system. In the aspect of tax, Shanghai should follow common international practices, combine with the actual situation of shipping companies, integrate with international standards of tax system, relieve the burden of operating shipping companies to create a good environment for the shipping and support long-term and sustainable development of shipping enterprises into a long term. In the aspect of shipping regulation, there is quite a big gap between Shanghai and developed shipping countries (regions), either revenue or efficiency. Therefore, Shanghai needs to further simplify shipping regulation procedures, reduce shipping supervision and shipping tariff regulation.

The fourth chapter is supporting policies for Shanghai international shipping center. After the *Opinions of the State Council on Promoting Shanghai to Accelerate the Development of Modern Service Industry and Advanced Manufacturing and Construct International Financial Center and International Shipping Center* has been released, Shanghai also has formulated a series of preferential policies to facilitate the construction of Shanghai international shipping center. Although the development of Shanghai is well supported by these preferential policies, there is still a certain gap compared with foreign countries. So this chapter suggests that Shanghai should follow the measures of the international and domestic ports, support sustainable development of shipping enterprises, enhance the international competitiveness of shipping enterprises by both national policies and Shanghai local policy.

The fifth chapter describes the present situations of construction of shipping center of main port cities. As the same as the development of world's major shipping center ports, in this chapter, the author analyzes the construction situations of the eight major domestic shipping centers, Dalian, Tianjin, Qingdao, Shanghai, Guangzhou, Nanjing, Chongqing, Wuhan from geographical conditions, throughput capacity, production ability, goal of development and analyzes the shipping services of eight major shipping centers from basic services, supporting services and high-end services. On this basis, comparative study is conducted on the special shipping conditions of each shipping center.

The sixth chapter is on the analysis of the similarities and differences in construction of shipping center of main domestic port cities. In this chapter, five aspects, such as changing shipping development model, innovation of shipping policy, breakthrough of shipping service function, optimization of shipping transportation system, integration of port resources, improvement of the port service environment, in similarities of eight major domestic shipping centers are studied. The disparate points of 8 major domestic shipping centers are analyzed from the following ten aspects: the location of target, scope of hinterland range, port vicinity industry, shipping policy, institutional framework, construction emphasis, developing emphasis of collecting and distributing system, shipping service industry, support of shipping research, bonded port area policy. Feature of this chapter is using many charts, making it concise and clear.

The seventh chapter is comparative study of competitiveness of shipping centers of the main port cities in our country. This chapter combines with the analytic hierarchy method, principal component analysis method and clustering method to compare and analyze the competitiveness of main ports. It is concluded that either the principal component analysis or the analytic hierarchy method, the comprehensive competitiveness of Shanghai international shipping center is in the first place, Tianjin is ranked in the second place. Shanghai has always been separated into one category in clustering analysis, which shows Shanghai, as an international shipping center, has extraordinary advantages over other shipping centers. However, Shanghai hasn't shown particular advantages over competitiveness of natural conditions and infrastructure, the probably reason may be that Shanghai port is not a natural good harbor.

The eighth chapter is the experience which can be used as reference for the construction of shipping center in main domestic port cities. The author thinks the following mechanism could be used as reference, namely the linkage mechanism of bonded port area in Dalian and the mainland coastal hinterland, the cooperation mechanism between coastal ports and dry ports of inland in Tianjin, the export tax rebate mechanism of finance leasing ship in Tianjin, the port marketing strategy of Qingdao, the service mode of yacht industry in Tianjin, the policy of railway and waterway transport in Ningbo and the promotion mechanism of coordinating and unifying of Tianjin and northern international shipping center in the north.

The ninth chapter is suggestion for further improvement of the construction of the environment of Shanghai international shipping center. This chapter puts forward suggestions for the construction of Shanghai international shipping center environment from six aspects, namely, perfecting market operation mechanism of the construction of international shipping center, accelerating construction of dry port network, developing container sea-rail transport, developing the bonded port area and inland area interactively, reducing or exempting enterprise income tax in bonded port area, and forming a coordinated, unified, centralized layout of space of shipping service industry.

(4) *Research on New Strategy of China (Shanghai) Pilot Free Trade Zone* [①]

Globalization is a multiple concept which focuses on economy. It contains interconnect, influence and restriction in politics, culture, science and technology, military, security, ideology, life style and outlook of values in multi-level and multi-field. China also faces various problems during the process of globalization. The reform and opening-up policy has been implemented in China for over 30 years, there is a reverse trend of the investment subjects and investment mechanism, so the only way to promote reform is the opening up policy, which can perfect the market system and enhance micro-economic entity. In this background, China (Shanghai) Pilot Free Trade Zone (FTZ) has been founded at the historic moment. The purpose of the establishment of Shanghai FTZ is to further open and reform and enhance China's economy.

The book is divided into twelve chapters and the specific contents are as follows:

The first chapter is new trend of economic globalization and solutions for China. The author thinks the focuses of the next round of economic globalization are service trade and foreign investment. As developed countries have the genius of advantage, they will still occupy dominant position. In the foreseeable future, the main static allocation factors of globalization are still decided by developed countries. The choice of the developed countries plays a decisive role in the reality of recent development of globalization, and the choice of the United States is particularly important. China should use the aid and strength of Chinese manufacturing industry which has a comparative advantage to attract advanced capital elements and resources and improve added value of enterprise production by way of promoting service trade and investment. At the same time, push comprehensive reform in China to achieve sustainable growth. In terms of foreign relations, multilateral agreements should be promoted.

The second chapter is the strategic thought for the development of Shanghai FTZ. Through analysis on the practice of America Pilot Free Trade Zone and the review of experiences of Chinese special economic zone, the author considers

---

① YUAN Zhigang. Research on New Strategy of China (Shanghai) Pilot Free Trade Zone [M]. Shanghai: Truth & Wisdom Press, 2013.

Shanghai FTZ is a kind of high-level special economic zone, which is endowed with different functions such as the function of America Pilot Free Trade Zone. The form is free trade zone, nominally, and the function is special economic zone. Therefore, the author thinks that, in terms of the development strategy of Shanghai FTZ, the space layout should adopt the overall model rather than the current local model. The whole Pudong District and even the whole Shanghai can be incorporated into the pilot area.

The third chapter is to elevate the level of Chinese foreign trade with the aid of construction of Shanghai FTZ. Further expand development space and improve the quality of Chinese foreign trade through pilot of the FTZ. The main contents in this chapter are five facts needed to be clarified, four types of trade needed to be coordinated, three modes needed to be learned, two tasks needed to be aimed and a target needed to be focused to enhance Chinese foreign trade with the aid of construction of Shanghai FTZ.

The fourth chapter is the connection between work division of the global value chains and the construction of Shanghai FTZ. After entering to the WTO in 2001, Chinese foreign trade has kept a mushroom growth. However, in the work division of international industries, compared with the same industries abroad, Chinese industries are at the bottom of the value chain. Theories and empirical research on global industrial chain and value chain provide a new perspective for study of industrial upgrade of developing countries like China. The purpose of this chapter is to analyze international orientation, income and trends of industries and enterprises in global industrial chain and value chain, and provide recommendations on corresponding policies for the construction of Shanghai FTZ.

The fifth chapter is about the formation of financial service value chain system of Shanghai FTZ. From international experiences, we can see that finance opening has a closely matching relation with the development of the real economy. Opening up and managing efficiently aims at the finance in a sense. In view of this, the future pilot zone of finance opening should focus on the services of the entity economy. This chapter is mainly about the Smiling Curve of value chain, compared to Singapore's development experience, and explores the development of differential, specialized, and diversified model of financial services. The author provides theoretical thinking and reference for forming financial service value chain system in Shanghai FTZ.

The sixth chapter is opening and innovation of the capital market in Shanghai FTZ. The major highlight of the reform of Shanghai FTZ and policy breakthrough lies in opening financial services industry and financial reform. The people from all walks of life mostly focus on the financial reform in Shanghai FTZ, marketization of interest rate and offshore finance and other comprehensive Shanghai FTZ financial reform, but often ignore the effect of the reform and innovation-driven effect on liberalization of Chinese capital market. Therefore, it is necessary to further deepen the reform of capital market and expand opening of the financial market. From the angle that the capital market services for entity economy, it is necessary to develop the finance, investment, and property management and transaction services actively, and build the bridgehead of Chinese capital market opening to the outside.

The seventh chapter is the construction of Shanghai FTZ and marketization of China interest rate. Interests are the price of use value of money, which depend on the situation of supply and demand. The flow of capital will inevitably cause the change of amount of capital within a certain range and result in fluctuations in interest rates. Therefore, the fundamental factors of interest rates based on the supply and demand of money in a country or region. One of the purposes to set up the free trade zone is to take it as the hub of domestic and foreign capital flow, and guide and promote the reform and marketization of domestic interest rate by advanced interest rate marketization in the FTZ.

The eighth chapter is the right of commodities priced in RMB in Shanghai FTZ. The core contents of China's financial strategy include reform of RMB exchange rate, liberalization of capital account and internationalization of RMB. RMB settlement of cross-border trades is an important part of the internationalization of RMB. The establishment of the right of commodities denominated in RMB makes for the RMB settlement of cross-border trades. This chapter theoretically analyzes the internationalization of currency which impacts the right of commodities priced in RMB from micro enterprise's option on export of currency, reviews the history and experience of the internationalization of currency from the perspective of USD, EUR, JPY. And then, the author takes the crude oil option for example and expounds China's policy on the right of commodities priced in RMB. In the final, the book analyzes the challenge faced by striving for the right of commodities priced in RMB.

The ninth chapter is study on solution and the necessity to pilot business tax instead of value added tax in finance industry. Accelerating the development of financial industry and promoting the full liberalization of the financial services industry are important contents of the construction of the FTZ. Financial services field is in the first position of the six fields which enlarge opening in the FTZ, thus series of measures have been adopted for this purpose. However, characteristic of the system on the financial industry to be imposed business tax doesn't fit this trend completely. China started the pilot to change from business tax to value added tax in 2012 and the scope of the pilot is continuously expanding. However, the financial industry hasn't incorporated in the scope, the author demonstrates the necessity and feasibility to change from business tax to value added tax in financial industry in this chapter and put forward concrete solutions.

The tenth chapter is construction of offshore reinsurance center. A mature reinsurance center should help to transfer domestic and overseas risks and finance by means of traditional and nontraditional solutions, and provide the best place to take and manage these risks. Shanghai can play the role as both an offshore insurance and reinsurance trading center, also as a self-preservation center in China and Asia, as the implementation center of which provide insurance scheme for capital market, as well as risk management and culture communication center of risk management.

The eleventh chapter is the importance of the construction of financial credit system to the construction of Shanghai FTZ. In this chapter, the latest progress in literature of financial credit system construction has been sorted out. Firstly, this chapter demonstrates the necessity to set up a perfect enterprise credit system and fair market competition mechanism in the FTZ by analyzing the theoretical literature of the functions of the government in public economics and development of economy. Then, the author argues that behavioral economics is the guiding theory of finance administration law. After that, the author summarizes from the perspective of financial credit system construction, representative literature papers on construction of financial credit system. Finally, the article provides policy recommendations on policy for the construction on the financial credit system in the FTZ.

The twelfth chapter is money laundering and anti-money laundering in the FTZ: international experience and China's countermeasures. Study on laundering and anti-money laundering in the FTZ at present is still in blank at home, the international level researches focus on the type and practice of international organization on anti-money laundering. While anti-money laundering studies mainly center on three aspects: study of laundering and the terror financing risks, spreading financing risks and anti-money laundering measures.

(5) *Theory and Practice of Charter Transport*①

The main content of this book is study on the international charter market and the laws on charter party. The author expounds the theory and practice of charter transport comprehensively, describes the terms and common standard contracts of voyage charter, time charter, contract of affreightment (COA), time charter on trip basis and bareboat charter party in detail on the basis of basic knowledge of charter transport business and charter business operating procedures, and analyzes important terms in standard contract combined specific cases, which can make readers understand the terms more specifically and thoroughly.

This book is divided into ten chapters, the specific contents are as following:

The first chapter is overview of charter market. This chapter expounds the definition of charter market, charter business and classification of charter market. The subjects of charter market are charterer, owner and charter brokers who make chartering transactions to be done quickly.

The second chapter is fluctuations of charter market price. The core of the international charter market is relation between supply and demand of international charter market. The relation between supply and demand is reflected by international economy, politics and the scape of the fleet. And although the relation between supply and demand influences the freight or rate of

---

① CHEN Shun, SU Tongjiang, WANG Xuefeng. Theory and Practice of Charter Transport [M]. Shanghai: Shanghai Jiao Tong University Press, 2013.

freight market, transaction price of newbuilding ship and second-hand ship and price of scraping a ship.

The third chapter is charter transport business. The introduction of this chapter is mainly about the concept and characteristics of basic knowledge of the charter transport, such as charter transport, voyage charter, time charter, COA and bareboat charter, the procedure of charter transportation and standard charter party.

The fourth chapter is voyage charter party. This chapter is about the main contents of the voyage charter party, including general description and features of ship, cargo, loading port and destination port, loading and unloading fees, loading and unloading time, freight, demurrage, dispatch and other relevant issues.

The fifth chapter is time charter party. This chapter is about the main contents of time charter party, including ships, ports, description of cargo, hire period, substitute ship, payment of hire, off hire, standard form of time charter party and so on.

The sixth chapter is COA. This chapter is mainly about the basic knowledge of COA, including the main contents of COA, the rights and obligations of the parties concerned and main contents of standard contract.

The seventh chapter is time charter on trip basis. This chapter mainly introduces the basic knowledge of time charter on trip basis, including the operating procedures and practice of time charter on trip basis and so on.

The eighth chapter is bareboat charter contract. This chapter mainly introduces the basic knowledge of bareboat charter party, the rights and obligations of parties and the main contents of standard contract.

The ninth chapter is chapter party for oil tanker transportation. This chapter mainly introduces the basic knowledge of tanker chartering transport contract, the main routes of the world's oil transport, rate table of New World Alliance of Chemical, the main contents of standard contract and so on.

The tenth chapter is voyage charter party of chemical transportation. This chapter mainly introduces the main contents of the international voyage charter party for transportation of chemical, including lay time, lay days, cancellation date, freight, safety and automatic manifest clauses.

This book has comprehensive contents and theoretical depth. The author emphasizes theory and practice based on market demand and chooses abundant cases. The book can be taken as a teaching book of international shipping, international marine affairs and foreign trade transport, also as the reference for readers who are engaged in the charter transport and legal profession.

(6) ***Study on Design and Stability of the Benefits Allocation Mechanism of Shipping Alliances***①

Shipping alliances refer to various alliances formed by liner companies to complement routes and ports of call, schedule coordination and rent space mutually in the field of transport, as well as sharing information, sharing wharfs, yards and inland logistics system in the field of transport auxiliary services. The history of shipping alliance is not long and attention paid by the academic circles began in the 1990s.

This book has three major innovations. One is research on the formation mechanism of alliances, the author expands the generalized Nash bargaining model, establishes the bargaining model of parameters generating inside, sequence and model uncertain circumstances, calculates Nash bargaining model and profits of all parties in various cases, and analyzes the influence of factors such as reliability and uncertainty of the enterprises which has joined the alliance on bargaining result. Another one is research on cost allocation mechanism of alliances, the author constructs the cost allocation scheme of shipping alliance based on chapley value, fair distribution solution, dual distribution solutions, reverse optimization solution and emphatically analyzes the influence of the demand of product market, the output of production and the change of freight rates on the allocation of carriers' costs. The last one is research on stability of the alliance under various cost allocation mechanisms. The author has reached the conclusion that under the chapley value mechanism, the structure of combination of differentiation is more stable, under sharing mechanism is the fair distribution solution, the coalition structure of alliance between giants is more stable, while

① ZHENG Shiyuan. Study on Design and Stability of the Benefits Allocation Mechanism of Shipping Alliances [M]. Shanghai: Shanghai Jiao Tong University Press, 2013.

under mechanism of dual distribution solutions and reverse optimization solution, general alliance is more stable.

This book is divided into eight chapters, the contents of each chapter is as follows:

Chapter 1 is introduction. This chapter summarizes the formation and development of the shipping alliance, motivation, operation mechanism, basic contents of cooperation capacity of shipping alliances and comparative analysis of shipping alliances.

Chapter 2 is review of related research progress. It mainly includes shipping alliances, enterprises strategic alliances and benefit allocation mechanism of shipping alliances. This chapter points out the deficiencies and the improvement of existing literatures.

Chapter 3 is the introduction of the game theory of cooperation. This chapter mainly includes classification of cooperative game, transferable utility of cooperative game, solution of cooperative game, bargaining game, competition game and the stability of the alliance. On the basis of these, the possible development directions of cooperative game in these areas are pointed out.

Chapter 4 is bargaining mechanism of shipping alliances. The research on current bargaining mechanism of enterprise strategic alliance is mainly concentrated on the field of management of supply chain, including research on negotiation problems between suppliers and retailers which is one of the hot issues. This chapter takes shipping alliances for example to analyze bargaining problems of alliance members under certain or uncertain circumstances. As to bargaining mechanism under certain condition, based on the Nash bargaining model, this chapter extends the model to circumstances where negotiating strength parameters is determined by inside bargaining and negotiating parties bargaining in sequence, and concludes the Nash bargaining solution under all circumstances and profit of all parties, and compares negotiations of the purchase price, trading volume and the profit under a variety of circumstances. As to bargaining problems under uncertain circumstances, this chapter uses real option method to find the value function of the profit, threshold of the deal and upper limit and lower limit of market price of all negotiating parties facing fixed and elastic demand. In the meanwhile, the author uses the real option method to calculate the profit of the negotiating parties, the threshold of the deal, and the upper and lower limit of market price, and carries out sensitive analysis on transaction threshold and price when the reliability of negotiating parties and market risks change under fixed and elastic demand.

Chapter 5 is analysis on cost allocation mechanisms and its stability. With the intensive market competition and rising transport costs, in order to promote efficiency and service quality, the shipping alliances have made great development in all kinds of transport in recent years, and related researches have become one of hot issues in the transport theory and practice. In this chapter, shipping alliances are taken for example to establish cooperation game model, the author analyzes different cost allocation schemes of shipping alliances members and the impact on shipping alliances based on core solution, Shapley value and the fair distribution solution.

Chapter 6 is empirical analysis. This chapter uses the statistics of the world's top 20 container liner companies from 2000 to 2011 with method of statistical analysis and conducts empirical researches on the formation and stability of shipping alliances.

Chapter 7 is suggestions for policies. This chapter summarizes the problems when Chinese shipping companies actively participate in alliance, on the basis of this, put forward some strategies that can be adopted when join an alliance. For example, evaluate market opportunities and needs before joining the alliance and know both themselves and the alliance. In the process of participation, choose appropriate partners, establish a reasonable benefit allocation mechanism and attach great importance to comprehensive analysis and evaluation.

Chapter 8 is the conclusion and prospective. This chapter reviews and summaries the main conclusions of this book systematically, and points out the shortages of the study and direction of future researches.

(7) *Research on Policy and Law for Construction of Shanghai International Shipping Center*①

International shipping center is a concept of comprehensive function, integrating developed shipping market, abundant logistics, plenty of flights and

① YU Shicheng, HU Zhengliang, JIA Binggui. Research on Policy and Law for Construction of Shanghai International Shipping Center [M]. Shanghai: Shanghai Pujiang Education Press, 2013.

liens as a whole. Generally, it is international shipping hub based on international trade, financial and economic center. Since the *Opinions of the State Council on Promoting Shanghai to Accelerate the Development of Modern Service Industry and Advanced Manufacturing Industry and Construct International Financial Center and International Shipping Center* was published, the construction of Shanghai international shipping center has entered into a new historical phase, it changes from the phase of infrastructure construction to the phase that attach equal importance to infrastructure and soft environment construction. Shipping administration system and mechanism, law and policy, justice and arbitration, finance and trade, talents and information, market competition and enterprise management, self-discipline and heteronomy of industry, inheritance and innovation, education and scientific research, culture and ideology, all of these are the factors should be considered to promote soft environment, improve the ability to allocate resources of global shipping industry, and enhance the soft power.

The author thinks that, at present, soft power and environment of Shanghai international shipping center lack competitiveness, which means it needs a long process to improve and develop. The main contents of the book are divided into seven sections and each section is as follows:

Section 1 is legislation research on the *Regulations to Promote the Construction of Shanghai International Shipping Center*. This section is divided into ten chapters, including basic legislation problems, general rules, international hub port, transportation system, modern shipping service system, shipping finance, cruise industry, construction of soft environment of international shipping center and comprehensive development and coordination mechanism of international shipping pilot zone. The meaning of the *Regulations* is as follows: firstly, the necessity to form local rules and regulations system of four centers; secondly, build laws and regulations system of the international shipping center that put equal emphasis on promotion and supervision; thirdly, realize the purpose of rigid policy by legalization of policies; fourthly, refine contents of policy and implement policy targets; fifthly, solve policy problems that have not been completely solved. Finally, reflect the need of administration to achieve the goal of construction of legal international shipping center.

Section 2 is research on soft environment of Shanghai international shipping center with ability to allocate global shipping resource. This thesis includes the following problems: types of shipping resources, allocation mechanism of global shipping resources, the present situation of the allocation of shipping resources of the world's major shipping centers, ability to allocate resources and the allocation status in the global shipping resources for Shanghai, strengths and shortages of allocation of global shipping resources of Shanghai, relationship between soft environment and global shipping resources configuration, present situation and problems of Shanghai soft environment, measures and solutions to improve the soft environment of Shanghai from construction of ability to allocate global shipping resources. This section is the result of the study on these problems.

Section 3 is research on self-discipline mechanism of modern shipping service system. This section is based on the theory of industry self-discipline, takes the present situation and problems of Shanghai modern shipping service industry as a breakthrough point to learn the experience of industry self-discipline from developed international shipping center, discusses the measures of self-discipline mechanism and guarantee system of modern Shanghai shipping service industry, to achieve a higher degree of industry self-discipline of modern shipping service.

Section 4 is research on perfecting policy and applicable law for the construction of Shanghai international shipping center and development of modern shipping industry. The purpose of this study is to improve supporting policies on development of modern shipping industry and relevant laws. Contents are divided into two parts and they are research on perfect supporting policies to Shanghai international shipping center construction and development of modern shipping and the research of international shipping legal relation rules of applicable law.

Section 5 is research on policies and laws on launch of public and private maritime trust fund. This section is divided into five chapters and discusses the advantages and disadvantages of mainstream international shipping fund mode, innovative model of shipping financial products - Singapore's maritime fund, development and problems of shipping fund in China, necessary support of system on public maritime trust fund and suggestions for policy on public maritime fund.

Section 6 is the research on policy on the construction of Shanghai ship finance leasing property right registration center. Ship finance leasing industry is sunrise industry. It has huge development space in the future and can cluster industrial, drive industrial chain and bring huge tax effect. But the ship finance leasing is facing some bottleneck problems. This article puts forward a series of suggestions from the studies such as the concept of ship finance leasing, the necessity and feasibility of establishment of ship finance leasing registration in China, the existing problems and reasons of ship finance leasing registration in our country, the practice and experience of the domestic and international finance leasing registration and so on.

Section 7 is comparative study on the transaction system of FFA under the background of construction of Shanghai two centers. In essence, FFA is a freight risk management tools and the motivation is hedge. Shanghai is now vigorously constructing international shipping center and financial center. The financial construction, as the construction of two centers, especially the development of forward freight derivatives, has become a top priority. But there is still a large gap between Shanghai shipping freight derivatives trading and world famous shipping freight derivatives trading. Therefore, the introduction of mature foreign FFA is the trend of times. This section is divided into two parts. One is comparative study of FFA of the system of New York, London, Oslo, and Singapore. The other is research on construction of center city of FFA trading.

The book has rich contents and vital significance. It is informative and readable. The book provides certain theory basis and policy reference for the further development of Shanghai international shipping center, at the same time, the book also gives reference to the people from all walks of life that care for and support the construction of Shanghai international shipping center.

(8) *The Development Report of Shanghai International Economic, Financial, Trade and Shipping Center 2012/2013*①

Speeding up the construction of Shanghai international economic, financial, trade and shipping center and the socialist modern international metropolis is a

① Shanghai Municipal Development & Reform Commission, Shanghai Academy of Development & Reform. The Development Report of Shanghai International Economic, Financial, Trade and Shipping Center 2012/2013 [M]. Shanghai: Shanghai People's Publishing House, Truth & Wisdom Press, 2013.

major national strategy made by the Party Central Committee and the State Council based on the overall situation. In April 2009, the State Council officially issued the *Opinions of the State Council on Promoting Shanghai to Accelerate the Development of Modern Service Industry and Advanced Manufacturing Construction of International Financial Center and International Shipping Center*, further clarified the overall objectives, main tasks and policy measures of the construction of four centers, it indicates the state has paid high attention to and provide full supports to the development of Shanghai.

To reflect the complete picture of the construction of Shanghai four centers comprehensively and accurately, record the path and journey of the construction and development of four centers, Shanghai Municipal Development & Reform Commission have compiled and published the *Development Report of Shanghai International Economic, Financial, Trade and Shipping Center* annually since 2010. The report of 2013 tries to summarize and reflect the key development tasks and measures of 2012 objectively. The report is divided into annual development review, China (Shanghai) Pilot Free Trade Zone, international economic center, international financial center, international shipping center, international trade center, significant researches, media focus and memorabilia.

This book is divided into eight parts.

The first part is the review of development in one year, which divided into international economic center, international financial center, international shipping center and international trade center. Facing a more complicated international economic situation, Shanghai with the strong support from relevant ministries and commissions of the state, fully relies on inter-ministerial coordination mechanism and the two centers coordinate system, tries to get rid of the constraint of traditional development mode, promotes the construction of Shanghai international economic, financial, shipping and trade center to make great progress.

The second chapter is Shanghai FTZ. The specific implementation of Shanghai FTZ has been discussed from the general situation of development, overall plan, and legal security. The construction of Shanghai FTZ is beneficial to cultivate our new competitive advantages facing the whole world, build a new platform for the development and cooperation with other countries, expand the new space of the economic growth and enhance China's economy.

The third chapter is international economic center. It has been showed that Shanghai insists on scientific development, promotes the reform of steady growth and adjustment of structure through the introduction of development situation, modern service industry, strategic emerging industries, advanced manufacturing industry, key tasks and measures in 2013 and economic development cases to make economy volume of the city and local fiscal revenue grow sustainably, and stride towards the objectives of the international economy center.

The fourth chapter is international financial center. In early 2012, the National Development and Reform Committee issued the *Twelfth Five-Year Plan of the Construction of Shanghai International Financial Center* (the *Plan*), which has been approved by the State Council. Shanghai carried out No. 19 Document of the State Council in 2009 and the spirit of the *Plan* seriously to promote the construction of Shanghai international financial center to present new highlights and achieve new breakthrough.

The fifth chapter is international shipping center. In 2012, under the guidance of relevant ministries and commissions of the State Council and central departments in Shanghai, the construction of Shanghai international shipping center has achieved new progress in promoting modern shipping service system and development of the modern shipping inland transport system. International shipping comprehensive development pilot area has speeded up the policy innovation and has achieved a new breakthrough.

The sixth chapter is international trade center. Construction of Shanghai international trade center focused on six aspects in forming systemic and legal safeguard, implementing major projects, constructing the core function platform, promoting the modernization of commerce and trade circulation, developing open economy vigorously, establishing co-construction mechanism to gather various power and clarified thinking, promoting the practice, the important works has been taken a breakthrough.

The seventh chapter is major researches. This chapter includes the major results of research on mechanism, planning, policy and other aspects of key areas of the construction of Shanghai four centers. The results of study provide a clear development direction and path for Shanghai to further promote the construction of four centers and beneficial reference for long-term planning and policy measures for Shanghai.

The eighth part is the media focus. This part includes news about Shanghai FTZ released and commented by Xinhua News Agency, *People's Daily*, *Jiefang Daily* and Eastday.

In the book, information is rich, data is detailed, points is authoritative and pictures are clear, readers can have a detailed understanding on the development of Shanghai international economic, financial, trade and shipping center in 2012 and 2013. The book summarizes the development of Shanghai in 2012 and 2013, provides first-hand information for people from all walks of life.

(9) *Shipbuilding*[①]

This book analyzes common terms of the shipbuilding contract under the framework of English laws quite comprehensively. It not only involves negotiations and conclusion of the terms of contract, but also contains specific requirements to perform the terms of contract and consequences of default.

Chapter 1 is introduction. This chapter first starts with the definition of the shipbuilding contract, then discusses the characteristic of the shipbuilding contract, application of English law in shipbuilding contract, the *Sale of Goods Act 1979*, implied warranty in sales contract and standard shipbuilding contract.

Chapter 2 is negotiation and conclusion of contract. This chapter describes negotiation of contract, conclusion of the contract, offer, acceptance, letter of intent, tender, form of contract, negotiation agreement, consideration, terms of contract, parties of shipbuilding contract and newbuilding agent in detail.

Chapter 3 is description and classification of ship. This chapter is divided into description of ship, classification society, classification of ship, ship registration, supervision of classification society, new provisions of NEWBUILDCON format and subcontract of ship construction.

Chapter 4 is the price and mode of payment. This chapter includes contract price, payment of the contract price, payment conditions, offset, liquidated damages, adjustment of contract price, renegotiation of contract price, refund guarantee, letter of guarantee and comfort letter.

① LIN Yuanmin. Shipbuilding [M]. Shanghai: Shanghai Pujiang Education Press, 2013.

Chapter 5 is design, review of draw and supervision. This chapter includes ship design, review of draw, supervisor and inspection of vessel.

Chapter 6 is modification. The specific include modification requested by owner, shipyard, or for reasons such as change of class specification, payment of substituted materials and cost of modification.

Chapter 7 is trial voyage. This chapter includes an overview, notice, weather conditions, proceeding, acceptance and rejection and building work after trial.

Chapter 8 is delivery, including overview, date of delivery, payment of ship price, handover of the ship, delivery documents, transfer of ownership, transfer of risk, delivery of ship and leaving from yard.

Chapter 9 is act of God. This chapter includes summary of force majeure, characteristics of the force majeure, consequences of force majeure, force majeure clause, force majeure event, force majeure notice and cancellation of contract due to force majeure.

Chapter 10 is delay and extension. This chapter includes delay of shipbuilding, critical path, hinder principle, notice of delay, delay in delivery of the vessel, right of cancellation of ship owner.

Chapter 11 is quality warranty. This chapter includes the quality warranty clause, meaning of delivery, scope of quality warranty, period of quality warranty, quality warranty notice, indirect losses, transfer of quality warranty and quality warranty engineer.

Chapter 12 is cancellation of the owner. This chapter includes the characteristic of construction payment, cancellation of contract, cancellation according to the contract provisions, cancellation according to the law, obligations of reducing losses, consequences of cancellation and discharge of responsibility.

Chapter 13 is owner's default. This chapter includes the constitution of the default, interests and costs, postpone and suspension, cancellation right of shipyard, and disposal of ship.

Chapter 14 is insurance. This chapter includes insurance policy of builder, contracting risk, exclusions, loss of ship, shipyard's duty, application of insurance claim and termination of insurance obligation of the shipyard.

Chapter 15 is disputes and arbitration. This chapter includes applicable law of arbitration, commencement of the arbitration procedure, composition of arbitration tribunal, technical disputes and solution, mediation, arbitration award and appeal of the arbitration award.

Chapter 16 is modification and transfer. This chapter includes transfer, offset of the assignee and modification of contract.

Chapter 17 is taxes and fees. This chapter includes local taxes and fees in the county of shipyard, foreign taxes and fees.

Chapter 18 is patent, trademarks and copyrights. This chapter includes intellectual property, intellectual property rights and shipbuilding, and protection of the intellectual rights.

Chapter 19 is supplies of owner. This chapter includes the responsibility of the owner and the shipyard.

Chapter 20 is notification, including address and language.

Chapter 21 is effectiveness of contract, including the conditions of the contract, effectiveness of shipbuilding contract, cancellation of contract shipbuilding and behaviors of parties concerned.

Chapter 22 is interpretations, including the relationship of contract documents and overall agreement.

Chapter 23 is the option right, including the overview of options, acquisition of option right and exercise of option right.

Chapter 24 is other provisions.

Characteristics of the book are as follows: original English texts are adopted in related laws and provisions of the contract and judgment of courts in order to avoid mistaken understanding and translation caused by his own misunderstanding to the reader, a lot of cases are introduced, which helps readers to have a general judgment when they meet their actual work and controversy. The book also analyzes the common standard shipbuilding contract comparatively. Finally, the book makes up index to make it easier for readers to consult.

(10) ***Monographic Study of Shipping Law***①

The *Shipping Law* together with the *Law of Traffic Safety*, the

① HU Zhengliang, YU Shicheng, JIA Binggui. Monographic Study of Shipping Law [M]. Shanghai: Shanghai Pujiang Education Press, 2013.

Maritime Law, and the *Port Law* has been always considered as the most important law in domestic shipping field. However, the *Shipping Law*, launched in 1996, has grounded to a standstill since 2004 and has not been published yet. Recently, with the rapid development of shipping economy, it is necessary and urgent to formulate the *Shipping Law* as soon as possible. Thus, the Ministry of Transport decided to resume drafting the law in 2011. Under this background, based on the researches of the result of related projects, the book provides theoretical and feasible foundation for drafting the *Shipping Law*.

The book is divided into seven sections.

The first section is about guiding ideology, aim and basic principles, including introduction and four chapters. Chapter 1 states concept, characteristic and status of the *Shipping Law*. Through considering the legal characteristic of the *Shipping Law*, and comparing related foreign papers and the dialectical relationship between the *Shipping Law* and other relevant laws like the *Economic law*, the author draws a conclusion that the objects regulated by the *Shipping Law* is particular social relations generating in shipping economic activities, and the *Shipping Law* plays a crucial role in shipping law system in our country. Chapter 2 is the guiding ideology of the *Shipping Law* and summary of overall legislative concept. Chapter 3 is the characteristic of the *Shipping Law*. Previously, it is analyzed and summarized that the specific purpose of the *Shipping Law* is to maintain the order of shipping market, encourage establishment and maintenance of Chinese fleets and efficient shipping system and so on. Chapter 4 is summary of basic legislative principle and system.

The second section is research on domestic shipping market operation rules, which consisted of six chapters. Chapter 1 is an introduction of domestic shipping market operation rules. It contains a detailed summary of operational mechanism and the existence of related legal norms of waterway transport market. Chapter 2 is on main problems of domestic shipping market operation rules. This book analyzes the main existing problems objectively and comprehensively by using the method of sample survey and large amount of data, such as unreasonable structure of enterprises and operation capacity restricted by infrastructure. Chapter 3 is the experience and reference from foreign shipping market operation rules and mainly analyzes the rules of the United States and the European Union.

In chapter 4, the book focuses on the relationship between market structure and market behavior problems, the final conclusion is to establish operation rule system of waterway transport market that can be fitted with a powerful shipping country. Chapter 5 is the design of concrete system of domestic shipping market operation rules, and chapter 6 refers to suggestions for provisions of the *Shipping Law* on domestic shipping market operation rules.

The third section is the study of anti-monopoly rules of international shipping sector. It is divided into five chapters. The first chapter is research on anti-monopoly rules of international shipping in developed countries (regions), introduces the situation of legislation of the United States, the European Union, Canada, Australia, Japan, Korea, Singapore and other developed shipping countries and regions in the field of international shipping competition rules. The author summarizes the general development tendency of anti-monopoly legislation of international shipping. In the second chapter, rules and present situation of implementation of international shipping anti-monopoly rules in our country are studied systematically. The third chapter is the relationship between international anti-monopoly rules and the *Anti-monopoly Law* which is the summary of the independent relationship based on the first two chapters. The fourth chapter is countermeasure for legislation of international shipping anti-monopoly rules in our country and the fifth chapter is suggestions and explanation. The author puts forward countermeasures for legislation of international shipping antitrust rules in our country through the analysis above and transfers suggestions into provisions of law.

The fourth section is mainly about the researches on shipping economic development policy and management regulation, totally contains five chapters. Chapter 1 is definition of shipping economy, mainly analyzes classification and characteristic of shipbrokers. Chapter 2 is about basic problems of development of shipping brokerage market of Shanghai international shipping center and analysis on possible significant impact chanced by present priority development of ship broker industry. At present, the problem of laggardness of market access legislation, absence of industry management and not-established self-regulatory organizations leads to the policy demand and general countermeasures of envelopment of shipping brokerage market. Chapter 3 is comparison of the development and standard administration of shipping brokerage market, analyzes the experience and regulations of London, USA, Singapore and Hong Kong by the method of comparative study, picks out experiences which can be absorbed by Shanghai, such as legal environment and industry preferential policy of development of ship broker. Chapter 4 is administration mode and system of shipping brokerage market. The author analyzes the new Shanghai market administration mode on the basis of self-discipline and appropriate regulatory rule, combined with self-regulated system and supervision of government. In chapter 5 is countermeasures of economic development of Shanghai international shipping center which are feasible methods based on summary of previous chapters.

The fifth section is research on transport of Hong Kong and Macao and it is divided into five chapters. Chapter 1 is the scope, characteristic and status of transport of Hong Kong and Macao, the author compares the characteristics of transport before and after the reunification of Hong Kong and Macao, combined with a large amount of data to analyze the characteristics of Hong Kong and Macao transport policies on concrete management system and business operation of domestic and international shipping transport. Chapter 2 is transport market condition of Hong Kong and Macao. Using a large amount of data is the biggest characteristic of this chapter. The author makes a detailed analysis on Hong Kong and Macao transport market in the aspect of business process, staff, management pattern and so on. Chapter 3 is transport management system of Hong Kong and Macao. It is synthesized analysis of the management system of transportation, market access, competition order and capacity control. Chapter 4 is suggestion for the development and regulation of transport of Hong Kong and Macao, and chapter 5 is suggestion for legislation of Hong Kong and Macao.

The sixth section is research on legal protection of Chinese shipping insurance industry, there are five chapters. Review of shipping insurance legal research in Chapter 1 is theoretical analysis of the shipping insurance law. Chapter 2 is international shipping insurance legal system. The author analyzes present global shipping insurance and studies of the influence of laws and international conventions on global shipping industry. Chapter 3 is explanation of the present situations and problems of legal security system of shipping insurance in our country. The author analyzes and concludes problems such as convergence degree of current coverage, imbalanced market structure, loss of effective demand of shipping industry for shipping insurance is spillover and insurance source. Chapter 4 is discussion of shipping insurance companies. Based on the Chapter 3, the author points out the existing problems of insurance company through typical cases. Chapter 5 is conception of legal security system to complete our shipping insurance law, based on the previous four chapters, the author puts forward feasible legislative proposals on marine insurance contracts, shipping insurance clauses, security of supervision system and indemnity of insurance.

The seventh section is study on shipping legal systems of various countries (regions), totally contains nine chapters. Chapter 1 to chapter 7 is the analysis of shipping adjusting range, shipping legislation system, shipping management system, market access rules, market operation rules, macroeconomic regulation of market and survey punishment rules.

The eighth section is shipping legislation and basic system in our country, the author systematically analyzes the characteristics of the shipping legislation in our country.

The ninth section is about reference and suggestion for a whole system of shipping law structure in our country by learning characteristics of the various countries (regions).

2 Journal Article Review for Publication in 2013

(1) *Analysis on the essence of legal issues of anti-dated B/L and advanced B/L*①

This article analyzes that anti-dated B/L and advanced B/L can moderate negative impact of strict compliance with letter of credit on the flexibility of trade activities to a certain extent from the angle of law and economics, which have some rationalities. But anti-dated B/L and advanced B/L are often associated with fraud, this legal analysis method which focuses on the characteristic and effectiveness of the bill of lading fails to grasp the essence of issues. So regard

① CHEN Fang. Analysis on the essence of legal issues of anti-dated B/L and advanced B/L [J]. Hunan Social Sciences, 2013(1): 76-80.

anti-dated B/L and advanced B/L as an ethical neutral behavior and distinguishes the behavior of anti-dated B/L and advanced B/L from the damage consequence of the behavior. The essence of legal issues on anti-dated B/L and advanced B/L should be based on liability of the damage consequence of anti-dated B/L and advanced B/L behavior. This article demonstrates anti-dated B/L and advanced B/L should be defined as a common tort liability.

This article is divided into five parts.

The first part is to clarify the shadow of fraud on phenomenon of anti-dated B/L and advanced B/L. The author expounds that taking the behavior of anti-dated B/L and advanced B/L as defective behavior of fraud does no good to bill of lading activities from the perspective of different purposes of provisions of the common law and our country. Because applying the legal consequences of fraud provided in the laws of our country to the field of the bill of lading and granting the consignee the right to advocate that anti-dated B/L and advanced B/L is invalid or revocable is reluctant and incondite in theory, and also leads to a difficult problem in theory and practice, that is how to handle the relationship between the effectiveness of anti-dated B/L and advanced B/L behavior and the document itself. It is contradictory to the determination of effectiveness of the bill of lading as negotiable security, still with circulation and transfer of bill of lading, may go against the purpose of economic interests of consignee with good faith of the bill of lading and is different from relevant provisions of the *Rotterdam Rules* on anti-dated B/L. That means it does not conform to the international legislation trend of anti-dated B/L and will do more harm than good to the bill of lading practices.

The second part is analysis on rationality of anti-dated B/L and advanced B/L behavior. In this part, the author considers anti-dated B/L and advanced B/L in some extent can mitigate the negative impact of strict compliance between B/L and letter of credit on flexibility of trading, and has its positive significance on the overall social and economic benefit. In the case where the behavior of anti-dated B/L doesn't cause substantial damage to the consignee, it wouldn't bring about disputes. Therefore, it is unnecessary to adjust or regulate in laws.

In the third part, the author thinks that the essence of anti-dated B/L and advanced B/L is the problem of claim for compensation when the behaviors cause damage. If the law on bill of lading granted sound relief to claim for compensation to consignee who is damaged by anti-dated B/L and advanced B/L, the damaged credit of bill of lading would be restored by corresponding legal responsibility undertaken by the party concerned.

The fourth part is the characteristic of liability of anti-dated B/L and advanced B/L, namely, common tort liability. Once anti-dated B/L and advanced B/L behavior cause damage to the consignee, the liability refers to tort liability. In judicial practices, liability of anti-dated B/L and advanced B/L is usually defined as common tort liability.

The last part is epilogue. The author concludes his point of view. He holds the essence of anti-dated B/L and advanced B/L are not itself, but compensation relief problem. Therefore the legal adjustment of anti-dated B/L and advanced B/L shall be based on the damage compensation liability system to be designed for the protection of the body of interests affected by anti-dated B/L and advanced B/L.

The structure of this article is clear and the train of thought is rigorous. Firstly, this article explains the different purposes of provisions on fraud in common law and the laws of our county, then the author expounds the rationality of the bill of lading behavior and concludes the characteristic of anti-dated B/L and advanced B/L is compensation to damages caused by anti-dated B/L and advanced B/L, from the perspective of law and economics, rather than blindly discuss whether the characteristic of anti-dated B/L and advanced B/L is good or evil. Finally, in terms of legal consequences, the author demonstrates anti-dated B/L and advanced B/L should be deemed as a common tort liability. This article makes us understand the characteristic of anti-dated B/L and advanced B/L correctly, taking anti-dated B/L and advanced B/L as neutral business practices provides a better way to solve problems arising from anti-dated B/L and advanced B/L and the right to claim.

(2) *Analysis of shipping notarization services in the perspective of construction of Shanghai international shipping center*[①]

This article explores the value of shipping notarization services from the

① LIN Jiang, XU Zhouying. Analysis of shipping notarization services in the perspective of construction of Shanghai international shipping center [J]. Shipping Management, 2013, 35 (3): 17 - 20.

perspective of the construction of Shanghai international shipping center and puts forward feasible suggestions for the development of shipping notarization services, combined with the role of notarial service in shipping legal relationship.

This article is divided into four parts.

The first part is the present situation of the construction of Shanghai international shipping center. The author first points out that the state has issued a series of documents to construct Shanghai to be a shipping center, the support and determination are unprecedented. Then, the author thinks, in modern sense, shipping center should be composed of shipping industry, shipping service industry and shipping logistics industry. Shanghai international shipping center has been built from the angle of shipping industry. But from the angle of the industry of shipping service and shipping logistics, the construction of Shanghai international shipping center hasn't succeeded completely, especially in the field of maritime legal services Shanghai is still in a backward position. Legal services of international shipping center include maritime litigation, arbitration, mediation and shipping notarization, etc. Notarization is a component part of the modern legal services. It can prevent and resolve disputes, and secure lawful rights and interests of the parties concerned. But now, the notarization services in the field of shipping are still in a vacuum state. To basically complete the construction of Shanghai international shipping center, the development of shipping notarization service is an irresistible trend.

The second part is significance and value of shipping notarization services. The author thinks that under the provisions of the *Notarization Law of the PRC*, notarization services can be perfectly conducted in shipping field. The object of notarization service can also be expanded gradually with the demand of the shipping market. The value of shipping notarization services is mainly manifested in the following three aspects. Firstly, shipping notarization services explore innovative ideas for notarization business. At present, there is no notarization organization carrying out the shipping notarization services at home. If notarization organizations in Shanghai could do some brave attempts and pilot shipping notarization services, it will help to develop shipping services, and promote legal services in the process of the construction of Shanghai international shipping center. Secondly, shipping notarization services can meet urgent demands in shipping market. The acute reaction to dynamic demand of shipping market is the basis of consciousness to know urgent demands in shipping market. By virtue of the credibility of notarization, the notarization organizations can reduce disputes effectively, increase the predictability of the deals, maintain the transaction security to the greatest extent, and promote the stable development of the shipping market. Thirdly, shipping notarization services reveal the close integration of the legal service and industry. Shipping notarization services in a way belong to the legal security in shipping high-end shipping matching services, which is a highlight of legal services in the construction of international shipping center and the cross-link product of the notarization services and shipping industry.

The third part is about suggestions for the development of shipping notarization services. In this part, the author puts forward two suggestions. One is to enrich and extend the type of notarization services. Modern shipping notarization services can make some achievements in the following aspects, proving shipping-related legal documents, evidence preservation of shipping company emails, supervision and notarization on the scene, conduct freight note with compulsory execution and shipping financial derivatives deals, and inheritance notarization of sailors. Another is to build professional teams to better serve for the shipping market. Currently, most of notaries graduate from law schools, while professionals from shipping colleges are in short. In some ways, this limits the development of shipping notarization services. Therefore, to gradually develop shipping notarization services, professionals who know shipping market well must be introduced. Combine professional talents in the shipping field with notarial personnel organically to establish a special team and serve the shipping market thoroughly. The last is to strengthen the communication with all kinds of shipping associations. To start shipping notarization service, industry association must exert an important role, such as organize some salon activities and seminar lectures regularly to exchange the dynamic information of shipping market. In addition, notarization organizations should rev up publicity and provide free notarial legal opinions for enterprises to show demeanor of the Shanghai notarization industry.

The author concludes that shipping notarization services are innovative, feasible and operational. If Shanghai notarization organizations can take the leading role in shipping notarization services and make a breakthrough, they will not only expand the business scope of notarial service, but also create domestic shipping notarial business, set up innovation-driven mode of the legal services, fill the current blank in notarization, maritime businesses, enhance the impact of notarization service industry in shipping industry of Shanghai and perfect the soft power of Shanghai international shipping center.

(3) *Application of actual carrier system in voyage charter party* ①

The establishment of the actual carrier system is to solve the problem of identification of the carrier in the contract of carriage of goods by sea. In this article, it brings about a thought that whether the actual carrier liability system shall be applied to voyage charter party based on the judgment of "Tongcheng" case. From the angle of legal interpretation system, the author analyzes rationality and propriety that the actual carrier liability system shall apply to the voyage charter party and holds legal responsibility of the actual carrier is a statutory liability and is not subjected to the contract relativity principle.

This article is divided into four parts.

The first part introduces the case. This case is about a general average accident caused by unseaworthiness. After being paid from the insurance company, the shipper transferred the right to claim for the goods concerned to the insurance company. The insurance company requested the carrier and the actual carrier to undertake joint liability for the damages to cargo.

The second part is the trial. The case has gone through the first trial, the second trial and retrial. In the first trial, in terms of whether Shanghai Cosfar Shipping International Co., Ltd (carrier) and Lianyungang Cosfar Shipping International Co., Ltd (actual carrier) shall bear joint and several liabilities, the court held that as the charterer of a voyage charter party, Shanghai Cosfar Shipping International Co., Ltd shall be liable for compensation. Lianyungang Cosfar Shipping International Co., Ltd as the actual carrier shall bear joint

① ZHENG Lei, QIAN Shuhong. Application of actual carrier system in voyage charter party [C]// Chinese Journal of Maritime Law, 2013, 24 (1): 36-44.

liability. The second trial affirmed the judgment of first trial. The court of retrial held that the actual carrier is not the party of voyage charter concerned in this case, according to the doctrine of privity, Lianyungang Cosfar Shipping International Co., Ltd should not bear the liability to compensate.

In the third part, the author discusses related legal issues of actual carrier under voyage charter party from three aspects, including the origin of the actual carrier under the *Maritime Law*, the applicable scope of the actual carrier system from the angle of interpretations of law, the characteristic and scope of liability of actual carrier in the *Maritime Law*. The author draws the same conclusion on the issue that whether the actual carrier shall apply to voyage charter party beyond the bill of lading by semantic interpretation, systematical interpretation, goal interpretation and comparative law explanation, which indicates the actual carrier shall apply to voyage charter party. In terms of the issue on the characteristic and scope of liability of the actual carrier under voyage charter party, the author thinks that the liability undertaken by actual carrier is statutory liability. For limitation of liability, the author thinks voyage charter party can deemed as a special agreement, if the actual carrier makes a consent in written to assume such liability exceeding the statutory scope, then he should assume liability according to the agreement. Otherwise, the actual carrier should only undertake the statutory liability, and only enjoy exemption and limitations of liability within the statutory scope.

The fourth part is the conclusion part. The author draws three conclusions through the discussion above. Firstly, it is reasonable and proper to apply the system of actual carrier in voyage charter transport, from four ways of semantic interpretation, systematical interpretation, goal interpretation and comparative law interpretation. Secondly, accordance to the provisions of the *Maritime Law*, the characteristic of liability of actual carrier under voyage charter party shall belong to statutory liability and the basis to assume such liability is trot. Thirdly, China can learn from the system of maritime performing party in the *Rotterdam Rules* to clarify the scope of application and limitation of liability of the actual carrier when modify the *Maritime Law* in the future.

This article comprehensively analyzes on the application of the actual carrier in shipping charter party both from the origin of the actual carrier, and pierce the veil on the concept of actual carrier, and draws a conclusion that the actual carrier can apply in the voyage charter party from the angle of semantic interpretation, systematical interpretation, goal interpretation and comparative law interpretation. Finally, the author concludes the characteristic of the liability of actual carrier in voyage charter party and analyzes limitation of liability of actual carrier. In this article, the discussion on the actual carrier system has the positive significance on modification of the *Maritime Law*. The scope and limitation of liability of the actual carrier shall be cleared when the *Maritime Law* is modified.

(4) *Theory on introduction of public international law in the late Qing dynasty and the modernization of Chinese laws*[①]

Public international law is the first western laws introduced to China. It was the product of frequent international negotiations between China and western powers. With large-scale introduction of international law books, western legal concepts, legal ideas flooded into China, this led to the modernization of Chinese law. This article argues that the modernization of Chinese law bears the stamp of utilitarianism through the analysis of the beginning purpose of Qing government to introduce public international law and its subsequent development in late Qing dynasty.

This article is divided into four parts.

In the first part, the author holds the purpose of the introduction of international law in the late Qing dynasty is to better deal with foreign affairs through description of the translation of the laws and books, cultivation of the legal talents, and comments of people in that time.

In the second part, the author argues and proves the results of introduction of international law from two aspects. The direct result is that the Qing government won diplomatic victory in a certain sense by using public international law rules. The deeper result is that the introduction of international law in the late Qing dynasty started the modernization of Chinese legality and opened the first channel for the communication of legal culture between China and western countries. It can be seen from the following

① CHEN Gang. Theory on introduction of public international law in the late Qing dynasty and the modernization of Chinese law [J]. Journal of Tangshan Teachers College, 2013, 26 (1): 64-70, 66.

aspects. The translation and introduction of public international law made preparations for knowledge and talents, and laid a foundation for large-scale introduction of western laws to China. The introduction of international laws spread the concept of equality and legality in western laws and shook the Chinese traditional legal notions of identity and status.

In the third part, the author expounds that the special demands for international law of late Qing dynasty lead the modernization of Chinese law to an erroneous zone. Firstly, in terms of overall legal notions, beneath the yearning for western laws, the traditional instrumentalism legal notions hadn't been changed, on the contrary, it was strengthened. This greatly affected the whole process of the modernization of Chinese legality. Secondly, in terms of legal talents and education, the effect of the utilitarianism was extremely obvious.

The fourth part is summary of the contents above. The author thinks the urgency to survive has been relived in nowadays; dissolving the utilitarian tendency of the modernization of Chinese law having been existed for nearly a hundred years is the necessary premise to put legality into social life.

In this article, the author analyzes the reasons, results, effects of the introduction of international law in the late Qing dynasty comprehensively. It is pointed out that due to the special historical time; the modernization of Chinese law bears the stamp of utilitarian, which continues to affect today's law education. This article helps us recognize the disadvantages of utilitarianism in our current legal education more clearly, so as to head off the notions and practices that use law as a tool only.

(5) *Legal characteristic of yard storage agreement*①

Yard storage agreement is an agreement concluded by the operator of container yard and shipping company in order to clear the rights and obligations of storage, cleaning, repair, alteration, inspection, reception, release and other services. The laws in our country lack clear provisions on yard storage agreement, this leads to various forms and contents of agreement with highly arbitrariness. In practice, yard storage agreements are usually provided by the

① CHEN Xiyan. Legal characteristic of yard storage agreement [J]. Containerization, 2013, 24 (4): 30 - 31.

ship owner, who often incorporate standard terms by using their dominance to benefit themselves. In this way, it is not conducive to the sound development of yard industry. This article discusses the legal characteristic of yard storage agreement, in order to improve the law on yard agreement and provide reference for solving the disputes.

This article is divided into two parts.

The first part expounds the main contents of the yard agreement. General terms of yard storage agreement provides the yard operator to provide services like container storage, clean, repair, alteration, inspect, receive, deliver etc. and charge corresponding costs. The author defines various links separately and makes us understand the main contents of each part clearly.

The second part is the explanation on legal characteristic of yard storage agreement. Firstly, the author points out that yard storage agreement is an innominate contract and compares the innominate contract and named contract from broad sense and narrow sense. Because there are no provisions stipulating the name and rules of this agreement in laws, administrative regulations, department regulations, judicial interpretations and other normative documents, yard storage agreement is innominate contract. Secondly, the author thinks the yard storage agreement is a mixed innominate contract. The yard storage agreement for container storage, cleaning, repair, inspection, delivery and other services are respectively stipulated by storage contract, work contracts and commission contract in the *Contract Law*. Therefore, yard storage agreement is a mixed contract of innominate contract. In addition, the author argues yard storage agreement is a typical double contract in the mixed contracts. Firstly, the writer classifies the mixed contracts, and holds payment obligation of yard operator in yard storage agreement is stipulated in provisions on storage contract, work contract, commission contract of the *Contract Law* and the payment obligation is not to pay the fees simply. Thus, yard storage agreement belongs to typical double contract. Finally, the author points out that the yard storage agreement is not a combination of storage contract, work contract and commission contract. The author first expounds the definition and classification of combined contracts to point out that under yard storage agreement, the services offered by yard operator take place in the yard, the subject matter are containers and various services have implicated relation, but are not mutually interdependent. Therefore, the yard storage agreement is not a combined contract of storage contract, work contract and commission contract.

This article analyzes the legal characteristic of yard storage agreement in way of definition and classification step by step, and provides reference for us to understand yard storage agreement, perfect relevant law and solve disputes.

(6) *The approach of South Korea strengthening management of uninhabited islands and enlightenment to China* ①

In accordance with the rules of the international maritime law, land decides sea. It means the sea areas under the jurisdiction of a state extend from the land they own and manage to the sea. The development of the situation on international marine rights and interests prompted South Korea to adjust its marine policy and expand the space of its marine rights and interests continuously. So South Korea pays special attention to the management of uninhabited islands and safeguards its marine rights and interests to a maximum extent. This article starts from law and practice of uninhabited islands of South Korea and concludes some enlightenment to our country.

This article is divided into three parts.

In the first part, the author discusses the management of South Korea of uninhabited islands from three aspects, South Korea strengthen legislation and integrated management of uninhabited islands, strengthen fact investigation of uninhabited islands and strengthen the management of baseline points of the territorial sea of uninhabited islands. In the aspect of legislation, the author explains specific legislation of South Korea against a particular island, especially the specific legislation for controversial uninhabited islands with its neighboring countries by way of illustration. In the aspect of investigation of fact, South Korea will start a cadastral resurvey project. The action is also one of the important measures of South Korea to seize the initiative in disputes over sovereignty with neighboring countries. In the aspect of management of baseline

① GUI Jing, YU Yaodong. The approach of South Korea strengthening management of uninhabited islands and enlightenment to China [J]. Contemporary Korea, 2013(1): 101 - 108.

points of the territorial sea of uninhabited island, since the islands of the basis points of the territorial sea directly determine the scope of sea areas under the jurisdiction of the state, these islands play a fundamental role in the marine demarcation. Therefore, the *Law of South Korea for Protection and Management of Uninhabited Islands*, makes a clear regulation when determine management approach of uninhabited island, must consider specially the factor of the relationship between uninhabited island and sea areas under the jurisdiction of Korean.

The second part is description of characteristics of the management of South Korea of the uninhabited island. First of all, South Korea take the management of uninhabited islands as system program and emphasizes the linkage between the legislation and administration. South Korea pays great attention to the linkage between the oceanic legislation and administration and emphasizes the cooperation of marine legal rules and administrative planning. Secondly, South Korea takes the management of the uninhabited islands into the overall framework of territory and emphasizes the management of uninhabited island to match the overall economic plan of the state. From the successive four territory planning of the Korean government, it can be seen that South Korean, on the premise of keeping balanced development and utilization, gradually turns to the west coast where distributes numerous islands. Finally, the author focuses on protection and extension of marine rights and interests. The space of marine rights and interests is closely related to islands, South Korea is enhancing the management of islands, especially the uninhabited island, essentially is to focus on maintaining the jurisdiction of the marine rights and interests and expanding ocean space.

The third part is about enlightenment to China. The author points out that through the analysis of the practice and summary of the characteristics of the management of uninhabited islands of South Korea. Compared with the practice of our country, the author draws the following enlightenment. Firstly, strengthening legislation of the uninhabited island is an important means to maintain marine rights and interests. Secondly, the legislation model of special islands is worth to be adopted as a reference. Thirdly, the legislation of the uninhabited island combined with the overall plan and specific measures of practice are worth to be emulated. Fourthly, special attention paid to the practice of the uninhabited island is worthy learning. Fifthly, we should watch out for the possibility that South Korea will take advantage of management of the uninhabited islands to infringe Chinese marine rights and interests.

In this article, the author, firstly, shows the management practices of uninhabited islands of South Korea; in the next place, analyzes the characteristics of the management; and finally, concludes enlightenment which has important reference value for our country to reinforce the management of the uninhabited islands.

(7) *The marine strategy under the view of Constitutional Law*[①]

Marine strategy is overall plan to guide the national marine development and protect the interests of national marine safety, and also is the embodiment and the application of national strategy in marine affairs. It is a reflection of the strategy to guide the development of marine economy, progress of marine science and technology, marine environment protection and maritime security. Marine strategyis fundamental, important and long-term, these characteristics determine it belongs to a basic state policy. From the viewpoint of the constitution, marine strategy is policy of the party and the state, which involves system arrangement of the constitution and contains significant meaning and value of the constitution. This article intends to carry on this discussion above, in order to better protect the ocean sovereignty and rights and interests of our country, and realize sustainable development of economy and the willingness of marine powers.

This article is divided into three parts.

The first part is the attribute of the constitutional national policy of the marine strategy. The author concludes that marine strategy is fully complied with the conditions of national policy and has the attributes of basic national policy, so it should be reflected in our constitution by illustrating the definition of basic national policy and the basic attributes of marine strategy are fundamental and long-term, comprehensive, integrity and important.

The second part is the attribute of the constitutional value of the marine strategy. The author discusses the marine strategy has constitutional value from three aspects. Firstly, marine strategy involves national sovereignty regulated by

---

① YI Xifeng. The marine strategy under the view of Constitutional Law [J]. Chinese Journal of Law, 2013, 29(6): 116 - 119.

the constitution, highlighting the constitutional value of the integrity and sovereignty of the nation. Secondly, marine strategy involves overall adjustment of the nation according to the constitution, which shows the constitutional value of system arrangement. Thirdly, the marine strategy involves the sea supremacy, reflecting the value pursuit of the constitution to protect the national defense and economic security.

The third part is the necessity and feasibility to incorporate marine strategy into the constitution. The discussions are in two aspects. The first is the necessity. The author thinks that there are three bases. Firstly, resolving disputes over islands and ocean needs clear basis provided by the constitution. Secondly, legitimacy and legality of the enforcement of marine laws need the most powerful basis provided by constitution. Thirdly, regulating sea power in the constitution is the need of marine legal system. The second is the feasibility to put sea power into the constitution. The author thinks China's territorial sea is adjacent area of China's territory and the internal waters, our government exercises the sovereign and jurisdiction in the exclusive economic zone and continental shelf, these contents should be reflected in the constitution. Especially for coastal countries, whether marine articles are contained in the constitution, directly affect the national consciousness of sea power and the concept of marine territory. In terms of the settlement mechanism of dispute over sea power, the author thinks that our country can adopt the same approach of Taiwan and stipulate the South China Sea and the Diaoyu Island clearly in the constitution, rather than explain the implicit needs of the constitution in an obscure way. After incorporating sea power into the constitution, the author believes that the state also needs to take some legislative and administrative measures, because it is the first step to implement the marine strategy in the legal level. Eventually, establish a multi-level and three-dimensional marine law system, which takes sea power as core and take the basic marine laws as main contents, combined with national and local marine laws and regulations, international laws and domestic laws.

This article starts from the constitutional attribute of marine strategy and concludes the necessity, feasibility and specific measures to incorporate sea power into the constitution step by step. This article has a special reference to modify the constitution related to marine sovereignty and the marine clauses put forward by the author provide a strong support for modification of the constitution.

(8) *Protection of sea power in the perspective of the constitution* ①

Ocean occupies a very important strategic position in politics, economy, military and diplomacy. Centuries' experiences tell us that world's powerful counties are also marine powers. From the perspective of the constitution, marine strategy is a policy of the party and the state, which involves system arrangement of the constitution and contains significant meaning and value of the constitution. This article carries out this discussion in order to protect the ocean sovereignty and rights and interests of our country better and realizes the sustainable development of economy and the willing of marine powers.

This article is divided into four parts.

In the first part, the author concludes different understandings on sea power of the west through the expressions of three classical western theories on sea power. The author then discusses the connotation and characteristics of Chinese sea power, and considers China's connotation of sea power is very rich. It is actually in three different levels, including exclusive sovereignty involved in the territorial sea area, jurisdiction of customs, health, finance and other in exercising the contiguous zone as well as the sovereign in the exclusive economic zone and continental of exploration and development of natural resources, together with governance of the marine environment pollution and construction of offshore artificial facilities and management of the marine science research, which contains economic, political, cultural interests, etc. And Chinese sea power has the characteristics of three aspects. First of all, the great reunification of the motherland and the strategic objective of powerful marine country are closely related, the process to achieve national unity is also the process to make Chinese sea power become increasingly powerful and perfect. Secondly, the special geopolitical condition determines Chinese sea power is defensive. Thirdly, Chinese sea power also has limitations.

---

① YI Xifeng. Protection of sea power in the perspective of the constitution [J]. Huazhong University of Science & Technology (JCR-SSCI), 2013, 27 (6): 36 - 43.

The second part is the present situation and defects of our country's legal protection of sea power. One third of Chinese exclusive economic zone overlap with water areas claimed to be owned by the neighboring countries, which makes the existing maritime disputes escalate, such as the South China Sea issue and the dispute of Diaoyu Island and so on. Legal protection of sea power is not perfect, it lacks protection of constitutional level and compared with other countries it is relatively backward. Most current laws related with sea power were adopted at the beginning of the reform, only for the sake of declaration of sea power. All of these contribute to defects like lack of operability and coordination, etc.

The third part is the constitutional significance on the protection of sea power. The author discusses the constitutional significance of protection of sea power from the start and points out the necessity and feasibility to incorporate sea power into the constitution on the basis of these.

The fourth part is the conclusion. The author points out that either the battle over Diaoyu Island or the South China Sea dispute, fundamentally, is dispute over sea power, the protection of sea power relates to the nation's future development and survival. Putting sea power into the constitution is an important step of implementation of ocean strategy which is entrenched in the Report of the Eighteenth National Congress. Only ocean is reflected in the constitution, and protected by the constitutional level, can we fundamentally maintain China's sea power.

In this article, the author makes a comprehensive and detailed introduction on sea power and the constitutional protection of sea power by the way of contrast, and analyzes the necessity and feasibility of the constitutional protection of sea power. Through this article, we can see the defects like the absence of constitutional attention on law protection of sea power, relative backward legislation and imbalanced system. So we should use the Report of the Eighteenth National Congress to put sea power into constitution timely by adding marine articles and authoring common laws to protect sea power.

(9) *Analysis on characteristic of right-established security of bill of lading*[①]

In terms of the time when security rights come into being, before or after the

① CHEN Fang. Analysis on characteristic of right-established security of bill of lading [J]. Law, 2013(3): 44-51.

making of security, security can be divided into right-established security and right-proven security. Right-established security refers to a security that can establish a right thereon. Making a security is the legal fact of generating right. Right-proven security refers to a security that can prove an existing right thereon, a security demonstrates rights are not result of making the security, but produced by other activities. This article takes the definition of basic concept of the right-established and right-proven security as a starting point, and discusses that the bill of lading establish right rather than prove right from the angle of history and realistic.

This article is divided into four parts.

In the first part, the author analyses and draws conclusions that the scholars who claim the bill of lading is right-proven security haven't examined the independence of the behavior to issue a B/L, or even reject the view issuing a bill of lading is independent behavior.

In the second part, the author considers whether bill of lading can represent independent right to take delivery of goods determines the legal characteristic of bill of lading is right-proven security or the right-established security through analysis on the essence of the problem of right to sue in the field of maritime law. Then, the author investigates the characteristic of right-established security of bill of lading through describing the *British Bill of Lading Act* from the angle of history of bill of lading. And she thinks the doctrine that bill of lading establish rights lays a good foundation for international merchandise trade to shift from goods to documents. In the end, the author concludes the characteristic of right-established security has been confirmed by international conventions and maritime law of many countries from the relationship between the characteristic of literacy and right-established of the bill of lading.

The third part discusses the characteristic of right-established security of bill of lading solved the problem of the shipper's right to sue after it is transferred. First of all, the author uses a case to put forward the essence of the shipper's right to sue. It is the question whether the shipper can enjoy the substantial right to claim for damages to cargo happened in transit. Then, the author puts forward that characteristic of right-established security can interpret the compatibility of creditor's right between bill of lading and transportation, and the establishing rights of bill of lading can't deprive the shipper's independent right to claim under the contract of carriage. All in all, the characteristic of establishing right of bill of lading not only constructs legal basis that the holder of the bill of lading (the consignee) enjoys independent litigation right, and also has great practical value to solve the problems in judicial practice such as litigation right of the shipper after transfer of bill of lading.

The fourth part expounds the characteristic of right-established security of bill of lading lays a logic foundation for legal relationship theory on bill of lading. The author thinks that the function of establishing rights of bill of lading lays foundation for bill of lading legal relationship to be independent from the transport legal relationship and for the formation of the concept of bill of lading legal relationship independently, and then establishes the theory of bill of lading legal relationship.

This article has rigorous logic and progressive transformation, restores the original characteristic of bill of lading is right-established security. It can not only solve the long plagued problems in the maritime trial practices such as right to sue of bill of lading and identification of the parties, but also lay a foundation for theory on legal relationship of bill of lading, which is in favor of recognizing and clarifying relevant legal relationship of the bill of lading business activities involved international trade in goods, international settlement, etc. In further, this article can provide a more precise technological theory to configure the rights and obligations in the bill of lading legislation and applicable law to resolve disputes concerned bill of lading.

(10) ***Legal review of environmental protection of international shipping services***[①]

International shipping services refer to industry using vessels to be engaged in carriage of goods and passengers, marine auxiliary services and port services. The liberalization degree of international shipping services takes a leading position in the world, and it has become a consensus and goal of the international societies, the measures which impact the liberalization of international maritime

① SHE Shaofeng. Legal review of environmental protection of international shipping services [J]. International Business Research, 2013, 34 (194): 50 - 60.

service trade are widespread, among which, environmental protection measure on international shipping services is the most typical measure. This article reviews the legitimacy and rationality of environmental protection of international shipping services based on international legal system including legal system of international trade.

This article is divided into five parts.

In the first part, the author mainly introduces main services related to international marine environmental protection system, including ship emission certificate system, ship garbage record system, judicial system of cooperation of major flag states, emission control system and marine carbon tax system.

In the second part, the author thinks that in the environmental protection of international shipping services, the principle of national sovereignty in international shipping services is widely abused, and the principle of performing international obligations on good faith hasn't been strictly followed in the environmental protection. In terms of the principle of national sovereignty, many countries use the flag of convenience to escape jurisdiction of the flag states, and some countries also deliberately expand the jurisdiction of national sovereignty. The principle of performing international obligations on good faith means each sovereign state should have good will to perform the duties of international obligations. And before relevant WTO agreements related to shipping service trade are reached, prohibiting any measures which affects shipping service trade has become a consensus of the international community. Therefore, whether the European Union will take shipping carbon emissions into its carbon emissions trade system, or other countries are trying to improve the standards of environmental protection of international shipping service unilaterally is a kind of measures that influence the international maritime service trade and a breach of the principle of performing international obligations on good faith.

The third part is the serious abuse of life and health exception. Life and health exception means that in order to prevent harm caused by the liberalization of international service trade or one of the development of service trade on life or health of human, animal or plant, countries or regions are entitled to take necessary measures to eliminate or reduce the harm. In actual cases, determining whether a trade will bring about threat to human, animal or plant life or health is likely to be a real problem. Next, the word necessary is lack of a unified or authoritative explanation on what are necessary measures to protect life and health of human, animal and plant in the international society. In these cases, the life and health exception is severely abused.

The fourth part discusses that the international environmental cooperation principle and common but differential responsibility principle are useless. The author takes the European Union unilaterally determined to levy ship carbon tax as an example, to illustrate the ignorance of international cooperation principle. In terms of common but differential responsibility principle, the behaviors that developed countries do not obey but avoid the historical responsibility also make this principle abandoned thoroughly.

The last part is epilogue. The author thinks that the environmental protection issue in international maritime service trade not only refers to legal issues on international environmental but also refers to legal issues on international service trade. The developed countries should assume more responsibility, improve enthusiasm and initiative of the developing countries and undeveloped countries to participate in international shipping service environment protection through international cooperation, and eventually improve the level of environmental protection of international shipping services.

This article has analyzed the problem of environmental protection of international shipping services in an all-round way, not only let us know the current main system and the implementation effect of international shipping service environmental protection, but also elaborates the implementation of each principle in environmental protection. The author makes a summary at the same time, he thinks environmental protection issues are not only issues on international environmental law, but also are legal issues on international service trade. Countries in the environmental protection of international shipping services should be cautious to exercise state sovereignty in the international maritime services trade, fulfill its international obligations on good faith, use the principle of exception of life prudently, not interfere the liberalization of international maritime service trade, improve the enthusiasm and initiative of developing countries and undeveloped countries to participate in environmental protection of international shipping services through international cooperation and implementation of the principle of common but differential responsibility, and finally realize the target on environmental protection of international shipping services.

(11) *Review on theories of legal characteristic of bill of lading*①

Bill of lading is a document serves as an evidence of the contract of carriage of goods by sea and the taking over or loading of the goods by the carrier, and based on which the carrier undertakes to deliver the goods against surrendering the same. Because of different academic perspectives and methods, the benevolent see benevolence and the wise see wisdom, so it is far from reaching a consensus on the legal characteristic of bill of lading. These different understandings lead to different judgments of different courts in such cases, even paradoxical judgments in the same court. Dis-unified judgments on disputes over bill of lading damage the dignity of legal system of bill of lading and greatly reduce the normative function of order and control. The author evaluates various arguments on the legal characteristic of bill of lading and thinks that the most appropriate doctrine should be negotiable security.

This article is divided into four parts.

The first part is the theoretic comments on legal characteristic of bill of lading. In this section, the author puts forward six kinds of views on the theory, they are property rights certificate, document of title, document of possession right, credit relationship, negotiable security and theory of stage evaluates and analyses the six views respectively. The author holds the most commonly acknowledged theory is the negotiable security, which considers that the legal characteristic of bill of lading as negotiable security is deserved and can solve the problems of legislation and practice of bill of lading fundamentally. The doctrine of negotiable security is the most advanced and reasonable theory and the clearest point of view on the legal characteristic of bill of lading at present.

The second part is study on the legal characteristic of the bill of lading as negotiable security. The author believes that firstly, negotiable security make

① CHEN Fang. Review on theories of legal characteristic of bill of lading [J]. Jiangxi Social Sciences, 2013(1): 152-162.

right into substantiation, and make the substantiated rights into characterization. The essence of entitlement security is the sensitization of creditor's right, rights stated on security can only be a right of the obligatory claim. The legal characteristic of bill of lading developing into negotiable security is in accordance with certain rules. Therefore, defining the legal characteristic of bill of lading as negotiable security is not subjective preferences of scholars. It is not only derived from the essential requirement of economic development and expansion of the bill of lading, but also is observation and function mechanism of the bill of lading in the economic life and furthermore, it is abstraction and reflection in theory of the law.

The third part is legal features of the bill of lading as negotiable security. The author in this section discusses the bill of lading is prompt security, returned security, the established-right security and literary-content security, solemnity security, abstract security in a method of comparison.

The last part is conclusion. By the analysis above, the following conclusion can be drawn: firstly, the legal characteristic of the bill of lading can be and should be negotiable security; secondly, the bill of lading is prompt security, returned security, the established-right security and literary-content security, solemnity security and abstract security; thirdly, defining the legal characteristic of bill of lading as negotiable security is essential requirement of economic development and expansion of the bill of lading. The securitization of the bill of lading is objective requirement of international trade of goods transferred from goods to documents and negotiability of bill of lading is where the value and purpose of securitization lies. Maintaining and safeguarding the negotiability of the bill of lading is basic starting point and purpose of legislation of bill of lading.

The structure of this article is clear and the logic is strict. This article thoroughly discussed the various views on the legal characteristic of bill of lading, and concludes that the legal characteristic of the bill of lading is defined as negotiable security, which can promote the economic function of bill of lading mostly and conform to the characteristic of bill of lading. This article deepens the views on the bill of lading and the concept involved and has a positive meaning for us to better understand the characteristic of the law of bill of lading.

(12) *Repayment liability of the bank in the refund guarantee in newbuilding financing*[①]

Refund guarantee is a written commitment issued by guarantor (bank) according to the requirement of the applicant (the beneficiary of the contract, usually isthe exporter) to the beneficiary (the advance payment person of the contract, usually is the importer). If the applicant fails to perform or completely perform the contract, the guarantor will return the prepayment after receiving claim raised by the beneficiary. Refund guarantee is a very important financing contract document in a newbuilding project, and it is deemed as the cornerstone of shipbuilding project. It is not only the precondition to get construction progress payment from the owner to the shipbuilder, but also a vital condition that ship owners can get financing from banks or other financial institutions. This article intends to observe the legal principles, relevant legislation and case of the refund guarantee under Chinese law and English law, and analyzes the nature of repayment liability of bank in the refund guarantee.

This article is divided into four parts.

The first part is the function of refund guarantee in the newbuliding financing. Due to the amount of the part of advanced payment may be as high as more than 80% of the ship price sometimes, normally, it is specified in the shipbuilding contract that the progress payment paid by the owner before delivery is the prepayment. When the owner cancels the shipbuilding contract according to the provisions thereof or ship is total loss, the builder shall return the prepayment to the owner together with interest. Secondly, the first installment refund guarantee is usually prescribed as one of the prerequisites making the contract come into force. Finally, refund guarantee is a necessary document to obtain financing from the bank, and the premise condition to get review and agreement to provide financing of its financing bank.

The second part is the general principles of the guarantee law. The author discusses the general principles of the guarantee of continental law and common law. In continental law countries, guarantee is different from independent

① ZHENG Lei. Repayment liability of the bank in the refund guarantee in newbuilding financing [J]. Journal of Dalian Maritime University: Social Science Edition, 2013, 12 (6):60 - 64, 99.

guarantee. In the current practice, independent guarantee mainly is a bank guarantee. While, in common law countries, provisions on guarantee are disordered and inconsistent, judgment of the nature of guarantee responsibility shall be concluded through interpreting the terms and contents of the text and preface of the guarantee.

The third part is the agreement of payment guarantee and the identification of independent guarantee. In this part, the author discusses the basic legal principles of independent guarantee from three aspects. One is the concept of independent guarantee and obligation of the guarantor. Another is criterion of identification of independent guarantee. The last one is the judgments of English courts on identification of the nature of guarantee clause. In terms of identification criterion of independent guarantee, the author thinks that should be determined in three aspects. Firstly, the payment conditions of the guarantor shall be regardless with interpretations of the terms of the shipbuilding contract or a breach of the contract. Secondly, interpretation of the shipbuilding contract terms or the solution of the dispute between the shipbuilding parties shall not be taken as the premise conditions when evaluate the amount of the claim. Thirdly, some terms of the guarantee can be used as a basis to determine the independent guarantee. Last, when guarantee clause and compensation clause coexist, the nature of guarantee should be explained from the overall meaning.

The last part is epilogue. The author considers the nature of refund guarantee depends on the interpretation of the clauses of guarantee. It is necessary for the parties to examine and review the terms of refund guarantee of the newbuilding financing projects carefully, and make clear of the nature of guarantee and responsibility that shall be undertaken by bank to avoid ambiguity and controversy to the largest extent.

In this article, the author starts from the function of refund guarantee of newbuilding financing, then analyzes general principles of the legislation, and summarizes the concept of independent guarantee. Finally, the author concludes that banks should be cautious to examine terms and contents of the letter of guarantee to avoid ambiguity and disputes to a maximum extent. This article has significant guiding value on knowing the nature, function as well as prepayment responsibility of the bank under the refund guarantee.

3 Brief Summary

In 2013, stakeholders of the educational circles, academia and industry offer advice and suggestions for the construction of Shanghai international shipping center, make efforts to build a blossoming academic atmosphere, and contribute to promote the maritime trial and development of theory research in China.

Chapter 5 Annual Shipping Highlights

Although the international and domestic economic environment is still not optimistic, Shanghai doesn't slow down its pace to construct Shanghai Pilot Free Trade Zone and international shipping center. People with visions are keen on building a shipping industry chain, which includes ports, trades, logistics, finance and cruise economy, to strive for the leading role of distribution of global shipping resources. During this time, highlights, hot spots and focuses emerge endlessly. This chapter expatiates the outstanding events, hot issues and innovations in 2013 to sketch an outline of the shipping center construction.

The year of 2013 witnessed continuous development of modern shipping service products. Shanghai Shipping Freight Exchange Co., Ltd. owned by Shanghai Shipping Exchange officially launched the world's first shipping derivative of capacity delivery, China North-South Line Coastal Coal Capacity Trade Contract. Moreover, Shanghai International Energy Exchange successfully floated in the Shanghai Pilot Free Trade Zone, the marine insurance operation center of Sunshine Insurance Group officially settled down in Shanghai, People's Insurance Company (Group) of China, China Pacific Insurance (Group) Company, Ping An Insurance (Group) Company of China, Sunshine Insurance Group gathered in Shanghai. Shanghai Institute of Marine Insurance, the first domestic professional marine insurance community organization, was set up in Shanghai and 31 upstream and downstream insurance companies joined in. Shanghai Clearing House launched central counter party clearing business of RMB Forward Freight Agreement (FFA). It is a forward freight agreement product which is priced, cleared and settled with the help of brokerage firms to conclude the transaction. Cruise economy continues to heat up. Shanghai Baoshan District is planning to promote transformation of economic development with the aid of cruise economy. The district is aiming at devoting to modern service industry such as cruise line service, shipping logistics, culture and entertainment to build Shanghai International Cruise Industry Development Comprehensive Reform Pilot District.

Culture is frequently overlooked in the economic tide. However, culture is indispensable soft power for construction of international economic, financial, trade, shipping center. Shipping culture is a special force to educate shipping practitioners, maintain shipping community moral baseline, regulate shipping market behaviors, and promote sound development of shipping industry. To construct international shipping center, Shanghai must devote to enhance soft power, build shipping culture brand and strengthen legal consciousness of shipping in whole society. 2013 is a bumper year for the construction of shipping culture. The fourth China International Shipping Culture Festival successfully held in Shanghai. It accelerates the construction of shipping culture. The festival aimed to flourish shipping culture and announce the *Hongkou Declaration of Shipping Culture* which intended to boost the construction of shipping culture and improve shipping soft power. Furthermore, activities such as Chinese Seafarer Conference, Marintec China and Cruise Era Thematic Exhibition held by the China Maritime Museum, Book House Flowing on Suzhou River and the first Yacht Freedom Day show the importance of the construction of shipping culture and are beneficial to the construction of shipping culture and improvement of shipping soft power.

In 2013, we pay close attention to numerous hot spots in development of shipping policies and laws in Shanghai. Firstly, the construction of China (Shanghai) Pilot Free Trade Zone is of great importance. To implement relevant policies of the *Framework Plan for the China (Shanghai) Pilot Free Trade Zone*, the Ministry of Finance, General Administration of Customs, State Administration of Taxation explicitly stipulated import tax policies in China (Shanghai) Pilot Free Trade Zone. Secondly, the State Council promulgated the modified *Regulations of the People's Republic of China on the Administration of Insurance Companies with Foreign Investment* which implemented on August 1, 2013. Thirdly, under the background of the downturn of shipping industry, the Export-Import Bank of China provided domestic shipowners who were experiencing financial problems due to the high oil price and the low freight with ship finance projects for about RMB 20 billion, the Export-Import Bank of China Shanghai branch gave priority to shipowners who signed contract with local shipyards and provided these shipowners with ship finance projects for about

RMB 3 billion. Finally, in view of situation of the current complicated economy environment and the lower growth of import and export trade in China, in order to support the development of small enterprises, the executive meeting of the State Council decided to exempt value added tax and business tax of the small-scale added tax taxpayer and business tax taxpayer whose monthly sales is less than RMB 20 thousand temporarily since August 1, 2013, and come to grips with research on relevant long-acting mechanism.

In the process of the shipping legal construction in Shanghai, the Ministry of Transport, Shanghai Maritime Safety Administration, Shanghai International Arbitration Center, law firms and other legal service organizations all made significant contributions. Shipping service industry is improving and deepening further to better serve the construction and development of China (Shanghai) Pilot Free Trade Zone and international shipping center.

As is known to all, the development of shipping is inseparable from talents. Though elite groups gather in Shanghai, it still cannot meet the needs of the market. In 2013, supported by colleges and universities and supplemented by social training and enterprise internal training, Shanghai zealously cultivated professional shipping talents who have a good knowledge of shipping, law and English. Meanwhile, accompanied by imperceptible shipping culture construction, Shanghai actively introduced high-level compound shipping talents from abroad, cooperated with famous foreign colleges and universities, introduced excellent teachers and conveyed fresh blood to the construction of Shanghai shipping center. The establishment of Shanghai Advanced Institute of International Shipping, the inauguration of International Maritime Lectures Association and the launch of shipping financial senior seminar of World Maritime University in Shanghai are true portrayals of efforts of Shanghai to foster shipping talents.

In addition, in 2013, all kinds of shipping forums and meetings with nationwide and even worldwide influence, and various shipping communication activities held in Shanghai manifested a more and more important role of Shanghai in international shipping industry. All sorts of associations, societies, education and training institutions researched and discussed frontier issues on shipping policies and laws. All of these played a crucial role to promote the development of Shanghai shipping industry.

1 Free Trade Zone and Modern Shipping Service Products

1.1 The State Council approved to set up China (Shanghai) Pilot Free Trade Zone

The State Council officially approved to set up China (Shanghai) Pilot Free Trade Zone (FTZ), FTZ is comprised of the four special customs supervision areas: Shanghai Waigaoqiao Bonded Zone, Shanghai Waigaoqiao Bonded Logistics Zone, Yangshan Bonded Port, Shanghai Pudong Airport Free Trade Zone, with a total area of 28.78 square kilometers.

The construction of FTZ is a major measure to adapt to the new trend of development of global economy and implement more positive opening-up strategy. Its primary mission is to explore new path and new mode of the opening up of China, push the functional transformation of government and administrative system reform forward, change the economic growth pattern, optimize the economic structure, realize the promotion of development, reform and innovation through opening up, form duplicable and popularized experience, and serve the national development. The construction of FTZ is profitable to cultivate new advantages facing the global competition, build a new platform of development, cooperate with other countries, broaden the new space of economic growth, and construct the "upgrade edition" of Chinese economy.

1.2 Shanghai International Energy Exchange settled down in Shanghai Free Trade Zone, helping China to fight for the crude oil pricing right

Shanghai International Energy Exchange inaugurated in FTZ on November 22, 2013. This exchange center was approved by the China Securities Regulatory Commission and it was funded and set up by Shanghai Futures Exchange. This means that the number of domestic future exchange rises to five. The establishment of Shanghai International Energy Exchange means a step forward of the preparatory work of crude oil futures.

The basic scheme of the crude oil futures market is international platform, clean price and bonded delivery. In the current scheme of Shanghai Future Exchange, crude oil futures are priced and settled in RMB and investor overseas can use foreign currency as the deposit.

According to the introduction on the official website of Shanghai International Energy Exchange, the exchange registered in FTZ on November 6, 2013. Its businesses cover arranging transaction, settlement and delivery of energy derivatives such as crude oil, natural gas, petrochemicals, formulating rules for business management, implementing self-discipline management, publishing market information, and providing service for technique, venues and facilities. The registered capital of the exchange is RMB 5 billion and the exchange is the largest financial enterprise in FTZ.

The settlement of Shanghai International Energy Exchange in the FTZ solved the problems of the service for investors overseas, cleared the obstacles of listing trade of crude oil futures. The participation of international customers in China, the world's largest consumer market, contributes to promote Chinese global status to bid for crude oil. Finally, it can pave the way for pricing power of crude oil and other bulk commodities. Shanghai International Energy Exchange will take advantage of the geographical superiority, speed up the pace of reform and innovation, hasten the preparatory work for crude oil futures and make contribution to the construction of the FTZ.

1.3 The Ministry of Finance, General Administration of Customs, State Administration of Taxation published import tax policies in China (Shanghai) Pilot Free Trade Zone

To implement relevant policies of the Framework Plan for the China (Shanghai) Pilot Free Trade Zone, the Ministry of Finance, General Administration of Customs and State Administration of Taxation published the import tax policies in FTZ. The policies are as follows:

Firstly, airplanes with empty weight over 25 tons bought by domestic leasing companies registered in the FTZ or SPV of these companies with approval of related departments can enjoy the preference policy of value added tax which is stipulated in the *Notification of the Ministry of Finance and the State Administration of Taxation on Adjustment of the Policy on Value Added Tax of Imported Aircraft* (Cai Guan Shui [2013] No. 53) and in the *Notification of the General Administration of Customs on the Adjustment of The Policy on Value Added Tax of Imported Aircraft* (Shu Shui Fa [2013] No. 90).

Secondly, according to relevant regulations, levy value added tax and consumption tax on cargo produced or processed by the enterprises located in the FTZ and sold to the mainland through the "second line". Upon application of companies, pilot to implement the policy that impose tariff on the goods sold in domestic market according to its corresponding imported materials or the actual situation of inspection.

Thirdly, under the current policy framework, exempt goods such as machinery or equipment which are essential to the import of manufacturing enterprises and producer service enterprises in the FTZ from taxes, except the goods imported by subsistence service enterprises and goods that cannot be free of duty clearly stipulated in laws, administrative regulations and relevant provisions.

Fourthly, on the premise of strict implementation of imported goods tax policies, allow to set up bonded exhibition and trade platform in specific area.

Besides import tax policies mentioned above, Shanghai Waigaoqiao Bonded Zone, to which the FTZ is affiliated, Shanghai Waigaoqiao Bonded Logistics Zone, Yangshan Bonded Port, Shanghai Pudong Airport Free Trade Zone implement current corresponding tax policies of special customs supervision areas respectively.

1.4 Shanghai Maritime University set up China Institute of FTZ Supply Chain

To implement the spirit of the *Opinions on Implementing the Framework Plan for the China (Shanghai) Pilot Free Trade Zone and the Propelling the Construction of Shanghai International Shipping Center* which was signed by the Ministry of Transport and Shanghai Municipal People's Government, Shanghai Maritime University set up China Institute of FTZ Supply Chain on October 31, 2013.

The Institute focus on fields of shipping, logistics, finance, law, etc, which is closely related with FTZ supply chain; carry out research on docking study on shipping service, logistics service, supply chain finance service, international agreements such as TPP and APEC reliable supply chain; conduct research, consultation and cooperation among government, industry, education and research; carry out foreign cooperation, high-level education training, information release etc. in the FTZ.

Shanghai Maritime University will strive to make the Institute to be a decision-making consultation agency with international influence and become the base of the research field of FTZ supply chain.

1.5 Four biggest marine insurance companies gathered in Shanghai

Depending on construction of the Shanghai shipping center, many insurance companies made great efforts in the field of marine insurance. In early July of 2013, the Marine Insurance Operation Center of Sunshine Insurance Group officially settled down in Shanghai. It becomes the forth marine insurance operation center rooted in Shanghai after PICC, CPIC, and Ping An Insurance Company.

The Marine Insurance Operation Center of Sunshine Insurance Group adopts division system. This system could realize an unification of sale, operation, verification of policy and claim, issuance of policy and settlement of claims. The center set a professional marine insurance operating agency mode and is granted a full authority on operation and management. It bears the operation and management responsibility of the whole system of Sunshine marine insurance comprehensively.

By the end of 2013, the scale of China marine insurance is less than RMB 20 billion. The scale of cargo transport insurance is about RMB 10 billion and the scale of hull insurance is about RMB 5 billion to 6 billion. But it is worth noting that, under the circumstances of downturn in shipping industry, Shanghai port, as the largest port in cargo throughput around the world, the hull insurance kept a growth and gained high premium income. However, marine insurance only accounts for a small proportion of the world's marine insurance and lags behind the development of shipping industry. Nowadays, the construction of Shanghai international finance and shipping center is deepening lengthwise, marine insurance, as the service platform that connects shipping and finance, is facing unprecedented opportunities for development.

1.6 Shanghai launched the world's first shipping derivative of capacity delivery

On October 10, 2013, Shanghai Shipping Freight Exchange Co., Ltd

(SSEFC) owned by Shanghai Shipping Exchange announced that the brand-new China North-South Line Coastal Coal Capacity Trade Contract (contract code: NS) was officially listed for trade.

The *Framework Plan for the China (Shanghai) Pilot Free Trade Zone* clearly pointed out to boost shipping freight index derivatives trade business, make the shipping freight derivative as an important part of the framework plan for the FTZ, and seize the new opportunity for Chinese shipping derivatives market.

The China North-South Line Coastal Coal Capacity Trade Contract is the first derivatives contract delivered by actual shipping capacity in the field of global shipping derivatives. According to this derivatives contract, buyer (goods owner) and seller (ship owner) who meet the delivery condition deliver the goods and the ship respectively in accordance with contract through corresponding delivery procedures to accomplish the actual contract of carriage after the contract expires. By this means, both parties with the purpose of hedging won't need to worry that they cannot find goods or ships in the spot market when the contract is expired to deliver. Nowadays, if shipping companies have spare capacity, besides the traditional way, they can find goods owners through the SSEFC derivative platform. When shipping capacity is brought to the market in the spot goods month of derivatives market, the actual transaction of the shipping capacity can be concluded and it is helpful to resolve the problem of overcapacity of shipping companies. In the same way, if buyers have the demand of transport, besides the traditional way, they can realize the actual shipping capacity trade in one month to one year through the derivative platform.

The shipping freight derivative trade platform is grounded on the domestic market and face the international market to realize the function of hedging and avoiding risks for international customers. The construction of the FTZ helps to introduce international trade way and truly construct international shipping center to realize allocation of resource and shipping freight pricing power of Shanghai.

Through the SSEFC trade platform, risks can be controlled. The platform could ensure the normal performance of contract between clients and extend operating period substantially. The policies of the FTZ such as relaxation of the restriction of foreign investment will bring positive significance to the shipping industry.

1.7 China made a breakthrough in pricing and settling global derivative products in RMB

Shanghai Clearing House held a business press conference and officially launched central counterparty clearing business of RMB-FFA on April 16, 2013.

Central counterparty clearing business of RMB-FFA is a forward freight agreement product that price, clear, and settle in RMB and conclude the transaction with the help of shipping agent companies. Shanghai Clearing House provide the central counterparty clearing business under a normative and professional risk management system, even if original counterparty defaults or even goes bankrupt, rights and obligations concluded in the RMB-FFA can still be ensured to be performed.

First batch of counterparty clearing businesses launched by Shanghai Clearing House include CTC, PTC and STC which were approved by Shanghai Municipal People's Government. The clearing businesses were put into in a test run on December 10, 2012 and officially launched on April 16, 2013.

As a freight risk management tool, FFA has the function of hedging and price discovery. It is helpful for enterprises to manage the forward freight risks. Specifically, when shipping companies engaged in transactions of chartering ships in spot market, they can buy reverse agreement in FFA market to lock the cost or profit at the same time. Central counterparty clearing business of RMB-FFA has the strategic significance to strengthen the competitiveness of Shanghai in global shipping financial derivatives market, push forward the construction of Shanghai international finance and shipping center, and establish the status of global RMB products clearing center.

Shanghai Clearing House announced that it would branch out its central counterparty clearing business into bulk commodity price index derivatives market related to shipping such as iron ore, steam oil, etc.

1.8 The Decision on Amending the *Regulations of the People's Republic of China on Administration of Foreign-invested Insurance Companies*

The State Council promulgated the amended *Regulations of the People's Republic of China on Administration of Foreign-invested Insurance Companies* on June 8, 2013. The first and the second paragraph of Article 7 were amended.

The first paragraph of Article 7 was amended as "The minimum limit of registered capital of a joint-ventured insurance company and solely funded insurance company shall be RMB 200 million or freely exchangeable currencies of identical value; the minimum limit of the registered capital shall be virtually contributed capital". The previous provision that the contribution of insurance companies with foreign investment shall be freely exchangeable currencies has been deleted. And the previous provision of the second paragraph of article 7, "The head office of a foreign insurance company shall gratuitously allot to the branch companies freely exchangeable currencies at an amount of no less than RMB 200 million in value as operating funds" was amended as "The head office of a foreign insurance company shall gratuitously allot no less than RMB 200 million or freely exchangeable currencies of identical value to the branch companies as operating funds".

The amended regulation has come into force since August 1, 2013.

1.9 Shanghai Institute of Marine Insurance was set up

Shanghai Institute of Marine Insurance, the first domestic professional marine insurance organization, established in Shanghai on December 26, 2013.

The members of this institute are 31 upstream and downstream insurance companies include marine insurance center, property insurance companies, insurance broker companies, insurance public assessment companies and so on. Thirteen companies in the first member directory of Shanghai Institute of Marine Insurance are initiators and the rest are the members joining in later. The directory includes the nation's leading Chinese-invested insurance and reinsurance companies, such as People's Insurance Company (Group) of China, China Pacific Insurance (Group) Company, Ping An Insurance (Group) Company of China, China Reinsurance (Group) Corporation, China Continent Insurance and so on; and marine insurers with international reputation such as Tokio Marine & Nichido Fire Insurance Company, AIG, Lloyd's Insurance Company, Mitsui Sumitomo Insurance (China) Company, Allianz. Some domestic insurance broker companies such as Aon-COFCO, Willis Insurance Broker Company, Huatai Insurance Company, Shanghai Asia Insurance Brokers also join in.

1. 10 Baoshan District promote urban transformation and build cruise new town

In recent years, the cruise economy is ascendant. Baoshan District, locating in Wusong Estuary, is planning to promote economy transition and development with the aid of cruise economy. The district is aiming at modern service industry such as cruise service, shipping logistics, culture and entertainment to build Pilot Zone of Comprehensive Reform for the Development of Shanghai's International Cruise Industry.

The 8th China Cruise Industry Development Conference & International Cruise Expo was held by China National Tourism Administration, China Transport Association and Shanghai Municipal People's Government in Baoshan District, Shanghai, on November 15, 2013.

How can Baoshan District promote urban transformation and realize the shift from cruise terminal to cruise port, then to cruise new town depending on its cruise terminal? Pilot Zone of China's Cruise Tourism Development centering at Wusong Estuary was formally approved in 2012. This brought new opportunities to the development of Chinese cruise economy. A new round riverside development strategic plan was launched. Projects such as the integration of Shanggang Riverside Town, Lingdian Square and Sandao port in Chongming and Riverside Avenue were accelerated, taking the construction of riverside cruise town to a new start. Baoshan District is studying a follow-up construction plan of Wusong Estuary international cruise port, negotiating matters on inviting the Queen Elizabeth II Cruise Hotel to settle in Wusong Estuary, planning the layout of the yacht base and developing offshore cruise liner. In the near future, Baoshan riverside will shape into the development pattern gathering economy of cruise, yachts and boats. Baoshan District is on a transitional development path that shift from cruise terminal to cruise port, and then to cruise new town. The district will become the new portal of water tourism of Shanghai or even China.

Shanghai Cruise Economy Research Center is now paying close attention to studying related path to connect the Pilot Zone of China's Cruise Tourism Development with the FTZ. For example, set up cruise service companies in FTZ with cooperation of foreign cruise companies; carry out cooperation in fields like cruise travel agencies, cruise talents training, cruise talents intermediary agencies and cruise supplies; learn market operating experience from foreign cruise service companies; extent cruise industrial chain positively and upgrade the development level of Shanghai cruise industry. Implement some policies stipulated in the framework plan of the FTZ in Baoshan riverside area, such as set up bonded exhibition trade platform in specific area. Set up tax-free exhibition trade center specially for cruise visitors, exert the driving effect of consumption and amplify the linkage effect of cruise industry.

2 Shipping Culture Development

2.1 China Seafarer Conference 2013 was held in Shanghai

China Seafarer Conference 2013 hosted by the Ministry of Transport and Shanghai Municipal People's Government and organized by Shanghai Maritime Safety Administration and Hongkou District Government was held in Hongkou District on June 25, 2013.

June 25 is the Day of Seafarers. There are about 650,000 seafarers now in China, which undertake 93% foreign trade transport. The strategic target to construct powerful ocean country was put forward in the 18th CPC National Congress. Having large number of high qualified and completely equipped seafarers is one of the foundations of the development of marine industry and the construction of powerful ocean country. Therefore, how to improve the social status, welfare and life quality of seafarers is important factor to promote the development of marine industry.

China Seafarer Conference has been held in Shanghai for three years and it was the second time held in Hongkou District. This will have far-reaching influence on the construction of Shanghai international shipping center, especially on gathering shipping resource in the North Bund.

2.2 The Fourth China International Shipping Culture Festival was successfully held in Shanghai

To commemorate the Day of Seafarers and carry forward shipping culture, the Fourth China International Shipping Culture Festival was successfully held in 1933 Exhibition Center, Hongkou District on June 25, 2013. The festival was hosted by China Communication and Transport Association, National Committee of the Chinese Seamen, Construction Worker Union, China Institute of Navigation, China Shipowners' Association, China Maritime Pilot Association and organized by the construction and development office of the North-Bund Shipping Service Center.

The festival has been held for three days. Its theme is "Change, Transformation, Future". The festival fully recognized the current international and domestic shipping circumstance and situation and discussed the development tendency of the future shipping market. During the festival, activities such as China International Shipping Summit Forum 2013, Meditation and Blessing Activity of Xiahai Temple, the 10th Award Ceremony of China Freight Industry Prize (Golden Vessel Prize) were held. What's more, *Hongkou Declaration of Shipping Culture*, which is aimed to promote the construction of shipping culture and shipping soft power, was announced on the festival.

2.3 China Maritime Museum held a thematic exhibition: Cruise Era

A thematic exhibition, Cruise Era, was held by China Maritime Museum and Shanghai International Conference Management Organization in Shanghai Global Harbor on September 15, 2013. The exhibition was free for the public and closed on October 7, 2013.

The exhibition brought the audiences back to the early twentieth century and showed the golden age, heroic posture, sunset glory and magnificent turn through detailed historical data and virtual show of cabins of "Titanic" and "Queen Mary", which have a sign of times. Audience could appreciate the cruises in different times through the luxurious and delicate "Titanic" and the concise and bright "Queen Mary".

2.4 Marintec China 2013 was held in Shanghai

The 17th Maintec China was held by the Ministry of Industry and Information Technology, Ministry of Transport and Shanghai Municipal People's Government in Shanghai from December 3 to 6, 2013.

Based on the topics such as ocean engineering, deep-sea fishery and maritime safety, the Maintec held a maritime summit forum, which built a communication platform for exhibitors and buyers from different places.

The Marintec China was founded in 1981. It is a large-scale international maritime communication activity which integrates with academy, exhibition and trade. It is a bridge and link for China to seek comprehensive, multilevel cooperation with international maritime industry. It is also an important window to make international maritime industry to know Chinese industries of ship and ocean engineering equipment, shipping, port and so on.

2.5 The chairman of the International Maritime Rescue Federation was awarded the Shanghai Magnolia Award

HUANG Rong, the vice secretary-general of Shanghai Municipal People's Government met with Mr. Michael Vlasto, the chairman of International Maritime Rescue Federation (the Federation), and represented Shanghai Municipal People's Government and the Foreign Affairs Office of Shanghai Municipal People's Government to award Shanghai Magnolia Award to Mr. Michael Vlasto on December 8, 2013.

During the meeting, HUANG Rong expressed thankness to Mr. Michael Vlasto because of his effort to contribute to promote the cooperation between China and the Federation. HUANG Rong also appreciated the contribution made by the Federation to promote the development of global salvage of life at sea and help developing countries to construct institutions of life-saving on water. HUANG Rong expressed that Shanghai Municipal People's Government would continue to focus on and support the development of the field of global salvage of life at sea and the construction of Asia Pacific Exchange and Cooperation Center of the Federation in Shanghai. He also hoped the chairman could continue to give concern and support to guarantee the life at sea and the construction of Shanghai international shipping center and Shanghai water emergency rescue capability. The chairman show admiration to the attention to the field of safety of life at sea paid by Shanghai Municipal People's Government, Shanghai Urban Construction and Communications Commission, Foreign Affairs Office of Shanghai Municipal People's Government. The chairman expressed thanks to the support of China rescue system to the Federation. The chairman also hoped to further strengthen the coordination and cooperation in the future and safeguard the safety of life at sea together. After the meeting, HUANG Rong represented Shanghai Municipal People's Government and Foreign Affairs Office of Shanghai Municipal People's Government to award Shanghai Magnolia Award to the chairman for the outstanding contribution made by him to the economic and social development in Shanghai and friendly exchanges between China and foreign countries.

It is reported there were 53 foreign friends awarded Shanghai Magnolia Award in 2013. Over the past 25 years, a total of 909 foreigners were awarded Shanghai Magnolia Award. They made great contribution to the construction of Shanghai international shipping center and economic and social development of Shanghai.

2.6 The Huangpu Maritime Safety Administration organized the 1st Yacht Freedom Day activity

The Huangpu Maritime Safety Administration devoted to a serious study to further integrate the passenger liner resource of Huangpu River, cultivate tourism brand of Huangpu River, shape scale effects of the economy of cruise, yacht and passenger liner in Huangpu River, and promote the development of high-end leisure tourism economy, such as yacht in Shanghai. Depending on a large number of tests and the consideration of navigation safety in Huangpu River, the Huangpu Maritime Safety Administration would choose one day every month to organize Yacht Freedom Day activity regularly on waters between Taigong line and Lupu bridge since September 2013. Yachts should navigate in designated areas with speed no more than 18 knots. At the same time, yachts are exempted from maritime supervision formalities, such as visa and reports.

Through pre enrollment, examination and approval, twenty yachts from yacht clubs such as Jingmaoshengrong Yacht Club, BAFS Yachting and Deyu Yacht Club, among which nine were not put on fill, attended the first Yacht Freedom Day activity on September 28, 19 p. m. to 21 p. m. Yachts respectively departed from different marinas of yacht clubs in Huangpu district at 18 p. m.

To ensure the safety of Yacht Freedom Day activity, Huangpu Command Center dispatched five patrol boats and more than twenty law enforcement officers during the activity. Through advance publicity, traffic control and uninterrupted patrol and other means, the activity went with a swing. At 9: 30, by the end of the activity, there was no report of loss of life or personal injury and property loss after all yachts returned to dock.

Later, the Huangpu Maritime Safety Administration perfected the system and mechanism of Yacht Freedom Day activity, and depending on this activity, promoted the development of yacht economy by management, liberated the bondage of yacht tourism development by system and establish a sense of service of the yacht industry by concept, made contribution to the yacht economy, and promoted the development of Shanghai tourism.

2.7 Annual meeting of the Rescue and Salvage Committee of China Navigation Institute

Annual meeting of the Rescue and Salvage Committee of China Institute of Navigation & Academic Exchange Meeting was held in Guilin, Guangxi on September 12, 2013. XU Zuyuan, the former vice secretary of the Ministry of Transport, the director of the China Institute of Navigation and the curator of China Maritime Museum attended the meeting and made a speech. WANG Zhenliang, the chairman of the Rescue and Salvage Committee, the director of China Rescue and Salvage of the Ministry of Transport, LU Dingliang, the vice chairman of standing committee of the Rescue and Salvage Committee, the director of Donghai Rescue Bureau of the Ministry of Transport and related committee members and other conference delegates in a total number of more than one hundred people attended the meeting.

At the meeting, WANG Zhenliang, represented the committee to made a report of work of the Rescue and Salvage Committee for over the past three decades titled as *Keep the Purpose of Meeting, Strengthen the Service Function, Create a Good Scientific and Humanistic Environment for Salvage Industry Development*. XU Zuyuan, director of the China Institute of Navigation, delivered an important speech. He sufficiently affirmed the work during the past 30 years made by the Rescue and Salvage Committee, and further cleared the future development ideas from six aspects. LU Dingliang made a main speech titled as *Lead Technology Innovation in Salvage, Serve the Strategic of Marine Power, Work for New Progress of the Rescue and Salvage Committee* at a Higher Starting Point.

The meeting carried out academic exchange with the theme of Innovate

Salvage Technology and Promote the construction of Marine Power, awarded Special Contribution Award and Excellent Paper Award to representatives and issued certificates to new committee members. During the meeting, the Committee played a feature film called the *Link of Knowledge and the Bridge of Business* to commemorate the thirty anniversary establishment of the Rescue and Salvage Committee. It also held exhibitions of equipment and new technology of rescue and salvage provided by 750 proving ground of China Shipbuilding Industry Corporation and other eight companies.

2.8 Shanghai Maritime Court held the opening ceremony to start using the culture exhibition hall

The opening ceremony to start using the culture exhibition hall by Shanghai Maritime Court was held on January 14, 2013.

YING Yong, the secretary of party organization and president of Shanghai Prime People's Court, attended and cut the ribbon for the ceremony. The ceremony is presided over by YING Xinlong, the president of Shanghai Maritime Court.

The modified exhibition focused on three points: the epitome of maritime trial of Shanghai even China, the platform of maritime judicial service for the construction of international shipping center, and spiritual home of all the officers of Shanghai Maritime Court.

The exhibition hall adopted a design concept of trinity and was divided into four main parts - departure, sailing, harbor and oceangoing voyage. It accommodated and bore the history and the growth of Shanghai Maritime Court over the past 30 years, the mission of maritime trial to serve shipping economy development and the maritime judicial culture cultivated by generations of maritime judicial workers with great efforts. YING Yong, the president of Shanghai Prime People's Court, visited the exhibition with the companion of members of the party organization of Shanghai Maritime Court and the department heads.

2.9 The seminar on the historical memory and status quo of construction of Shanghai international shipping center was held

The seminar on the historical memory and status quo of construction of

Shanghai international shipping center was held by the Cultural and Historical Records Committee of Shanghai People's Political Consultative Conference, Shanghai Institute of Cultural and Historical Records, Shanghai Planning Office of Philosophy and Social Science, Shanghai International Shipping Institute and Institute of Contemporary Shanghai in Shanghai People's Political Consultative Conference on November 9, 2013.

At the seminar, FENG Xiaomin, member of the standing committee of Shanghai People's Political Consultative Conference and the director of the Cultural and Historical Records Committee of Shanghai People's Political Consultative Conference, addressed; SHEN Guoming, the secretary of party committee of Society Club Union and full-time vice chairman of Shanghai Social Sciences Association, made a speech; Pro. ZHU Minyan, the executive director of Shanghai Institute of Cultural and Historical Records, hosted the seminar. Representatives from Fudan University, Shanghai International Shipping Institute, Party School of Huangpu District, Party History Research Center of Shanghai Municipal, Institute of Contemporary Shanghai, Shanghai Maritime University, etc, made speeches on the history and status quo of construction of Shanghai international shipping center, and communicated with participants. Pro. SU Zhiliang, the vice chairman of Shanghai Institute of Cultural and Historical Records and the dean of Humanities Academy of Shanghai Normal University, commented the speeches. Finally, Pro. YU Shicheng, the director of Shanghai International Shipping Institute and the secretary of the party committee of Shanghai Maritime University, made an academic summary of this seminar.

2.10 Book house flowing on Suzhou River

On Tomb-sweeping Day, 2013, boat people on Suzhou River had new program. They could borrow their favorite books in book house flowing on water.

League branch of Marine Department under direct control of Shanghai Maritime Safety Administration explored and set up a book house flowing on water to meet the spiritual and cultural needs of the crew to further enhance the level of maritime services. The book house flowing on water means to move the library to maritime patrol boat and open the library to crossing ships to borrow books in the patrol time of maritime patrol boat. There are nearly thousand books of all kinds such as maritime law, politics, literature, health, cooking, pediatric education, novel, journals, sports and entertainment in the book house. Boat people can borrow and return books in any enforcement place on the courses.

It is also the first library set up in maritime petrol boat. This will further enrich the life of boat people.

3 Hot Issues

3.1 Announcement of the Ministry of Transport on Tests Chinese Non-Five-Star Flag International Ships Carrying Out Coastal Pick-Up Services in Shanghai

To promote the construction of the Shanghai international shipping center and FTZ, according to Chinese relevant laws and regulations, the Ministry of Transport decided to allow Non-Five-Star Flag International Ships owned or indirectly owned by Chinese-invested companies to carry out coastal pick-up services. The coastal pick-up service is transport of export and import container between domestic open ports and Shanghai port which takes Shanghai as the international transit port. The Ministry of Transport also announced the related issues as below:

(1) Since the date of this announcement has been released, Chinese-invested shipping companies intending to carry out coastal pick-up services shall go through the procedures of record in the Ministry of Transport. After that, they can use Non-Five-Star Flag International Ships owned or indirectly owned by Chinese-invested companies to provide related services.

(2) Chinese-invested Shipping company as mentioned in this announcement, refers to enterprise engaged in international maritime transport business, which registers within Chinese territory and acquires international liner service qualification certification according to the *Regulations of the People's Republic of China on International Maritime Transportation*.

(3) If Chinese-invested shipping companies want to apply for the qualification of coastal pick-up service, it is necessary to submit application to the Ministry of Transport. The materials and procedures for application are listed as

follows:

a. Record Application Form of Testing Non-Five-Star Flag International Ships owned or indirectly owned by Chinese-invested Companies Carrying Out Coastal Pick-up Service.

b. Copies of business license of Chinese-invested shipping companies, International Shipping License and International Liner Shipping Qualification Registration Certificate.

c. Certificate of Registry, Certificate of Classification and documents to prove ownership of the ship which Chinese-invested shipping company plan to use to carry out coastal pick-up service.

If the ship is indirectly controlled by Chinese-invested shipping company through wholly foreign-owned company, documents to prove that Chinese-invested shipping company invest the wholly foreign-owned company, this wholly foreign-owned company owns or controls the ship, and Chinese-invested shipping company charter the ship are needed extra.

(4) After receiving complete and effective application materials mentioned above, the Ministry of Transport should issue the Record Certification of Non-Five-Star Flag Ships owned or indirectly owned by Chinese-invested Companies to Carry Out Coastal Pick-up Service.

(5) Chinese-invested Companies cannot sub-charter the ship which has already been approved and registered to carry out coastal pick-up service to others without authorization. Once the ship has been sub-chartered, this ship will lose its qualification to carry out this business automatically from the date that the charter party takes effect.

(6) Except the ships having been put on file according to the Announcement, any Non-Five-Star Flag Ship cannot transport container cargo between Chinese ports, including not to transport foreign trade container cargo which are loaded in a domestic port and then exit China through transit in another domestic port or enter China by transit in a domestic port and unloaded in another domestic port. In case of violating the provisions of this article, punishment would be imposed according to Article 45 of the *Regulations of the People's Republic of China on International Maritime Transportation*.

3.2 The State Administration of Foreign Exchange: perfect administration of foreign exchange of trade financing business of banks

On December 7, 2013, the *State Administration of Foreign Exchange* announced *the Notification of State Administration of Foreign Exchange on Improving Administration of Foreign Exchange of Trade Financing Business of Banks* (the *Notification*) to restraint false trade financing behavior without real transaction and prevents abnormal cross-border flow of foreign exchange funds.

The main contents of the *Notification* include the following points.

Firstly, urge banks to perfect examination of authenticity and compliance of trade financing. Banks should follow the principle of Know Your Customer, strengthen examination of authenticity and compliance of trade financing, especially the forward trade financing, actively support the needs of real economy for real trade financing, and prevent enterprises from fabricating trades to obtain bank financing. Banks should strengthen supervision and internal control, timely report suspicious transactions, and forbid flexible execution or assist to evade regulations on foreign exchange. The State Administration of Foreign Exchange should strengthen the monitor of the examination of authenticity and compliance of trade financing, assess the situations of due diligence of banks, and implement on-site verification or inspection when necessary.

Secondly, strengthen classified management of companies, create a fair and ordered market environment, emphasize the real and legal transaction basis of trade foreign exchange balance that enterprises should have. The State Administration of Foreign Exchange should strengthen the supervision over enterprises with abnormal trade balance, especially enterprises with abnormal growth in forward trade financing and with characteristics of typical arbitrage. The State Administration of Foreign Exchange should classify to supervise in accordance with the relevant provisions on foreign exchange of goods trade, continue to give maximum support and facilities to companies which obey the law, and intensively regulate the enterprises listed as class B or class C.

Thirdly, intensify punishment on irregularities of banks and enterprises. If banks don't fully perform due diligence of examination, the State Administration of Foreign Exchange will make risk warning or punish banks in accordance with relevant regulations. The State Administration of Foreign Exchange will punish the irregularities of the enterprises in different situation as illegal inflows of foreign exchange, illegal settlement, illegal procurement of foreign exchange or evasion of foreign exchange in accordance with relevant laws and regulations. If related behaviors of banks or enterprises constitute a crime, it shall be subject to criminal liabilities.

3.3　The Export-Import Bank of China provided financial support to domestic shipowners

In a downward trend of shipping industry, the Export-Import Bank of China provided domestic shipowners who were experiencing financial problems due to the high oil price and the low freight with financial support in February, 2013. This measure finally made shipyards get more orders.

Besides the financial project for shipyards, the Export-Import Bank of China provided domestic shipowners with about RMB 20 billion ship finance project for ports and logistics industry, 40% more than that in 2012.

Relevant personage of Shanghai branch of the Export-Import Bank of China said that ship finance project focused on ship, marine engineering equipment and energy, especially high-tech shipbuilding projects such as ultra-large container vessel, LNG vessel, high burn-up vessel and vessel related to ocean. The policy of financial support was taken for shipowners who place orders to Chinese shipyards, in order to make Chinese shipyard get more orders. Shanghai branch of the Export-Import Bank of China gave priority to shipowners who signed contracts with local shipyards and provided about RMB shipping financing project.

3.4　Since August 1, 2013, small micro enterprises whose monthly sales is no more than RMB 20,000 can be exempted from value-added tax and business tax

On July 24, 2013, executive meeting of the State Council decided to balance tax for a further step, temporarily exempt value added tax and business tax of small micro enterprises, and research measures to promote facilitation and stable development of import and export trade.

To support the development of small micro enterprises, in accordance with the principle of fairness in tax burden sharing, the meeting decided to temporarily exempt value added tax and business tax of the small-scale taxpayers and business tax taxpayers whose monthly sales is less than RMB 20,000 since August 1, 2013, and hurried to research relevant long-acting mechanism through adjusting expenditure structure to vitalize fiscal capital and relieving contradiction between revenues and expenditures.

The meeting pointed out that current economic environment was complicated and severe in our country, and the growth rate of import and export slowed down markedly. We need to enhance competitiveness of enterprises through system innovation and improvement of the trade facilitation level. Firstly, formulate convenient measures of customs clearance. Promptly publish reform framework on declaration, inspection and release for one time and implement that in domestic ports step by step. Secondly, reorganize import and export operating fees and reduce administrative fees. Exempt inspection fee of exports temporarily, reduce the quantity of legal inspection items, no longer impose export legal inspection on manufacture productions in principle. Formulate reform framework on legal inspection system as soon as possible. Thirdly, encourage financial institutions to increase support to the enterprises and projects which get orders and efficiency, develop short-term export credit insurance business and expand the scope of the insurance. Fourthly, support the foreign trade comprehensive services enterprises to provide small and medium-sized private enterprises with services such as financing, customs clearance, tax refund, etc. and create conditions to implement zero tax rate and gradually expand to export services. Fifthly, actively expand commodity import, enlarge the fund scale of import discount interest, perfect a variety of trade ways and promote border trade. Sixthly, make efforts to maintain the balance of payments and keep the RMB exchange rate at a reasonable, stable and balanced level.

3.5 The State Council approved to extend the scope of pilot to change from business tax to value-added tax

The State Council endorsed the *Opinions on Key Work on Deepening Reform of Economic System in 2013* (the *Opinions*) to the National Development and Reform Commission. The *Opinions* pointed out to expand the pilot scope to change from business tax to value-added tax, carry out such pilot in transport industry and part of modern service industry across the country, and find proper time to incorporate railway transport, post and telecommunication industries into the pilot scope.

The National Development and Reform Commission expanded the pilot scope in two main aspects. One is to expand pilot regions. Since August 1, 2013, popularized to pilot the change from business tax to value-added tax from transport industry and part of modern service industry to the whole country, appropriately expanded the scope of the part of the modern service industry, and incorporate production and broadcast and publishment of radio, film, television works into pilot. Another is to expand pilot industries. Find a proper time to incorporate railway transport, post and telecommunication industries into the pilot scope. Strive to complete the reform of the change from business tax to value-added tax during the Twelfth Five-Year Plan.

3.6 The change from business tax to value-added tax increases burden

In order to solve the problem of double taxation in goods and services tax system and improve taxation system a step further, Shanghai pilot to change the business tax to value-added tax. But it is indicated in the report of Shanghai International Shipping Institute that the tax cuts effect of the change from business tax to value-added tax is not obvious. About half of the shipping companies burden more tax, mainly because the deductible items are fewer. Firstly, production equipment is the main cost of shipping companies, but investment in fixed assets purchased before January 1, 2012 cannot be deducted. Secondly, shipping industry is labor-intensive industries, labor costs accounts for about 20% of total cost, but salary paid to employees cannot be deducted. Thirdly, the cost of capital, toll fees, rent, and insurance premium cannot be deducted either.

For shipping companies, most of the main items of the costs cannot be deducted because of the change from business tax to value-added tax, while tax rates soars, thus the tax increases. According to the survey of China Shipping Prosperity, shipping enterprises which paid a higher tax accounted for 43.62% and only 12.77% of the enterprises relived their tax burden significantly; the proportion of port enterprises is 61.3% and 9.68% respectively, and the proportion of shipping service enterprises is 43.08% and 7.69% respectively.

3.7 The Baltic Exchange set up office in Shanghai

In mid-October, 2013, the Baltic Exchange, which is based in London, set up office in Shanghai. This is the first time to have entities office in China in its 269-year history.

There are three targets that the Baltic Exchange set up office in Shanghai. Firstly, close to the Chinese shipping market, absorb and serve its members. For example, increase the proportion of members from Asia from the original 10% to 15%, and then to about 25%. Secondly, popularize RMB-FFA business. The Baltic Exchange, Shanghai Clearing House and Shanghai Pudong Development Bank established a joint project team to introduce FFA into China and launch RMB-FFA products, in order to promote the participation of Chinese enterprises in FFA and avoid freight fluctuation risk, and raise the influence of FFA in the global shipping industry. Thirdly, consider more of the influence of China and Asia-Pacific when compile its shipping index in order to meet the needs of Asia-Pacific region.

By setting up a branch, on one hand, the Baltic Exchange can share its valuable management experience of shipping agency, shipping management, freight index, shipping freight derivatives with the Asia-Pacific region and the rapid developing China. On the other hand, it can promote the spread and development of the management idea, management rules and derivatives of high-end English shipping service in emerging market, and improve the radiation ability and influence.

The establishment of office of the Baltic Exchange in Shanghai will further improve the shipping service industry chain of Shanghai international shipping center, its high-end shipping service ability, gather shipping factors, international shipping organizations and institutions in Shanghai, and strengthen the influence of Shanghai in international shipping rules, freight trades and other aspects, so as to continuously enhance the influence and competitiveness of Shanghai in the international shipping industry. The construction of FTZ, especially a series of system innovation measures which may be launched in the future, provide a broader development space for the Baltic Exchange and other international shipping organizations and institutions.

3.8 Shanghai Center of the Baltic and International Maritime Council was set up

Chinese first private non-enterprise organizations set up by the international industry organization - Shanghai Center of the Baltic and International Maritime Council was founded in Pudong on February 25, 2013. The influence of Chinese shipping industry in formulating international shipping standards and trade rules is expected to be further strengthened.

The Baltic and International Maritime Council is the maker of all kinds of international shipping policy and the provider of practical shipping information. It is estimated that nearly three-quarters of the deals in current international shipping and related industries are using the standard contract and the terms made by the Baltic and International Maritime Council.

The establishment of Shanghai Center of the Baltic and International Maritime Council will bring greater accumulative effect to Shanghai shipping industry; strongly promote the soft power of Shanghai international shipping center; and achieve the transition of the pattern of economic development in the process of improving the allocation of resources capacity of Shanghai. With the aid of international influence of the Baltic and International Maritime Council, voice of Chinese shipping industry in the world shipping stage is expected to increase, especially in the aspects of the influence of formulation of international shipping standard and trade rules.

The center will base on China, provide the first-class international shipping service to international shipping enterprises and institutions, and strive to develop new business in the field such as shipping trade and shipping finance, etc.

3.9 The first Association of Oceanic Engineering was set up in Shanghai

The first Association of Oceanic Engineering was set up in Shanghai on June 8, 2013. This is the first self-discipline organization in the ocean engineering industry in Shanghai. The association created a new platform for the functional transformation of government, effective regulation of market and self-discipline management of industry.

The first Association of Oceanic Engineering is a professional, self-discipline and non-profit social organization voluntarily composed by related enterprises, public institutions, organizations and individuals engaged in the comprehensive management, production and construction, technical services, scientific research and education, and other relevant services in oceanic engineering field in Shanghai. The businesses of the Association include coordination of industry organizations, research on projects, consultation services, survey and statistics, professional training, assessment of achievement, cooperation and communication, achievements popularization, etc. The Association has 153 members, all the members are enterprises, public institutions and related organizations engaged in management, scientific research, planning, design, consultation, testing, construction and supervision of maritime engineering construction in Shanghai, and senior experts, administrative staffs in the field of oceanic engineering.

3.10 The Ministry of Transport canceled the seafarers exit certificate

The Maritime Safety Administration of the Ministry of Transport issued the *Notice of the Maritime Safety Administration of the Ministry of Transport on Canceling the Seafarers Exit Certificate* (Hai Chuan Yuan [2013] No. 827) on December 23, 2013. To facilitate seamen to exit the border, with the approval of the Bureau of Exit and Entry Administration of the Ministry of Public Security, the maritime administration institutions and units which have the right to issue Seafarers Exit Certificate no longer issue seafarers exit certificate since January 1, 2014. Frontier inspection station still checks the Seaman's Book but will no longer check the Exit Certificate for Seamen.

3.11 More than 800,000 shipping data released by China Shipping Database can be looked up in one website

China Shipping Database founded by Shanghai International Shipping Institute (SISI) was officially released and operated. By the end of October 2013, there were more than 800,000 data input into the database.

The database is the first domestic public service platform integrating statistics and information resources on shipping and port fields. The database aimed to provide one-stop data services such as data query and data analysis to government authorities, shipping companies, scientific research institutions and other kinds of users. At the same time, through the construction of information platform, SISI integrated web sites, databases, electronic journals, mobile news and other products to send online information, gaining widespread popularity by the industry.

Since its establishment, SISI participated in a series of argumentation and research of important projects on the construction of international shipping center of the state, the Ministry of Transport and Shanghai Municipal People's Government. SISI provided decision-making consultation and information services to government and domestic and foreign shipping companies and institutions. The institute have achieved some important results and have a strong influence at home and abroad. For example, SISI drafted more than 20 research reports for government, such as Promote the Construction of Shanghai International Shipping Center to resolve bottleneck issues on policy, system barriers and problems of practice and exploration. Some views and recommendations have been adopted by relevant departments of government and enterprises. SISI released many analysis reports such as *Shipping Market Analysis Report*, mined data of relevant economic indicators, monitored and predicted the development dynamics and trends of shipping industry, analyzed related hot issues on shipping, and compiled *China Shipping Policy Legal Report*.

3.12 Shanghai Municipal People's Government issued *Medium and Long-term Development Plan of Lingang Area*

Shanghai Municipal People's Government issued *Medium and Long-term Development Plan of Lingang Area* (the *Plan*) on May 2, 2013. According to the *Plan*, Lingang area will be built as the model base of national new industrialization industry and marine economy.

Lingang area is consisted of main urban area, heavy equipment park area, logistics park area, main industrial area, comprehensive area and Lingang Fengxian industrial area. Ligang area will focus on building function layout of "one axis, two zones, two cores, four areas" on the basis of the layout of "big industry and big living area" in the future.

One axis is the main axis of urban development. Along the Lingang avenue and No. 16 railway, emphasize on showing the style and features of urban construction, gathering main service facilities.

Two zones are the industrial development area and cultural development area. The industrial development area connects with center of heavy equipment area, Nicheng community, core area of main industrial area, Shuyuan community and comprehensive area. The industrial development area will focus on developing advanced manufacturing industry and production services. The cultural development area connects with comprehensive area, main urban area, inland area of Yangshan Bonded Port and Luchao Port community. The cultural development area will focus on providing thorough urban service functions.

Two cores are around Lingang Avenue station and Dishui Lake station, emphasize on developing producer services such as exhibition, finance, procurement, research and development of headquarters, etc. Focus on improving the service functions of the city, show atmosphere of livable city.

Four areas are main urban area, main industrial area, comprehensive area, heavy equipment park area and logistics park area. Main urban area provides core area with comprehensive and high quality service, focuses on developing consumer services industry and actively cultivates and develops related producer services industry such as shipping, financial and cultural creativity. Main industrial area is an important part of the high-end equipment manufacturing base in Shanghai. The area focuses on developing advanced manufacturing industry and strategic emerging industries. Comprehensive area focuses on taking full advantage of the high quality of ecological environment, actively cultivate and develop industries such as tourism, sports leisure, residence and creative research. Heavy equipment area and logistics area are the main part of the Shanghai high-end equipment manufacturing industry base, which mainly rely on the advanced manufacturing base and port, coastal resources to develop advanced manufacturing industry and strategic emerging industries, as well as related industry such a modern logistics services.

3.13 Visa department of Hengsha office of Chongming Maritime Safety Administration officially opened

In order to better maintain the safety of water area of Hengsha and facilitate the arrival and departure service of ships in Hengsha water area, with the authority of Chongming Maritime Safety Administration and recent preparation of Hengsha office, visa department of Hengsha office officially opened on October 23, 2013.

Through wide publicity to the ships and docks in the jurisdiction at early stage, on the morning of opening day, seamen came to visa department of Hengsha office to go through arrival and departure procedures. In the past, seamen only after getting a visa through complex processes in Changxing government affairs hall could entry and exit Dongtan dock of Hengsha. The open of visa department of Hengsha offices saves time and cost of seamen greatly.

3.14 Chongming Meteorological Administration cooperated with Chongming Maritime Safety Administration to make boat people benefit from maritime service

With the great help of Chongming Meteorological Administration, Hengsha office of Chongming Maritime Safety Administration installed automatic aerograph on November 12, 2013. Through the equipment, weather information can be received better. It can provide free, real-time, accurate and small scale navigation meteorological information for ships in jurisdiction area. By installing the automatic aerograph, level of monitoring disastrous weather in jurisdiction of Chongming Maritime Safety Administration can be improved. The administration can collect more accurate and timely scene data and information of dense fog, strong wind and other kinds of middle and small-scale disastrous weather, and then notify the crew, personnel working at sea and people related to water timely. So that it can meet the demand of safety of navigation and operation at sea, and make maritime service benefit every ship, boat and boat people in its jurisdiction.

4 Promotion of the Rule of Law in Shipping Industry

4.1 *The Reply of Supreme People's Court on Whether Small Claims Procedure Apply to Maritime Court* was enacted

The Reply of Supreme People's Court on Whether Small Claims Procedure

Apply to Maritime Court was enacted on May 27, 2013 on the 1538th conference of Supreme People's Court Judicial Committee, published on June 19 and implemented on June 26, 2013.

The Reply was enacted pursuant to the provisions of small claims procedure stipulated in summary procedure of *Civil Procedure Law* and Article 98 of *Maritime Procedure Law*, which stipulated that maritime court may apply summary procedure. The Reply stipulates that maritime court may apply small claims procedure to determine simple maritime cases. The Reply also stipulates that the amount of the object of action in small claims procedure should be less than 30% of the annual average wage of the employed in the last year in a province, autonomous region or municipality directly under the Central Government where the maritime court or its dispatched tribunal entertained the case located.

Article 162 of the *Civil Procedure Law* amended in 2012 stipulates that when the basic people's court or its dispatched tribunal tries simple civil cases specified in the first paragraph of Article 157, and the amount of the object of action in a case is less than 30% of the annual average wage of the employed in the last year in a province, autonomous region or municipality directly under the Central Government, the judgment of the first instance shall be final. The above provision provides the legal basis for the establishment of small claims procedure in China.

The small claims procedure applied to determine simple civil cases in which the facts are evident, the rights and obligations are clear and the dispute is minor, e. g. small debts dispute, labour dispute, neighborhood dispute and the protection of consumer rights and interests. The small claims procedure shall be considered as a kind of summary procedure, however, in small claims procedure, the judgment of the first instance is final, which is different from the summary procedure. The small claims procedure is more convenient than the summary procedure since it saves the parties' efforts, time and costs to engage in lodging and participating in the appeal.

Shanghai maritime court has formulated the "*Interim Measures of small claims procedure applicable to the Shanghai maritime court*". According to the Interim Measures, the small claims procedure may apply to six category of cases,

i. e. freight forwarding contract arrears disputes in which the rights and obligations are clear, freight disputes of contract of carriage of goods by sea in which the rights and obligations are clear, debt disputes related to ship materials and spare parts supply contract in which rights and obligations are clear, port operations in arrears dispute in which rights and obligations are clear, crew labor disputes in which the labour relationship is clear and the parties dispute the amount and time of payment of wages, work-related injury medical expenses, economic compensation and repatriation fee, salvage fee dispute in which the facts are evident. The Interim Measures also stipulates the circumstances where the small claims procedure shall not apply and where the parties agree to apply the procedure, the trial period, the method of trial, transformation of the procedure and adjudication supervision.

4.2 *The Announcement to Implement the Policy on Capacity Identification of Finance Leasing Ships* was published

To support the development of middle and small sized shipping enterprises, help enterprises to revitalize the ship assets and alleviate the pressure of the funds in response to the downturn in shipping situation, the Ministry of Transport published the *Announcement to Implement the Policy on Capacity Identification of Finance Leasing Ships* (the *Announcement*) in September, 2012 and would pilot for one year in Shanghai. According to effect of the policy, the Ministry of Transport determined to implement the policy nationwide after adjusting related contents in the *Announcement*. In the administration of international and domestic waterway transport business qualification, finance leasing ships which conform to the *Announcement* can be affirmed as self-owned capacity. The Ministry of Transport announced related events as follows:

(1) Finance leasing ship in the Announcement refers to a ship rent back by shipping company in finance leasing way after being sold by this company, which has obtained the qualification of international and domestic waterway transport.

(2) Lessors shall obtain finance leasing business qualification with the approval of relevant state departments in accordance with laws.

(3) Shipping company shall go through the ship transition procedures in the ship transaction service organization published by the Ministry of Transport when

they sell the ship, which has obtained the qualification of international and domestic waterway transport, to finance leasing company.

(4) When Shipping companies go through procedures of the identification of the own capacity should submit valid materials as follows:

a. Ship Ownership Registration Certificate, Ship Nationality Certificate, Ship Inspection Certificate and certificates required to confirm to safety, pollution prevention and classification in accordance with the relevant regulations of the finance leasing ship;

b. Finance leasing contract and Finance Leasing Qualifications Certificate of the lessor;

c. Vessel Transport Business License or Record Certificate of International Maritime Transport Ship and transaction documents issued by ship transaction institutions;

d. The authority to identify the self-own capacity of shipping enterprises is same with the administrative authority of the international and domestic waterway transport qualification.

4.3 The Ministry of Transport cleared and normalized water-related charges of companies and canceled four classes of supervision fee

On August 29, 2013, the Ministry of Transport announced to normalize water-related charges of companies in press conference that the Ministry of Transport would cancel, or exempt 10 specific charging items in 7 classes of administrative charges, cancel or suspend to charge 4 classes of supervision service fees.

There are three main categories of charging items in this specific clearing and normalization work.

One is administrative charges imposed by navigation, port and waterway administration departments and maritime safety administration departments. During this specific clearing and normalization work, the Ministry of Transport canceled and exempted 10 specific charging items in 7 classes of administrative charges in all. For example, visa fee for ship certification, oil sewage assay fee, maritime conciliation fee, oil slick recycle fee, etc.

And one is supervision service charge. It refers to fees paid by shipping companies and operating vessels to purchase service from non-governmental third party in order to meet requirements of international conventions, laws and regulations on the safety supervision and pollution prevention on water. During this specific clearing and normalization work, 4 classes of supervision service fees were canceled or suspended to charge.

The last one is operating service charge. It refers to fees that port enterprises collect from shipping companies, operating vessels and cargo in accordance with the *Regulations on Collection of Port Charges of the People's Republic of China*. During this specific clearing and normalization work, the Ministry of Transport issued the *Work Plan of Promotion of Sunshine Pilotage to Upgrade Service Level* to normalize pilot charges and upgrade service level of pilotage, normalize fees of ship transaction service institution, and separate ship trade service fee from transaction price of ship. As a result, ship trade service fee was changed to collect a fixed amount per trade.

Meanwhile, transfer of ownership of vessels between shipping companies and their wholly-owned subsidiaries or holding subsidiaries because of asset allocation, and change of ownership arising from merge and reorganization of enterprises don't need to deal in the ship transaction service institution. What's more, strengthen the regulation of shipping agency market, supervision and inspection, and put an end to domestic trade compulsory agency of domestic trade of vessel.

4.4 Haihongda which sank in August was salvaged and the time bomb in the waterway was eliminated

Shanghai Salvage Company overcame obstacles and finally salvaged main deck of cabin of Haihongda out of the water through 63 days, which sank in August. The "time bomb" in waterway of Yangtze River was eventually eliminated.

On August 7, 2013, early in the morning, Haihongda bulk ship which loaded 13,500 tons of iron ore collided with a foreign vessel when she sailed in water area near Nancao buoy light in Yangtze waterway, then Haihongda sank after the hull damaged. Water area near Nancao buoy light has always been the hub of waterway, it is the only way which must be passed when vessels enter and exit the Yangtze River. The wreck seriously threatened the navigation safety and water environment of Yangtze River waterway. 120 staffs of Shanghai Salvage Company went through continuous operation for more than two months and finally finished goods salvage, oil extraction and underwater cut of wreck chain, etc.

4.5 The Ministry of Agriculture: personal building or purchase of fishing vessels used to engage in deep-sea fishery is prohibited

On September 3, 2013, the general office of the Ministry of Agriculture issued the *Notification on Further Improving the Management of Update and Construction of Deep-sea Fishing Vessels* (the *Notification*). The *Notification* cleared that personal building or purchase of fishing vessels is no longer approved to engage in deep-sea fishery by way of agent or affiliation.

The *Notification* requires fishery authorities of each province (district, city) and related departments to carry out related spirit and requirement of *Several Opinions of the State Council on Promoting Sustainable and Sound Development of Marine Fishery* (Guo Fa No. 11), video and telephone conference of the State Council on construction of national modern fishery and the *Opinions of the Ministry of Agriculture on Promoting Sustained and Sound Development of Marine Fishery* (Nong Yu Fa No. 30) to accelerate the promotion of upgrade of old ocean fishing vessels, improve equipment level of ocean fishing vessels, and do well of the work to update, construct and manage deep-sea fishing vessels.

Considering the influence of factors such as fish quota of international organizations and some fishing country, fishery resources, marketing, etc, except the replacement of old vessels, the *Notification* stipulates that newbuilding applications of vessels netting tuna, squid, saury, high seas trawl, high seas purse seine and Indonesia Arafura Sea operating fishing vessels will no longer be approved nationwide. In the aspect of the operating type, the *Notification* clears that operating fishery vessels with dual trawl, single vessel large-scale purse seine with light and capsule and fishing vessels restricted or prohibited to engage in fishery industry by the international organizations and the fishing governments will no longer to be approved to build. The *Notification* stipulates that wooden fishing vessels and steel wire gauze concrete fishing vessels will no longer be approved to build or purchase. Meanwhile, it is provided in the *Notification* that neither personal building nor purchase of fishing vessels engaged in deep-sea fishery nor agent or affiliation will be approved.

The *Notification* stipulates that, in principle, old fishing vessels replaced by new-built deep-sea fishing vessels should sail back to China and be disposed by the form of scrapping, destructing, or being used as artificial reefs. In addition, the procedure and related requirements of upgrade and construction are stipulated clearly. It is required to strengthen the supervision of fishery administrative department of each province (district, city) and expose corresponding punishment to enterprises which scrap vessels against the stipulations or conceal, falsely report relevant information.

4.6 Judicial review of the Supreme People's Court on arbitration cases

Disputes over the jurisdiction of CIETAC stemmed from renaming south branch of China International Economic and Trade Arbitration Commission as South China International Economic and Trade Arbitration Commission on October 22, 2012, and using the name of Shenzhen Court of International Arbitration meanwhile. Shanghai branch of China International Economic and Trade Arbitration Commission renamed as Shanghai International Economic and Trade Arbitration Commission and used the name of Shanghai International Arbitration Court meanwhile. The change of name can help the parties to make a clear choice of arbitration commissions in arbitration clause in the future. But the renaming didn't eliminate the influence arising from disputes of the jurisdiction among the three trade arbitration commissions.

Since 2013, cases that the parties applied to court to rule not to enforce the awards which was issued by related arbitration commissions have appeared in Jiangsu, Zhejiang and other places. The inconformity of the ruling made by local courts caused the parties concerned to worry about disputes over the jurisdiction of three trade arbitration commissions and the standard of court judgment.

The Notification of Supreme People's Court on Issues in the Trial of Cases Concerning Judicial Review (Fa [2013] No. 194) was issued on September 4, 2013, stipulates that local courts should adopt step-by-step report system, which aims at unifying the standard of judgment and providing the parties with clear direction, in cases concerning validity of the arbitration agreements caused by disputes over jurisdiction of the three trade arbitration commissions mentioned above and revoking or refusing to enforce arbitration awards.

4.7 Shanghai Maritime Court held the first auction of ship in Lianyungang

Shanghai Maritime Court held the first auction of ship Kaidian in Lianyungang dispatched tribunal at the afternoon of June 26, 2013. In order to ensure the auction to go on wheels, Lianyungang dispatched tribunal had made full preparations, the executive bureau guided at the scene and the office broadcast the auction through platform of weibo.

4.8 Henna, a Chinese luxurious cruise ship, was detained in Korea

During the process of shipping legal system construction, Chinese laws and judiciary continuously conflict with foreign laws and judicial practices. The detention of Henna is a typical case.

On September 14, 2013, Henna, the first China luxury cruise in mainland, was detained by Cheju local court of South Korea. Henna is a business cruise used for travel and operated by HNA Tourism Co., Ltd. She is the most luxurious cruise ship in China. Henna was to departure from Cheju, South Korea to Incheon at local time 16: 00, September 13, but Cheju local court detained the cruise at the time of departure for the legal dispute between Shagang Shipping Co., Ltd which is owned by Jiangsu Shagang Group and HNA Tourism Co., Ltd. Shagang Shipping Co., Ltd applied to Cheju local court, then the court detained the cruise. Economic disputes between the two companies finally led to more than 2,300 people detained in South Korea, among which 1,659 people were tourists from China. In the end, the shipping company which owned Henna submitted a deposit about KRW 3 billion (RMB 16.9 million) to the creditors so that Henna could leave the port.

4.9 Shanghai Maritime Safety Administration completed the first salvage and clean-up work of ocean going vessels

In the mid-night of March 19, 2013, ship CMA CGM Florida collided with another foreign vessel 124 nautical miles away from the light vessel of Yangtze River estuary and resulted in the flood of the fourth and fifth cabin and the massive oil leakage.

After the accident, Shanghai Maritime Search and Rescue Center immediately started first-level response, organized the force of maritime, salvage, clean-up, and coordinated 7 kiloton class vessels and air patrol helicopters, professional rescue helicopters to rush to the scene of the accident and started the rescue and clean-up work. Meanwhile, Shanghai Maritime Search and Rescue Center set up a panel consisted of experts from classification society, ship navigation safety experts and pollution prevention experts to comprehensively evaluate the damage of vessels and the condition of the sea. To make great efforts to eliminate the oil leakage pollution caused by vessels on the waters where she passed, a fleet consisted of more than 10 sea patrol boats, rescue ships and clean-up ships navigated uninterrupted with CMA CGM Florida vessel. CMA CGM Florida vessel sailed slowly and the clean-up ships sailed behind to collect fuel spilling from the damaged cabins.

At 12:15, March 27, CMA CGM Florida which was collided and damaged in water area of East China Sea, was escorted by the fleet consisted of more than 10 sea patrol boats, professional rescue ships and clean-up ships, and successfully moored in Shanghai Yangshan Dock. This is the first salvage and clean-up work of ocean going vessels organized and carried out by Chinese maritime department.

As the satellite cloud pictures and diffusion model of oil spill provided by Yantai Oil Spilling Center of Maritime Safety Administration and other units and the monitoring results provided by fixed wing aircraft and helicopters dispatched by maritime departments have closely monitored the trend of oil pollution diffusion, there was not much oil in the scene and apparent pollution in water area where CMA CGM Florida passed. Maritime departments have investigated the accident and started the claims related to oil pollution.

4.10 Effective emergency measures of Donghai Rescue Bureau of the Ministry of Transport

In 2013, Donghai Rescue Bureau successfully salvaged dozens of domestic and foreign vessels according to the laws and regulations on salvage and emergency measures made by itself. For example, Donghai Rescue Bureau successfully saved Anyanghe, a Cambodian cargo ship, which floated at sea because of breakdown, and 9 seamen in the vessel on December 2 to 4, 2013 in water area near the Jigu Reef in Yangtze River estuary.

In the morning of December 2, Donghai Rescue Bureau received a report that Anyanghe, a Cambodia cargo ship, which carried more than 800 tons of scrap iron and steel, during the voyage from Pyeongtaek to Taizhou, Zhejiang, was out of control and floated at sea because of marine engine breakdown at the place about 70 nautical miles northeast away from Jigu Reef in Yangtze River estuary, and 9 seamen were in danger.

After receiving the report, Donghai Rescue Bureau dispatched No. 196 vessel to rescue. The salvage ship sailed at full speed for more than 10 hours, arrived at the scene and found the cargo ships in distress about 7 nautical miles southwest away from the accident position. After assessing the safety of sea condition on the spot, No. 196 vessel decisively started to tow the cargo ship in distress and overcame the bad influence of astronomical tide. Through 20 consecutive hours' arduous towing, Anyanghe was safely towed to Jintang anchorage ground at 4: 00 a. m. , and nine seamen in distress were rescued.

For another example, on December 6, 2013, due to the rare haze weather, MV XIUMEI TIANJIN, a Korean container ship, collided with JIA LI HAI, a Panamanian cargo ship carrying 67,000 tons of ore, in No. 1 alert area of deep navigation channel between Ningbo and Zhoushan. The engine room and the cargo hold of ship JIA LI HAI were taking in water. There were a total of 46 people in distress. The accident seriously endangered the navigation safety of the deep water channel between Ningbo and Zhoushan.

After receiving the assistance information, Donghai Rescue Bureau immediately dispatched No. 117 Donghai rescue vessel, which was on call at Zhejiang sea area, to rescue. After arriving at the scene, JIA LI HAI was assisted to navigate by 4 tugs, MV XIUMEI TIANJIN obliquely inserted in the stern of JIA LI HAI, and the situation was in an emergency. No. 117 Donghai rescue vessel immediately conducted towing operation on the ship in distress and towed the ship in distress slowly to the shoal waters near Mashi anchorage. After towing for more than 2 hours, the ship arrived at the shoal waters of Mashi anchorage, Zhejiang and sat in the beach safely. A total of 46 crews in distress were successfully out of danger.

4.11 Shanghai carried out its first land and sea emergency drill

On June 7, 2013 at 9: 30 a.m., Thunder, the first land and sea emergency drill operation kicked off. It means strict law enforcement and serious action will be taken against pollution to the land and water areas in grass, sand and water resource conservation area.

In recent years, most construction wastes generated in the process of city construction are disposed in way of outward transport with high costs. Some lawless person risk making a reckless move to dump construction wastes in the Yangtze River estuary for considerable ill-gotten profits. It seriously affects the protection of grass, sand and water resource, and harms the safety of deep-water channel and ship navigation in Yangtze River basin.

To protect the security of Yangtze River deep water channel, improve the emergency disposal ability of law enforcement of Shanghai ocean environmental protection, and enhance the level of joint law enforcement of land, sea and air, Shanghai team of China Marine Surveillance, the marine department of Chongming Maritime Safety Administration, the navigation management department of the Yangtze Estuary Waterway Management Administration, the water patrol police detachment of Shanghai branch of the Yangtze River Shipping Public Security Bureau and Shanghai Ocean Environmental Monitoring and Prediction Center conducted joint law enforcement and emergency drill of ocean environmental protection for the first time in waters area near Changxing Island grass, sand and water resource conservation area of Shanghai, centralized control and formed the long-term mechanism of joint law enforcement.

According to introduction, police aviation team of Shanghai Public Security Bureau often patrol over this water areas. If the team finds illegal activities, they will promptly notify the marine surveillance and fight illegal acts such as dumping waste soil and other wastes.

4.12 Effect of legal services in China (Shanghai) Pilot Free Trade Zone

China (Shanghai) Pilot Free Trade Zone (FTZ) was officially operated on September 29, 2013. This symbolized official launch of the pilot FTZ.

The inauguration of China (Shanghai) Pilot Trade Zone Arbitration Commission created a good law atmosphere for FTZ by providing arbitration and legal services of convenient arbitration consultation, filing cases, opening court session and trial of cases. Lawyers can take part in business of commercial arbitration more actively and broaden business scope. Predictably, whether drafting legal documents to set up a company, drawing up business contracts, dealing with disputes in the FTZ all needs the help of legal services. Objectively, it greatly rises the demand of professional legal services or legal safeguard, such as lawyers, notarization, mediation and arbitration.

From the reality, the FTZ may involve some new businesses and adopt new practices. When the law relatively lags behind, a lawyer needs to help enterprises to create a more feasible framework, formulate specific contract and supporting documents, such as financial derivatives business, commodity trade between non-import and export enterprises and enterprises outside the FTZ, financing lease business, offshore finance and offshore trade. In addition, some businesses are restricted in a certain level, such as value-added telecom, domestic market sales of recreational equipment, engineering design and places of entertainment management. Some of the parties may not understand the laws and regulations of these businesses, so the lawyer should utilize professional expertise to provide the parties with legal advice, legal documents formulation, legal evaluation, etc.

5 Shipping Talents Service

5.1 Shanghai Maritime University became Decision-making and Consulting Research Base

The Development Research Center of Shanghai Municipal People's Government founded the Decision-making and Consulting Research Base and set up SMU sub-center of Shanghai Social Investigation and Research Center in the base on January 22, 2013.

This research base sticks to the basic principle of demand-oriented, all-round opening, deeply integrated and innovation-driven. The aim is to settle the theoretical and practical problems in the process of construction of Shanghai international shipping center and struggle to become think tank, information bank, talent pool and brain trust.

5.2 Shanghai Maritime Safety Administration and Fudan University signed a strategic cooperation agreement

Shanghai Maritime Safety Administration signed a cooperation agreement with Fudan University in Guanghua building of Fudan University on April 11, 2013, which marks the official start of a long-term, close and stable partnership. On this ceremony, Professor LIN Shangli, the vice-president of Fudan University, said that they would cooperate with Shanghai Maritime Safety Administration in ocean strategy, ocean policy, ocean safety and other aspects closely, and establish an open research and cooperation platform for Shanghai, China or even the whole world.

Director XU Guoyi pointed out that the parties had a good foundation for cooperation. They had same development vision and practical needs of deeper cooperation, better communication and win-win situation. With this cooperation platform and their own advantages, both parties should carry out close cooperation in the aspects of supporting performance of functions in accordance with the law in maritime field, serving local economy development of Shanghai, promoting the national marine development strategy and so on.

Afterwards, leaders and experts presented in this meeting, delivered key speeches and discussed freely about maintaining maritime transport safety, protecting ocean environment, performing maritime international conventions, domestic maritime legislation and other issues.

The strategic cooperation between Shanghai Maritime Safety Administration and Fudan University would integrate the practical experiences in maritime management and theoretical research of institutions of higher learning to further explore the time connotation of marine power strategy, focus on establishing and improving the communication mechanism and carry out researches with different emphases to form a system with rich achievements, and work hard to provide effective policy suggestions for the development of marine industry of our country. Consequently, with mutual efforts, an oceanic research center with Shanghai characteristics and national mode would be created.

5.3 World Maritime University launched senior training courses for shipping finance in Shanghai initially

The first senior training courses for shipping finance opened in Shanghai by

World Maritime University and Shanghai Maritime University on May 31, 2013.

According to available information, the teaching staffs are consisted of world-famous experts and scholars in shipping finance research field which represented the highest level of international shipping finance education in the world. The first batch of trainees were senior management staffs from COSCO, China shipping, Shanghai Pudong Development Bank and other shipping enterprises and financing institutions. During this seven-month course, each expert lectured around one theme every month. All the courses were well planned to improve practical work ability. During the period, experts in the field at home and abroad delivered speeches.

To make the trainees accomplish the courses better, Shanghai Maritime University assigned a young teacher with a PhD and oversea education background as teaching assistants for every expert. Thus, both the teachers and trainees could proceed successfully.

5.4 Shanghai Construction and Transport Commission and Shanghai Maritime University signed a strategic cooperation agreement

Shanghai Construction and Transport Commission signed strategic cooperation agreement with Shanghai Maritime University on June 18, 2013.

Shanghai Construction and Transport Commission suggested that a lot of achievements had been made in the construction of international shipping center, but there was still great space and large potential to construct China to be a powerful country in the shipping field and construct Shanghai as an international shipping center, and all kinds of shipping talents and knowledge services were still in enormous demand. Preponderant disciplines and characteristic majors of Shanghai Maritime University, which have high correlation with construction of Shanghai international shipping center, strongly support talents cultivation and knowledge services.

This strategic cooperation agreement helped to improve the decision-making ability of the Shanghai Construction and Transport Commission and research ability and innovation ability of Shanghai Maritime University. Both parties would promote construction of Shanghai international shipping center, the soft power of shipping industry and the discourse power of Shanghai in international shipping industry with mutual efforts.

5.5 International Maritime Lecturers Association Shanghai Center was inaugurated

International Maritime Lecturers Association Shanghai center was officially inaugurated on December 3, 2013. This was the fourth heavyweight international shipping function institute which set their long-term development base in Shanghai after BIMCO, Baltic Shipping Exchange and American Club.

International Maritime Lecturers Association is an official advisory institute of International Maritime Organization (IMO). It is one of the most important and influential academic institute in the international maritime educational circles at present. This organization devotes to researches on maritime education and training. It also participates in drafting, revising and discussing decision-making documents of IMO and has important right to speak throughout the process. The establishment of International Maritime Lecturers Association Shanghai Center demonstrated the position and strength of higher maritime education in China. It will have a profound effect on the development of Chinese shipping industry and the construction of Shanghai international shipping center.

5.6 Shanghai Advanced International Shipping Academy was set up

Shanghai Advanced International Shipping Academy with the aim to cultivate think tank of high-level shipping service talents was set up in Shanghai Maritime University on December 6, 2013.

As an important strategy to cultivate senior management talents in shipping service industry and support the construction of Shanghai international shipping center, Shanghai Maritime University had prepared to establish Shanghai advanced international shipping school since November, 2013. Up to now, this school had communicated and signed teaching and cooperating agreements with professors from University of Cambridge, Cass Business School of London City University, Maritime Research Institute of Greenwich University, Southampton University, University of Plymouth and other international well-known universities.

This school set master and doctorate courses on shipping finance, cruise management, international shipping management, shipping logistics, shipping law and management and other related majors. It aimed to cultivate education brand of shipping finance leading at home and also famous in the world.

As the only EMBA education base of shipping finance, the school will fully use the location advantage of Shanghai and the opportunity of construction of Shanghai international shipping center to become an influential high-level shipping talents output base with the characteristics of high-end, internationalized, open-type, and service-oriented in order to satisfy the demand of the construction of Shanghai international shipping center and help Shanghai to form high quality and efficient environment for modern shipping finance services.

6 Exchanges and Meetings

6.1 International Forum on Arbitration in Difficult Market Times was held successfully by London Maritime Arbitrators Association and Shanghai International Shipping Institute

On April 15, 2013, London Maritime Arbitrators Association (LMAA) and Shanghai International Shipping Institute (SISI) held the international forumon Arbitration in Difficult Market Times successfully in Shanghai.

CHRIS FYANS, the president of LMAA, IAN GAUNT, the secretary-general of LMAA and CLIVE ASTON, committee member of LMAA, made personal appearance in Shanghai and made four keynote speeches based on the international maritime cases arbitrated by them. They answered questions from shipping enterprises in China, especially shipbuilding companies, and showed the strength and charm of LMAA. More specifically, the keynote speeches included:

(1) Inspiration brought by the historical development of LMAA and its contribution to current dispute settlement mechanism for shipping industry.

(2) Recent time charter cases reflecting this difficult market times.

(3) Issues in shipbuilding contract disputes.

(4) Practical advice for arbitration in difficult market times.

More than 230 participants, coming from 23 countries attended this forum. During the forum, senior arbitrators from LMAA fully communicated with participants and answered their questions.

This meeting was an achievement of Memorandum of Cooperation signed by LMAA, SISI and Shanghai Arbitration Committee. It represented the contribution of SISI to improve soft environment of Shanghai as an international shipping center.

6.2 The Annual Meeting of the Maritime Judicial Theory Specialized Committee of China Society for Judicial Theory & the Seminar of Modern Maritime Economy Development and Maritime Judicial Service Security was held in Shanghai

On June 28, 2013, the annual meeting of Maritime Judicial Theory Specialized Committee of China Society for Judicial Theory and the seminar of Modern Maritime Economy Development and Maritime Judicial Service Security was held in Shanghai. JIANG Bixin, the vice president of the Supreme People's Court and the vice chairman of China Society for Judicial Theory, attended the meeting and delivered a speech. JIANG Ping, the vice mayor of Shanghai, the acting dean of Shanghai Prime People's Court; CUI Yadong, the director of Maritime Judicial Theory Specialized Committee of China Society for Judicial Theory; SUN Youhai, the superintendent of China Application Law Institute and the secretary-general of China Society for Judicial Theory, attended the meeting and made speeches. At the meeting, YING Xinlong, the president of Shanghai Maritime Court and the vice director of Maritime Judicial Theory Specialized Committee, announced the decision to reward the award-winning papers and the award ceremony was held after that. The representatives from the national maritime trial system and experts of maritime law research discussed the issues, including shipping trade innovation and maritime judicial regulation, marine ecological construction and maritime judicial protection, and innovation and improvement of maritime disputes settlement mechanism. In the end, WANG Yanjun, the vice chief judge of the forth civil division of the Supreme People's Court and the director of the Maritime Judicial Theory Specialized Committee of China Society for Judicial Theory made a conclusion for this meeting.

6.3 The Fourth Forum on International Shipping Strategy Development & Lujiazui Shipping Forum 2013 was held

The Fourth Forum on International Shipping Strategy Development & Lujiazui Shipping Forum 2013 was held on September 16, 2013. There were more than 800 participants coming from China, British, America, Singapore, Norway, Switzerland, German, Greece, Korea, Brazil, Nigeria, Japan, Panama, Canada, Bangladesh, Turkey, Indonesia, Columbia, Canada, Russia and Italy.

The agenda in the afternoon of September 16 focused on the shipping service industry and shipping risk management. Advice and suggestions on the construction of Shanghai international shipping center were put forward through contrastive analysis and research on policy and environment of major shipping centers in the world. The forum provided customers in this industry with an important tool for risk management on the basis of the research and analysis on BDI indexes and the transaction of FFA. The agenda on September 17 and 18 revolved around expectation of shipping industry, new opportunities for new markets and shipping finance.

6.4 The exchange meeting on the shipping statistic work of main areas in Yangtze River basin

On May 29 and 30, 2013, Shanghai Municipal Statistics Bureau organized the exchange meeting on the shipping statistic work of main areas in Yangtze River basin. Representatives from the Service Industry Department of the State Statistics Bureau, Shanghai International Shipping Center Construction Promotion Office, the Bureau of Statistics of Jiangsu, Zhejiang, Hubei, Chongqing, the Department of Transportation and Shanghai Bureau of Port attended this meeting.

At this meeting, the Transport and Industry Department of the Municipal Bureau of Statistics introduced the proceeding situation of statistical work concerning construction of Shanghai international shipping center. Delegates attending to this meeting from different provinces and cities shared their working status and experience in terms of shipping statistics. They gave suggestions to improve shipping statistics information exchange mechanism of main areas of Yangtze River basin. The Service Industry Division of the Municipal Bureau of Statistics, Shanghai International Shipping Center Construction Promotion Office and other relevant departments spoke highly of the statistics work in the process of construction of Shanghai international shipping center and the shipping statistics information exchange mechanism of main areas of Yangtze River basin.

They pointedout that this was an important innovation for the State Statistics Bureau to adapt to economic transition in China. It was pretty meaningful to the construction of Shanghai international shipping center, serving the regional economy in Yangtze River basin; improving statistical methods and systems in national transportation field.

The meeting symbolized that information exchange mechanism in major areas of Yangtze River basin had already been established.

6.5 Shanghai Public Security Bureau, Shanghai Justice Bureau and Shanghai Lawyers Association signed a cooperation framework agreement

On June 13, 2013, Shanghai Public Security Bureau, Shanghai Justice Bureau and Shanghai Lawyers Association held the signing ceremony for the cooperation framework agreement & the annual tripartite coordination meeting 2013 in Shanghai Lawyers Association.

At the meeting, three parties mentioned above signed a cooperation framework agreement. The aim was to regulate the behavior of lawyers, protect rights that lawyers have, further improve law enforcement ability of public security organs, guarantee normal operation of criminal lawsuit activity, and actively practice the work philosophy that innovate management mechanism of the public security organs. According to this agreement, Shanghai Public Security Bureau and Shanghai Lawyers Association could communicate with each other for hot, difficult and new issues on common concerns related to law implementation, significant policy, social management and others aspects each year in due time. They would carry out investigations and studies together and hold unscheduled work meetings when necessary. They employed police officers as consultants to safeguard the legal rights of practicing lawyers and appointed lawyers as supervisors for the law enforcement work of public security organs. They would try to establish linkage processing mechanism of local district (county) lawyers working committees and local district (county) public security sub-bureaus to protect lawyers' personal rights. The municipal public security bureau and the municipal lawyer association should norm and guarantee all the legal rights of lawyers in criminal lawsuit activities.

Good environment of rule of law cannot be separated from the joint efforts of police, courts, procurations, justice bureaus and lawyers. The cooperation framework agreement achieved the goal that establishing an overall platform for lawyers association, the municipal public prosecution and police force to communicate and cooperate at the organizational level. It laid solid foundation for the lawyers association to carry out related work and better serve the rule of law and the society.

Several mechanisms confirmed in the agreement helped to guarantee the rights of lawyers and helped the public security organs to undertake due obligations of social and public management and public service. It has a positive significance on the implementation of the law, protection of legal rights and interests of the parties concerned, as well as construction of an effective and fair judicial environment.

6.6 Shanghai Law Society held Shanghai Shipping Law Forum 2013

Shanghai Shipping Law Forum 2013 was held in Pine City Hotel on July 2, 2013, in order to coordinate the construction of Shanghai international shipping center, research and resolve major and difficult legal issues during this process. More than 200 specialists and experts from local law colleges, judicial and administrative departments, shipping enterprises and legal service institutes attended this forum.

Shanghai Shipping Law Forum 2013 was held by Shanghai Law Society and the theme was legal system construction during the internationalization process of Shanghai international shipping center. Major issues in this forum included issues on policy and law, and legal practices during the construction of Shanghai international shipping center.

Six guests presented their opinions upon hot topics of the rule of law in shipping field which included legal status of base airlines, the construction of international shipping center, comparison of the tax systems of shipping agencies in four major cities in the world, several legal issues on the development of cruise economy, legal confusion and response in the practice of freight forward enterprises, balance between protection of rights and interests of tourists and maintenance of safety and order of shipping industry, and improvement of maritime preservation system to help the construction of shipping center.

YU Shicheng, the secretary of Shanghai Maritime University, indicated that the construction of Shanghai international shipping center needed to modify and improve related laws and regulations as well as reserve talents, including judges, lawyers, and arbitrators who have a good knowledge of foreign languages and laws, and specialists and scholars with international influence. All these elements determine the legal environment construction of Shanghai international shipping center was a long-term cumulative process. Lots of work need to be done in this process.

6.7 Labour Legislation of Hong Kong Seafarers Forum was held in Shanghai

The Hong Kong Seamen's Union, China Maritime Arbitration Committee Shanghai branch, Dalian International Maritime Service Co., Ltd. and Huayang Maritime Center jointly held the Labour Legislation of Hong Kong Seafarers Forum in Shanghai on December 20, 2013. More than 80 delegates from maritime safety administrations, seamen's unions, crew manning agencies, scholars of colleges and universities and maritime lawyers attended this meeting. Liaison Office of the Central People's Government in the Hong Kong Special Administrative Region also sent their representatives.

With the economy developing, shipping cluster centers like London and Hong Kong can hardly find enough local seafarers. Seafarers from mainland China begin to join and expand the seafarer's team of Hong Kong which had a good tradition. Hong Kong seafarers have very close relationship with mainland China.

According to statistics, China has become the top one seafarer export country in the world; however, the social status of seafarers is unsatisfactory in recent years. Seafarers have gradually become vulnerable groups. Their legal interests should be protected urgently. Shanghai, as an important place for seaman exportation, takes up the heavy responsibility to fulfill the national strategy of international shipping center construction. Protecting legal interests of seafarers and providing seafarers with glorious and decent work condition have become an important aspect of international shipping center construction.

In 2013, Hong Kong Seamen's Union signed a cooperation agreement with China Maritime Arbitration Committee Shanghai branch in order to promote the settlement of labor disputes of Hong Kong seafarers, including submitting labor disputes of foreign crew in Hong Kong to Shanghai maritime arbitration, provide dispute settlement mechanism for seafarers, promote soft environment of Shanghai international shipping center and expand the influence of Shanghai maritime arbitration. This cooperation mode set a good model of active cooperation between Shanghai and Hong Kong. Hong Kong Seamen's Union will have further cooperation with Shanghai maritime arbitration to provide seafarers from mainland China with more job opportunities. Direct recruitment of seafarers will be available in Shanghai based on the negative list of Shanghai Pilot Free Trade Zone.

Thus, the Forum is of great importance to have some insight into *Maritime Labor Convention 2006* (*MLC 2006*) and *Hong Kong Seamen's Labour Law* as well as protects the legal interests of all Chinese seafarers impartially.

6.8 The eighth enlarging meeting of Expert Consultation Committee of Shanghai Maritime Arbitration Institution was held

The eighth enlarging meeting of Expert Consultation Committee of Shanghai Maritime Arbitration Institution was successfully held on September 5, 2013. In the meeting, CAI Hongda, the secretary-general of China Maritime Arbitration Commission Shanghai branch, reported the work of China Maritime Arbitration Commission Shanghai branch from January to August in 2013. Experts presenting at the meeting discussed about the function of China (Shanghai) Pilot Free Trade Zone heatedly, the work of drafting standard contract, main focus and arrangements of Shanghai Maritime Arbitration Institution in the second half of 2013.

Experts held that China Maritime Arbitration Commission had a brilliant future in the establishment of China (Shanghai) Pilot Free Trade Zone and still needed to innovate actively. They affirmed the work on drafting Series of Standard Shipping Contracts (Shanghai form) and suggested that China Maritime Arbitration Commission quicken the research and formulation of the second vision. They also commended the achievement in connection of lawsuit and intermediation of China Maritime Arbitration Commission Shanghai branch. They recommended that China Maritime Arbitration Commission should insist institutional innovation.

According to this meeting, up to August 31, 2013, China Maritime Arbitration Commission Shanghai branch had accepted 71 cases in all and the amount of money in disputes was RMB 833 million. There were 21 foreign-related cases, involving 11 countries and region including Canada, Japan, Singapore, USA, Hong Kong, Indonesia, Vietnam, German and Liberia. Among them, 12 cases related to maritime tort disputes and 59 cases involved with maritime contract disputes. Totally, 30 cases had been settled.

Shanghai Maritime Court sent 32 cases in connection of lawsuit and intermediation to China Maritime Arbitration Commission Shanghai branch. Among these, 19 cases were concluded and 14 cases were intermediated successfully, the success rate was 74%. The increased rate of cases in connection of lawsuit and intermediation was obvious.

6.9 *The Detailed Rules for Implementation of Regulations on Levy and Usage of Marine Oil Pollution Compensation Fund* Forum was held

The Ministry of Transport held a forum on the *Detailed Rules for the Implementation of Regulations for Levy and Usage of Marine Oil Pollution Compensation Fund* (*draft*) (the *Detailed Rules*) on October 12, 2013 in Shanghai. More than 30 representatives from major domestic oil companies, shipping enterprises, insurance companies, maritime universities and colleges and legal profession attended the forum. They listened to suggestions from related institutions and departments in order to further perfect the Regulations.

Since 2010, the *Regulations on Administration of Prevention and Control of Pollution to the Marine Environment by Vessels* and related orders of the Ministry of Transport have been issued. It means the legal system of administration of prevention and control of pollution in our country had been founded, which is composed with prevention, harness and compensation. With implementation of the *Regulations for Levy and Usage of Marine Oil Pollution Compensation Fund of the Ministry of Finance and the Ministry of Transport*, marine oil pollution compensation fund system as the last element of this system, began to operate initially. In order to implement and carry out these regulations and further standardize the levy and usage of marine oil pollution compensation fund, the Ministry of Finance and the Ministry of Transport drafted the *Detailed Rules for the Implementation of Regulations for Levy and Usage of Marine Oil Pollution Compensation Fund* with consideration of opinions from all walks of life.

In this forum, members of the drafting group gave a brief introduction of the drafting process and major contents of the *Detailed Rules*. Representatives gave practical advice on clearly defining scope of persistent oil loaded on ships and specific duty-free circumstances, avoiding collecting funds repeatedly from the same cargo owner, refining compensation scope and standards, granting basic rights and obligations of claimants, and clearing civil status of claims settlement agencies. With the collective efforts of all the participants, the *Detailed Rules* have been revised and improved in all directions.

The advice and suggestions from representatives had important referential meaning for the improvement of the *Detailed Rules*. The Ministry of Finance and the Ministry of Transport would further revise the *Detailed Rules* so that it could be implemented as soon as possible.

6.10 Chinese Port and Shipping Development Forum paid close attention to cooperation and transformation

Chinese Port and Shipping Development Forum was held on October 30, 2013, and its subject terms were transformation and cooperation. More than 400 world famous ports and shipping entrepreneurs, senior executives and elites of major domestic ports and shipping groups, along with experts from authoritative port and shipping research institutes gathered in Shanghai. They reached an agreement that transformation and cooperation should be regarded as the most effective way to save this industry in post financial crisis.

In the third quarter of 2013, ports and shipping indexes picked up, showing a sign of stabilization and recovery. The next round of dawn seemed near. In face of those hopeful signals, XU Zuyuan, the president of China Institute of Navigation, the honorary chairman of China Ports Association expressed his opinions as follows. The concept of capacious ports, large networks and big logistics was necessary in the development of port and shipping industry in China. More specifically, adjusting the development of capacious ports not only will accelerate the process of integrated transportation and construction of industrial park connected to ports, propels extension and development of logistics parks, and promote clearance facilitation continually, but also will enhance to share information between ports, improve foreign trade competitiveness, develop modern port service industry and boost the relationship between port construction and navigation construction. The aim is to cultivate common market and deepen cooperation on information, capital and some new areas. Thus, cooperation and mutual benefits can be achieved. Meanwhile, promote the comprehensive advantages of ports by speeding up the establishment of green ports and adopting advanced technology and management methods.

In the forum, delegates stated their opinions on some hot issues such as the development tendency of global economy and port and shipping industry. Altogether, they portrayed the development strategy of port and shipping industry and port economy.

China Shipping Logistics Exhibition was held in order to provide an exchange platform with mutual benefit for port and shipping enterprises, logistic companies and suppliers at home and abroad.

6.11 The Ninth Conference of China-ASEAN Maritime Consultation Mechanism was held

The Ninth Conference of China-ASEAN Maritime Consultation Mechanism was held on November 7 and 8, 2013 in Shanghai. In the conference, participants had deep discussions on issues like *Maritime Labour Convention* 2006, *Ballast Water Convention*, and maritime technical cooperation and capacity building. They actively explored feasible solutions to advance interconnection and enhance cooperation.

The China-ASEAN Maritime Consultation Mechanism was set up in October, 2005. Up to now, it has been held successively for nine times. This mechanism has become an important platform for China and ASEAN to share maritime information and experiences as well as strengthen cooperation. The conference aims to cover all aspects surrounding current maritime navigation safety and marine environment protection.

An important part of this conference is the fulfillment of *Maritime Labour Convention 2006*. This convention came into effect on August 20, 2013. It means that all the seafarers around the world would receive protection of uniform maritime labour standards. All ship owners in the world compete fairly with unified ship working conditions and living conditions. It will become an important event with historical meaning in the development of shipping industry. It will also play an important role in promoting rights and interests of seafarers, fair and healthy competition among ship owners, and sound development of the whole industry. During the two-month period from the ratification of the convention to the convocation of the conference, all the member states attached great importance. Inspection and certification mechanism of flag states started to operate. Monitoring networks of port states have been continuously strengthened. Chinese government kept promoting the implementation of the convention with no spare effort and accelerating the process to ratify the convention in the past year.

6.12 The annual academic conference of China Institute of Navigation had a heated debate about maritime power strategies

On December 15 and 16, 2013, Shanghai Maritime University held the annual academic conference of China Institute of Navigation. Experts at the conference exchanged and presented their opinions with regard to some hot issues, such as marine power strategy, arctic shipping, water transport technology and application, marine administration and safety security, ship handling skills and practices. XU Zuyuan, the president of China Institute of Navigation, hoped marine science and technology workers could carry out studies in depth and extensive exchanges on navigation technique, shipping policy, safety management and other issues with the help of the annual academic conference to better serve marine economy and technology and enhance the influence of China Institute of Navigation in international engineering and navigation sphere.

6.13 Public security organization and procurations jointly held Serving the Construction of the Rule of Law for Shanghai Free Trade Zone Seminar

Serving the Construction of the Rule of Law for Shanghai Pilot Free Trade Zone Seminar was held in Shanghai Public Security Bureau Yangshan Substation by Shanghai Prosecutors Association, the People's Procuration of Hongkou

District, the Public Security Bureau of Shanghai port and the Shanghai Public Security Bureau Water Police Station jointly on November 21, 2013.

In this seminar, the People's Procuration of Hongkou District, signed a work protocol concerning enhancing coordinated service and safeguarding the construction of Shanghai FTZ with Shanghai Public Security Bureau and Shanghai Public Security Bureau Water Police Station respectively. According to this protocol, all of the parties should strengthen the hit and prevention work against shipping-related criminal cases in Shanghai FTZ. Much emphasis was put on new-type criminal cases, such as contract fraud, bills fraud, fraud of the letters of credit, money laundering, cheating export tax rebate, infringement of intellectual properties and other crimes in the field related to shipping finance, shipping logistics and shipping services. They would also establish priority mechanism to deal with important cases in this region. Public security organizations should inform procurations of sudden or mass cases with relatively great influence in the local administrative area, foreign cases and difficult cases with huge controversy in terms of determining the nature of the case and obtaining evidence. Procurations should strengthen early intervention proactively and give guidance to collect evidence, assist and cooperate with public security organizations to interpret the laws and reasons, handle social contradictions properly, and maintain security and stability of shipping-related affairs in the FTZ.

After the seminar, the People's Procuratorate of Hongkou District would conduct two explorations well together with the Shanghai Public Security Bureau and Water Police Station. One is to construct information exchange platform for specialized work related to shipping fields so that information can be circulated and resource can be shared reasonably. The other is to establish annual comprehensive reporting system of shipping-related crimes. It aims to deal with some outstanding problems and weak links which cause crimes in shipping and finance fields. At the same time, discover potential system deficiency in industry supervision to perfect corresponding shipping and finance system in the FTZ.

6.14 The first council of Asia-Pacific Regional Center (APRC) for International Maritime Rescue Federation (IMRF) was held in Shanghai

On December 9, 2013, Shanghai held the first council of Asia-Pacific

Regional Center (APRC) & International Maritime Rescue Federation (IMRF).

At the meeting, ZHANG Rongjun, deputy director of APRC, gave an account of articles of the APRC and related situations about registration work. He also summarized the achievements of APRC in 2013 and put forward working plan and financial budget plan for 2014. After the report, the members of the council discussed the proposals and adopted the articles and financial budget plan. They decided to speed up the registration of APRC in Shanghai and arranged the key work for the second Asian-Pacific Region Development Conference of IMRF in Singapore, training courses on maritime search and rescue operations in Asian-Pacific region in 2014 and so on. Besides, the Council affirmed Rescue and Salvage Department and Donghai Rescue Bureau would provide financial support to APRC, as well, they made requests to establish specific strategy and plan for financing and communicate with other rescue and salvage bureaus in Asian-Pacific region as soon as possible.

In 2013, APRC organized the first Asia-Pacific Development Conference in Hong Kong and the first training course for maritime research and rescue operations in Shenzhen. APRC was entrusted by the Federation to attend the Asia Maritime Rescue Congress 2013 in Singapore. APRC spared no efforts to carry out work in the field of external relations and continued to establish and improve internal work mechanism in the meantime. It made positive contribution to promote international exchange and cooperation of regional maritime search and rescue.

7 Brief Summary

Even if the shipping industry can hardly evade the key issues of over-capacity and market downturn in 2013, Shanghai still hands over a satisfactory paper of legal development concerning shipping industry. With the joint effort of people from all circles of life, Shanghai has made many breakthroughs. It is well illustrated by the establishment and construction of China (Shanghai) Pilot Free Trade Zone, which will definitely provide a favorable policy environment and development opportunity for the development of shipping industry in Shanghai.

However, we should still be well aware that compared with the world's leading hardware facilities, there is huge room for Shanghai to improve soft environment, especially the rule of law culture construction, shipping legal service, professional talents cultivation in the shipping field. The newly emerging shipping mode, shipping companies and modern service products in China often have difficulties in finding corresponding laws and regulations, market rules, operation platform and professionals, the application of novel shipping products remain to be in line with international standards. But we believe firmly that Shanghai will fulfill the top-level design of soft environment for shipping legality in the first Five-Year Plan of construction of international shipping center.

Chapter 6 Prospect

One of the purpose of the construction of China (Shanghai) Pilot Free Trade Zone is to opening wilder to the outside world, encouraging foreign capitals, goods, technique, data information and talent enter freely into all walks of life in China, especially in shipping, finance, commerce and trade, culture, social and other professional services field, forming policies and laws system fits in the construction of Shanghai international shipping, financial, trade, economic center to promote the building-up of the four centers as soon as possible. On September 29, 2013, the first negative list of Free Trade Zone issued by Shanghai Municipal People's Government is the pony edition of the taking off of the construction of Free Trade Zone. This negative list reduces hundreds of limitation and restriction measures to foreign investigation to 190 items, in which the number of shipping related items is 15. We admitted that the negative list has the function as a milestone, but these 190 items can be further reduced, especially the shipping related items can be further reduced, even entirely removed. Following is our brief analysis for the readers to discuss.

The items C351(1), C351(2) and C433(3) restrict foreign investment on the design, manufacture and repair of (deep water) ocean engineering equipment (including modes). For the moment, the key technology of the design, construction, supervision and operation of the mechanical equipment of (deep water) ocean engineering equipment are all grasped by the companies in Northern European, Northern America, Singapore, Japan and some other countries. These foreign companies usually don't want to cooperate with other companies for fearing the leakage of techniques. The deep ocean engineering equipment of our country is still at starting stage, and the country need (deep water) ocean engineering equipment urgently to explore and exploit natural and oceanic resources. Under this background, restrict foreign investment on (deep water) ocean engineering equipment will be harmful for related foreign companies to enter into China marker "with technique, data information, talent" to meet the urgent needs of our country. We think it will be advisable to allow foreign companies to set up WOFE in the Free Trade Zone to operate design and relevant business of (deep water) ocean engineering and the equipment contains therein, in order that the Chinese companies and technical personnel have opportunity to permeate and obtain international excellent technology and experience.

The items C373(1), C373(2) restrict foreign investment on low and medium speed diesel engine of ships and the design and manufacture of related bent axle, parts. China has been a great power of the manufacture of low and medium speed diesel engine, but far from a powerful nation. Homemade low and medium speed diesel engine is less-efficient, poor-efficiency and not environment-friendly, the reason lies in the design behind, so Chinese enterprises have lost at the first step. Under the background that IMO constantly enacts conventions to "forcibly encourage" green, low carbon and little-emission, homemade low and medium speed diesel engine almost have no standing room. Expand the eyes on the whole world, the key technology (including patent) of low and medium speed diesel engine is all mastered in foreign companies. These foreign companies usually don't want to cooperate with other companies for fearing the leakage of techniques. Restricting foreign investment on low and medium speed diesel engine will cause domestic market's inadequate competition and the domestic companies will continue to act blindly. We think it will be advisable to allow foreign companies to set up WOFE in the Free Trade Zone to operate design and relevant business of (deep water) ocean engineering and the equipment contains therein, in order that the Chinese companies and technical personnel have opportunity to permeate and obtain international excellent technology and experience.

The item C373(1) restricts foreign investment on the manufacture of cruise and yacht. With the sustainable development of the economy of our country, cruise and yacht industry will become the pillar industry of heavy equipment (ship) manufacturing industry, and will also become one of the main vehicles of travel industry, construction industry, retail industry and entertainment industry of our country. The manufacturing industry of cruise and yacht in our country started late, at present the manufacturers of our country can only product primary commodity - low-technology, low-additional-value, low-value cruise and yacht. The design and manufacture of high-end naval vessels are all controlled by the companies of Germany, Italian, America, Japan and other country. These foreign companies usually don't want to cooperate with other companies for fearing the leakage of techniques. We think it will be advisable to allow foreign companies to set up WOFE in the Free Trade Zone to operate the design of cruise and yacht and other related business, in order to accelerate the development of yacht (manufacturing) industry.

The items C373(3), C373(4) restrict foreign investment on the design, manufacture and repair of the ships (including subsection and ship's cabin machinery). In the field of the design, manufacture and repair of normal ships (such as bulk carrier, small and medium container ship, small size oil tanker and so on), Chinese enterprises have reached world-class status, and is "enjoying" free competition of international market, dispense with protection by restriction to foreign fund. In the field of uncommon ship (such as large container ship, medium and big size oil tanker, liquefied gas carrier, cruise and so on), restriction of foreign fund will defer the connection of Chinese enterprise with international standard. These foreign companies usually don't want to cooperate with other companies for fearing the leakage of techniques. So we must permit the foreign companies to solely invest, import it into China, and obtain world-class technique and talents by means like talent employ and business cooperation.

The items G551/G552 restrict foreign investment on international maritime transportation business. International shipping companies are usually family business (such as the biggest container transport company in the world - Maersk), they usually don't want to joint invest or cooperate with local shipping companies when they expand overseas business. Since foreign shipping companies have been allowed to set up joint venture companies controlled by them in the Free Trade Zone (in theory foreign firms can holding shares to 99.99%), inferior to stride a further step to completely open, all foreign shipping companies shall be allowed to set up WOFE. There are little difference between 99.99% and 100%, but will be sufficient to show the sincerity and tolerance to open.

The item G553(1) restricts foreign investment on the international cargo handling, container yard and storage yard business. International cargo handling is auxiliary industry of international maritime transportation. Shanghai is striving to develop container LCL transit industry, no matter water-to-water transfer or water-to-land transfer, it is high time to permit foreign to invest on the international cargo handling. On one hand, completely opening can absorb international advanced management skills, operation instruction and service specifications. On the other hand, completely opening can push domestic handling, storage yard and terminal service enterprises to the front line of international competition, in order that they will have the capability to provide global logistics service soon.

The item G553(2) restricts foreign investment on shipping agency business. Shipping agency is auxiliary industry of international maritime transportation. Since international maritime transportation can completely open to outside world, it's hard to find a reason to restrict foreign to invest on shipping agency business. Moreover, the *Regulations on International Maritime Transportation* has permitted foreign shipping companies to set up wholly-invested shipping service companies for a long time and provide agency service to their owned or leased ships, so continuing to restrict foreign to invest on this field has lost its real meaning.

The item G553(3) restricts foreign investment on tally business of foreign ships. Tally business of foreign ship is auxiliary industry of international maritime transportation. Since international maritime transportation can completely open to outside world, it's hard to find a reason to restrict foreign to invest on tally business of foreign ships. In the industry, many foreign companies have set up cargo survey companies in China to carry out business related or similar to tally, so continuing to restrict foreign to invest on this field has lost its real meaning.

The item J66(2) restricts foreign investment on insurance intermediary (including agency, brokerage, assessment institution). The development of international shipping industry can't be separated from shipping insurance (one of the three big fields in shipping finance). In the international market, the contact, consult, conclude, perform the contact, and settlement of claims, examination, resolution of controversy between shipping enterprises and insurance companies are all through insurance intermediary (especially the insurance brokers). Insurance intermediary is also the fountain of innovation of insurance products. Shipping insurance intermediary (the sub-market of shipping insurance market) should be a completely open and competitive market, in order that the insurance requirements and resources can be matched in a best groove. Shanghai is forging international, domestic, offshore insurance market (including shipping insurance market), and it needs international skills, talents and experiences, it will be inappropriate to restrict foreign to invest on insurance intermediary. We think we can let the market to decide everything in this aspect.

The items J66(5), L721 restrict foreign investment on financial leasing companies and investment companies. The engine of the development and innovation of international shipping industry is shipping finance. Ship finance is the trunk of shipping finance. In the background of continually sluggish of home and foreign sipping market, ship financial leasing, as one of the traditional ship leasing tools, has gradually become a tower of strength, and the private placement (intermediaries organize the rich to build shipping investment corporations), as one of the new tools has made a figure. Shanghai is forging international, domestic, offshore insurance markets, it needs international skills, talents and experiences, setting any barriers to foreign investment on financial leasing companies and investment companies will dragging the pace of financial reform. We think we can let the market to decide everything in this aspect.

The items L722(1), L722(2), L723(2), L729 restrict foreign investment in the fields of lawyers service, market research and rating service. The continual and healthy development of shipping industry can't be separated with intermediary organs. Besides shipping broker (including shipping insurance broker), lawyer, market research and rating service companies are all indispensable market catalyst and lubricant. Domestic shipping market is short of "know-four-things-talents", which know international marker, customs, laws and language, and also lacks of market research and rating service companies, which have global detection system. These shortages severely hinder the construction of Shanghai international shipping and finance centers. In the industry, many foreign companies have set up business consulting companies in China to operate on business related to research and rating. Keep this in mind, we think foreign firms, market research, rate service companies should be welcomed to China market without limitation take the advantage of the construction of Free Trade Zone.

Shipping industry is the most opening and the most international industry in

China, the shipping policies and laws constituted by our country is at a relatively leading position in the world. The construction of China (Shanghai) Pilot Free Trade Zone makes us have infinite hope to the further opening of shipping industry, and also gives us infinite imagine to the totally opening of shipping industry. We even consider to advise central authorities, Shanghai government to formulate "negative list of shipping policies and laws": unless necessary and confirmed by NPC or Shanghai Congress, the administrative laws and regulations, department regulations, local statute, local government rules and other legal and regulatory documents, which restrict foreign investment or private investment from entering into shipping industry shall be ceased. Our advices of "totally opening" may give definite negative impact on domestic shipping and related industry, but it will broke unnecessary "market monopoly" "market protection" "market allowance", promote the entirely connection of domestic shipping market with international market to get continual medium-rapid development. We believe taking the advantage of the construction of the Free Trade Zone, we will realize the "Chinese shipping dream" around 2020, and the international shipping center and shipping legal environment will also be established at the same time, which is suitable for the healthy development of shipping market, the thrive of shipping enterprises and the continuous innovation of shipping products.

Shipping Policy and Law Development White Paper Compiling Group
Shipping Policy and Law Institute of SISI
January 1, 2014

Appendix 1

Framework Plan for the China (Shanghai) Pilot Free Trade Zone

The China (Shanghai) Pilot Free Trade Zone is established based on the strategic decision by the Central Government, and is a significant measure to boost China's reform and opening up under the new circumstances. This Framework Plan provides detailed guidance on initiatives and their respective implementation measures.

1. General requisition

The China (Shanghai) Pilot Free Trade Zone is a national strategy aiming to expedite the functional transformation of government, explore administrative innovation, stimulate trading and investment facilitation, and accumulate experience on achieving a more open Chinese economy.

1) Guiding principles

We should hold high the great socialism banner with Chinese characteristics, take Deng Xiaoping Theory, "Three Represents" important thought and scientific development approach to guide this national strategy. We should further unleash our minds, dare to pilot, and promote reform and development by opening up the economy. The China (Shanghai) Pilot Free Trade Zone will create a regulatory environment on cross border investment and trading that is in line with international practices, enhance China's economic position globally, and contribute to achieving the revival of the Chinese People's China Dream.

2) Overall objectives

During the course of two to three years of piloting reforms, the China (Shanghai) Pilot Free Trade Zone shall expedite the functional transformation of government, expand the opening up of service sectors and promote the reform of the foreign investment administrative system, and develop headquarter economy and new trade forms; shall explore RMB convertibility under capital account items and opening up of financial services; shall explore to improve Customs' supervision efficiency; and shall create a framework to support investment and innovation activities to cultivate an internationalized business environment. The China (Shanghai) Pilot Free Trade Zone shall pilot a free trade zone, as measured by international standards, with convenient investment and trading procedure, full convertibility of currencies, effective and efficient goods supervision, and investor-friendly regulatory environment. As such, experience hence gained shall serve nationwide with the new ideas and approaches for opening up of the economy and deepen the reform further.

3) Scope of implementation

The China (Shanghai) Pilot Free Trade Zone is comprised of the four customs supervision areas, including Shanghai Waigaoqiao Bonded Zone, Waigaoqiao Bonded Logistics Zone, Yangshan Bonded Port and Shanghai Pudong Airport Free Trade Zone, and based on the ongoing results of the implementation, as well as to develop industry and the need to spur the radiating effect, the scope of implementation and the scope of the pilot measures will be progressively expanded, forming a supporting mechanism for building Shanghai as an international economic, finance, trade and transportation center.

2. Major tasks and measures

Based on the unity of openness expansion and system reform, and the unity of functional development and policy innovation, the China (Shanghai) Pilot Free Trade Zone aims to develop a framework in line with international norms for investment and trade. To do so, one needs to bear in mind the strategic requirements of going to the world and serving the nation, as well as the strategic task of building "The Four Centers" of Shanghai, and take actions to experiment step by step with risks under control.

1) Accelerate the functional transformation of government

a. **Deepened reform in administration system.** The China (Shanghai) Pilot Free Trade Zone will accelerate the functional transformation of government and governmental administrative management innovation. An administrative management system meets and fits with international trade and investment standards will be established. The focus of administrative management procedures will shift from prior approval to mid-event control and subsequent supervision. A service pattern will be set up to materialize one-off acceptance, integrated examination and approval, and efficient operation. An online information platform will be established to consolidate information and improve information sharing amongst various departments. A comprehensive assessment mechanism of industry information tracking, supervision and collection will be established, to strengthen the tracking, administration and supervision of activities outside of the zone conducted by entities registered in the China (Shanghai) Pilot Free Trade Zone. A joint supervision and enforcement system will be implemented to cover the areas of quality and technical supervision, food and drug supervision, intellectual property, industry and commercial administration, and tax administration to enhance efficiency. In addition to relevant administrative authorities, the social forces are also encouraged to take an active part in market supervision. Transparency in administrative management will be enhanced, and the information disclosure mechanism that reflects the participation of investors and is in line with international norms will be established. To protect the interests of investors, various administration reforms will be put in place, for instance enhancing fair competition, and allowing qualified foreign investors to remit investment gains at their discretion. An intellectual property related dispute resolution and assistance system will be established.

2) Opening up of investment sectors

b. **Opening up of service sectors.** The financial services, transportation services, commerce and trade services, professional services, cultural services, and public services sectors are selected to be enlarged and opened (for a detailed list please refer to the appendix), and market access restrictions such as requirements concerning the qualification of investors, limitations on foreign participation, restrictions concerning business scope, etc., (except in respect of banks, information and communication services) will be suspended or cancelled, in order to create an environment of equal market access for the benefit of all investors.

c. **Explore the "Negative List" administrative approach.** The China (Shanghai) Pilot Free Trade Zone will reform the administrative approach of foreign investment based on international norms. Trial national treatment on investment permission and a "Negative List" mechanism will be implemented within the zone. For the projects that are not stated in the "Negative List", foreign investors and domestic investors will receive the same treatment, by going through filing procedures instead of approving requirements (with the exception of areas specifically defined by the State Council). Shanghai Municipal People's Government will be in charge of the project filing procedures. The approving requirement on foreign investment contracts and Articles of Association will be replaced by a filing procedure with Shanghai Municipal People's Government, with the same follow up procedures finished according to the current laws and regulations. The registration process with the Administration of Industry and Commerce will be aligned with the business registration system reform, and the process will be optimized. National security review system will be improved, and pilot national security review on foreign investment projects will be trialed in the China (Shanghai) Pilot Free Trade Zone to constitute a safe and efficient open economic system. A foreign investment administrative system that is aligned with international standard will be set up.

d. **Set up a system to support outbound investment.** The China (Shanghai) Pilot Free Trade Zone is aiming at the reform of outbound investment administration by principally implementing the filing system on the setup of overseas companies and on the general outbound investment projects. The

Shanghai Municipal People's Government will be in charge of the filing procedure on general outbound investment projects to facilitate the convenience on outbound investment. A new investment service enhancement mechanism will be created to strengthen the post outbound-investment administration and service, and to set up an information-monitoring platform shared by multiple government departments for statistics and annual inspection purposes. Various types of investors in the China (Shanghai) Pilot Free Trade Zone are encouraged to conduct outbound investment in different forms. SPVs specializing in overseas equity investment are encouraged to be set up in the China (Shanghai) Pilot Free Trade Zone, and qualified investors are encouraged to establish fund of funds for making offshore equity investments.

3) **Promote the transformation of trade development approach**

e. **Promote the transformation and upgrading of trade.** The China (Shanghai) Pilot Free Trade Zone is cultivating new trading types and functions, aiming to increase China's competitive advantage and enhance their position in the global trade value chain by focusing on the development of technology, brands, quality and service. Multinational companies are encouraged to set up Asia-Pacific regional headquarters and/or operation centers with comprehensive functions of trading, logistics, settlement, etc. More efforts will be made to promote Shanghai as the international trade settlement center, and to expand the function of the special account on cross-border receipt or payment and financing under trade in service. Enterprises in the China (Shanghai) Pilot Free Trade Zone will be supported to develop offshore business. Enterprises are encouraged to employ an overall plan in international and domestic trade to integrate the development of domestic and foreign trading business. International commodity trading and resource configuration platform will be explored to trade energy products, basic industrial raw materials and agriculture commodities. The ongoing pilot bonded futures delivery will be expanded and improved and the warehouse receipt financing and other functions will be extended. The establishment of outbound cultural trade bases will be accelerated. The outsourcing service sectors include bio-pharmaceuticals, software and information, management consulting, data services etc. will be encouraged. Financial leasing companies will be allowed and encouraged to set up project companies in the China (Shanghai) Pilot Free Trade Zone and to carry out domestic and international leasing business. Third-party inspection and appraisal institutions are encouraged to set up with appraisal results be acceptable in accordance with international standards. High-tech and value-added maintenance services will be trialed in the China (Shanghai) Pilot Free Trade Zone. Cross border e-business service function will be cultivated, and a system covering customs, inspection & quarantine, tax refunds, cross-border payment and logistics will be set up to support cross-border e-business.

f. **Elevate the capacity of the shipping service.** The China (Shanghai) Pilot Free Trade Zone will leverage on the Waigaoqiao Port, Yangshan Deep-Water Port and Pudong International Airport to form a shipping development system and operation model that will have strong global competitive advantages. Shipping related services such as shipping financing, international ship transportation, international ship management, and international ship brokerage, will be proactively encouraged. Additionally, the development of freight index derivatives will be accelerated. Transition and LCL businesses will be further promoted. Foreign ships owned or indirectly owned by Chinese invested companies are allowed to pilot the coastal shipping between domestic coastal ports and Shanghai port. Pudong International Airport is encouraged to increase the number of flights for cargo transition. By utilizing the geographic advantages of Shanghai and the preferential taxation on Chinese "flag of convenience" ships, qualified ships will be encouraged to register in Shanghai. The China (Shanghai) Pilot Free Trade Zone will implement the international ship registration policy as piloted in Tianjin. The application process on permitting international shipping will be simplified to create a more efficient ship registration system.

4) Deepen innovation and opening up of financial services

g. **Accelerate the innovation of the financial system.** Under proper risk control, the China (Shanghai) Pilot Free Trade Zone will pilot RMB capital account convertibility, interest rate liberalization, and the cross-border use of RMB. In China (Shanghai) Pilot Free Trade Zone, the assets by the financial institutions will be at market rate. The China (Shanghai) Pilot Free Trade Zone will explore the trial of a foreign exchange administrative system that is in line with international practice to better facilitate trade and investment. Enterprises are encouraged to leverage on both domestic and international market resources to liberalize cross-border financing. Administration on foreign debt will be further reformed to facilitate cross-border financing. Foreign exchange centralized operation by multinational companies' headquarters will be enhanced to encourage the setup of regional or global treasury centers in Shanghai. A mechanism needs to be established to associate financial reforms in the China (Shanghai) Pilot Free Trade Zone and Shanghai's development into an international financial center.

h. **Enhance the financial service function.** The finance sector will be fully opened to private investors and foreign invested financial institutions. Foreign-invested and Sino-foreign equity joint venture banks will be allowed to incorporate in the China (Shanghai) Pilot Free Trade Zone. Platforms for international transactions will also be permitted to be established in the China (Shanghai) Pilot Free Trade Zone by financial markets. The oversea companies will gradually be allowed to engage in commodity futures trading. Financial market innovations are encouraged. Equity escrow institutions will be supported to setup comprehensive financial service platform in the China (Shanghai) Pilot Free Trade Zone. The cross-border RMB reinsurance business is also encouraged to cultivate reinsurance market.

5) Improve regulatory supporting systems

i. **Strengthen protection through regulatory system enhancements.** A regulatory system of high standard investment and trade rules will be developed rapidly to serve the needs of the China (Shanghai) Pilot Free Trade Zone. In regard to the content of the pilot, some administrative regulations and provisions in the State Council's documents will be terminated according to the prescribed procedures. Among these regulations and provisions, certain administrative examination and approval requirements under *Law of the People's Republic of China on Wholly Foreign Owned Enterprises*, *Law of the People's Republic of China on Sino-Foreign Equity Joint Venture Companies*, *Law of the People's Republic of China on Sino-Foreign Cooperative Joint Venture Companies* will be temporarily adjusted and such adjustment will be tentatively implemented in the next three years started from 1 October 2013. The government departments shall support the expansion and opening of service industry in the China (Shanghai) Pilot Free Trade Zone, the deepening of pilot reforms on the implementation of "National Treatment" on investment permission and the "Negative List" management approach, and solve the problems in regulatory protection during the pilot period. The Shanghai Municipal People's Government will establish an administrative system through local legislation in correspondence to the demands of the China (Shanghai) Pilot Free Trade Zone.

3. Establish an appropriate regulatory environment for supervision and tax

In order to establish a service system for investment and trade with international standard, an innovative supervision model will be created to facilitate smooth transactions for all goods and services under a highly transparent administrative system within the China (Shanghai) Pilot Free Trade Zone and to promote opening up in service sectors and further development in goods trade. Meanwhile, under the premise of keeping a fair, consistent and standardized current tax system, related policies for the purpose of functional development will be improved.

1) Create new mode of supervision

a. **Simplify the import supervision model to realize "Frontier Opening".** Enterprises are allowed to bring goods into the China (Shanghai) Pilot Free Trade Zone with import manifests before completing the customs declaration formalities with entry and exit record list. The simplification on entry and exit record list as well as the formalities on international transit, LCL and distribution business will be explored. The supervision techniques and approaches will be improved to pilot the model of "import quarantine and relaxed import/export inspection". The construction of relatively separated goods trading area (focusing on trade facilitation) and service trade area (focusing on opening up of service sectors) will be explored. Under the condition of ensuring effective supervision, a categorized supervision model will be explored to monitor goods based on their import status. With respect to exploration on function expansion, under the condition of strict implementation of tax collection on imported and exported goods, exhibition and trading platforms for bonded goods may be set up within specified areas of China (Shanghai) Pilot Free Trade Zone.

b. **Strictly enforce "Second-tier Effective and Efficient Control".** The Customs administration process will be optimized while the administration of "frontier" (i. e. goods flow between overseas and the zone) and "second-tier" (i. e. goods flow between the zone and other domestic areas) will be coordinated by improvement on e-information network, entry and exit record lists cross check, accounting books management, physical verification, and risk analysis. An inspection and quarantine model of "easily import and export, with strict quality and safety risk control" will be promoted. Actions will be taken to strengthen the management of electronic Customs books and facilitate the smooth flow of goods moving between the China (Shanghai) Free Trade Zone and other domestic places in the charge of different Customs offices. Enterprises within the China (Shanghai) Pilot Free Trade Zone in principle will be allowed to re-invest and conduct business outside of the zone without geographic restriction, unless specific procedures required under the applicable laws and regulations. The government will enhance the connection of enterprises' operation information and the government's supervision system, through which effective supervision can be realized through risk monitoring, third-party management and security deposits etc. The government will, through the development and utilization of Shanghai's credit system, accelerate the formulation of policies and mechanism in respect of enterprises' business credit management and exclusive jurisdiction of business activities.

c. **Enhance cooperation among authorities.** Under the principle of protecting national security and fair competition in the market, collaboration will be strengthened between the relevant departments and the Shanghai Municipal People's Government to improve the capability to protect the economic and social security. The China (Shanghai) Pilot Free Trade Zone will collaborate with relevant departments of the State Council to strictly implement the provisions in respect of anti-monopoly investigations. In order to streamline supervision, cooperation among various government bodies will be enhanced, including that between the Customs, Inspection & Quarantine, Industry & Commerce, Taxation, Foreign Exchange and other administrative authorities. The China (Shanghai) Pilot Free Trade Zone will set up a port supervision institution with integrated functions, and explore the feasibility of applying an electronic monitoring system and setting up of effective risk management system.

2) Explore a supporting tax regime

d. **Implement tax policies to boost investment.** For enterprises or individual shareholders registered in the China (Shanghai) Pilot Free Trade Zone that carry out investment using non-monetary assets, the income tax payable due to the increase in asset valuation can be paid by installments within a five-year period. Where enterprises within the China (Shanghai) Pilot Free Trade Zone award highly-skilled employees or employees in short supply by means of shares or capital contributions, the relevant individual income tax may be paid by installments as same as the policies piloted in Zhongguancun.

e. **Implement tax policies to promote trade.** Financial leasing companies registered or project companies set up by financial leasing companies with registration in the China (Shanghai) Pilot Free Trade Zone may enjoy the pilot policies of export tax refund for qualified financial leasing business. A domestic leasing company registered or its project companies with registration in the Pilot Free Trade Zone may enjoy reduced import VAT on an aircraft with empty weight no less than 25 tons, provided that such aircraft is to be leased to a domestic airline with approval from competent authorities. Import VAT and consumption taxes will be applicable in accordance with relevant laws and regulations, on the products manufactured or processed by a company within the China (Shanghai) Pilot Free Trade Zone but sold to the Mainland China outside of the China (Shanghai) Pilot Free Trade Zone. Enterprises will be provided with the option of calculating import duty according to the duty rates applicable to the finished goods or the imported parts. Currently, the imported machines, equipment and other goods required by manufacturing enterprises as well as manufacturing service companies that are set up in the China (Shanghai) Pilot Free Trade Zone, may be exempt from import taxes, other than those imported by consumer services companies or those which cannot enjoy import taxes exemption as stipulated in laws and regulations. Tax refund policies on the port-of-departure will be improved, and the expansion on pilot scope (e. g. departure ports, carriers and means of transport) will be studied.

Additionally, in line with the direction of tax reform and international practice, tax policies will be studied to support the development of overseas equity investment and offshore business, under the condition that such tax polies do not lead to base erosion or profit shifting.

4. Organize and implement effectively

The State Council will lead and coordinate the promotion of the China (Shanghai) Pilot Free Trade Zone. The Shanghai Municipal People's Government is responsible for organizing implementation, improving the working mechanism, and allocating detail responsibilities. Based on the targets which were clearly set out in the Framework Plan and pilot tasks, in accordance with the principle of go ahead with the matured ones and follow by perfection? the Shanghai Municipal People's Government can create a practical implementation plan and enforce without delay. During the implementing, the Shanghai Municipal People's Government shall study new cases, resolve new problems and report to the State Council in a timely fashion on significant issues. All relevant departments need to support actively, provide cooperation, guidance and evaluation feedbacks, work together to promote the innovation on relevant system, mechanism and policy, and construct and well-manage the China (Shanghai) Pilot Free Trade Zone.

Annex

Measures to open up the service sectors in the China (Shanghai) Pilot Free Trade Zone

1. Financial services

1. Banking service (Classification of National Economic Industries: J Finance industry - 6620 Monetary banking service)	
Opening up measures	(1) Qualified foreign financial institutions will be allowed to set up wholly foreign-owned banks and Sinoforeign equity joint venture banks with eligible private capital within the China (Shanghai) Pilot Free Trade Zone. Restricted license banks will be allowed to be incorporated under certain conditions. (2) Qualified Chinese banks will be allowed to conduct offshore business under the condition of improving related regulations and enhancing supervision.
2. Specialized health and medical insurance (Classification of National Economic Industries: J Finance industry - 6812 Health and accident insurance)	
Opening up measures	Setup of foreign invested specialized health and medical insurance institutions will be allowed.
3. Financial leasing (Classification of National Economic Industries: J Finance industry - 6631 Finance leasing service)	
Opening up measures	(1) The minimum registered capital requirements for a project company (i. e. single-ship/aircraft company) set up by financial leasing companies within the China (Shanghai) Pilot Free Trade Zone will be removed. (2) Financial leasing companies will be allowed to conduct commercial factoring that are related to its primary businesses.

2. Transportation services

4. Ocean transportation (Classification of National Economic Industries: G Transportation, warehousing and postal industry - 5521 Ocean transportation)	
Opening up measures	(1) Limitations on foreign participation in Sino-foreign equity joint venture and Sino-foreign cooperative joint venture international shipping enterprises will be relaxed. The transport administrative authorities of the State Council shall be in charge of the rulemaking. (2) Foreign ships owned or indirectly owned by Chinese-invested companies are allowed to pilot the coastal shipping between domestic coastal ports and Shanghai port.
5. International ship management (Classification of National Economic Industries: G Transportation, warehousing and postal industry - 5539 Other water transportation auxiliary service)	
Opening up measures	Incorporation of wholly foreign-owned ship management enterprises will be allowed.

3. Commerce and trade services

6. Value - added telecommunications (Classification of National Economic Industries: I Information transmission, software and information technology service - 6319 Other telecommunication service, 6420 Internet information service, 6540 Data processing and storage service, 6592 call center)	
Opening up measures	Subject to the network information security, qualified FIEs will be allowed to engage in specific value added telecommunication services. Approval by the State Council is required if the limitations exist in current administrative regulations.
7. Entertainment and gaming consoles sales and service (Classification of National Economic Industries: F Wholesale and retailing - 5179 Wholesale of other mechanical and electronic products)	
Opening up measures	FIEs will be allowed to engage in the manufacturing and sales of entertainment and gaming consoles. The consoles with content passing the censorship by the culture administrative authorities will be allowed to be sold in the domestic market.

4. Professional services

8. Lawyer service (Classification of National Economic Industries: L Leasing and business service - 7221 Lawyers and related legal service)	
Opening up measures	Cooperative mechanism between Chinese and foreign law firms will be explored.
9. Credit inquiry (Classification of National Economic Industries: L Leasing and business service - 7295 Credit service)	
Opening up measures	Incorporation of foreign invested credit information companies will be allowed.
10. Tourism companies (Classification of National Economic Industries: L Leasing and business service - 7271 Travel agency service)	
Opening up measures	Sino-foreign equity joint venture tourism companies registered in the China (Shanghai) Pilot Free Trade Zone will be allowed to engage in overseas tourism business activities, with the exception of Taiwan.
11. Human resources service (Classification of National Economic Industries: L Leasing and business service - 7262 Professional intermediary service)	
Opening up measures	(1) Setup of Sino-foreign equity joint venture human resources agencies will be allowed with the foreign participation at 70% or below. Investors from Hong Kong and Macau will be allowed to set up wholly foreign-owned human resources agencies. (2) The minimum registered capital for foreign invested human resources agencies will be reduced from USD 300,000 to USD 125,000.
12. Investment management (Classification of National Economic Industries: L Leasing and business service - 7211 Headquarter s management)	
Opening up measures	Incorporation of foreign-invested joint-stock holding companies will be allowed.

(continued)

13. Engineering design (Classification of National Economic Industries: M Scientific research and technology service company - 7482 Engineering investigation and design)	
Opening up measures	Foreign-invested engineering design (excluding engineering survey) companies registered in the China (Shanghai) Pilot Free Trade Zone may be waived from the requirement to provide the investor's previous project records on initial application of the relevant qualifications for those applicants providing services in Shanghai.
14. Construction service (Classification of National Economic Industries: E Construction industry - 47 Housing construction industry, 48 Civil Engineering Construction, 49 Construction and Installation, 50 Building decoration and other construction)	
Opening up measures	Wholly foreign-owned construction enterprises registered within the China (Shanghai) Pilot Free Trade Zone will be allowed to conduct Sino-foreign joint construction projects in Shanghai regardless of the extent of foreign participation in the project.

5. Cultural services

15. Entertainment artist agency (Classification of National Economic Industries: R Culture, sports and entertainment - 8941 Culture and entertainment agency)	
Opening up measures	The limitation on foreign participation in entertainment artist agencies will be removed. A wholly foreign owned entertainment artist agency will be allowed to set up to provide service in Shanghai.
16. Entertainment facilities (Classification of National Economic Industries: R Culture, sports and entertainment - 8911 ballroom recreation activities)	
Opening up measures	Wholly foreign-owned entertainment facilities will be allowed to set up and provide service in the China (Shanghai) Pilot Free Trade Zone.

6. Public services

17. Education and training, vocational skills training (Classification of National Economic Industries: P Education – 8291 Vocational skills training)	
Opening up measures	(1) Establishment of Sino-foreign cooperative joint venture education and training institutions will be allowed. (2) Establishment of Sino-foreign cooperative joint venture vocational skills training institutions will be allowed.
18. Medical service (Classification of National Economic Industries: Q Health and social work – 8311 General hospital, 8315 Specialized hospital, 8330 Out-patient department)	
Opening up measures	Establishment of wholly foreign-owned medical institutions will be allowed.

Note: The opening up measures above only applicable to the enterprises registered within the China (Shanghai) Pilot Free Trade Zone.

Appendix 2

Implementation Opinions of the Ministry of Transport and the Shanghai Municipal People's Government on Implementing the Framework Plan for China (Shanghai) Pilot Free Trade Zone and Accelerating the Construction of Shanghai International Shipping Center

No. 584 〔2013〕 of the Ministry of Transport

All entities concerned:

In order to thoroughly implement the *Framework Plan for China (Shanghai) Pilot Free Trade Zone* issued by the State Council and further accelerate the construction of Shanghai International Shipping Center, the Ministry of Transport and the Shanghai Municipal People's Government have jointly developed these Implementation Opinions.

I. Overall Requirements

Promoting the construction of China (Shanghai) Pilot Free Trade Zone (SHFTZ) and Shanghai International Shipping Center is a strategic requirement and task of China. The construction of SHFTZ serves as an opportunity for the accelerated construction of Shanghai International Shipping Center, the further deepening of reform, and the expansion of opening-up. By adherence to implementation of pilot programs, the content of the comprehensive pilot zone for international shipping development will be enriched and expanded. Through two to three years of pilot reform, internationally competitive shipping development systems and modes will be explored and innovated, and replicable and widely applicable experience will be formed, to maximize positive and exemplary role of SHFTZ in promoting innovations and strongly boost the upgrade and development of Shanghai International Shipping Center.

II. Key Tasks

1. Enhancing the Level of Opening-up

(1) Relaxation of shareholding ratio limitations for foreign investment in international vessel transportation. Foreign investors shall be allowed to establish Chinese-foreign equity joint ventures and Chinese-foreign contractual joint ventures in SHFTZ to engage in international vessel transportation business with an investment ratio greater than 49%. Foreign investors' capital contribution to a vessel registrant shall be allowed to exceed 50%, and shipowners may register their ships in accordance with relevant laws and regulations and other relevant provisions. Such measures shall apply, by reference, to investors from Hong Kong, Macau or Taiwan. Relevant pilot administrative measures shall be developed separately.

(2) Permission for foreign investors to establish wholly foreign-owned enterprises to engage in international vessel management business. Foreign investors may form wholly foreign-owned enterprises in SHFTZ to engage in international vessel management business. Such measures shall apply, by reference, to investors from Hong Kong, Macau or Taiwan. Relevant pilot administrative measures shall be developed separately.

(3) Effective integration with expansion of opening-up in finance, trade, and other fields. Opening-up policies and innovative measures of SHFTZ in finance, trade, and other areas shall be fully utilized to achieve the integrated and innovative development of relevant industries, and focus shall be placed on the development of shipping finance, insurance, trading, consultation, maritime arbitration, port logistics, and other modern shipping service industries.

(4) Exploration of a "negative list" management mode for foreign investment in SHFTZ in the shipping field to further expand the opening-up of the shipping service industry. Measures for making policy and system innovations in the shipping field shall continue to be explored, and the role of Shanghai International Shipping Center in implementing pilot programs shall be maximized to further raise the integrated competitiveness of Shanghai International Shipping Center.

2. Innovative Shipping Policies

(5) Innovation in the interactive mechanism for multiple ports. The interactive role of Waigaoqiao Port, Yangshan Deepwater Port, and Pudong International Hub Port shall be positively utilized to explore and form internationally competitive shipping development rules and modes of operation.

(6) Implementation of pilot policy on coastal carriage. The development of transit and LCL (less than container load) business shall be promoted, and international vessels not flying a five-star flag which are owned or controlled by Chinese-funded shipping companies shall be allowed to engage in the coastal carriage of foreign trade import and export containers between domestic open ports and Shanghai Port (with Shanghai Port as the transit port) on a trial basis.

(7) Innovation in the international ship registration system. The FTZ shall maximize the regional advantages of Shanghai, and using preferential tax policies for Chinese-funded ships flying a "flag of convenience" to encourage qualified ships to register in Shanghai. The FZT shall maximize the regional advantages of Shanghai, and use the preferential tax policies for Chinese-invested ships flying a "flag of convenience" to encourage qualified ships to register in Shanghai. On the basis of the "China Yangshan Port" ship registration policy, a convenient and efficient international ship registration system shall be studied, promoted, established, and implemented. The international shipping business licensing procedures shall be simplified. Registrant, vessel age range, and other conditions for registration shall be relaxed. Crewing, type of registration, registration fees, vessel's navigation areas, and other contents of registration shall be improved. Registration processes related to ship operation, inspection, and registration shall be optimized to promote the registration of qualified ships in Shanghai.

(8) Support for expansion of the scope of pilot tax rebate policy at the port of departure. On the basis of existing pilot ports and transportation enterprises, more ports and transportation enterprises with initiative and good reputations shall be covered by the pilot program to widen the polity effect, maximize the role of the Yangtze River as a golden waterway, and increase the reach of service capacity of Shanghai Port.

3. Expanding Functions of the Center

(9) Acceleration of the development of international shipping trade. The development of the shipping freight index derivatives trading business shall be accelerated. The development of trading of shipping freight index derivatives shall be accelerated. Regulatory rules shall be improved to prevent financial risks in shipping and strengthen forward freight regulation. Shanghai shall be supported in the compilation and issuance of freight indices for import of dry bulk cargo, crude oil, and other bulk cargo. A statistical reporting system for vessel trading information shall be developed, and establishment of a vessel trading information platform in Shanghai shall be supported to provide vessel trading information services.

(10) Improvement of shipping development funds. Support shall be provided for establishment of shipping development equity funds featuring a combination of market guidance and government promotion. Promoters shall be allowed to establish equity fund companies. Support shall be provided for the use of shipping development equity funds in combination with relevant ship demolition funds, shipping franchises, and other policies, focusing on the structural adjustment of transport capacity, separation of ownership and operating rights, development in both size and specialization of shipping enterprises, and other areas.

(11) Acceleration of the development of human resources, education, and scientific research in the shipping field. The development of the Shanghai Advanced Institute of International Shipping shall be supported to establish an international, open, and service-oriented training base for high-end shipping personnel. Support shall be provided for the construction and development of the Shanghai International Shipping Research Center and the Shanghai International Shipping Information Center to form internationally influential shipping consultation institutions. Relevant research by the Office of Shanghai Combination Port Management Committee and the Development Association of Shanghai International Shipping Center shall be supported.

4. Raising Service Levels

(12) Acceleration of the construction of a modern shipping service function platform. Shipping finance, international vessel transportation, international

vessel management, international shipping brokerage, international vessel leasing, international crew management, and other industries shall be actively developed. Relevant promotion policies shall be studied. Establishment of a long-acting promotion mechanism shall be explored. Concentration of vessel elements shall be encouraged to drive the growth of shipping information, vessel financing, vessel insurance, maritime arbitration, and other shipping service industries and to strengthen the integrated service functions of the Shanghai shipping market.

(13) Encouragement of the development of the cruise ship industry and economy. Establishment of a cruise ship development fund shall be supported to promote the development of China's cruise fleet and drive the growth of shipping finance and insurance industries. Support shall be provided for Chinese-invested cruise ships flying a "flag of convenience" to engage in approved cruise ship transportation from coastal areas of the mainland to Hong Kong, Macao or Taiwan. Leased foreign cruise ships shall be allowed to engage in approved multiple-voyage cross-strait cruise ship business. Chinese-invested cruise ships flying a "flag of convenience" shall be encouraged to engage in cruise transportation business involving four destinations across the straits with Shanghai as the home port. Construction of a cruise home port in Shanghai shall be supported, and establishment of cruise companies in the form of a Chinese-foreign equity joint venture in Shanghai shall be encouraged to expand the cruise ship business.

(14) Consolidation of "soft power" and enhancement of international influence Innovations in systems and mechanisms shall be explored, coordination with relevant policies shall be strengthened, a solid groundwork shall be laid, and focus shall be placed on improving the abilities and levels of the Shanghai International Shipping Center in developing international shipping rules and standards, regulating markets, and providing consultation services, among others, to boost influence on the international market. International and domestic shipping organizations and relevant associations, service institutions, and platforms shall be encouraged to relocate to Shanghai. The upgrade of the China Maritime Museum in Shanghai shall be supported, and artifacts collection, cultural exchange, and other work shall be conducted.

5. Strengthening Infrastructure Construction

(15) Active and methodical advancement of the construction of port infrastructure. Construction of the phase-four Yangshan Deepwater Port project shall be accelerated to meet the increasing traffic demand of Yangshan Port. The preliminary work and construction of infrastructure for railway (such as Shanghai-Nantong railway and Shanghai-Zhapu railway) and inland river container transportation shall be accelerated. Sea-rail transport, water-water transfer, and other transportation abilities of Shanghai Port shall be boosted. Construction of berths along the Yangtze River and its tributaries shall be methodically boosted to alleviate the structural contradictions concerning berths at Shanghai Port and to optimize the configuration of port functions. The comprehensive utilization of dredged soil in deepwater channels in the Yangtze River estuary shall be strengthened to better serve the development of the Shanghai International Shipping Center.

(16) Guidance of the optimization of the port transport structure and functions. Advantages of inland water transport and transport on the Yangtze River shall be maximized. Construction of a comprehensive transportation system shall be promoted. Interaction between Waigaoqiao Port and Yangshan Port shall be strengthened. Both the scale and the efficiency of water transport shall be enhanced, and the proportion of water-water transfers at port shall be increased to promote the sustainable development of Shanghai Port. Support shall be provided for research on vessel type standards, management standards, and fee standards for non-stop river and sea transportation to reduce the costs of such transportation and encourage the wide application of vessels for non-stop river and sea transportation.

(17) Acceleration of the development of safe and green shipping. Safe sea areas shall be established, focusing on improving the rescue capability for life, property, and environment at sea and the vessel pollution prevention and control abilities of Shanghai Port area and neighboring waters. Construction of anti-collision facilities for important bridges in navigable waters shall be strengthened to ensure that important channels are safe and unimpeded. "Sunlight pilotage" shall be elaborately organized and implemented to gradually remove compulsory pilotage for domestic trade vessels traveling from the sea to the river. Relevant

technical specifications and standards shall be developed and improved to jointly promote the wide application of LNG-fueled inland vessels.

(18) Strengthening and improvement of regulatory mechanisms for the international ocean shipping market The Shanghai Shipping Exchange shall be authorized to accept applications for freight recordation of container liner companies and non-vessel operating common carriers in international, domestic, or cross-straits shipping markets, and assist relevant departments in inspecting and overseeing freight recordation. Associations of ship-owners, ports, and other industries shall further play their self-regulatory roles.

III. Organizational Guarantee

All relevant departments of the Ministry of Transport and the Shanghai Municipal People's Government shall closely cooperate with and support each other according to their respective functions to form a joint force to effectively implement the international shipping policies in the Framework Plan for the China (Shanghai) Pilot Free Trade Zone. All relevant departments shall develop specific implementation plans in a timely manner according to the goals and tasks determined in these Implementation Opinions and in light of the actual circumstances, and ensure the fulfillment of all tasks and goals.

The Water Transport Bureau of the Ministry of Transport and the Shanghai Urban Construction and Transport Commission shall take the lead in communication for relevant tasks, track and research new situations and new problems arising from policy implementation, and effectively conduct work on communication and progress of tasks.

Ministry of Transport
Shanghai Municipal People's Government
27 September 2013

Appendix 3

CMAC Voyage Charter Party (Recommend Edition)

Part Ⅰ

Contract No. :

<table>
<tr><td colspan="7">This Contract will become effective after signed by the Charterers and the Owners and this Contract will become effective if it is signed by the parties by fax. The rights, responsibilities and liabilities between the parties will be governed by the Contract Law of the People's Republic of China and the Regulation on the Domestic Water Transport of Goods of the Ministry of Transport, expect as otherwise provided in the Contract. (The following shall be filled in if apply)</td></tr>
<tr><td rowspan="5">1. Charterers</td><td>Full name</td><td></td><td rowspan="5">2. Owners</td><td>Full name</td><td colspan="2"></td></tr>
<tr><td>Address</td><td></td><td>Address</td><td colspan="2"></td></tr>
<tr><td rowspan="2">Phone Fax</td><td></td><td rowspan="2">Phone Fax</td><td colspan="2"></td></tr>
<tr><td></td><td colspan="2"></td></tr>
<tr><td>Bank account</td><td></td><td>Bank account</td><td colspan="2"></td></tr>
<tr><td rowspan="4">3. Particulars of the Vessel</td><td>Name</td><td></td><td>Port of registry</td><td></td><td>DWT</td><td></td></tr>
<tr><td>Length/width/depth</td><td></td><td>Loaded draft</td><td></td><td>Light draft</td><td></td></tr>
<tr><td>GT/NT</td><td></td><td>Bulk/grain cargo capacity</td><td></td><td>Derrick number/load</td><td></td></tr>
<tr><td>Hatches</td><td></td><td></td><td></td><td></td><td></td></tr>
</table>

(continued)

<table>
<tr><td rowspan="3">4. Cargo information</td><td colspan="3">Name, quantity, number, packing specification and etc. :</td></tr>
<tr><td colspan="3">For the whole shipment or partial:</td></tr>
<tr><td colspan="3">Maximum and minimum quantity of the cargo:</td></tr>
<tr><td>5. Loading port (place)</td><td></td><td>6. Discharging port (place)</td><td></td></tr>
<tr><td>7. Laydays</td><td></td><td>8. Expected arrival date at loading port</td><td></td></tr>
<tr><td colspan="2">9. Laytime (if lay-time stipulated respectively, choose A, if lay-time stipulated jointly, choose B) (see clause 4)</td><td>10. Demurrage/dispatch rate (clause 7)</td><td></td></tr>
<tr><td>a) Period for shipment/discharging</td><td></td><td>11. Maximum demurrage time (clause 8)</td><td></td></tr>
<tr><td>b) Period for shipment and discharging</td><td></td><td>12. Maximum time allowed for loading (see clause 3)</td><td></td></tr>
<tr><td>13. Freight rate</td><td></td><td rowspan="2">14. Payment of freight (see clause 6)</td><td rowspan="2"></td></tr>
<tr><td>15. Broken stowage rate</td><td></td></tr>
<tr><td colspan="4">Other special agreement (can be agreed by addendum):

In any dispute arising out of or in connection with this Contract, it shall be submitted to China Maritime Arbitration Commission for arbitration in accordance with its rules in effect at the time of applying arbitration. The award of the arbitration shall be final and binding upon both parties.</td></tr>
<tr><td colspan="2">Charterers (signature):
Representative (signature):
Date:
Place:</td><td colspan="2">Owners (signature):
Representative (signature):
Date:
Place:</td></tr>
</table>

This Part (including special agreement) is a part of the charter party between the parties, in the event of a conflict of conditions, the provisions of Part I shall prevail over those of Part II to the extent of such conflict.

Part II

1. Vessel Position Reporting Clause

The Owners should notify the arrival time of the Vessel to the Charterers promptly. The Owners shall renew and report the Vessel's movement to the Charterers 3/2/1 days before the arrival of the Vessel.

2. Loading/Discharge Clause

(1) Costs/Risks

The cargo shall be brought into the holds, loaded, stowed and/or trimmed, tallied, lashed and/or secured and taken from the holds and discharged by the Charterers, free of any risk, liability and expense whatsoever to the Owners. The Charterers shall provide and lay all dunnage material as required for the proper stowage and protection of the cargo on board, the Owners allowing the use of all dunnage available on board. The Charterers shall be responsible for and pay the cost of removing their dunnage after discharge of the cargo under this Charter Party and time to count until dunnage has been removed.

Stevedores and seamen who take part in the work shall be treated as the employees of the Charterers, but the captain has the right to supervise the loading, discharge of the cargo and etc.

(2) Cargo Handling Gear

Unless the Vessel is gearless or unless it has been agreed between the parties that the Vessel's gear shall not be used, the Owners shall throughout the duration of loading/discharging give free use of the Vessel's cargo handling gear and of sufficient motive power to operate all such cargo handling gear. All such equipment to be in good working order. Unless caused by negligence of the stevedores, time lost by breakdown of the Vessel's cargo handling gear or motive power-pro rata the total number of cranes/winches required at that time for the loading/discharging of cargo under this Charter Party-shall not count as laytime or time on demurrage.

On request the Owners shall provide free of charge cranemen/winchmen from the crew to operate the Vessel's cargo handling gear, unless local regulations prohibit this, in which latter event shore labourers shall be for the account of the Charterers and the cranemen/winchmen shall be under the Charterers' risk and responsibility.

(3) Stevedore Damage

The Charterers shall be responsible for damage (beyond ordinary wear and tear) to any part of the Vessel caused by Stevedores. Such damage shall be notified as soon as reasonably possible by the Master to the Charterers or their agents and to their Stevedores, failing which the Charterers shall not be held responsible. The Master shall endeavour to obtain the Stevedores' written acknowledgement of liability.

The Charterers are obliged to repair any stevedore damage prior to completion of the voyage, but must repair stevedore damage affecting the Vessel's seaworthiness or class before the Vessel sails from the port where such damage was caused or found. All additional expenses incurred shall be for the account of the Charterers and any time lost shall be for the account of and shall be paid to the Owners by the Charterers at the demurrage rate.

3. Maximum Time Allowed for Loading

The Owners is entitled to choose to cancel this Contract if the loading work is not started after the Vessel arrived at the anchorage of the loading port or the agreed place owing to the Charters' failure to prepare the cargo to be carried or the loading work is not started before the time stated in Box 12 owing to the reasons beyond the control of the Owners.

4. Commencement and Calculation of Laytime Clause

Laytime for loading and discharging shall commence after the berthing of the Vessel and laytime for loading and discharging shall commence when the Vessel arrived at the anchorage if the loading/discharging berth is not available on the Vessel's arrival at the port of loading/discharging. The calculation of laytime shall be subject to the statement of facts or the record of the logbook.

The time waiting for berth shall not be calculated as laytime.

If, after inspection, the Vessel is found not to be ready to load/discharge time lost after the discovery thereof until the Vessel is again ready to load/discharge shall not count as laytime. If the time used to make the Vessel ready to load/discharge is more than 24 hours, the Charterers is entitled to cancel the Contract.

Laytime including holidays, if it is calculated on the day basis, it will calculate for 24 hours straight, and pro-rata will apply if it is less than one day.

5. Discharge at Near Port Clause

If unsafe situations happen at discharging port or place, the Master or Owners should notify to the Charterers that the Vessel cannot arrive at the destination and the Charterers shall assign substitute safe port or other safe place with 24 hours after its receipt of the notice. Otherwise, the Master or the Owners has the right to choose a reasonable near substitute port to discharge like the cargo has been discharged at the original discharging port. And the Owner has the right to charge the same freight and increase the freight proportionally depends on the voyage.

6. Payment of Freight Clause

(1) If it is agreed the freight to be prepaid (including prepaid partially), the freight shall be paid within 3 working days after the Vessel's departure from the loading port. The freight is non-refundable, whether the Vessel/cargo lost or not. The Owners or its agent is not liable to issue any prepaid freight document unless the freight has been paid to the Owners.

The prepaid freight shall be paid calculated on the intake quantity of cargo.

(2) If it is agreed the freight to be paid on delivery, the freight shall be paid before the cargo start to discharge at the discharging port. If it is agreed the freight or part thereof is paid on delivery, the freight shall be calculated based on the quantity of cargo actually arrived at the discharging port.

(3) Expect for the reasons of the Owners, if the quantity of cargo used for the calculation of freight less than the minimum agreed quantity of cargo, the freight shall be paid on the minimum quantity of cargo.

7. Demurrage/Dispatch Clause

Demurrage/dispatch is payable by the Charterers as stated in Part I or pro rata for any part of a day. The settlement method for the demurrage could be agreed by the parties.

Unless agreed otherwise, the demurrage/dispatch shall fall due after the completion of loading/discharging. If it is agreed that the laytime used at both ends, it shall fall due after the completion of the discharging.

8. Maximum Time of Demurrage and Detention Clause

If the time on demurrage for loading and discharging exceeds the time stated in Box 11, the Owners is entitled to claim for detention based on the actual loss at the current market.

9. Payment of Costs and Lien Clause

The Owners shall have a lien on the cargo for freight, deadfreight, demurrage, detention and for all other amounts which shall be paid before the Charterers' taking delivery of the cargo completely, including costs of recovering same.

10. Owners' Responsibility Clause

The Owners shall be bound before and at the beginning of the voyage to exercise due diligence to make the Vessel seaworthy, properly man, equip and supply the ship, make the holds, refrigerating and cool chambers, and all other parts of the Vessel in which goods are carried, fit and safe for their reception, carriage and preservation. The Owners shall properly and carefully load, handle, stow, carry, keep, care for, and discharge the goods carried.

The Owners should deliver the goods to the destination port in accordance with the contract or customary or geographically direct route. Any deviation in saving or attempting to save life or property at sea or any reasonable deviation shall not be deemed to be an infringement or breach of the above.

11. Canceling Clause

Should the Owners fail to provide the Vessel or the Vessel not be ready to load within the agreed laycan, the Charterers shall have the option of cancelling this Charter Party. However, if before the cancelling date, the Owners have notified the Charterers of the Vessel's delay and the expected date of the Vessel's readiness to load, the Charterers shall notify its decision of whether to cancel the Charter Party or not to the Owners within 24 hours after the receipt of the Owners' notice. Otherwise, it shall be deemed that the Charterers have accepted the expected date of arrival of the Vessel as the new laycan.

12. Taxes and Dues Clause

(a) On vessel – The Owners shall pay all dues, charges and taxes customarily levied on the Vessel.

(b) On cargo – The Charterers shall pay all dues, charges, duties and taxes customarily levied on the cargo.

(c) On freight – Unless otherwise agreed, taxes levied on the freight shall be for the Charterers' account.

13. Agent

Unless otherwise agreed, the Charterers shall assign his agent at loading and discharge port.

14. Law and Arbitration Clause

This Contract shall be governed by Chinese law. In any dispute arising out of or in connection with this Contract, it shall be submitted to China Maritime Arbitration Commission for arbitration in accordance with its rules in effect at the time of applying for arbitration. The arbitration award is final and binding on both parties.

Additional selective terms (choose by the parties according to its needs):

1. General Strike Clause

(a) If there is a strike or lock-out affecting or preventing the actual loading of the cargo, or any part of it, when the Vessel is ready to proceed from her last port or at any time during the voyage to the port or ports of loading or after her arrival there, the Master or the Owners may ask the Charterers to declare, that they agree to reckon the laydays as if there were no strike or lock-out. Unless the Charterers have given such declaration in writing (by telegram, if necessary) within 24 hours, the Owners shall have the option of cancelling this Charter Party. If part cargo has already been loaded, the Owners must proceed with same, (freight payable on loaded quantity only) having liberty to complete with other cargo on the way for their own account.

(b) If there is a strike or lock-out affecting or preventing the actual discharging of the cargo on or after the Vessel's arrival at or off port of discharge and same has not been settled within 48 hours, the Charterers shall have the option of keeping the Vessel waiting until such strike or lock-out is at an end against paying half demurrage after expiration of the time provided for discharging until the strike or lock-out terminates and thereafter full demurrage shall be payable until the completion of discharging, or of ordering the Vessel to a safe port where she can safely discharge without risk of being detained by strike or lock-out. Such orders to be given within 48 hours after the Master or the Owners have given notice to the Charterers of the strike or lock-out affecting the discharge. On delivery of the cargo at such port, all conditions of this Charter Party and of the Bill of Lading shall apply and the Vessel shall receive the same freight as if she had discharged at the original port of destination, except that if the distance to the substituted port exceeds 100 nautical miles, the freight on the cargo delivered at the substituted port to be increased in proportion.

(c) Except for the obligations described above, neither the Charterers nor the Owners shall be responsible for the consequences of any strikes or lock-outs preventing or affecting the actual loading or discharging of the cargo.

2. War Risks ("Voywar 1993")

(1) For the purpose of this Clause, the words:

(a) The "Owners" shall include the shipowners, bareboat charterers, disponent owners, managers or other operators who are charged with the management of the Vessel, and the Master; and (b) "War Risks" shall include any war (whether actual or threatened), act of war, civil war, hostilities, revolution, rebellion, civil commotion, warlike operations, the laying of mines (whether actual or reported), acts of piracy, acts of terrorists, acts of hostility or malicious damage, blockades (whether imposed against all Vessels or imposed selectively against Vessels of certain flags or ownership, or against certain cargoes or crews or otherwise howsoever), by any person, body, terrorist or political group, or the Government of any state whatsoever, which, in the reasonable judgement of the Master and/or the Owners, may be dangerous or are likely to be or to become dangerous to the Vessel, her cargo, crew or other persons on board the Vessel.

(2) If at any time before the Vessel commences loading, it appears that, in the reasonable judgement of the Master and/or the Owners, performance of the Contract of Carriage, or any part of it, may expose, or is likely to expose, the Vessel, her cargo, crew or other persons on board the Vessel to War Risks, the Owners may give notice to the Charterers cancelling this Contract of Carriage, or may refuse to perform such part of it as may expose, or may be likely to expose, the Vessel, her cargo, crew or other persons on board the Vessel to War Risks; provided always that if this Contract of Carriage provides that loading or discharging is to take place within a range of ports, and at the port or ports nominated by the Charterers the Vessel, her cargo, crew, or other persons onboard the Vessel may be exposed, or may be likely to be exposed, to War Risks, the Owners shall first require the Charterers to nominate any other safe port which lies within the range for loading or discharging, and may only cancel this Contract of Carriage if the Charterers shall not have nominated such safe 277 port or ports within 48 hours of receipt of notice of such requirement.

(3) The Owners shall not be required to continue to load cargo for any voyage, or to sign Bills of Lading for any port or place, or to proceed or continue on any voyage, or on any part thereof, or to proceed through any canal or waterway, or to proceed to or remain at any port or place whatsoever, where it appears, either after the loading of the cargo commences, or at any stage of the voyage thereafter before the discharge of the cargo is completed, that, in the reasonable judgement of the Master and/or the Owners, the Vessel, her cargo (or any part thereof), crew or other persons on board the Vessel (or any one or more of them) may be, or are likely to be, exposed to War Risks. If it should so appear, the Owners may by notice request the Charterers to nominate a safe port

for the discharge of the cargo or any part thereof, and if within 48 hours of the receipt of such notice, the Charterers shall not have nominated such a port, the Owners may discharge the cargo at any safe port of their choice (including the port of loading) in complete fulfilment of the Contract of Carriage. The Owners shall be entitled to recover from the Charterers the extra expenses of such discharge and, if the discharge takes place at any port other than the loading port, to receive the full freight as though the cargo had been carried to the discharging port and if the extra distance exceeds 100 nautical miles, to additional freight which shall be the same percentage of the freight contracted for as the percentage which the extra distance represents to the distance of the normal and customary route, the Owners having a lien on the cargo for such expenses and freight.

(4) If at any stage of the voyage after the loading of the cargo commences, it appears that, in the reasonable judgement of the Master and/or the Owners, the Vessel, her cargo, crew or other persons on board the Vessel may be, or are likely to be, exposed to War Risks on any part of the route (including any canal or waterway) which is normally and customarily used in a voyage of the nature contracted for, and there is another longer route to the discharging port, the Owners shall give notice to the Charterers that this route will be taken. In this event the Owners shall be entitled, if the total extra distance exceeds 100 nautical miles, to additional freight which shall be the same percentage of the freight contracted for as the percentage which the extra distance represents to the distance of the normal and customary route.

(5) The Vessel shall have liberty:-

(a) to comply with all orders, directions, recommendations or advice as to departure, arrival, routes, sailing in convoy, ports of call, stoppages, destinations, discharge of cargo, delivery or in any way whatsoever which are given by the Government of the Nation under whose flag the Vessel sails, or other Government to whose laws the Owners are subject, or any other Government which so requires, or any body or group acting with the power to compel compliance with their orders or directions;

(b) to comply with the orders, directions or recommendations of any war risks underwriters who have the authority to give the same under the terms of the war risks insurance;

(c) to comply with the terms of any resolution of the Security Council of the United Nations, any directives of the European Community, the effective orders of any other Supranational body which has the right to issue and give the same, and with national laws aimed at enforcing the same to which the Owners are subject, and to obey the orders and directions of those who are charged with their enforcement;

(d) to discharge at any other port any cargo or part thereof which may render the Vessel liable to confiscation as a contraband carrier;

(e) to call at any other port to change the crew or any part thereof or other persons on board the Vessel when there is reason to believe that they may be subject to internment, imprisonment or other sanctions;

(f) where cargo has not been loaded or has been discharged by the Owners under any provisions of this Clause, to load other cargo for the Owners' own benefit and carry it to any other port or ports whatsoever, whether backwards or forwards or in a contrary direction to the ordinary or customary route.

(6) If in compliance with any of the provisions of sub-clauses (2) to (5) of this Clause anything is done or not done, such shall not be deemed to be a deviation, but shall be considered as due fulfilment of the Contract of Carriage.

3. General Ice Clause

Port of loading

(1) In the event of the loading port being inaccessible by reason of ice when the Vessel is ready to proceed from her last port or at any time during the voyage or on the Vessel's arrival or in case frost sets in after the Vessel's arrival, the Master for fear of being frozen in is at liberty to leave without cargo, and this Charter Party shall be null and void.

(2) If during loading the Master, for fear of the Vessel being frozen in, deems it advisable to leave, he has liberty to do so with what cargo he has on board and to proceed to any other port or ports with option of completing cargo for the Owners' benefit for any port or ports including port of discharge. Any part cargo thus loaded under this Charter Party to be forwarded to destination at the Vessel's expense but against payment of freight, provided that no extra

expenses be thereby caused to the Charterers, freight being paid on quantity delivered (in proportion if lumpsum), all other conditions as per this Charter Party.

(3) In case of more than one loading port, and if one or more of the ports are closed by ice, the Master or the Owners to be at liberty either to load the part cargo at the open port and fill up elsewhere for their own account as under section (b) or to declare the Charter Party null and void unless the Charterers agree to load full cargo at the open port.

(4) This ice clause does not apply to the Spring season.

Port of discharge

(1) Should ice prevent the Vessel from reaching port of discharge the Charterers shall have the option of keeping the Vessel waiting until the re-opening of navigation and paying demurrage or of ordering the Vessel to a safe and immediately accessible port where she can safely discharge without risk of detention by ice. Such orders to be given within 48 hours after the Master or the Owners have given notice to the Charterers of the impossibility of reaching port of destination.

(2) If during discharging the Master for fear of the Vessel being frozen in deems it advisable to leave, he has liberty to do so with what cargo he has on board and to proceed to the nearest accessible port where she can safely discharge.

(3) On delivery of the cargo at such port, all conditions of the Bill of Lading shall apply and the Vessel shall receive the same freight as if she had discharged at the original port of destination, except that if the distance of the substituted port exceeds 100 nautical miles, the freight on the cargo delivered at the substituted port to be increased in proportion

Appendix 4

The Creation of Shanghai Protection and Indemnity Club (Shanghai P&I Club)

Part I About Shanghai P&I Club

1. What is P&I Club

It's a mutual and not-for-profit association which is organized by shipowners. It is called as "protection and indemnity club" or "P&I Club". The club mainly underwrite the liability of the shipowners to the third party, each shipowner contribute the membership fee according to the real situation of the ship, to constitute reimbursement fund to compensate the third party's losses caused by the accident of ship, and the losses exclusive of craft losses but including material losses of the goods on board, the losses of pollution, the losses of human lives and the like.

2. Protection and Indemnity Insurance and Commercial Insurance

Maritime insurance can be divided into two types: for-profit commercial insurance and not-for-commercial and mutual protection and indemnity insurance.

Protection and indemnity insurance is one of the content of maritime insurance, but it exists apparent difference between normal commercial insurance.

As the supplementary of bulk insurance, it satisfies the objective needs of shipowners in the shipping business and rich the content of maritime insurance. It's not insurance companies mainly handle the service, but by protection and indemnity insurance clubs which are organized by shipowners voluntarily.

3. Insurance and Compensation by the Club

It underwrites the liability risks, which are shipowner should undertake in the process of shipping business, but not include in the insurance coverage of the bulk insurance (especially the Hull & Machine Insurance, can be referred to as H&M, Hull Insurance).

P&I Insurance is abbreviation of Protection and Indemnity Assurance.

The club furnish one forth of the compensation to collision insurance, the excess collision insurance and personal casualty insurance, which are collectively called "Protection"; the insurance offer to shipowners to compensate the oil spill, the freight loss and damage and the like by the club, which is called "Indemnity".

4. The Membership Fees of the Club

The club offer Mutual Assurance to members, and the members are combined risks by group of interests.

The non-profit purpose decides the mode of collecting fees, the fees are called"membership fee" but not "premium", which can be divided into two parts: the pre-paid premium/membership fee paid at the time of admission and additional expenses charged at the end of each year.

The pre-paid premium is contracted by operation management department of the club and members at the time of joining or the beginning of insurance year, which are decided by registry tonnage, the cost, age, type, technical condition and all insurance claims of ships.

The additional expenses are additional premium at a certain percentage collected by the club, on account of the large quantities of claims of initial ships so that the pre-paid premium cannot cope with all the claims, the percentage is 5%~20% disparately.

5. The History of P&I Club

In May 1885 (128 years ago), the first P&I Club was funded, it was Britannia P&I Club in England. The next year, North of England P&I Association was funded. During the late of 19th century, association were established gradually in the world, which took England as the center. UK P&I, West of England P&I, London P&I and other P&I were gradually established in

England.

6. P&I in the World

At the end of 1993, there were 41 maritime P&Is engaged in insurance services in England, 5 of them run in Bermuda, two of them run in Luxembourg. Nine of these P&I set operation department in London, the others set in China, Northern Europe, Oceania, Far East and other places. Over the years, the biggest P&I in the world is UK P&I. In recent years, Gard P&I becomes P&I which has the most membership tonnage. In more than hundred years, the earliest members were almost all English shipowners, and now it becomes organization of international shipowners, its members from all of the world.

7. The International Group of Protection and Indemnity Club

Many years ago(I failed to research out the exact year), 13 international grand P&I consisted a mutual reinsurance group, it is called International Group or IG for short, which set its head office in London. In these clubs, mainland England has 8 international protection and indemnity clubs, although it owned not many ships. These clubs set Far East operation center in Hong Kong or Singapore. IG underwrites 90% tonnage of ocean vessel and 95% tonnage of ocean tanker of the world's merchant.

8. Clubs Beyond the Group

There are some small-scale P&I in the world, such as Korean P&I, Maritime Mutual(MM)P&I which was registered in New Zealand, British Steamship which was registered in Bermuda, South England P&I Club, Russian P&I and so on.

Merchant insurance companies which charge a fixed premium and underwrite protection and indemnity insurance business, such as QBE company in Australian and Raest company in Netherlands, are mainly run protection and indemnity insurance of small and medium-sized ship, and they can also underwrite parts of risks of protection and indemnity insurance to satisfy the needs of clients,

9. P&I in China

In October 1965 PICC Shanghai underwritten the protection and indemnity insurance of two ships from China-Poland Ship Company according to the clause of West of England P&I. PICC only reserved bit risks and transfer the most ricks to West of England P&I, its the beginning of protection and indemnity insurance business in China.

On January 1, 1984, China Shipowners Mutual Assurance Association(it is called CPI for short officially established in Beijing, which was initiated by China Ocean Shipping Company(it is called COSCO for short).

10. The Amount of Ships in China

Referred to in *2011 Report on China's Shipping Development*, by the end of 2010, there were 179,200 water-transport-ships, 212,643,200 tonnages in China. Including 2,494 ocean going vessels, 67,038,600 tonnages, 10,902 short-range ocean ships, 57,804,700 tonnages, 165,800 inland-water ships, 87,799,900 tonnages. Flag of convenience makes up about 60 percents of Chinese ocean going vessels.

11. The Maritime Insurance in China

The market size of global maritime insurance is about 30,000,000,000 dollars, including insurance powerful countries such as England, Japan, Germany, American which makes up about 60 percents of it. Chinese-funded insurance companies undertake less than 3 percents of global maritime insurance services. As a port which has the most cargo throughput, the Port of Shanghai only makes up one percent of global maritime insurance(someone say its 10 percent). Thus, in the field of property insurance company in Chinese allied lines, technical and traditional maritime insurance is increasingly marginalized, shrinking and losing its prominence in domestic and foreign insurance industry.

12. The Short of Insurance Capacity of China

Since China P&I is mainly for solving the protection and indemnity insurance problem of owned ships of large shipowners' ships, such as China Ocean Shipping Company and China Shipping, at the end of March, 2011, the amount of member ships is only 1,122, which has totally 250,000,000 tonnages, only makes up one third of the total 179,200 ships. Besides many Chinese merchant insurance companies don't operate protection and indemnity insurance or only underwrite individual risks of protection and indemnity insurance, so the insurance capability of protection and indemnity insurance is severely lacking.

13. The Risk of Joining in Foreign P&I

If Chinese shipowners join in foreign small-scale P&I will not only letting huge outflow of foreign exchange insurance fund, but also will make ships hard to enter many ports in the world, hard to being served by the club, and can't protected by the law of our country.

When major maritime liability accidents happen, small-scale P&I often even refused to provide property insurance, let the shipowners to go their own way to solve, so the ships were detained in the foreign port stranded for a long time, make the loss of the ship company to further expand. In the event of disputes, due to the P&Is are in foreign countries, it is difficult to exercise effective legal means to safeguard the interests of shipowner themselves. In the event of litigation or arbitration, they have to according to the rules of association to foreign court or arbitration agencies, which need to pay high judiciary and foreign attorney fees and costs.

14. Why China Don't Have More P&Is?

Although China has been major shipping and trading nation, along with higher and higher claims to shipowners' third party liability of compensation, no matter in personal injures and the loss of property, especially the risk of water pollution caused by ships has been listed as compulsory insurance program by the states. The compensation to polluted water is higher and higher, the alleged cases are growing, so the market of protection and indemnity insurance in China has a huge need and a great deal of room for growth. But two third international-going ships of our country have joined foreign P&I, so why can't we have more P&I besides China P&I to give domestic shipowners better and more comprehensive services to guarantee their rights?

Along with the settlement of the operation centers of the big insurance companies in Shanghai, the agglomerate effect of maritime insurance dawn in Shanghai, the marker shares of bulk insurance of Shanghai has elevated from

19.6% in 2010 to 37% in 2011. But P&I service is still a blank in Shanghai, it is not conformity with Shanghai's target to making Shanghai shipping insurance services intensive and professional. Standing on the height of speeding up the built of Shanghai international shipping center, there is very necessary to build a professional, effective and international P&I.

Part Ⅱ The Creation of Shanghai P&I

1. Research Project

Three years ago, the general secretary of Shanghai Shipping Academy SANG Shiliang and ex-deputy general management of China Shipping LEI Hai and I talking about the building of another P&I, and decided to take it as a research project, getting the support of Shanghai City Construction Committee, at the end of December of last year we had finished this project and submit the report to the municipal government.

2. The Conditions of the Foundation of P&I in Shanghai

Powerful initiator can be found in Shanghai, and can ensure the reputation of the association. These initiators can be powerful ship companies, and can also be experienced large-scale investment management companies and insurance companies. Shanghai has variety types of ship companies, ship management companies and ship financing lease companies.

These ships, which has entered foreign P&I is our main market space, if has the functions of the government departments to take the lead, try to attracting the shipowners enter into local Shanghai P&I with favorable policies. Then it will form a favorable "triple-win" complexion of government, shipping companies and P&Is.

Shanghai has advantages in talents and technology, in recent years, Shanghai is emphasis on cultivation and introduction of shipping talent of every aspect, gather high-leveled skilled labor of shipping, who is matched to international shipping center, forging a talent highland, which is in the lead in China even in Asia, fundamental establish a talent team system, which can cover the whole shipping industry chain. Relevant talent includes advanced navigation technology talents, management talents of shipping enterprises and ships, talents of international maritime law and arbitration, talents of shipping finance, talent of international shipping insurance, talents of shipping broker, talents of design and build of ship, talents of design and manufacture of harbor machinery, talents of ship survey, talents of good survey, talents of maritime safety and maritime technical services, talents of shipping consultation, talents of international maritime education and training, talents of shipping research and professional talents of all kinds of related business.

3. The Support of Shanghai Municipal Government

It is easy to set up a P&I, it doesn't need registered capital, also no requirement of monumental start-up costs, so the P&Is are willing to underwrite Chinese medium and smalls ships which are always not be powerful P&Is and only for earning premium.

The resolution of the insurance difficulties of Chinese is the need of the construction of Shanghai international shipping center, is a forceful measure to activate the development of maritime insurance and establishment of Shanghai international shipping center, it is a practical work to the shipowners, so it need the support of related departments of the government.

4. The Legal Basis of the Establishment of P&I

The items about P&I, up to now in related laws and regulations in our country, such as *Civil Law*, *Maritime Law*, *Insurance Law* and other related regulations, there is no direct or in-direct provision, China P&I also hasn't be included in the jurisdictional limits of China Insurance Regulatory Commission. 20 years ago, China P&I was approved by the Ministry of Transport and founded after registered at the Ministry of Civil Affairs. It's business is guided by the Ministry of Transport, and is managed by the Ministry of Civil Affairs on administration.

In consideration of the deficiency of laws of our country on P&I and the procedure of giving permission to China P&I, P&I in Shanghai may also can register in Shanghai Civil Affairs Bureau according to *Social Organization*

Registers Regulation, which was issued on October 25, 1998, State Council order No. 250, under the approval of Shanghai Municipal Government and the support of the Ministry of Transport.

5. The Initiator of the Association

According to the regulations of above-mentioned *Social Organization Registers Regulation*, Shanghai Social Group Administrative Bureau thinks as long as 10 more shipowners to be the initiator, with the approval of its superior administrative unit, Shanghai Transportation and Construction Committee, can the P&I of Shanghai be organized.

6. The Responsible Organ of the Association

According to the opinion of the Civil Affairs Bureau, the business responsible organ is the Shanghai Transportation and Construction Committee, which responsible for the development planning, layout adjustment, policy formulation and coordinated management of the association. Shanghai Social Group Administrative Bureau is the registration management organization of the association, responsible for the registration and filing of the establishment, alternation and logout of the association, and also making annual inspection and supervision and inspection of the association.

7. The Expenditure of the Association

The financial resources of the association include membership dues, government funding and the income of government's purchasing healthcare service, the income of paid service to enterprises and other economic organizations, the donation income and other legal income

8. The Tax Preference of the Association

Since the P&Is are organized by shipowners, and it is a mutual aid association, all of its members are shipowners, they pay the entrance fee according to the number of membership ships. All the entrance fees paid by the shipowners consist of the compensation fund of the association. The compensation fund is used to pay the loss caused by marine casualty of member ships, so according to the international practice, the government levy no tax on the P&Is.

According to the provisions of tax preference of industry association in our country, the membership dues, the donation income, government funding and paid service revenue of industry association are non-assessable income, and is also not profitability income, so it not belong to the levy scope of business tax, and on which business tax shall not be levied.

9. The Permitting Processes of the Association

The initiators of Shanghai P&I can raise apply for arrangement according to the provisions of *Social Organization Registers Regulation* after receive the document of approval from Shanghai Transportation and Construction Committee.

10. The Institutional Framework and Management Mode of the Association

The institutional framework of the association is divided into congress of the association, principal/council of the association, legal representative, execution organization, etc.

The association convene 1～2 general meetings, 4～6 council meetings each year, the association exercise relevant power only when convoke general meetings, member representative assembly and council of the association.

The current undertaking of the association is managed by the execution organization of the association. The execution organization is managing the business of the association by general manager and deputy general manager of the organization and manager of operating department. Expenses caused by providing service of execution organization are checked by the council.

11. The Organizational Form of the Association

The association carries out membership system; general meeting is the high authority of the association. The constitution of the association must be passed by general meeting or member representative assembly, and it should live up to the stipulation of related Chinese laws and regulations.

The associating generates president of council, deputy president of council, general secretary, supervisor and so on by election. The election regulation, term of office and authority are all executed according to the provisions of the constitution. The general secretary is full time manager of the association, who is engaged by the council, and can also generate by other forms stated in constitution.

12. The Principals of Operate Association Business

The mutual insurance association among the shipowners is a non-productiveness organization, its business principle is keeping neutral, the shipowners hand in the entrance fees of membership ships at the beginning of the year, when clearing at the end of the year, the association find the summation of the fees collected at the beginning of the year not enough to the compensation of insurance accident loss, it will ask additional fees to the memberships.

At the beginning of the establishment of the association, using reinsurance to disperse the risks as more as possible, pressing its own risks to the minimum.

13. The Association Open to Foreign Shipowners

P&I is differ from general industry association, it's industry association which is very international. Generally, the memberships of P&I are shipowners from many countries, so Shanghai P&I should absorb foreign shipowners as more as possible, becoming a genuine international P&I.

14. The Foundation of Compensation Fund

The foundation of compensation fund of the association is a very important work, although according to the provisions associations may not need registered capitals, and there is no compulsive requirement for the number of working capital, but when the association is just opened, since membership ships is few, the collected membership fees, namely the premium is few, but in case happens serious marine casualty in insurance coverage, the association may not have ample resources to compensate the loss of the members, so when opening the association, there must exist a quite a sum of money to work as marine compensation fund.

If this sum of money is not provided by membership shipowners, but raised from the outside, then after a few years, when the retention fund of the association reached a certain number, such as after 3～5 years, it is high time to considering to repay this sum of money. In the case of how to raise and repay this sum of money, can be discussed and solved by the association itself.